L'ÉVOLUTION DU DROIT

(ZWECK IM RECHT)

Gand, imp. Ad. Hoste.

Rud von JHERING

L'ÉVOLUTION DU DROIT

(ZWECK IM RECHT)

TRADUIT SUR LA 3e ÉDITION ALLEMANDE

PAR

O. DE MEULENAERE

CONSEILLER A LA COUR D'APPEL DE GAND

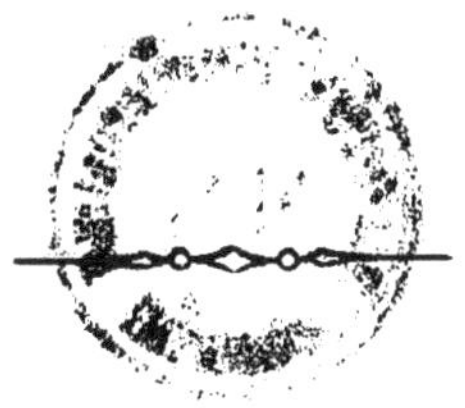

PARIS

LIBRAIRIE A. MARESCQ, Aîné

CHEVALIER-MARESCQ ET CIE, ÉDITEURS

20, rue Soufflot et 17, rue Victor Cousin

—

MCMI

[illegible]

A

MONSIEUR EDMOND PICARD

ANCIEN BÂTONNIER DE L'ORDRE DES AVOCATS PRÈS LA COUR DE CASSATION
DE BELGIQUE

SÉNATEUR

PROFESSEUR A L'UNIVERSITÉ NOUVELLE DE BRUXELLES

AUTEUR DU *DROIT PUR*

Dans votre beau livre intitulé : *Le Droit pur*, vous avez brillamment rendu hommage à celui que vous appelez un extraordinaire jurisconsulte, le plus grand (vous le croyez fermement) du XIXe siècle. JHERING est un puissant frappeur d'empreintes, et dans son style imagé, il a réussi, avec une extraordinaire pénétration, à mettre en lumière les arcanes les plus subtils, les abîmes et les tréfonds du droit.

Dans la partie complémentaire de votre ouvrage, consacrée à l'histoire de l'encyclopédie du droit, vous caractérisez en ces termes le rôle de JHERING dans l'évolution de la science du Droit pur (p. 502) : « JHERING « apparaît et prophétise. Vainement il se pose en roma- « niste. Vainement ses ouvrages les plus considérés sont « consacrés à l'étude approfondie de la législation fameuse « qui va de Romulus à Justinien. Son génie juridique « sort, à grands coups d'aile, de cette enceinte trop « étroite pour ses puissants désirs, et il proclame, tout en « se jouant, quelques unes des vérités encyclopédiques les « plus significatives et les plus profondes. « Ces paroles m'ont frappé. Elles m'ont troublé : car je n'ai fait connaître au public de langue française que les ouvrages de Jhering qu'il a consacrés à l'étude du droit romain. Je n'ai donc pas assez fait pour sa gloire, et il me reste un pieux devoir à remplir envers la mémoire du grand juriste : celui de faire connaître son œuvre la plus vaste, celle qui a occupé tous ses instants pendant les vingt dernières années de sa vie, et qui contient la synthèse de sa pensée juridique toute entière. Une autre considération m'a conduit à produire enfin cette traduction, qui présentait de grandes difficultés, et à vous la dédier. Vous êtes le protagoniste des belles et vastes spéculations de la philosophie du droit, et vous avez assurément remarqué comme moi que, depuis que tout le monde s'occupe de sociologie, on rencontre partout, dans la presse, et ailleurs aussi, les idées les plus étranges sur des points qui touchent aux bases de l'ordre social. Vous verrez comment Jhering établit ces bases, et vous me saurez gré, je pense, d'avoir fait jaillir pour le public français, en me couvrant du nom de ce grand penseur, « des éclairs « qui surprennent, qui éblouissent, qui répandent une « fulgurance inattendue sur de vastes espaces où semblait « ne régner que la nuit. »

Le dernier volume de *l'Esprit du Droit Romain* se terminait par une exposition de la théorie générale des droits. L'auteur y examinait les éléments substantiels du droit, et, s'écartant des théories généralement admises, depuis Hegel, d'après lesquelles la substance du droit gît dans la volonté, il établissait que les droits sont des *intérêts juridiquement protégés*. C'est *l'utilité* qui est la substance du droit. La suite de l'ouvrage devait fournir la démonstration et le développement de cette thèse. Mais dès les premiers pas elle se montra trop étroite. La notion de l'*intérêt* fit place à celle du but pratique des droits subjectifs, et ceux-ci, eux-mêmes, s'effacèrent devant le droit objectif dans toute sa généralité. De là, une thèse nouvelle, plus large, plus compréhensive: le but du droit, la finalité dans l'ordre juridique. C'était toute la théorie de l'évolution appliquée au droit. Ce programme grandiose était fait pour séduire ce grand esprit. Il s'y attacha passionnément, et depuis 1865, date de la première publication de son *Esprit du Droit Romain*, jusqu'à ses derniers jours (1892), il ne cessa d'y travailler, se promettant de revenir à sa première œuvre aussitôt qu'il aurait terminé sa nouvelle entreprise. Celle-ci était devenue pour lui une question de vie. Il s'agissait de prouver que le *but* a créé tout le droit, qu'il n'est pas un seul principe juridique qui ne doive son origine à un but, c'est-à-dire *à un motif pratique*. L'auteur se trompait sur l'étendue que prendrait son travail, et il en convint ingénument, lorsqu'après la publication d'un premier volume, il constata que non-seulement il ne pouvait prévoir la fin, mais qu'il se trouvait devant une autre thèse plus vaste encore, et qui devait l'entraîner infiniment plus loin : le fondement de la moralité.

Il est regrettable que l'auteur n'ait pu terminer son œuvre, et la soumettre à une revision d'ensemble. Il aurait pu supprimer quelques passages qui semblent faire longueur. Peut-être en aurait-il fait deux ouvrages distincts, l'un consacré au droit, l'autre à la morale. Mais il n'en eut pas le temps. C'est dans cet ordre d'idées que je ne publie en ce moment que la traduction du premier volume. Il forme un tout distinct, et malgré de légers défauts, dont JHERING se rendait bien compte, vous y retrouverez, j'en suis convaincu, tout le génie de l'auteur de l'*Esprit du Droit Romain.*

Je ne pouvais mettre mon travail sous de meilleurs auspices que les vôtres.

DE MEULENAERE.

Voici, à titre de curiosité, quelques fragments de lettres écrites par l'auteur, et qui donnent sa propre pensée sur l'ouvrage dont j'ai entrepris la traduction :

7 avril 1875. — Je travaille en ce moment à un ouvrage auquel je donne le titre de *Zweck im Recht*. Le livre paraîtra, je l'espère, dans le courant de l'été. Il m'a été suggéré par ma théorie des droits, que j'ai traitée dans le dernier volume de l'*Esprit du Droit Romain*, et n'en devait former d'abord qu'un chapitre. Mais la matière a pris une telle extension, que j'ai songé à en faire une étude complète. Si je réussis à l'achever telle que je le conçois, elle s'imposera au penseur. Elle expose ce qui est devenu ma conception actuelle du droit, notion à laquelle moi-même je ne me suis élevé qu'au fur et à mesure de mes travaux...

J'y traite d'abord du *but des droits*, au sens subjectif; du *but du droit*, ensuite, au sens objectif.

4 septembre 1875. — Depuis des années, je songe à un petit écrit, dont la première inspiration m'a été fournie par la théorie des droits, exposée au T. IV *Esprit du Droit Romain*. Mon projet originaire était d'en faire un chapitre au début du T. V. Mais le chapitre prit des proportions de plus en plus étendues : la matière était si fertile, qu'il devint impossible de la traiter comme un simple fragment rattaché à l'*Esprit du Droit Romain*. Je me résolus d'en faire une étude complète.

(Et une partie de son travail achevé, v. J. écrit) : C'est une délivrance, c'est la mise en forme de ce que depuis 10 ans

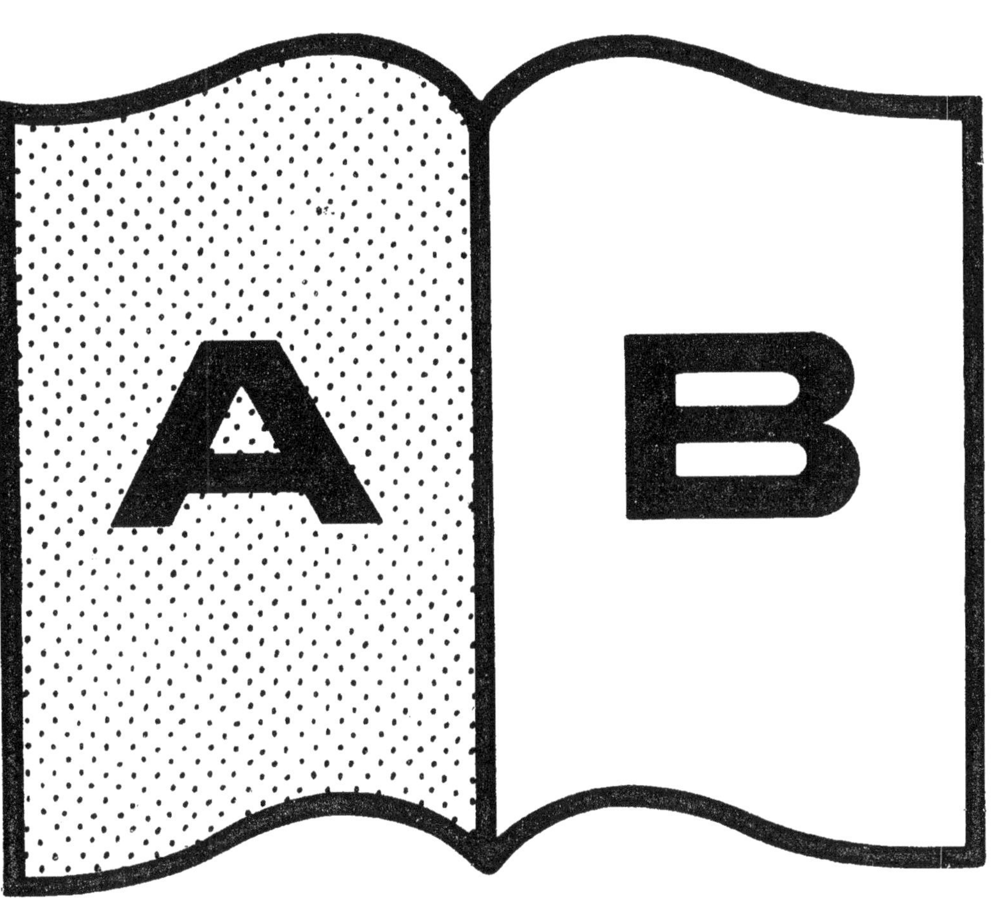

Contraste insuffisant

NF Z 43-120-14

je rêve : j'ai mis tout mon moi dans cet ouvrage : ce n'est pas seulement un fragment de moi, c'est mon moi scientifique tout entier, et je publierai le livre, dussé-je même être certain de son insuccès.

25 décembre 1880. — Plus j'y travaille, plus mon thème se développe : il devient une sorte de Philosophie du Droit, l'exposé de toute une science sociale. J'avais projeté d'écrire une brochure, et j'ai déjà composé deux volumes. Mon esprit souffre à être à la recherche constante de l'expression juste...

26 juin 1882. — Mon sujet m'emporte, je n'en suis plus le maître : je deviens l'esclave de mon livre. Je suis comme un voyageur explorant une contrée inconnue, enregistrant toutes mes observations, toutes mes découvertes, ayant la pleine conviction que je rends service à la science. Si j'étais mon propre successeur, si bien des choses que je crois devoir dire avaient été dites déjà, je pourrais abréger mon œuvre, et mettre plus d'art dans l'arrangement de mon discours. Mais il en est de ce travail comme de mon livre de l'*Esprit du Droit Romain*. J'ai dû sacrifier le plan méthodique à la nouveauté de mes découvertes. J'ai la conscience de ce défaut d'équilibre, et il me tourmente. Je me propose toujours d'être bref, mais je croirais manquer de justice en ne développant pas complètement chaque idée nouvelle, de façon qu'elle marque bien son empreinte. On pourra m'approuver ou me combattre, mais il ne sera pas permis de ne pas prendre position.

30 avril 1883. — Cet ouvrage-ci, et non l'*Esprit du Droit Romain*, contient le résultat de toute ma vie scientifique. On ne le comprendra que lorsqu'il sera terminé. L'*Esprit du Droit Romain* n'en est, dans ma pensée, que la préparation. Mais l'*Esprit du Droit Romain* devait être écrit pour pouvoir entamer cette étude-ci, dont l'élaboration renferme ma suprême mission scientifique.

L'ÉVOLUTION DU DROIT.

(ZWECK IM RECHT)

CHAPITRE I.

LA LOI DE FINALITÉ.

Sommaire : 1. Cause et but. — 2. Rôle de la volonté de l'être
animé. — 3. L'animal; mobile psychologique de son vouloir. —
4. Influence de l'expérience. — 5. Notion de la vie animale. —
6. — Le vouloir humain. — 7. Stade interne du processus de la
volonté : loi de finalité. — 8. Le but; sa nécessité — 9. Contrainte physique; psychologique. 10. Contrainte juridique ;
morale. — 11. But des actes inconscients. — 12 Stade interne
du processus de la volonté: loi de causalité. — 13. La volonté
indépendante de la loi de causalité.

1. Cause et but. — La théorie de la *raison suffisante* nous
enseigne que rien, dans l'univers, n'arrive de soi-même
(*causa sui)*. Tout événement, c'est-à-dire toute modification
dans le monde physique, est la résultante d'une modification
antérieure, nécessaire à son existence. Ce postulat de la
raison, confirmé par l'expérience, est le fondement de ce
que l'on appelle la *loi de causalité.*

Cette loi régit aussi la volonté. Sans raison suffisante,
une manifestation de la volonté est aussi inconcevable
qu'un mouvement de la matière. Entendre la liberté de
la volonté en ce sens que la volonté puisse se manifester

spontanément, sans un motif déterminant, c'est croire au baron de Munchhausen qui se retire du bourbier en se prenant par le toupet.

Il faut donc, pour que la volonté agisse, une raison suffisante, une cause. C'est la loi universelle. Mais dans la nature inanimée cette cause est d'essence *mécanique (causa efficiens)*. Elle est *psychologique* lorsqu'il s'en va de la volonté : celle-ci agit en vue d'une fin, d'un but (Zweck, *causa finalis*). La pierre ne tombe pas pour tomber, mais parce qu'elle doit tomber, parce que son soutien lui est enlevé. L'homme qui agit, n'agit point *parce que*, mais *afin que* — afin d'atteindre tel ou tel but. Cet *afin* régit aussi inéluctablement l'action de la volonté que le *parce que* détermine le mouvement de la pierre qui tombe. Un acte de la volonté sans cause finale, est une impossibilité aussi absolue que le mouvement de la pierre sans cause efficiente. Telle est la loi de causalité : *psychologique* dans le premier cas, elle est purement *mécanique* dans l'autre. J'appellerai la première *loi de finalité*, pour abréger d'abord ; pour marquer par l'appellation même, ensuite, que la cause finale est l'unique raison psychologique de la volonté. Quant à la loi de causalité mécanique, le terme « loi de causalité » suffira pour la désigner dans la suite. Cette loi, dans ce dernier sens, peut se traduire ainsi : nul événement ne se produit dans le monde physique sans un événement antérieur dans lequel il trouve sa cause. C'est le truisme habituel : *point d'effet sans cause*. La loi de finalité dit : *point de vouloir*, ou ce qui revient au même : *point d'action sans but*.

2. Rôle de la volonté de l'être animé. — Dans la cause, l'objet sur lequel s'opère l'action reste à l'état passif ; il apparaît comme un point isolé dans l'univers, soumis en ce moment à la loi de causalité ; au contraire, l'être qu'un but met en mouvement devient actif : il agit. La cause se rattache au passé ; le but embrasse l'avenir. Interrogé sur la raison de ses manifestations, le monde physique recherche ses explications dans le passé ; la volonté renvoie en avant. *Quia* répond l'un ; *ut* dira celle-ci. Cela ne veut pas dire cependant, que la cause finale contienne une interversion de l'ordre de la création, d'après lequel ce qui est déterminant doit précéder quant au temps ce qui est déterminé. Ici également, la raison déterminante appartient au présent ; ce qui est déterminant précède quant au temps ce qui est déterminé. Cette impulsion déterminante, c'est le concept immanent (le but) de celui qui agit, et qui le porte à agir, mais l'objet de ce concept, c'est le futur, ce que l'être agissant veut atteindre. C'est en ce sens qu'on peut soutenir que l'avenir renferme le motif pratique de la volonté.

Lorsque, dans la nature, la vie se manifeste par un développement psychique, aussitôt se révèlent l'amour pour la vie, la spontanéité et la conservation personnelles, en d'autres termes, la volonté et le but du vouloir. Vis-à-vis de lui-même, tout être vivant est son propre protecteur, son propre gardien, chargé de la conservation de lui-même. Prévoyante, la nature le lui découvre ; elle lui révèle les moyens pour ne pas faillir à sa tâche.

3. L'animal ; mobile psychologique de son vouloir. — Sous cet aspect, c'est avec l'animal que commence, dans la nature, la vie, et avec elle, la mission de la volonté. C'est dans ce stade inférieur que nous allons rechercher notre première conception de celle-ci, où, avec elle, apparaît pour la première fois son mobile indispensable : le but.

L'éponge sèche se remplit d'eau, l'animal altéré boit. Sont-ce des faits identiques ? En apparence, oui ; en réalité, non. En effet, l'éponge ne s'imbibe pas pour se remplir d'eau, et l'animal boit pour étancher sa soif. C'est l'animal lui-même qui nous le dit. Un chien bien dressé ne boit pas lorsque son maître le lui défend. Pourquoi ? A l'idée qu'il a de l'eau, et qui lui fait comprendre que celle-ci est propre à étancher sa soif, se met en regard celle des coups qu'il recevra s'il viole la défense. Cette conception n'est pas amenée par une impression sensible, actuelle ; elle provient uniquement de la mémoire. Le souvenir des coups ne fait pas disparaître la sécheresse de son gosier et la sensation de soif qui en résulte — un fait ne peut être effacé par un concept. — Un concept ne peut détruire qu'un autre concept, plus faible. Mais si la renonciation au plaisir de boire est dans ce cas un phénomène psychologique et non mécanique, puisqu'il dépend du concours de la mémoire, cette jouissance elle-même, que l'animal y résiste ou non, est un fait psychologique. La sécheresse du gosier est un état physique ; il ne cause pas le boire comme tel, il n'y excite que parce que l'impulsion physique ou mécanique se transforme en une impulsion psychologique. Dès lors ce n'est pas la loi de causalité qui régit ce fait, il a sa source dans la loi de finalité. L'animal boit pour apaiser sa soif, il s'en abstient pour ne pas être battu ; dans l'un et l'autre cas, c'est la conception d'une chose future qui dicte la conduite de l'animal.

4. Influence de l'expérience. — Voici qui démontre l'exactitude de ce qui vient d'être dit : que l'on plonge l'éponge dans de l'eau ou dans de l'acide sulfurique, elle s'imbibera toujours, même si le liquide doit amener sa dissolution ; l'animal lappera l'eau et fuira l'acide sulfurique. Pourquoi ? Parce qu'il sent que ce dernier lui est nuisible. L'animal distingue donc ce qui est favorable à son existence de ce qui peut la compromettre ; avant de se résoudre, il exerce une critique et il met à profit l'expérience du passé. Car ce n'est pas l'instinct seul qui détermine l'action de l'animal ; espèce ou individu, l'animal est réduit à compter sur l'expérience. L'intelligence de la hauteur et de la profondeur, le coup d'œil pour apprécier l'une et l'autre, le discernement du degré de chaleur des aliments et boissons qui leur sera supportable ou nuisible etc., sont qualités que les jeunes chiens et les jeunes chats doivent acquérir par des chutes dans les escaliers, par des brûlures. L'animal, lui aussi, doit s'instruire à ses dépens. Un bâton peut tomber mille fois, il tombera encore mille autres fois; il n'y a pas d'expérience pour lui. Présentez à un chien, une seule fois, au lieu de pain, une pierre en ayant la forme et l'apparence, il n'y reviendra plus s'il a été trompé. Il y a donc, pour l'animal, une expérience, c'est-à-dire un souvenir de ce qui lui a été agréable ou désagréable, utile ou nuisible, et une utilisation pratique de ses impressions pour l'avenir, en d'autres termes une fonction de *finalité*.

5. Notion de la vie animale. — A cela se rattache aussi étroitement que possible la notion de la vie animale. Penser, penser seulement, ce n'est pas encore la vie. Si la pierre pensait, elle n'en resterait pas moins pierre, se bornant à refléter les images du monde extérieur. Telle la lune qui se réfléchit dans l'eau. Le savoir le plus étendu lui-même n'est pas encore la vie; un livre qui contiendrait dévoilé le secret de la création entière, s'il acquérait la conscience de lui-même, ne serait jamais qu'un livre. Pas plus, la sensation n'est pas encore la vie. Si la plante sentait aussi douloureusement que l'animal la blessure qu'on lui fait, elle ne serait pas encore pareille à lui. La vie animale, telle que la nature l'a conçue et façonnée, est *l'affirmation par l'être vivant de son existence par ses propres forces (volo, et non cogito, ergo sum); la* vie est *l'adaptation pratique du monde extérieur aux fins de l'existence propre.* Tout ce qui arme l'être vivant : sensation, intelligence, mémoire, n'a d'autre sens que de l'aider dans cette adaptation. L'intelligence et la sensation seules seraient impuissantes si la mémoire ne s'y ajoutait; c'est elle qui rassemble et assure dans l'expérience les fruits qu'elles ont produits, pour les faire servir aux buts de l'existence.

La volonté, pas plus que la vie, n'est inséparable de la

conscience de soi. Que l'on saisisse bien la corrélation
intime qui existe entre elles, et l'opinion qui dénie au
vouloir de l'animal le nom de volonté, à cause de l'absence
de conscience de soi, et qui revendique ce nom exclusivement pour le vouloir humain, au lieu de reposer sur une
idée profonde, est au contraire toute superficielle et étroite.
Les traits caractéristiques de la volonté humaine, à l'exception de la conscience de soi, laquelle, même chez l'homme,
peut être définitivement ou momentanément oblitérée ou
faire défaut, se révèlent aussi chez l'animal. Nous en four-
nirons la preuve plus tard. Même la mémoire de l'animal,
qui est supposée résider dans son vouloir, est infiniment
plus intelligente qu'elle ne paraît à première vue. Il est
aisé de dire que l'action de l'animal est déterminée par
la conception d'un événement futur; mais que de choses,
cependant, dans ces mots. La conception d'une chose future,
c'est l'intuition d'un futur contingent. L'animal, puisqu'il
compare le futur avec la situation actuelle, atteste sa
capacité de discerner pratiquement la catégorie du réel et
celle du possible. Il distingue également le but et le moyen,
et les met en œuvre. Si son intelligence n'embrassait pas
ces idées, le vouloir, chez lui, ne se concevrait pas. Je suis
si éloigné, pour ma part, du dédain pour le vouloir de
l'animal que je le tiens au contraire en haute estime.
J'essaierai même d'y puiser, dans le chapitre suivant,
le schème de la finalité en général.

Les considérations qui précèdent ont montré que le but
est la conception d'un événement futur que la volonté
tend à réaliser. Cette notion du but est loin d'en comprendre l'essence entière. Elle doit toutefois nous suffire
pour le moment, jusqu'à ce que, avançant dans nos recherches, nous soyons à même de la remplacer par une notion
plus pleinement complète. Nous allons nous en servir
comme de l'x du mathématicien, c'est-à-dire comme d'une
quantité inconnue.

6. Le vouloir humain. — En étudiant le vouloir humain, nous nous bornons, dans ce chapitre, à démontrer la loi de finalité. Elle se formule dans cette règle : *nul vouloir sans but*. Négativement, cette thèse signifie que le vouloir, le processus interne de la formation de la volonté, est indépendant de la loi de causalité. Ce n'est pas la cause, c'est le but qui constitue le motif déterminant du vouloir. Mais la réalisation de la volonté, sa manifestation extérieure tombe sous la loi de causalité. Nous trouvons là, d'un côté le stade interne de la volonté, d'un autre son stade externe.

7. Stade interne du processus de la volonté : loi de finalité. — Ce stade interne trouve son point initial dans un acte de la faculté de concevoir. Une image surgit dans l'âme, la conception d'un état futur possible se dessine, qui promet au sujet une satisfaction plus grande que l'état présent. La raison qui fait naître cette image, qui amène cette conception, réside, en partie, dans le sujet lui-même, dans son individualité, son caractère, ses principes, sa conception de la vie. Elle repose en partie sur des influences extérieures. Si le délinquant conçoit l'idée du fait coupable, cela provient d'abord de sa nature de délinquant; l'âme de l'honnête homme ne concevra jamais pareille idée. Il en va de même de la conception d'une bonne action chez l'homme vertueux. Elle est impossible au méchant. La possibilité du premier élan vers le fait a donc pour condition l'individualité même du sujet ; en elle gît la raison dernière de ce mouvement vers le fait. Les influences extérieures au contraire ne font que pousser au fait, elles en sont la cause occasionnelle. Elles marquent le point où la loi de causalité peut peser sur la formation de la volonté, mais indiquent, en même temps, la limite de cette pression. En effet, comme nous l'avons exposé plus haut (p. 5), au sujet du processus de la volonté animale, ces influences extérieures sont sans pouvoir direct sur la volonté. Elles n'acquièrent de puissance que lorsqu'elles se transforment en motifs psychologiques, et leur pouvoir à cet égard dépend de la somme de résistance qu'elles rencontrent dans le sujet lui-même.

Cette conception d'une chose future se distingue des autres concepts en ce qu'elle est de nature pratique. Elle incite au fait, c'est un projet du fait présenté à la volonté par l'intelligence et le désir. L'adoption de ce projet dépend de la force des raisons qui le combattent ou l'approuvent. Sans cette prépondérance du pour ou du contre, la volonté restera sans mouvement, comme la balance lorsque les poids des deux plateaux sont égaux. C'est l'âne de Buridan placé entre deux picotins de foin. La résolution prouve qu'au jugement du sujet il y a eu prépondérance.

8. Le but. Sa nécessité. — La satisfaction espérée par celui qui veut est le *but* de son vouloir. Jamais l'action elle-même n'est un but, elle n'est qu'un moyen de l'atteindre. Celui qui boit veut bien boire, mais il ne veut boire que pour le résultat qu'il en attend. En d'autres termes, dans chaque action nous voulons non cette action même, mais seulement son effet pour nous. Cela revient à dire, que dans toute action, c'est uniquement le but de celle-ci que nous poursuivons. On m'objectera que dans l'exemple ci-dessus, l'argument n'est exact que si l'on boit poussé par la soif — alors en effet il ne s'agit pas de boire mais seulement d'étancher la soif — qu'il ne l'est plus lorsqu'on boit pour le plaisir de boire, car dans ce cas le fait de boire constitue le but et cesse d'être un moyen. Mais lorsque le fait de boire ne nous procure aucun plaisir, par exemple parce que le vin est gâté ou insipide, nous nous en abstenons. Que l'action elle-même puisse être un but, il n'y a là qu'une illusion. Elle provient uniquement de ce que le but peut se rattacher au fait d'une double manière. Il peut être dirigé vers l'effet produit par le fait *pendant* l'acte de sa réalisation, ou vers celui qu'il produit *après* son accomplissement. Celui qui boit de l'eau par soif, ou fait un voyage d'affaires, vise ce qui existera pour lui après l'ingurgitation, après le voyage fait ; celui qui boit du vin pour le plaisir, ou qui fait un voyage d'agrément, poursuit ce qu'il y a pour lui dans l'acte même. Le but peut embrasser à la fois l'un et l'autre objet ; inutile d'insister sur ce point. De quelque manière que le but se rattache à l'action, et de quelque nature qu'il soit, l'acte ne peut se concevoir sans but. *Agir, et agir dans un but, sont termes équivalents.* Un acte sans but aucun ne peut exister, pas plus que ne peut exister un effet sans cause. Ici nous touchons au point que nous nous sommes proposé de prouver, à savoir : l'existence de la loi de finalité. Loi, elle ne le sera que si sa réalisation est absolument nécessaire, s'il est impossible de s'en écarter, si l'on n'y conçoit pas même la possibilité d'une exception. Faute de tout cela nous nous trouverions en présence d'une règle et non plus d'une loi. A-t-elle réellement droit à ce nom ? Tout bien considéré, on n'y pourrait faire que deux objections. On n'agit pas seulement dans un but ; une raison peut aussi pousser à l'accomplissement d'un acte ; par exemple on peut agir sous l'empire de la contrainte, ou parce que le devoir ou la loi de l'État l'ordonnent. Première objection. Seconde objection : il est des actes complètement inconscients, dépourvus de toute intention, par exemple les faits et gestes du fou, ou les actes si bien passés en habitude que plus aucune pensée n'y préside.

La première objection paraît sans réplique. Pour lui dénier toute base de vérité, il faudrait admettre que, pour indiquer le motif d'une action, on ne pût jamais l'exprimer par le mot *parce que (quia)*, qui marque la raison, mais que toujours s'imposeraient les expressions *pour, afin que (ut)*, qui marquent le but. Or, l'usage linguistique de tous les peuples adopte les deux mots concurremment.

Voyons ce qui en est en réalité de ce *parce que*. Chacun comprend sans difficulté ce que veut dire : je bois parce que j'ai soif. Mais si l'on disait : parce qu'il a plu hier, la chose deviendrait inintelligible. Pourquoi? c'est qu'on n'aperçoit aucune relation entre ce *parce que* et le fait de boire. Le *parce que* n'établit pareille relation que lorsqu'il couvre un *afin que*. La *raison* d'un acte, c'est le but de cet acte autrement exprimé; là où le but manque, il n'y a pas action, il y a événement. « Il s'est précipité de la tour, parce qu'il voulait se tuer » : — ici le *parce que* masque le *afin que;* dans cette phrase au contraire: « Il a perdu la vie parce qu'il est tombé du haut de la tour » le *parce que* conserve son véritable caractère. Dans le premier cas, il y a une action, dans le second, un événement.

Mais pourquoi le *parce que* mis à la place de *afin que?* Nous nous servons surtout de cette première expression lorsque celui qui a fait l'acte ne possédait pas, en le faisant, la pleine liberté de sa résolution, mais a agi sous l'empire d'une nécessité quelconque, physique ou juridique, morale ou sociale. Lorsqu'il n'en est pas ainsi, nous rapportons simplement le fait, lorsque son but apparaît clairement; ou bien, si des buts différents peuvent se présenter à l'esprit, nous indiquons aussi le but qui a motivé le fait. Personne ne dira : il a fait des cadeaux de Noël à ses enfants pour leur causer de la joie, il a acheté une maison pour s'y loger. Mais celui qui a acheté une maison pour la démolir, pour la louer, pour la revendre, exprimera le but de son acquisition lorsqu'il voudra motiver sa résolution.

Reste à voir si notre affirmation soutient l'épreuve de l'examen.

9. **Contrainte physique ou psychologique.** — Envisageons d'abord le cas de la *contrainte physique*. Qu'un brigand arrache violemment à sa victime sa montre et sa bourse, le brigand agit, la victime, non. Mais lorsque, sous le coup des menaces du brigand, la victime livre sa montre et sa bourse, dans ce cas la victime agit, bien que contrainte *(contrainte psychologique)*. A-t-elle une raison pour agir, ou un but? Sans doute aucun, son action a un but. L'homme donne sa bourse et sa montre pour sauver sa vie; sa vie lui est plus chère que son bien, il sacrifie le moins pour sauver ce que lui vaut le plus. Possible que sa faiblesse fasse honte à son honneur, et qu'il reprenne la lutte avec son voleur. Encore dans ce cas a-t-il un but en vue. Il y a ici un acte de volonté, au vrai sens du mot, et non la simple apparence extérieure d'un acte volontaire. Avec leur intelligence pénétrante [1], les juristes romains s'en sont bien rendu compte. Et il est étrange que cette vérité soit restée lettre morte pour certains juristes modernes. Car, si quelqu'un doit voir clair dans ce cas, c'est le juriste; s'il est digne de ce nom, son intelligence pratique doit lui faire discerner à quelles conséquences on aboutirait si, dans le cas de contrainte, on voulait contester l'existence de la volonté. Toute liberté viendrait donc à disparaître chez quiconque céderait à des influences extérieures. Pas libre le geôlier qui, apitoyé par les larmes des parents, laisse fuir le criminel condamné à mort! Pas libre, le caissier qui vole sa caisse pour donner du pain à ses enfants! Où donc trouver la limite? Si l'homme qui se noie, et promet sa fortune en retour de la perche qu'on lui tend, peut quereller sa promesse, sous prétexte qu'elle ne lui a été arrachée que sous la pression du danger qu'il courait, pourquoi n'en serait-il pas de même du voyageur obligé, à l'étranger, de payer plus que l'indigène, et plus qu'il ne paierait dans son propre pays? La casuistique forge aisément toute une chaîne de cas pareils, et il peut devenir bien difficile de discerner

---

(1) En deux mots. Paul frappe juste, dans la L. 21 § 5 quod met. (4. 2) *coactus* VOLUI = j'ai voulu sous l'empire de la contrainte.

le point où cesse la contrainte et où la liberté commence. En bien des cas de ce genre, la loi peut refuser au fait son efficacité juridique — le droit romain l'a fait par exemple dans le cas où la contrainte dépassait la mesure ordinaire de la force de résistance de l'homme *(metus non vani hominis, sed qui merito et in hominem constantissimum cadat,* L. 6 quod metus 4. 2)*;* mais cette circonstance importe peu pour la question de savoir s'il y a lieu d'admettre un acte de volonté, cette question là n'est pas du for de la loi [2], elle relève de la psychologie. La loi déclare nulles les conventions immorales; qui s'est jamais avisé de leur refuser le caractère d'actes de volonté? L'Etat aussi nous contraint par ses lois; cessons-nous donc d'être libres parce que nous les observons?

10. Contrainte juridique; — morale. — Nous touchons ici à un rapport dans lequel la raison d'un acte semble également en exclure le but. Le débiteur paie sa dette. Pourquoi? Parce qu'il doit, sera la première réponse qui se présentera. Mais ici encore le *parce que* n'est qu'un *afin que* déguisé : le débiteur paie pour se libérer. S'il peut obtenir cette libération par un autre moyen ou si les circonstances sont telles que juridiquement l'acte extérieur du paiement n'atteigne pas ce but, il ne paiera pas. Celui qui place dans le fardeau de la dette la raison déterminante du paiement peut avec autant de raison dire que le prisonnier qui s'enfuit, le fait pour se débarrasser de ses chaînes. Si le prisonnier n'avait pas ressenti le désir d'être libre, il n'aurait pas profité de l'occasion qui s'offrait de jeter ses liens. De même pour la dette. Celui qui n'en a cure ne paie pas, et celui qui paie ne le fait point à cause

(2) Comme le dit Gaius III. 194 : *neque enim lex facere potest, ut qui manifestus fur non sit, manifestus sit, non magis, quam qui omnino fur non sit, fur sit et qui adulter aut homicida non sit, adulter aut homicida sit. At illud sane lex facere potest, ut perinde aliquis pœna teneatur atqui si furtum vel adulterium vel homicidium admisisset, quamvis nihil eorum admiserit.*

de la dette, fait qui gît dans le passé, mais pour un futur contingent, dans un but précis : pour rester honnête homme, pour ne pas ébranler son créd it, ternir sa réputation, pour éviter un procès. Plus loin, au chapitre du but dans les actes habituels, nous verrons que lors des paiements que nous faisons, nous n'avons pas toujours conscience des buts spéciaux de l'opération. La plupart des hommes obéissent aux lois par pure habitude, sans y réfléchir autrement. Ce n'est que lorsque survient une tentation de les transgresser qu'apparaît le pourquoi, le but de leur soumission.

Il en est de l'observation des devoirs moraux comme du respect des obligations juridiques. Si je fais l'aumône, je donne mon obole, non *parce que* l'homme est pauvre, mais *pour* assister en ce qui me concerne un affligé ; le *parce que* n'est qu'un *pour* déguisé.

Contre ce raisonnement qui se résume à dire que toute raison d'une action peut être transformée en but de cette action, on pourrait objecter que le contraire est possible au même titre. Au lieu de dire : j'achète une maison *pour* m'y loger, il suffirait de s'exprimer ainsi : *parce que* j'en ai besoin pour m'y loger. Si mon argument ne portait que sur la possibilité d'une manière autre de *parler*, l'objection serait fondée. Mais ma démonstration ne tend pas à établir que, *dans le langage usuel*, toute raison d'agir peut être présentée comme but, je dis que dans la *réalité des choses*, la raison d'agir c'est le but. Dans l'expression, *avoir besoin* : le but linguistiquement déguisé, apparaît de nouveau. Il en est ainsi dans tous les cas.

11. But des actes inconscients. — La deuxième objection soulevée contre la nécessité absolue d'un but attaché à toutes actions, nécessité que je proclame (p. 9), consiste à dire qu'un acte peut être accompli sans que l'auteur en ait conscience, sans qu'il ait l'intention de le faire. La réfutation a devancé la proposition. Nous avons démontré plus haut,

en parlant de l'animal (p. 6), que pour le vouloir, et par conséquent pour le but, la conscience de soi n'est pas nécessaire.
Le fou non plus n'agit pas sans but, si l'on peut appeler agir
l'accomplissement des faits et gestes auxquels il se livre.
Ses actes se distinguent de ceux de l'homme sage, non par
l'absence du but, mais par l'étrangeté de celui-ci, par son
anomalie. J'oserais dire que là précisément, chez lui, au
regard de l'animal, se révèle le dernier vestige de son
humanité : il se crée des buts étrangers complètement à la
pure vie animale et que, par cela même, la bête ne saurait
concevoir. Chez le fou, caricature de l'homme, on reconnaît
encore l'homme.

A l'acte habituel, qu'on accomplit sans y songer, s'attache
également un but. Pareil acte est, dans la vie de l'individu,
ce que sont les mœurs, le droit coutumier, dans la vie des
peuples à l'origine. Chez lui comme chez eux, c'est un but
plus ou moins clairement conçu qui a donné lieu à l'action.
Mais la répétition fréquente du même acte, accompli dans
les mêmes circonstances, dans un but toujours identique, a
si bien enchevétré le but et l'acte, que le but a cessé pour
la conscience d'être un élément perceptible du processus
de la volonté.

Je termine ici mon exposé de la loi de finalité, et je conclus : Vouloir, et vouloir dans un but donné, sont termes
équivalents ; il n'y a pas d'actions qui ne tendent à un but.
Si néanmoins la langue parle d'actes sans but, elle exprime
non pas l'absence d'un but en général, mais le défaut d'un
but raisonnable. Les faits de cruauté envers les animaux en
sont un exemple. Objectivement, aucun but ne s'y rattache,
n'étant commandés par aucune des fins de la vie ; subjectivement, le but existe, le bourreau des bêtes a pour but de se
repaître de leurs souffrances. A l'acte *sans but*, qu'il faut
entendre dans le sens de l'erreur commise sur le but,
s'oppose l'acte *contraire au but*, qui se méprend dans le choix
des moyens.

12. Stade externe du processus de la volonté : loi de causalité. — Le travail interne de l'acte a pour conclusion la *résolution* ; la volonté ne délibère plus, l'irrésolution a cessé, et à ce dernier état se rattache l'exécution de la décision prise, le *fait*. Par le *fait*, la volonté fait irruption dans le domaine du monde extérieur, et se place sous l'empire de ses lois. A la loi de finalité, se substitue désormais pour elle la loi de causalité. Non seulement elle ne peut abolir cette loi, mais elle a besoin de son concours pour se réaliser elle-même. Celui qui se précipite pour se tuer, soumet l'accomplissement de sa résolution à la loi de la pesanteur. N'y eût-il qu'un mot à prononcer, le oui du fiancé à l'autel, le futur époux compte que les vibrations de l'air porteront le son de sa voix à l'oreille du prêtre. Tout acte quelconque, en un mot, exige le concours des lois de la nature. Aussi la condition du succès de toute action est-elle dans la connaissance et l'application exactes de ces lois (*naturæ non imperatur nisi parendo*). Lorsque la balle tombe en avant du but, il y a preuve que le tireur a employé moins de poudre que ne l'exigeait la nature. Dans toute action, la nature est là, à côté de nous, servante fidèle, pour accomplir, sans refus, tous nos ordres, à la condition que ceux-ci soient exactement donnés.

13. La volonté indépendante de la loi de causalité. — En apparence, cette action extérieure de la volonté est soumise aux mêmes lois que les autres événements de la nature. Que la pierre tombe du toit ou que l'homme la lance, que ce soit la parole ou le tonnerre qui fasse vibrer les ondes sonores de l'air, peu importe, en apparence, au point de vue de la nature. En réalité, ces phénomènes sont absolument différents. La pierre tombe, le tonnerre gronde par l'action de la nature même, obéissant à des causes antérieures ; au contraire, la nature est étrangère au jet de la pierre, à l'émission de la voix. Il y a là une force qui intervient dans son domaine, et sur laquelle elle est sans action : la volonté humaine. La volonté humaine marque la limite de l'empire de la nature; où elle apparaît cet empire cesse. L'ondulation indéfinie des causes et des effets, dans le monde physique, s'arrête devant la volonté humaine; celle-ci échappe à la loi de causalité, seule la loi de finalité la régit. Vis-à-vis de la nature, la volonté conserve sa liberté; elle n'est pas soumise aux lois de la nature, mais à sa propre loi. Mais si la nature n'a pas de pouvoir sur la volonté, celle-ci commande à la nature, qui doit lui obéir — toute volonté humaine est un principe de causalité pour le monde extérieur. La volonté apparaît ainsi comme la fin et le commencement du mouvement de causalité dans la nature — la volonté, c'est le pouvoir du moi sur le *monde extérieur.*

Qu'on n'entende pas cependant par cette indépendance, par cette liberté externe de la volonté, qu'elle puisse se retrancher en elle-même comme dans une forteresse qui la protège contre toute attaque extérieure. Le monde extérieur connaît la retraite, et s'y rue souvent de force: la nature, par la faim et la soif, l'homme, par la menace et la violence. Mais si la volonté elle-même ne lui livre accès, l'assaillant demeure dehors, et si une ferme volonté garde la citadelle, le monde entier en tentera vainement l'assaut. L'homme s'est employé par mille horreurs et mille maux à faire plier la volonté : la force morale de la conviction, l'héroïsme du devoir, de l'amour, de la foi religieuse, du patriotisme, les ont tous bravés. Ils sont million les témoins sanglants qui attestent la force inflexible de la volonté. Si plus nombreux encore sont ceux qui déposent de la faiblesse de la volonté humaine, ils ne renversent pas cependant notre affirmation. Nous ne soutenons pas que nulles influences extérieures ne puissent agir *indirectement* (par pression psychologique p. 11) sur la volonté; nous disons que leur pouvoir *direct* (mécanique) est nul, ou ce qui revient au même, que la volonté est soumise à la loi de finalité, non pas à celle de causalité.

La volonté est donc — en Dieu, et en l'homme, son image — la véritable force créatrice (c'est-à-dire se procréant elle-même) du monde.

Le mobile de cette force, c'est le *but*. L'homme, l'humanité, l'histoire, sont contenus dans le but. Dans les particules *quia* et *ut* se reflète l'opposition de deux mondes : la nature et l'homme. *Ut* donne l'univers entier en apanage à l'homme, car il lui donne la possibilité de rapporter tout le monde extérieur aux fins de son moi; et à ce rapport, ni le moi, ni le monde extérieur ne mettent de bornes. Comme la Genèse mosaïque le lui fait proclamer lui-même, Dieu a donné dans l'*ut*, la domination sur tout l'univers (Genes., 1. 26. 28).

CHAPITRE II.

LA NOTION DE FINALITÉ CHEZ L'ANIMAL, COMME POINT DE DÉPART DU PROBLÈME DE LA FINALITE CHEZ L'HOMME.

14. Mécanisme du vouloir animal. — Nous avons abouti à cette conclusion qu'il n'y a point de vouloir sans but; mais nous ignorons encore ce que c'est que le but. Nous nous sommes contentés provisoirement de dire que c'est la conception d'un événement futur que la volonté tend à réaliser. Mais cette définition est incomplète. Elle en appelle une autre plus exacte.

Les termes dans lesquels nous poserons la question en simplifieront ou en compliqueront la solution. Nous pouvons aller à la recherche du but là où il s'épanouit en pleine floraison: au milieu du déploiement du grand drame de la vie, dans la cohue désordonnée des aspirations humaines : mais, insaisissable Protée, à la forme toujours changeante, il risque de nous y échapper. Il est une autre place où nous pouvons le trouver, et où la simplicité de son aspect nous le fera discerner sans crainte d'erreur : c'est lors de sa première apparition sur la scène de la création, dans la phase élémentaire de la vie animale. C'est donc là que nous allons essayer de le reconnaître.

Si nous demandons à l'animal ce que c'est que le but, il est un acte dans sa vie qui nous fournira la réponse : c'est le boire. Analysons les éléments de cet acte.

L'animal boit, l'animal respire : ce sont là des fonctions

vitales, indispensables pour la conservation de son existence. Ce sont cependant deux faits essentiellement différents. La respiration est involontaire : elle a lieu même pendant le sommeil. Boire est un fait volontaire : dans l'état de sommeil, il ne peut avoir lieu. La nature elle-même s'est réservé cette première fonction, que gouverne exclusivement la loi de causalité ; elle a dévolu l'accomplissement de l'autre à l'animal : celle-ci s'exécute à l'aide d'un acte de volonté, elle est soumise à la loi de finalité. En excitant la soif, la nature révèle au chien le charme de boire; mais si impérieux qu'il soit, une force supérieure peut le vaincre : un chien bien dressé ne boit pas sans la permission de son maître.

Cela revient à dire : l'animal boit spontanément. La *spontanéité* est donc le premier élément du fait de boire.

Si l'on demande pourquoi l'animal boit, la première réponse qui viendra à l'esprit sera qu'il boit parce qu'il a soif. Mais nous avons déjà constaté l'inexactitude de cette réponse (p. 8). Si le boire comporte un véritable acte de volonté de la part de l'animal, de par la loi de finalité établie au chapitre précédent, il ne boira pas *parce que*, mais seulement *afin que*.

Faudra-t-il donc dire que l'animal boit dans un but de conservation propre? Cela est à la fois vrai et faux. La chose est vraie si on se place au point de vue du *but de la nature*. En créant l'organisme animal, la nature a fait du boire un élément indispensable au but de la conservation de l'existence. Mais ce but de la nature n'est pas celui que l'animal se propose. L'accouplement des animaux est également indispensable pour la réalisation du but de la nature, mais l'animal qui s'y livre n'a pas pour but la conservation de son espèce; il suit simplement l'impulsion qui le pousse il veut apaiser un malaise qui le tourmente. Dans les deux cas, quand il boit et quand il s'accouple, l'animal obéit au but de la nature, mais il ne lui obéit qu'en se satisfaisant lui-même. Les deux buts coïncident : le but général de la nature et le but individuel de l'animal (chap. 3).

Au point de vue de l'animal, le boire n'a donc pas pour but sa conservation personnelle, et il est faux de considérer ce motif de conservation comme le mobile de l'animal. Au même titre pourrait-on affirmer le mobile de la conservation de l'espèce. L'animal ne se connaît pas, il se sent seulement ; il ne peut concevoir l'idée de préserver son moi dont il ne peut apprécier le prix. Le stimulant mis en œuvre par la nature pour assurer pratiquement cette préservation de soi est tout autre. Il consiste dans la sensation du plaisir et de la douleur. Invité par la nature à accomplir tel acte, l'animal éprouve un malaise qui n'est autre chose que l'ordre d'obéir à la loi naturelle. Le bien-être qu'il éprouve est la récompense de son obéissance. Ce bien-être est l'approbation donnée par la nature à l'être vivant qui s'est conformé à sa loi ; le malaise, la douleur, la peine, sont les châtiments de sa résistance.

La conservation personnelle n'est donc pas le but que poursuit l'animal qui boit ; son but est de mettre fin au malaise qu'il éprouve. L'impulsion qui l'y pousse est au dedans de lui-même, elle ne lui vient pas du dehors. Nous rencontrons ainsi le second élément du fait de boire : la *raison* du but, immanente au *sujet* lui-même, la nécessité interne de se le proposer.

L'animal va vers l'eau ; il sait d'expérience que l'eau est propre à étancher sa soif. L'attrait qui l'amène à l'eau établit entre celle-ci et lui un rapport pratique qui constitue le troisième élément du processus de la volonté : *la relation de finalité*. Cette relation, chez l'animal, se manifeste sous la forme du sentiment de sa propre dépendance vis-à-vis de l'eau. Nous retrouverons ce même élément chez l'homme (chap. 12). Il s'appellera alors l'intérêt : l'homme se rend compte que telle ou telle chose constitue une condition de son existence.

La relation de finalité ménage la transition entre la *raison* de la volonté et le *but*. Le malaise qu'éprouve l'animal (la raison de l'impulsion imprimée à sa volonté), éveille en lui le désir de mettre fin à cet état (c'est la première manifestation du but). Il reconnaît dans l'eau le moyen d'atteindre ce but (relation de finalité) : et ainsi le vouloir, jusqu'à ce moment indécis, acquiert une direction déterminée. L'état intérieur du sujet, dans cette phase du processus de la volonté, s'appelle le sentiment de dépendance.

Quand l'animal a bu. le but est atteint, le rapport de dépendance où il s'est trouvé vis à-vis de l'eau cesse. Non seulement il cesse, mais un rapport contraire s'établit. Jusqu'à ce moment l'eau avait pouvoir sur l'animal, elle le déterminait; c'est elle maintenant qui est au pouvoir de l'animal, elle est devenue la chose voulue par lui, la chose à son service, c'est-à-dire un *moyen* d'atteindre son but. La notion de moyen emporte donc une idée de dépendance du sujet par rapport à un but déterminé.

L'examen de l'évolution de la volonté chez l'animal, avec en plus les éléments du fait extérieur, expliqués ci-dessus (p. 15), nous en a fourni les caractères essentiels que nous pouvons formuler de la manière suivante: (1) cessation (2) d'un rapport de dépendance immanent au sujet, (3) par ses forces propres, (4) au moyen d'une action sur le dehors.

Si le troisième et le quatrième élément de cette formule (détermination propre et fait extérieur) sont sans intérêt ultérieur au point de vue de la comparaison du développement de la volonté chez l'homme et chez l'animal, les deux premiers n'en ont qu'une importance plus grande. Il semble s'en dégager cette règle : la raison et le but de la volonté ont leur siège dans l'animal même; la volonté part de l'animal et retourne à lui, en d'autres termes : l'animal agit exclusivement pour lui-même.

Cette règle est-elle vraie ? Elle a sa source dans un fait

où elle se vérifie, mais il est d'autres faits de la vie animale qui la contredisent. L'animal nourrit et protège ses petits, parfois même il expose sa vie pour eux. L'animal n'agit donc pas seulement pour lui-même, mais aussi pour d'autres. Notre formule de l'action pour soi et de la conservation personnelle voulue par la nature, n'a donc pas épuisé l'analyse de l'essence et de la fonction de la volonté animale telle qu'elle apparaît dans le plan de la nature. Nous nous en tiendrons cependant d'abord à cette formule, dans l'examen que nous ferons de la volonté humaine, afin de constater jusqu'à quel point elle donne la conception de l'action chez l'homme.

Chez l'homme, la volonté dirigée exclusivement vers le moi, s'appelle l'égoïsme. Les explications suivantes (chap. 3-8) décriront le rôle de l'égoïsme dans l'humanité, ses résultats, ses défaillances. Lorsque nous connaitrons tout son pouvoir, la théorie de la moralité (chap. 9) nous fournira un phénomène inexplicable en apparence, au point de vue de l'égoïsme : l'acte accompli pour autrui.

CHAPITRE III.

L'ÉGOÏSME AU SERVICE DES BUTS D'AUTRUI.

Sommaire : 15. Coïncidence des buts. — **16.** L'égoïsme au service
de la nature. — **17.** L'égoïsme au service du commerce juridique. — **18.** Buts non organisés. — La science. — **19.** Les partis
politiques. — **20.** Buts organisés. — **21.** L'État et le droit.

15. Coïncidence des buts. — Comment, avec l'égoïsme,
le monde peut-il encore exister? Car l'égoïsme ne veut rien
que pour lui-même? C'est que le monde le prend à son
service et lui paie le salaire qu'il réclame. Il l'intéresse à
ses fins, et désormais il est assuré de son concours.

Tel est dans sa simplicité le moyen par lequel la nature,
aussi bien que l'humanité et l'homme isolé, asservissent
l'égoïsme aux buts qu'ils poursuivent.

L'humanité doit exister : c'est le vœu de la nature.
Pour que ce vœu se traduise en fait, l'homme à qui elle a
donné la vie doit la conserver et la donner à son tour. Les
conditions nécessaires pour qu'elle atteigne ses fins sont
donc : la conservation de soi-même, et la propagation de
l'individu isolé. Elle les réalise en y intéressant l'égoïsme;
par l'appât du plaisir, si l'homme obéit, par la menace de
la douleur, s'il transgresse ou néglige ses lois. Si l'une et
l'autre perspective viennent, par exception, à manquer leur
effet, l'impuissance de la nature éclate. Si la somme du mal
physique ou moral que la vie apporte dépasse la somme de
ses joies ou de ses jouissances, elle cesse d'être un bien

et n'est plus qu'un fardeau, et de même que l'homme rejette un fardeau devenu trop lourd à porter, l'égoïste se débarrasse de la vie. Le suicide alors devient l'inévitable conclusion de l'égoïsme. Nous verrons plus tard si en pareil cas l'homme n'a pas pour devoir de se placer à un autre point de vue. L'homme est justifié vis-à-vis de la nature lorsqu'il peut lui tenir ce langage : « la prime que tu m'as « promise pour la conservation de mon existence, ne vaut « pas les maux et les tourments que tu m'as infligés; c'est ta « propre faute, ô nature, si je te rends un présent qui n'a « plus de valeur pour moi et que rien ne m'oblige à garder; « entre nous il faut que les comptes se balancent. »

16. L'égoïsme au service de la nature. — Mais la nature a pris des mesures telles, que rarement le compte soit en sa défaveur. Elle a établi la balance entre le bien-être et la peine de telle façon que c'est le premier qui régulièrement l'emporte dans la vie. Ne l'eût-elle pas fait, ou fût-il possible que la douleur l'emportât sur le plaisir, elle eût agi comme le patron qui rabaisse trop le salaire de ses ouvriers, qui alors le quittent : et le monde eût péri dès la deuxième génération.

La nature, elle aussi, ne peut assujettir l'homme aux fins qu'elle se propose qu'en stimulant chez lui son intérêt propre. Elle s'est tracé cette voie elle-même; si elle ne l'avait pas voulu, elle aurait dû organiser l'homme sur un autre plan. Tel qu'il est, elle ne peut le faire servir à ses fins qu'en faisant appel à son intérêt propre. Cet intérêt, elle l'en a doué sous la forme du plaisir et de la douleur. Par eux, elle sait guider l'homme dans la voie qu'il doit suivre, par eux, elle rattache à ses propres fins l'intérêt de l'homme. Celui qui accomplit une chose pour la satisfaction qu'elle lui procure, ou s'en abstient de crainte du mal, agit en vue de son intérêt propre ; mais en même temps il obéit à la loi de la nature. Cette mise en œuvre du plaisir et de la douleur me paraît la plus sûre confirmation de la loi de finalité dans la nature. Eliminons ces facteurs, ou supposons les échangeant entre eux leur essence : la nourriture devenant douleur, la mort un plaisir : la race humaine ne durerait pas une génération. Si le sentiment du plaisir n'était pas une création intentionnelle de la nature, pourquoi ne l'a-t-elle attaché qu'aux fonctions volontaires, et non aux fonctions involontaires de l'organisme humain? Pourquoi la circulation du sang, la respiration, ne causent-elles pas le même plaisir que l'apaisement de la soif et de la faim? Question insoluble pour quiconque admet que la matière s'est formée d'elle-même, sans but et sans plan préconçus. Si le hasard seul a attaché le plaisir aux manifestations de la vie animale, pourquoi la nourriture, l'accouplement, le provoquent-ils plutôt que la dentition, la croissance des cheveux, etc.? Mais la nature est avare du plaisir, elle ne le dispense que lorsqu'elle est forcée de l'appeler à son aide, en guise de récompense pour obtenir quelque chose de l'animal ou de l'homme. Même jeu, en ce qui concerne la douleur; celle-ci aussi est distribuée d'après un plan défini. La nature la ménage comme elle dispense le plaisir. L'interruption volontaire, même prolongée, des fonctions normales de nos organes, par exemple de celles de la vue et de l'ouïe, ne provoque aucune douleur lorsqu'elle ne menace pas la continuation de la vie. Au contraire, que la respiration soit suspendue, aussitôt naît le malaise. Par la douleur, la nature signale le danger.

17. L'égoïsme au service du commerce juridique. — La nature elle-même enseigne à l'homme le moyen de gagner autrui à ses fins : c'est *de rattacher son propre but à l'intérêt d'autrui*. Etat, société, les relations, les affaires, toute la vie humaine repose sur cette formule. Plusieurs hommes ne poursuivent ensemble le même but que lorsque leur intérêt à tous aboutit au même résultat final. Aucun d'eux, peut-être, ne songe au but comme tel; tous ont l'esprit tendu vers leur intérêt propre, mais ces intérêts s'accordent avec le but commun, et travaillant pour soi seul, chacun, en définitive, travaille en même temps pour les autres.

Cet intérêt n'existe pas toujours dès l'abord; il faut alors le créer artificiellement. Prenons le cas le plus simple : celui de la nécessité du concours d'un tiers pour permettre à un particulier d'atteindre son but. L'extension de mon usine exige que mon voisin me cède un fonds de terre. L'unique moyen d'obtenir cette terre que je convoite, on le sait, c'est la vente. Par l'offre de vente, je crée artificiellement chez mon voisin un intérêt à la réalisation de mon but, à la condition que mon offre soit assez élevée pour que son intérêt à me céder le fonds l'emporte sur son désir de le garder. Si ses exigences dépassent mon intérêt à acquérir le fonds, il n'y a plus de concordance entre nos intérêts respectifs, et la vente ne se fait point. Pour que les intérêts s'équilibrent, le prix offert doit être assez élevé aux yeux du voisin, assez minime aux miens, pour que la vente soit plus avantageuse que le maintien de l'état des choses actuel, et alors l'opération sera conclue. Cette conclusion prouve que la balance s'est trouvée juste au jugement des deux parties. Ce jugement peut avoir été erroné, l'appréciation des parties ou leur intérêt même peuvent avoir varié ultérieurement, il reste toujours acquis qu'au moment décisif, les deux parties ont été convaincues de la concordance de leurs intérêts, sinon elles ne seraient pas tombées d'accord. L'unité de la volonté dans le contrat (*consensus*) n'est autre chose que l'accord des parties sur la concordance complète de leurs intérêts respectifs.

Ce n'est pas l'intérêt objectif de l'opération qui la fait réussir, c'est l'estimation subjective de sa valeur pour les contractants qui fait pencher la balance. Dès lors les moyens propres à suggérer cette estimation, ont, pour établir l'accord entre les parties, la même valeur que ceux qui tendent à faire naître objectivement un intérêt. De là l'importance du bien dire en affaires : qui parle bien paie moins, ou reçoit plus, que celui qui ne sait parler. L'acheteur déprécie la chose, il cherche à persuader le vendeur qu'il est de son intérêt d'accepter le prix offert; le vendeur, lui, vante sa marchandise, il veut amener l'acheteur à donner le prix demandé; chacun d'eux s'efforce d'apporter la démonstration d'un intérêt existant pour l'autre, mais mal apprécié par lui, et l'expérience de chaque jour enseigne que le bien dire dans la vie quotidienne reçoit aussi sa récompense (3).

Ce que je viens d'exposer résume le commerce juridique tout entier. Et non seulement les relations d'affaires, mais même les rapports de société. La vie mondaine comporte des buts : ils ne peuvent se réaliser, eux aussi, qu'en stimulant l'intérêt chez autrui, intérêt autre bien entendu que celui qui règne dans le monde des affaires : c'est l'intérêt de la conversation, de la distraction, du plaisir, de la vanité, de l'orgueil, des considérations sociales, etc. Mais cet intérêt n'existât-il pas, que sur ce terrain-ci non plus, personne ne bougerait. On ne conçoit pas une société, même dans le sens mondain, si ceux qui en font partie n'y trouvent leur compte. Leur présence même atteste chez eux un intérêt de ce genre, ne fût-ce que l'intérêt négatif du respect des conventions sociales.

Ce que j'ai dit jusqu'ici de l'individu trouve la même

---

(3) Tout ceci se trouve très exactement confirmé par la notion juridique du *dolus* dans la conclusion des contrats. Le but du *dolus* est de produire la conviction de l'intérêt; non au moyen du bien dire en affaires, que le droit tolère complètement (L. 37 de dolo., 4. 3 : *quod venditor dicit, ut commendet*), mais en faisant miroiter des faits faux, que l'on prévoit devoir être relevants pour la résolution de l'autre partie — donc à l'aide du mensonge.

application lorsqu'il s'agit de la généralité. Les buts de la généralité se divisent en deux classes : les *buts organisés*, c'est-à-dire ceux qui se réalisent au moyen d'un appareil préfixe, ayant pour base la réunion bien ordonnée et stable des associés ; et les *buts non organisés*, auxquels cet appareil fait défaut, que l'individu isolé reste libre de poursuivre ou non. Ceux-ci n'ont pas grand intérêt pour nous ; je n'en citerai que deux à titre d'exemples.

18. Buts non organisés. La science. — La science réunit tous ses adeptes en une invisible communauté ; le but scientifique unit tous leurs efforts, et le résultat global de cette coopération consiste dans la conservation, l'expansion, le progrès de la science. Cette activité se meut en pleine liberté d'action. Elle aussi, il est vrai, comporte une organisation : l'enseignement par les instituts, l'investigation par la création d'académies ; mais il est évident que, même dans les limites d'un Etat, cette organisation ne doit ni ne peut remplacer l'évolution spontanée de la science, et même qu'elle ne saurait être la base de cette suprême unité de la science, qui embrasse l'univers entier.

La science elle-même conquiert cet empire universel. Peut-on dire que ce soit par sa propre force, son propre attrait ? Ce n'est là qu'une manière de désigner l'intérêt qui porte chaque individu à la cultiver. Aussi bien dirait-on que l'attrait de l'argent est le mobile des relations. De part et d'autre, dans les relations comme dans la science, c'est l'intérêt individuel qui stimule l'activité de l'homme. Seulement, dans le domaine de la science cet intérêt se présente sous des faces infiniment plus variées : la satisfaction intime qu'elle donne, le sentiment du devoir, l'orgueil, la vanité, le pain quotidien qu'elle assure, et enfin, tous les autres motifs étant épuisés, l'habitude tout simplement, ou l'ennui qu'on redoute. Celui qui ne trouve aucune satisfaction quelconque dans la science ne la cultivera pas, tout comme le travail sans salaire n'attirera pas l'ouvrier. Si le salaire offert par la science n'offre aucun attrait, pour le temps ou pour le lieu, ses disciples la déserteront.

19. Les partis politiques. — Comme second exemple d'une coopération inorganisée fondée sur l'intérêt tendant vers un but commun, je citerai les partis politiques. La garantie de leur action repose uniquement sur l'existence et sur la puissance de l'intérêt chez les membres isolés du parti.

20. Buts organisés. — Au sein de la société moderne, les buts organisés existent en masses si compactes, qu'il est presque superflu d'en citer des exemples. Pour donner immédiatement au juriste une idée de leur extraordinaire variété, il suffira de citer l'union, l'association, la société, la personne juridique. Je prends dans le nombre un exemple singulièrement instructif pour notre point de vue : celui de la formation d'une société par actions, ayant pour but la construction d'un chemin de fer. Parmi tous les souscripteurs d'actions, pas un seul, peut-être, ne s'inquiète du but objectif de l'établissement du chemin de fer, qui est la création d'une nouvelle voie de communication. Le gouvernement seul s'en préoccupe au moment de l'octroi de la concession. Pour lui, l'intérêt et le but se confondent : peut-être même dans les régions gouvernementales, a-t-il fallu un renfort artificiel pour faire avancer l'entreprise. Parmi les souscripteurs d'actions, l'un poursuit le placement durable de ses capitaux, l'autre est preneur en vue de revendre aussitôt, un troisième, riche propriétaire, ou fabricant, cherche à écouler plus facilement ses produits, un quatrième achète parce qu'il possède déjà des actions d'un chemin de fer concurrent, le cinquième, une commune, souscrit pour obtenir un tracé plus favorable de la voie ferrée — bref, chacun poursuit son intérêt propre, nul ne s'inquiète du but; et cependant celui-ci sera, peut-être, plus sûrement et plus rapidement atteint que si le gouvernement seul eût entrepris de le réaliser.

C'est dans l'Etat, non dans l'Eglise, que l'on rencontre l'expression la plus élevée du but organisé. L'Eglise, en effet, par la nature des fins auxquelles elle tend, reste bien loin en arrière de l'Etat sous le rapport de *l'organisation*, c'est-à-dire du mécanisme extérieur mis en œuvre.

21. L'État et le droit. — L'organisation du but de l'État se caractérise par l'usage étendu que celui-ci fait du droit. Est-ce à dire que dans ce domaine le mobile de l'égoïsme ou de l'intérêt devienne impuissant ou négligeable? Loin de là, car le droit lui-même a beau proclamer sa nécessité, il n'en doit pas moins, à son tour, faire appel à l'intérêt, c'est-à-dire à l'action libre et spontanée de l'homme. Le plus souvent, il ne réussit à atteindre son but qu'en mettant l'intérêt de son côté. Le délinquant n'a cure du but de l'État ou de la société ; ce qui l'inspire dans son crime, c'est son **propre** but uniquement, sa passion, sa méchanceté, son avidité, bref son intérêt. Or c'est par là même que l'État se défend contre les entreprises du méchant : en édictant la peine. L'État l'avertit, en jetant la peine dans la balance, qu'à suivre son intérêt il ait à considérer lequel des plateaux l'emportera. Si trop souvent, malgré la gravité de la peine, la menace reste vaine, c'est précisément que ce n'est en général qu'une simple menace, dont l'effet psychologique est contrebalancé, dans la conscience du délinquant, par un calcul de probabilités qui lui fait entrevoir l'impunité.

Mais toute loi ne commine pas une peine. La loi qui impose au débiteur de payer sa dette, ou au possesseur de la chose d'autrui, de la restituer au propriétaire, n'en décrète point. Qu'est-ce donc qui les force à s'exécuter? De peine, à la vérité, ils ne doivent craindre d'en encourir, mais d'autres inconvénients les attendent (les frais de justice). Et si malgré cela il se fait tant de procès téméraires, il en est là comme du cas du délinquant : il y a l'espoir que, faute de preuves, la loi restera inappliquée. Si, à ce point de vue, la loi rencontre encore dans une certaine mesure l'intérêt pour allié, il est un moment cependant où l'alliance doit se rompre, où la contrainte directe est seule efficace. Ce n'est pas l'intérêt qui amène le meurtrier devant le juge, qui le conduit dans la prison, qui le fait monter à l'échafaud. C'est la contrainte directe. Il en est de même du débiteur récalcitrant (exécution réelle sur ses biens). Pour réaliser ses fins, l'État imite la nature. Il procède par contrainte directe ou mécanique, et par contrainte indirecte ou psychologique. La circulation du sang, la digestion des aliments etc. s'opèrent par la seule force mécanique de la nature. Elle agit elle-même. L'Etat procède de la même façon pour l'application des peines, pour l'exécution des jugements civils, pour la rentrée des impôts. Chez tous deux le libre arbitre de l'individu accomplit d'autres actes indifférents à leurs buts et dépouillés de toute contrainte. Ils représentent le domaine de la liberté (physique ou juridique) de l'individu. Au contraire, les faits nécessaires à ces fins sont assujettis à la contrainte indirecte (psychologique).

La nature, l'Etat, l'individu, assurent leur empire sur l'égoïsme par l'identification des buts et des intérêts opposés. Sur celle-ci repose cette merveille, qu'une force qui veut le moins crée le plus. Rapportant tout à elle-même, avec son moi si faible et si périssable, ses intérêts si mesquins, l'humanité fait surgir des œuvres, jaillir des institutions, à côté desquelles ce moi ressemble au grain de sable devant les Alpes. La nature offre son pendant dans les formations crayeuses des infusoires. Un être imperceptible à l'œil nu élève toute une montagne. L'infusoire c'est l'égoïsme; il ne connaît que lui-même, ne veut que pour lui-même, et il bâtit-le monde.

CHAPITRE IV.

LE PROBLÈME DE L'ABNÉGATION DE SOI.

Sommaire: 22 Impossibilité de l'action sans intérêt. — 23. L'impératif catégorique de *Kant*. — 24 Absence apparente de l'intérêt dans l'abnégation — 25. L'intérêt dans l'abnégation. — 26. Actes désintéressés. — 27. Systématique des buts humains. – 28. Buts de l'individu et de la société. — Plan du travail.

22. Impossibilité de l'action sans intérêt. — Nous venons de voir qu'agir dans l'intérêt d'autrui n'est pas incompatible avec l'égoïsme. A une condition toutefois, et celle-ci très importante : c'est qu'en travaillant, on agisse en même temps pour soi. Mille faits de la vie courante le prouvent, mais qui oserait soutenir qu'il n'y a point d'exceptions?

La mère qui se sacrifie pour ses enfants ne poursuit aucun intérêt personnel, ni la petite sœur des pauvres qui expose sa vie près du lit du pestiféré. A chaque pas dans la vie, on se heurte à une insoluble énigme, si l'on rapporte à l'égoïsme le motif de tous les actes humains. L'égoïste reconnaît lui-même qu'il est incapable de pousser l'abnégation jusqu'au point que nous venons de dire; c'est avouer que l'homme obéit encore à un autre sentiment que l'égoïsme.

Le sentiment qui guide les actes dont nous parlons, s'appelle *abnégation*. Il ne contredit pas à la loi de la volonté, à la loi de finalité dont nous avons constaté l'existence. L'abnégation fait aussi vouloir une chose *future*, mais par elle, l'homme ne veut plus pour lui-même, il veut pour autrui. Pour autrui : ces deux mots renferment tout le nœud de la question. Qui n'y a songé, s'étonnera que pour nous ils soulèvent le problème le plus ardu de la volonté humaine. La chose paraît toute simple, et l'expérience de chaque jour semble la démontrer. Seul l'égoïste, dont l'âme étroite est rebelle à toute idée de sacrifice pour autrui, peut y contredire. Mais l'expérience de chaque jour nous apprend aussi que la pierre tombe; et autre chose est de voir un phénomène se produire, autre chose de s'en rendre compte. La science a mis mille ans à comprendre la chute de la pierre. Le problème de l'action désintéressée pour autrui est aussi malaisé à résoudre pour le psychologue, que celui de la chute de la pierre pour le naturaliste. Pour mieux dire, la difficulté est plus grande encore. Pour le psychologue, l'abnégation présente un phénomène aussi merveilleux que s'il voyait la mer tout à coup recouvrir les montagnes.

23. L'impératif catégorique de Kant. — Un philosophe moderne (4) voit dans la compassion un fait mystérieux; mais combien ce simple fait de sentir, de souffrir avec autrui, ne reste-t-il pas en arrière, bien loin, de l'abnégation pratique, qui nous fait agir dans l'intérêt des autres à nos propres dépens !

D'autres philosophes n'y ont pas vu la même difficulté. L'un des plus éminents, dans tous les temps, Kant, considère l'abnégation comme chose toute simple. La notion du devoir, pour lui, implique nécessairement celle de l'abdication

---

(4) Schopenhauer. *Die beiden Grundproblemen der Ethik*, 2ᵉ édit. Leipz. 1860, p. 209, 229. « C'est un phénomène mystérieux dont la raison ne « peut donner un compte immédiat et dont les motifs ne peuvent être « démêlés par voie d'expérience. C'est le grand mystère de la morale, « son phénomène primordial, et la limite au delà de laquelle la spéculation « métaphysique seule peut encore risquer un pas ». Il fait cet essai d'explication métaphysique, p. 260-275. Je crois, dans la suite, pouvoir arriver au même résultat par une voie plus simple.

absolue de soi-même; l'homme doit accomplir son devoir sans songer à lui-même, c'est-à-dire, non dans un but subjectif (motif), mais dans un but objectif. L'impératif catégorique de KANT, base de toute sa théorie de la morale[5], exige que la volonté s'ébranle sans aucun intérêt personnel, sous l'impulsion exclusive de son principe déterminant, « sans avoir égard à l'effet attendu » (p. 20). « La volonté se « trouve affranchie de tout mobile qui pourrait résulter « pour elle de l'observation d'une loi, et il ne reste donc que « la légalité universelle des actions en général, pour lui « servir de principe » (p. 22). L'impératif exclut « tout « mélange d'un intérêt quelconque, comme mobile »(p. 60)[6]. Le principe de la loi morale ne doit être cherché « ni dans la « morale de l'homme (le subjectif), ni dans les circonstances « au sein desquelles il est placé ici bas (l'objectif). Elle « n'emprunte rien à la connaissance de l'homme, c'est-à-dire « à l'anthropologie » (p. 56).

C'est donc une simple abstraction qui doit pousser l'homme à agir : rien d'autre. KANT proteste même expressément contre ce « fétichisme de moralité » (p. 211) ; « le « sentiment de la compassion et de la sympathie attendrie... « est une charge, même pour les personnes bien pensantes » (p. 257). « La moralité de l'homme se mesure à son respect « de la loi morale » (p. 212). Ce n'est pas un mouvement de compassion qui doit nous rendre pitoyables aux malheureux, ce n'est pas la douceur de la paix intérieure qui doit nous inspirer la fidélité au devoir; le simple respect de la notion

---

(5) V. « *Grundlegung der Metaphysik der Sitten* » et « *Die Kritik der practischen Vernunft* ». Les citations dans le texte se rapportent à l'édition des œuvres de KANT par ROSENKRANZ, Tome VIII.

(6) FICHTE dans son « *System der Sittenlehre* », accentue encore l'idée. V. dans SCHOPENHAUER l. c. p. 181 un recueil de citations, p. ex : Je ne suis qu'un instrument, un simple outil de la loi morale, et non un but. — On ne doit nourrir le corps, soigner la santé, que dans le seul but d'être un outil solide pour l'avancement du but de la raison.

absolue de la légalité doit seul nous guider. Et cela pourquoi? Pour que l'impératif catégorique apparaisse dans toute sa majesté et règne seul sur le monde!

Encore s'il en avait le pouvoir [7]! On ne fait pas avancer un chariot au moyen d'une lecture sur la théorie du mouvement, et l'impératif catégorique suffirait à mettre en branle la volonté humaine? Non! il l'effleure sans y imprimer de traces! Si la volonté était une puissance *logique,* elle devrait céder à la contrainte de l'idée abstraite; mais elle est un être réel, que de simples déductions logiques n'ébranlent point. Elle ne bouge que sous le coup d'une pression réelle. Pour la volonté humaine, cette pression réelle c'est l'intérêt.

24. Absence apparente de l'intérêt dans l'abnégation. — Les choses se passent-elles autrement quand il s'agit de l'abnégation? La volonté peut-elle, ici, se mettre en mouvement en l'absence de tout intérêt quelconque? KANT le veut ainsi.

Si je fais des sacrifices dans l'intérêt de mes enfants, de mes amis, dans un but d'utilité générale, je n'en fais pas pour plaire au Shah de Perse, ni pour aider à la construction d'un temple aux Indes. Mon abnégation n'adopte pas aveuglément tout but quelconque : elle exerce une critique, elle distingue entre les divers buts. Pour m'enthousiasmer en faveur de l'un d'eux, il doit avoir une certaine relation avec mon moi. Le protestant ne contribue pas au denier de St Pierre, le catholique ne subsidie pas les œuvres protestantes; je ne me dévoue pas pour un étranger comme je le ferais pour un ami.

Dans le langage, on exprime cette relation par les mots : s'intéresser à, prendre part à. Nous ne pourrons examiner

---

(7) KANT lui-même a si peu confiance à cet égard qu'il avoue (p. 97) : qu'il est impossible à la raison humaine d'expliquer comment la raison pure, sans autres mobiles... pourrait être pratique par elle-même,

que plus tard (chap. XII) en quoi consiste cet intérêt, et quel est son fondement. Pour le moment, nous prenons l'idée telle qu'elle s'est traduite dans les expressions ci-dessus, que chacun comprend.

L'intérêt — « s'intéresser à un but » — est la condition indispensable de toute action humaine. Agir sans intérêt, est un non être, au même titre qu'agir sans but. C'est une impossibilité psychologiqne [8]. Si minime, si éloigné que puisse être l'intérêt, encore faut-il qu'il existe pour que le but puisse exercer son action sur la volonté.

Si l'intérêt est le rapport qui unit le but à l'auteur, et si l'on ne peut concevoir une action sans intérêt, l'acte d'abnégation doit se ranger dans la catégorie de ceux que l'on fait *pour soi*. Il perdrait ainsi, semble-t-il, tout le caractère dont il s'attribue le mérite, et ceux-là, parmi les moralistes, auraient raison, qui soutiennent que l'égoïsme est le seul ressort des actions humaines. Mais c'est trop tôt conclure.

25. L'intérêt dans l'abnégation. — Même l'abnégation suppose un intérêt, mais il revêt un tout autre caractère que celui de l'égoïsme. La distinction bien nette que la langue a établie est parfaitement juste : elle oppose l'esprit de désintéressement, d'abnégation, à l'esprit égoïste, intéressé, personnel.

L'égoïste qui agit pour autrui reste indifférent au résultat obtenu pour le tiers, si bien qu'il préférerait atteindre son but sans lui. Ce résultat n'est pour lui qu'un moyen. Dans l'acte d'abnégation, au contraire, c'est précisément ce résultat qui est voulu par son auteur. Si ce but lui échappe, il s'abstient. On ne se précipite pas au milieu des flammes, dans les flots, pour sauver un être déjà brûlé ou noyé. — La mort de cet être peut conduire au suicide, mais ce n'est plus

---

(8) SCHOPENHAUER p. 165 : Vouloir sans intérêt, c'est vouloir sans motif : c'est un effet sans cause.

là de l'abnégation, car ce n'est plus agir en vue d'autrui. Le sentiment d'avoir soulagé autrui, de lui avoir procuré une joie, est le seul qui sollicite l'auteur de l'acte d'abnégation. Il reçoit dans sa propre âme le reflet du bonheur, de la joie, qu'il a donnés. C'est la seule part à laquelle il prétende ; et c'est ce peu, précisément, qui imprime à l'abnégation sa beauté et sa grandeur. L'homme généreux ne se complaît pas dans son propre bienfait — il n'y aurait là que le froid sentiment du devoir, qu'aucun rayon de l'âme ne réchauffe, — il éprouve une satisfaction dégagée de toute préoccupation personnelle; c'est le *résultat*, le bonheur d'autrui, qui le réjouit.

Donc, dira l'égoïste, encore une récompense! c'est donc de l'égoïsme toujours! Mais qu'il examine donc s'il y trouve son compte! Pour lui, certes, la gloire du héros qui, pour ne pas les laisser tomber aux mains de l'ennemi, fait sauter le navire ou le fort qu'il défend, et se fait sauter avec eux, n'aurait guère d'attrait; sacrifier ainsi toute une vie, c'est payer bien cher quelques instants de satisfaction intime. Le prix et le gain se trouvent là dans le même rapport que si, pour se chauffer, on allumait son poêle avec ses billets de banque. L'égoïste calcule autrement bien : l'abnégation est un luxe qu'il ne se permet pas ; au fond de son cœur, il le taxe de folie chez les autres, ou bien il tâche de le réduire à son niveau, en le mêlant de quelque vulgaire préoccupation personnelle. Il est incontestable que la vanité, l'espérance de la gratitude, de la reconnaissance, ou d'autres considérations de ce genre, *peuvent* s'y mêler, mais il est hors de doute aussi qu'elles ne *doivent* pas y avoir part.

26. Actes désintéressés. — A côté de *l'abnégation*, le langage connaît le *désintéressement*. Peu importe que ces expressions soient synonymes, ou qu'une nuance les sépare : en fait, la nuance existe, et il conviendra de s'en souvenir à l'occasion. On peut distinguer deux façons d'agir sans intérêt personnel: celle qui laisse l'égoïsme indifférent, qui ne lui nuit ni ne lui profite, et celle qui impose un sacrifice à l'auteur, qui le force à faire abnégation de soi. Le droit consacre la distinction. Parmi les actes qu'on accomplit sans y avoir un intérêt propre (actes *libéraux*), le droit romain place dans la catégorie des actes *désintéressés*: les contrats de complaisance (abandon gratuit de l'usage d'une chose, *commodatum, precarium,* conservation gratuite de la chose d'autrui, *depositum,* gestion gratuite des affaires d'autrui, *mandatum, negotiorum gestio*) ; il range dans la catégorie de l'abnégation : la donation *(donatio)* et ses espèces : *pollicitatio* et *votum.* La donation est la forme juridique de l'abnégation patrimoniale, du sacrifice patrimonial (9).

En résumé, dans tout acte pour autrui, l'auteur poursuit en même temps un but qui lui est propre. Dans l'acte égoïste, ce qu'il donne est compensé, dans la mesure des évaluations humaines, par ce qu'il s'attend à recueillir. Dans l'acte désintéressé, l'équilibre est rompu, et souvent à un degré tel, qu'au point de vue de l'égoïsme, l'acte devient incompréhensible. Il en résulte que l'égoïsme n'est pas le seul mobile de la volonté humaine, et qu'il en existe un autre. Que nous l'appelions abnégation, désintéressement, esprit de sacrifice, amour, dévouement, compassion, bienveillance, etc., il n'en est pas mieux défini. Aussi longtemps que manque cette définition, l'importance du but dans la volonté humaine nous échappera.

---

(9) Dans les dispositions de dernière volonté, il n'y a, *psychologiquement,* pas d'abnégation; *juridiquement,* elles se distinguent de la donation en ce que toutes deux contiennent bien une augmentation du patrimoine du gratifié, mais que la seconde seule contient une diminution du patrimoine du donateur. On peut y appliquer ce que le juriste romain dit de l'une d'elles, de la *mortis causa donatio* : *(magis) se habere vult, quam eum, cui donat,* L. 1 pr. de don. m. c. (**39**, 6). Dans la donation entre vifs, c'est le contraire : *magis eum quam se habere vult.* Psychologiquement, c'est là la différence la plus exacte entre les deux espèces de donation.

27. Systématique des buts humains. — Au lieu de chercher la solution de cette question dans notre propre cœur, nous devons, je pense, la poursuivre au milieu du monde réel. Quel est le rôle de ces deux mobiles dans le monde, quelle est leur participation au fonctionnement de la vie humaine? C'est ce qu'il faut examiner. En constatant leur importance dans ce domaine, nous saisirons leur essence.

La vie humaine se compose de l'ensemble des buts humains. Notre tâche consiste donc à établir la *combinaison des buts humains*. Je dis la combinaison, pour signifier que je n'entends pas seulement juxtaposer ces buts divers, mais que je m'attacherai à découvrir leur corrélation intime, à démontrer leur enchaînement réciproque, du plus élevé au plus humble, et mieux encore, leur filiation nécessaire.

Je fais une réserve, cependant. Je m'adresse au juriste; bien des détails de ce travail n'ont d'intérêt que pour lui. C'est encore pour lui seul que je poursuis cette étude des buts humains. Elle n'est nullement destinée aux psychologues. Je me ferai peut-être mieux comprendre en disant que je vais développer une théorie de la vie *pratique*, afin de pouvoir enfin répondre sûrement à cette question : en quoi consiste le but de la volonté humaine?

28. Buts de l'individu et de la société. — Deux grands groupes se partagent les buts de toute l'existence humaine : ceux de l'*individu*, et ceux de la communauté (*société*). Cette distinction formera la base de notre examen. Je n'entends pas, comme le droit naturel, briser arbitrairement le rapport historique qui unit l'individu à la société, en l'isolant, et en opposant cette *existence pour soi*, purement imaginaire, à l'*existence pour autrui*, ou à la vie réelle dans la société. Je prends l'homme dans la position qu'il occupe de fait dans le monde réel. En scrutant sa vie, j'y relèverai les buts qui ont pour objet sa propre personne, à l'exclusion de la société, c'est-à-dire, de quelqu'autre personne, ou de quelqu'autre fin supérieure. Ces buts, qui naissent de l'individu et retournent vers lui, sont désignés, on le sait, sous le nom de *buts égoïstes*. Parmi ceux-ci, trois seulement méritent notre attention ; je les range sous l'appellation générale *d'affirmation individuelle ou égoïste de soi*, en les distinguant d'après leurs trois diverses tendances d'affirmation : *physique, économique, juridique*.

Les buts qui composent le second groupe, sont les *buts sociaux*, ou ceux qui ont pour objet la vie en commun, et auxquels se rattache aussi la mission de l'État. Leur intérêt, pour nous, ne gît pas en eux-mêmes : ils nous importent pour la manière dont la société et l'État appellent l'individu àcoopérer à leur réalisation. L'activité déployée par l'individu en ce sens sera exactement qualifiée par l'expression *sociale*. Deux mobiles engendrent l'action sociale de l'individu. Nous connaissons déjà le premier, l'égoïsme. L'État et la société se l'asservissent au moyen de la récompense et du châtiment. Le second mobile est celui qui donne la clef du problème de l'abnégation. C'est le sentiment de la destination morale de l'existence : l'individu n'existe pas seulement pour lui, il est solidaire de l'humanité toute entière. En obéissant à ce sentiment, et en réalisant ainsi le but suprême de son existence, l'homme s'affirme lui-même, et les actes de cette catégorie constitueront ce que j'appellerai : *l'affirmation morale de l'individu*.

29. Plan du travail. — Dans le chap. V suivant, nous examinerons l'affirmation égoïste de soi. Comme transition à l'action sociale, nous étudierons la *société* (chap. VI). Nous aborderons ensuite les deux mobiles *égoïstes* du mouvement social : le *salaire* (chap. VII), et la *contrainte* (chap. VIII). Le premier vise surtout les *relations*, le second l'*État* : ils prennent corps dans le *droit*.

Après cet exposé, vient l'*affirmation morale* de soi. Elle suppose l'existence de la moralité, et voit dans celle-ci la condition idéale de l'existence de l'individu, l'équilibre complet entre le but *subjectif* et le but *objectif* de ses actes. Pour se rendre compte de cette harmonie entre le sujet et la moralité objective, il nous faudra analyser cette dernière et montrer comment sa conception et sa réalisation subjectives se concilient avec la théorie de la volonté que nous avons développée plus haut, et qui ne connaît que l'action du sujet pour lui-même. A ce problème est consacré le chapitre neuvième : *la théorie de la moralité.*

Devenus ainsi maîtres de la notion de l'affirmation morale de soi, nous étudierons les deux formes sous lesquelles elle se manifeste : le *sentiment du devoir* (chap. X), et l'*amour* (chap. XI).

Si nous parvenons ainsi à tracer le tableau de tous les buts pour lesquels l'homme peut agir, nous reviendrons à la question restée en suspens au sujet de la volonté, et qui recevra sa conclusion par l'explication de deux autres notions : l'*intérêt* et le *but* (chap. XII). Dans la deuxième partie de l'ouvrage, nous ferons l'application au *droit* des résultats que nous aurons acquis.

CHAPITRE V.

LES BUTS DE L'AFFIRMATION ÉGOÏSTE DE SOI.

Sommaire : 30. **Affirmation physique de soi.** — Conservation de l'existence. — 31. **Affirmation économique de soi.** — Le patrimoine. — 32. Forme donnée par le droit à la protection de la vie et du patrimoine. — 33. Aphorismes fondamentaux du droit objectif. - 34. Éléments du patrimoine. - Le travail. — 35. L'échange. - 36. Le contrat. - 37. L'affirmation juridique de soi. - 38. Valeur idéale du droit.

30. Affirmation physique de soi. — Conservation de l'existence. — Dans l'affirmation égoïste de soi, l'individu existe pour lui-même, il est lui-même le propre but de son existence. De la triple tendance de l'affirmation de soi (p. 40), l'affirmation *physique* est la forme la moins noble de la finalité chez l'homme. Elle nous ramène à la période animale, où nous l'avons vue pour la première fois apparaître dans la création animée (chap. II). La première fin proposée à la volonté de l'homme, la nature la lui trace comme à l'animal : c'est la conservation de son existence. Le malaise et la douleur lui enseignent ce qui est nuisible à sa nature, et le poussent à l'éviter ; l'attrait, le plaisir et la santé, lui donnent la certitude qu'il s'est conformé aux conditions de son existence. Mais l'intelligence humaine mène l'homme dans cette voie d'une autre manière que l'animal. L'homme n'a pas seulement la compréhension et le culte de conditions d'existence plus raffinées, il a reçu le don de regarder le passé, de voir l'avenir. Dans la plupart des cas, l'affirmation physique de l'animal ne porte que sur l'instant présent, — sa faim apaisée, l'animal, en général, n'a pas souci du lendemain, — et elle ne procède régulièrement que de son expérience propre. L'homme, au contraire, est guidé, et par son expérience personnelle et par celle de ses semblables, et non-seulement par celle d'individus déterminés, mais par celle de la race toute entière. Son souci, comme celui de l'animal, ne s'arrête pas au présent; il prévoit l'avenir, spécialement en s'assurant d'avance les moyens futurs de sa subsistance. Ce souci du lendemain, fruit de la douloureuse expérience de l'humanité, à une époque où la nature n'accordait déjà plus ses dons sans se faire prier, est l'origine pratique du *patrimoine*, c'est-à-dire de la tendance, non-seulement à suffire aux nécessités du moment, mais à assurer encore des ressources pour les besoins de l'avenir.

31. Affirmation économique. — Le patrimoine. — Nous en venons ainsi à la deuxième forme de l'affirmation de soi, la forme *économique*. Le monde animal n'en offre que des traces éparses et faibles. Son point de départ, en principe et d'après l'histoire, se rattache au but de la conservation physique de soi. A mesure que s'élèvent les buts de la vie, l'homme, de son côté, s'affirme plus noblement. La vie assurée pour le futur engendre le désir du bien-être futur; la lutte pour acquérir le nécessaire et l'indispensable fait songer au superflu, à l'agréable; à la satisfaction de l'estomac, vient s'ajouter celle de la vue, de l'esprit, du cœur. Le patrimoine se forme partout où va la civilisation; celle-ci crée incessamment de nouveaux besoins, découvre de nouveaux buts, et serviteur fidèle, le patrimoine fournit à tout. A chaque but, à chaque fonction de l'individu, de la société, de l'État, le patrimoine apporte une aide puissante; il est l'expression des vertus et des vices de l'individu et de la nation. On juge du caractère et de l'éducation de l'homme d'après la façon dont il use de son patrimoine. L'homme se dépeint dans l'emploi qu'il fait de son argent. Trop souvent il n'est pas seul l'artisan de sa fortune, mais presque toujours il est maître de l'usage qu'il en fait. Le louis qui sort de la poche parle plus éloquemment que les plus belles phrases, les discours les plus persuasifs, et les larmes mêmes. Le livre de dépenses de l'homme en dit souvent plus sur son véritable caractère que n'en apprendraient ses mémoires.

Simple assurance de l'existence physique, à l'origine, le patrimoine a fini par remplir une mission de civilisation universelle. On ne concevrait pas cette importance morale ainsi acquise, s'il n'avait, pour une fraction importante de la population, conservé toujours, soit exclusivement, soit principalement, sa fonction primordiale d'assurer la conservation de l'existence physique. La puissance du patrimoine aux mains de celui qui possède au delà de ce que réclament ses nécessités physiques, et même son bien-être, gît dans l'obligation, pour ceux qui ont moins, de travailler sans relâche pour assurer leur existence.

32. Forme donnée par le droit à la protection de la vie et du patrimoine. — Le but de l'entretien de la vie a donné naissance au patrimoine — sans patrimoine pas d'avenir assuré dans la vie — ; le but de l'entretien de la vie, et celui du patrimoine conduisent l'un et l'autre au droit — sans droit pas de vie, pas de patrimoine assurés.

La forme sous laquelle le droit objectif protège ces deux intérêts est, comme on le sait, celle du droit subjectif. Avoir un droit, signifie qu'il existe quelque chose *pour nous*, que le pouvoir de l'État reconnaît, pour laquelle il nous accorde sa protection. Or, ce qui existe pour nous, peut être :

1. *Nous-mêmes :*

En termes juridiques, c'est le droit de la *personnalité*. La raison morale de cette notion se traduit par la règle : l'homme est un *but en soi*. L'esclave n'existe pas pour lui-même, mais pour son maître ; il n'est pas un but en soi, il n'est qu'un moyen servant les buts d'un autre.

2. Une *chose :*

Le langage juridique désigne le rapport de destination de la chose pour nos buts, par : le droit à la chose, ou la *propriété* dans le sens large (10) du mot.

3. Une *personne :* soit dans sa totalité et avec réciprocité du rapport de destination (les rapports juridiques de la famille), soit en vue de prestations isolées (la créance).

Enfin 4. *l'État :*

Le terme juridique pour exprimer son rapport de destina tion pour nous est le *droit de cité.*

En regard du droit se place le *devoir.* Le droit nous dit qu'il existe quelque chose pour nous, le devoir nous révèle que *nous existons pour autrui,* mais cette existence pour autrui n'absorbe pas tout le but de notre destinée — ce serait l'esclavage — elle n'en est qu'un élément isolé.

33. Les trois aphorismes fondamentaux du droit objectif. — La position de l'homme dans le monde se résume en trois aphorismes ; les deux premiers concernent son droit, le troisième indique ses devoirs envers le monde :

1° j'existe pour moi ;

2° le monde existe pour moi ;

3° j'existe pour le monde.

Ce sont là les trois pierres angulaires de tout l'ordre du droit, comme de tout l'ordre moral du monde. Tout repose sur elles : la vie privée, la vie familiale, les relations, la société, l'État, les relations des peuples, leur rapport de destination réciproque, des contemporains comme de ceux du passé (chap. VI).

---

(10) C'est en ce sens que les philosophes et les économistes ont coutume d'employer l'expression ; ainsi entendue, elle comprend la propriété dans le sens des juristes : la possession, les droits sur la chose d'autrui et le droit héréditaire.

34. Éléments du patrimoine. — Le travail. — Revenons au patrimoine qui a donné lieu à cette digression. La notion du patrimoine implique, pour la conception *juridique*, la règle : que la nature existe pour l'homme[11]. Mais la nature ne dispense pas gratuitement ses dons ; le travail et les efforts de l'homme doivent les lui arracher. Si sa propre force y reste impuissante, il doit recourir à celle d'autrui. Il n'y parvient généralement que grâce à une prestation équivalente : le *salaire*. Le droit reconnaît la nécessité de ce recours au travail d'autrui : il protège les contrats qui tendent à l'exercer. Ainsi, outre la *chose*, le *travail* vient se ranger dans le système du droit patrimonial.

Le travail a suivi le patrimoine dans sa marche ascendante, montant du but le plus urgent, mais le moins relevé : du souci de la vie physique, à des buts de plus en plus nobles. Il revêt d'abord la forme la plus primitive : la culture de la terre, et l'acquisition de ce qui regarde l'existence physique ; il s'applique ensuite, à mesure des progrès de la civilisation, à des tâches de plus en plus élevées.

35. L'échange. — Le travailleur donne son labeur contre de l'argent ; l'autre partie échange de l'argent contre du travail. Tous deux ont un besoin plus urgent de ce qu'ils obtiennent que de ce qu'ils ont. Le salaire est le moyen de diriger le superflu de la force ouvrière là où elle peut trouver le meilleur emploi, dans l'intérêt tant de l'ouvrier que de la société, faute de quoi elle chômerait ou resterait partiellement improductive. Il en va exactement de même de la chose échangée contre une autre (contrat d'échange dans le sens juridique), ou contre de l'argent (vente). De part et d'autre l'opération consiste dans l'abandon d'une

---

(11) Le juriste romain disait : *Omnes fructus rerum natura hominum gratia comparavit*, L. 28 § 1 de usur (**22, 1**).

chose dont on n'a que faire, ou dont on n'a pas le véritable emploi, contre une autre dont on peut faire usage. L'échange est donc le moyen d'amener chaque chose *à son point de destination*. Nulle chose ne s'immobilise là où elle ne peut atteindre sa destination économique, qui est de servir l'homme; chacune cherche son vrai propriétaire[12] : l'enclume va au forgeron, le violon attend le musicien, l'habit usé cherche les épaules du pauvre, le tableau de Raphaël rejoint le musée. L'échange, c'est la *providence économique* qui amène chaque chose (objet ou force ouvrière) à sa destination.

En parlant d'une destination de la *chose*, nous transportons dans le monde de la matière la *notion de finalité*, qui d'après notre propre théorie, se rattache uniquement à la personne. L'expression se justifie aisément. Elle se borne à reconnaître dans la chose un moyen efficace pour l'individu de réaliser ses buts. Ce que la chose doit lui procurer, est considéré comme contenu dans elle, comme sa destination objective, comme le but même de son être. Le but économique des choses n'est que l'appréciation subjective de leur utilité, soit que celle-ci existe par elle-même, soit qu'elle n'ait été créée que par le travail humain. L'utilité, la capacité, l'opportunité, la destination, le but de la chose, ou quel que soit le nom qu'il nous plaît d'y attacher, découle de l'opération que nous avons analysée plus haut (p. 21), en examinant la finalité chez l'animal : l'établissement d'une relation de finalité, non plus concrète, mais abstraite, c'est-à-dire, conçue ici d'après un jugement absolu, indépen-

---

(12) Bien entendu dans le domaine où elle peut étendre ses recherches. Un Raphaël peut chercher dans le monde entier, l'enclume ne peut chercher que chez les forgerons des environs. Il en va de même de la force ouvrière; le simple ouvrier de fabrique ne peut chercher aussi loin que le technicien accompli, la couturière aussi loin que la chanteuse, et le maître d'école de village aussi loin que le savant.

dant du cas particulier. Les buts des *choses* ne sont autres que les buts de l'*individu*, poursuivis par l'individu au moyen de ces choses. — L'élargissement insensible de l'horizon de finalité de l'homme se traduit historiquement par l'accroissement de l'utilité économique des choses.

Procurant à chaque partie ce qui lui est le plus utile pour ses buts, le contrat d'échange est, au point de vue de l'individu, un acte d'*affirmation économique de soi*; les relations d'échange qui embrassent l'ensemble organisé de ces actes isolés constituent le système ou l'organisation de l'affirmation économique de l'homme. Plus se développent les relations d'échange, plus s'élargit le domaine où elles se meuvent, plus s'accroît le nombre des richesses qu'elles peuvent mettre en valeur, des facilités qu'elles offrent, et plus aussi est rendue possible, facilitée, avancée, pour l'individu, la manifestation de son affirmation économique. Un nouvel article de commerce donne du pain à des milliers de personnes; l'ouverture, l'abrègement d'une route, le perfectionnement des moyens de transport, un fret plus avantageux, en un mot tout ce qui permet aux choses et à la force ouvrière d'étendre leur emploi, tout cela répand la vie et le bien-être là où régnaient le besoin et la misère; l'homme qui autrefois mourait de faim atteint aujourd'hui à la fortune.

36. Le contrat. — La forme des relations d'échanges est le *contrat*. Le juriste le définit : le concours des consentements *(consensus)* de deux personnes. La définition est juridiquement exacte, car l'élément obligatoire du contrat gît dans la volonté. Mais pour nous, dont l'étude porte, non sur la volonté comme telle, mais sur son élément déterminant : le but, la chose se présente sous un autre aspect, plus instructif à mon avis. Si le but détermine la volonté, le fait que les volontés de deux ou plusieurs personnes viennent à se rencontrer sur le même point *(convenire, conventio)*, prouve la concordance de leurs buts ou de leurs intérêts : l'acte qu'elles ont en vue, acte de l'une d'elles ou de toutes deux, réalisera ce but commun. La livraison de la chose vendue, en retour du prix stipulé, procure à l'acheteur comme au vendeur ce qu'ils désirent avoir l'un et l'autre. Leur contrat constate la coïncidence de leurs intérêts (p. 25), non théoriquement, en indiquant que leurs spéculations respectives se basent sur la réalisation d'une seule et même conjoncture, mais comme but pratique d'une coopération en vue de laquelle tous deux se réunissent.

Mais des intérêts communs aujourd'hui, peuvent redevenir des intérêts contraires dans la suite. Dans ce cas, la partie dont l'intérêt s'est modifié souhaitera la rupture du contrat, tandis que l'autre conservera le même intérêt à son exécution. Si alors le droit n'intervenait, armé de sa contrainte, pour maintenir le contrat, la convention resterait inexécutée faute d'équilibre actuel des intérêts en présence. Au point de vue de l'idée de finalité, la reconnaissance de la force obligatoire des contrats, constitue l'assurance du but originaire des conventions contre les bouleversements ultérieurs d'intérêts, et contre les revirements d'opinion des parties dans l'appréciation de leurs intérêts. La modification des intérêts n'a pas d'influence juridique sur les contrats[13]. Celui qui exige l'exécution du contrat originaire constate par là que son intérêt n'a pas varié; le refus de l'adversaire prouve que son intérêt s'est déplacé, ou qu'il

---

(13) Là où le droit, exceptionnellement, permet une résolution du contrat à raison de circonstances ultérieures (p. ex. dénonciation du mandat, de la société, demande de restitution du dépôt avant l'époque convenue, résiliation du louage, L. 3, Cod. loc., **4, 65**), il fait du maintien du contrat pour l'ayant droit une question d'intérêt — ce n'est pas l'état antérieur, mais l'état actuel de l'intérêt qui est décisif pour cette partie. La doctrine juridique constate cette configuration spéciale du rapport contractuel dans les cas particuliers, elle n'en fait pas mention dans la théorie générale des contrats.

l'apprécie autrement. Si la même modification s'est aussi produite chez le premier, l'exécution du contrat faillira. L'intérêt est la mesure de l'exécution, aussi bien que de la conclusion de tous les contrats.

La *personne*, c'est-à-dire le but de sa conservation, a donné naissance au *patrimoine*. Celui-ci assure la réalisation de ce but de conservation. Ensemble, à leur tour, ils donnent naissance au droit, c'est-à-dire à la garantie par l'État de leurs buts respectifs. Sans le droit, cette garantie dépendrait exclusivement de la force physique du sujet. La notion du droit comporte donc deux éléments : un ensemble de *buts*, et un système de *réalisation* de ces buts. De même que la personne et le patrimoine appellent le droit, de même le droit appelle l'État ; c'est l'impulsion pratique du but, et non la logique de la notion, qui impose la transition.

37. L'affirmation juridique de soi. — Le droit embrasse la personne de toutes parts. L'affirmation par l'individu de cette condition de son existence constitue ce que nous appelons l'*affirmation juridique de soi*. Elle comprend tout ce qu'il est, tout ce qu'il a : son corps et sa vie, son honneur, son patrimoine, sa famille, sa position publique. Par rapport au patrimoine, elle semble absorber l'affirmation *économique* de soi. Mais il n'y a point d'identité. Le but de l'affirmation économique de soi, c'est-à-dire de l'acquisition d'un patrimoine, n'est pas le *droit à la chose*, c'est la chose même qui est voulue. S'il en était autrement, le voleur ne déroberait pas, car le vol ne lui procure pas le droit, mais bien la chose. Au point de vue du but purement économique de l'acquisition de la chose, et des moyens propres pour l'atteindre, la valeur de la chose est donc l'élément décisif. Ceci est vrai même pour le voleur ; pour un sou, il ne s'exposera pas comme pour mille francs, pas plus que l'ouvrier ne peinera pour un franc autant que pour dix. La même considération s'applique à la conservation économique de la chose — on n'expose pas un louis pour avoir un franc.

38. Valeur idéale du droit. — Pour l'affirmation de la chose, sa valeur économique est donc le point capital. Mais elle ne l'est plus pour l'affirmation du *droit* à la chose. Elle *peut* l'être, elle ne *doit* pas l'être. La lutte pour le droit à la chose peut en effet se présenter de telle sorte qu'elle intéresse également la personne. Il ne s'agit plus alors de la chose; c'est la personne qui est en jeu. Il y va de son affirmation de soi comme sujet du droit. L'élément économique s'évanouit, comme il disparaît dans le cas de lésion du droit visant directement la personne : l'atteinte à l'honneur. L'étude que j'ai faite de l'affirmation juridique de soi dans mon écrit : *La lutte pour le droit* (trad. franç. 1890)[14], me dispense ici de poursuivre un examen plus détaillé de la question.

Nous voici parvenus au bout. L'analyse des trois tendances de l'affirmation égoïste de soi nous a montré non seulement les buts principaux de l'existence individuelle repliée sur elle-même, mais encore la force impulsive pratique de la notion du but. Sans cesse elle pousse plus loin : de la personne au patrimoine, de ceux-ci au droit, du droit à l'État. — L'idée de finalité n'arrête son évolution que lorsqu'elle a franchi les derniers sommets.

Comme on le voit, si jusqu'ici nous nous sommes placés au point de vue de l'individu, ce n'est pas, comme nous

---

(14) Je n'ai pas à répondre de la caricature que l'on a faite assez fréquemment de mon opinion, en la présentant comme s'il fallait faire un procès à propos de tout droit contesté. J'ai indiqué assez clairement les conditions indispensables pour que j'admette le devoir d'affirmer son droit. Mais à quoi bon toute la clarté d'une thèse, lorsqu'il fait noir dans la tête du lecteur, lorsque des gens se mêlent de juger un écrit sans savoir lire, et qui, arrivés au bout, ne savent plus ce qu'ils ont lu au commencement, ou qui prêtent à l'auteur des absurdités dont ils ne devraient rendre responsable que leur fâcheuse façon de lire et de penser.

l'avons déjà dit (p. 39), que nous puissions concevoir l'individu isolé en lui-même — nous n'aurions pu à côté de cette règle : j'existe pour moi, écrire les deux autres règles : le monde existe pour moi, et j'existe pour le monde ; — nous n'avons fait que tracer la position que prend l'individu vis-à-vis du monde, lorsqu'il contemple celui-ci exclusivement au point de vue de son intérêt. Nous allons voir comment cet intérêt, tout en prenant le monde à son service, se met lui-même au service de ce dernier.

CHAPITRE VI.

LA VIE PAR ET POUR AUTRUI, OU LA SOCIÉTÉ.

Sommaire : 39. Utilité de la vie de chacun pour la société. —
40. Vie en société : chacun par les autres et pour les autres. —
41. Durée de l'action exercée sur le monde. — 42. L'hérédité
dans l'histoire de la civilisation. — 43. Notoriété du nom,
mesure de valeur. — 44. Application aux peuples : la vie sociale
est la loi souveraine de la civilisation. — 45. Formes de la
réalisation de cette loi. — 46. Actes volontaires et actes contraints. — 47. Notion de la société. — 48. Rapport entre la
société et l'État. — Universalité de la société.

39. Utilité de la vie de chacun pour la société. — Toute
notre civilisation, toute l'histoire de l'humanité repose sur
l'application de l'existence individuelle aux buts de la communauté. Pas de vie humaine qui existe uniquement pour
elle-même ; toute vie existe en même temps pour le monde ;
chaque homme, si infime que soit la place qu'il occupe, col-
labore au but de civilisation de l'humanité. Le plus modeste
ouvrier contribue à cette tâche ; celui qui ne travaille pas,
mais qui parle, concourt encore à cette œuvre, car il conserve
vivant le trésor traditionnel du langage et aide à sa propagation. Je ne puis concevoir d'existence humaine, si humble,
si vide, si étroite, si misérable, qu'elle ne profite à une autre
existence. Parfois même une pareille existence fut une
source de bienfaits pour le monde. La hutte du pauvre a
souvent renfermé le berceau de l'homme de génie : la femme
qui l'a mis au monde, qui l'a nourri de son lait, qui lui a
prodigué ses soins, a rendu à l'humanité un service plus

grand que ne lui ont valu bien des rois sur leur trône. L'enfant en apprend souvent plus à l'enfant que parents et maîtres ensemble. Ses jeux avec ses camarades lui valent parfois, pour la vie pratique, un enseignement plus efficace que toutes les « leçons de sagesse et de vertu ». La balle qu'il tente de s'approprier lui donne la première notion pratique de la propriété, et l'impression de honte que lui cause la vue des vices de ses compagnons lui prêche la première morale.

40. Vie en société : Chacun par les autres et pour les autres. — Nul n'existe *pour* lui seul, pas plus que *par* lui seul : chacun existe *par d'autres* et *pour d'autres*, que ce soit intentionnellement ou non. De même que le corps réfléchit la chaleur qu'il a reçue du dehors, de même l'homme répand autour de lui le fluide intellectuel ou moral qu'il a aspiré dans l'atmosphère de civilisation de la société. La vie est une respiration incessante : aspiration, expiration ; cela est vrai de la vie physique comme de la vie intellectuelle. Être pour un autre, avec réciprocité presque toujours, constitue tout le commerce de la vie humaine. La femme existe pour l'homme, à son tour celui-ci existe pour la femme ; les parents existent pour les enfants, et ceux-ci pour ceux-là. Domestiques et maîtres, patrons et apprentis, maîtres et ouvriers, amis et amies, la commune et ses membres, l'État et ses citoyens, la société et l'homme privé, peuple et peuple, et chaque peuple et l'humanité — où trouver un rapport dans lequel l'un ne soit pas pour l'autre, et réciproquement ? Et sans parler des situations permanentes qui constituent les formes fixes de notre vie, combien de fois l'homme n'agit-il pas par la force seule de sa présence, par son exemple, par sa personnalité, par le mot qu'il prononce !

41. Durée de l'action exercée sur le monde. — J'ai beau ouvrir les yeux, je constate partout le même phénomène :

personne n'existe pour lui seul, chacun existe en même temps pour d'autres, pour le *monde*. Seulement, chacun se fait une idée différente de son monde, de la mesure et de la durée de l'action qu'il y exerce. Pour l'un, le monde c'est sa maison, ce sont ses enfants, ses amis, ses clients; l'autre embrasse en lui tout un peuple, l'humanité entière. Dans la vie des hommes, ici le bénéfice pour la société se résume dans la quantité de pommes de terre, d'habits, de bottes, etc., qui ont été produits, là, le génie d'un grand poète, d'un artiste, les découvertes du technicien, du savant, l'œuvre de l'homme d'Etat, amènent d'incommensurables résultats. L'homme ordinaire, en effet, ne laisse après sa mort que des traces bien vite effacées, mais l'existence d'un grand homme n'apparaît dans tout son lustre et toute sa splendeur, elle ne laisse mûrir ses fruits les plus riches, que lorsqu'elle est venue à s'éteindre. Après des siècles, quand la cendre de l'homme de génie est depuis longtemps dispersée à tous les vents, son esprit travaille encore au progrès de l'humanité. Homère, Platon, Dante, Shakespeare — qui les dénombrera tous, les héros de la pensée, les maîtres divins de l'art et de la science, dont cette influence se fait encore sentir? Ils sont vivants encore pour nous, plus grands que jamais ! Ils ont chanté, enseigné, pensé, pour l'humanité entière !

42. L'hérédité dans l'histoire de la civilisation. — Dans ce travail posthume des existences finies, nous découvrons les contours de l'existence pour autrui. En celle-ci gît la garantie et le progrès de toute notre civilisation. Elle se définit dans l'expression juridique d'*hérédité*. Mon existence ne finit pas avec moi-même, elle profite à autrui : telle est la pensée qui fait la base du droit héréditaire. Le juriste ne reconnaît au droit héréditaire d'autre objet que le patrimoine. L'hérédité, pour lui, c'est le sédiment économique de l'individu, la somme de sa vie exprimée en francs et

centimes. Au contraire, aux yeux de l'histoire, de la philo
sophie, la notion de l'hérédité embrasse toute la civilisation
humaine. La succession est la condition de tout progrès
humain, dans le sens de l'histoire de la civilisation. Le successeur utilise l'expérience de son prédécesseur, il met en
œuvre son capital intellectuel et moral. L'histoire, c'est le
droit héréditaire dans la vie de l'humanité.

Être pour autrui comprend donc deux directions différentes : les effets de notre existence sur le monde actuel,
ses effets sur le monde à venir. La valeur de l'existence
humaine, le mérite des individus et des peuples, se mesurent
d'après l'intensité de cette double action.

43. Notoriété du nom, mesure de valeur. — La notion
de valeur est relative, on le sait, elle indique le degré d'utilité
d'une chose pour l'un ou l'autre but. Appliquée à la vie
humaine, la notion de valeur se traduit en cette question :
Où est le bénéfice réalisé par la société? La valeur de toute
vie se trouve là aux yeux de la société. La notoriété
attachée au *nom* est l'une des mesures de cette valeur. En
règle générale, notre nom vaut et dure ce que vaut et ce
que dure notre importance dans le monde. Le nom historique
qui surnage dans la vie, prouve seulement que celui qui l'a
porté continue à vivre pour le monde. En effet, la gloire
attachée à ce nom n'est pas le simple tribut de reconnaissance payé par le monde, elle est l'affirmation de l'influence
continue du personnage. Le monde reste indifférent à la
grandeur de l'homme lui-même, il ne s'inquiète que de ce
qu'il a été pour lui. Dans les annales de l'histoire, comme
autrefois le *nomen* dans le livre domestique du Romain, le
nom est un *article de dette;* rien ne s'inscrira à l'*actif* du
génie qui n'a rien produit pour le monde. La notoriété du
nom marque l'importance de celui qui le porte; cela est
vrai même dans l'humble et le plus infime monde de la vie
bourgeoise. Jusque dans ces régions, la notoriété ne s'étend

qu'à mesure que le nom profite à la société et qu'elle le sait; celui de l'ouvrier n'est connu que de ses seuls camarades, toute la région connaît celui du maître de la fabrique.

Un nom célèbre atteste donc, non-seulement que quelqu'un est *devenu* quelque chose pour la société ou pour le monde, mais encore que ceux-ci ont acquis conscience de cette élévation. C'est la reconnaissance de leur dette par l'émission d'une lettre de change tracée sur la gratitude humaine. La dette existe sans la lettre de change, mais celle-ci seule la confirme sans réplique possible. La valeur de la créance ne se mesure pas à l'honneur qui résulte de son paiement, elle réside dans la garantie qu'elle donne au porteur que sa vie n'a pas été inutile pour le monde. La société ne recherchera pas quels auront été les mobiles de ses actions, orgueil, ambition, ou désir simplement d'être utile à l'humanité; elle s'en tient au résultat sans se préoccuper du motif. Et cela est bien. Car si elle dispense ses couronnes à celui-là aussi qui n'a ambitionné qu'un salaire, elle a su, elle, s'assurer son concours pour ses fins; la récompense qu'elle lui décerne ne peut lui être enviée que par celui qui jalouse le salaire de l'ouvrier. Les lauriers ne se cueillent pas sans peine; pour les mériter, il faut mettre pour enjeu sa vie entière. Cela s'applique aux peuples comme aux individus.

44. Application aux peuples : la vie sociale est la loi souveraine de la civilisation. — Les peuples non plus n'existent pas pour eux seuls; ils vivent pour les autres peuples, pour l'humanité[15]. Leur influence, non plus, ne s'éteint pas avec leur existence; elle se répand sur les époques les plus éloignées, dans la mesure de l'importance de leur action dans le monde. L'art des Grecs, leur littérature

(15) V. le développement de cette idée dans mon *Esprit du D. R.*, t. I, p. 6 ss.

et leur philosophie, le droit des Romains, restent la source éternelle de notre éducation. Les chefs d'œuvre de beauté, de noblesse, de puissance, qu'ils nous ont légués dans leurs œuvres d'art, dans leurs idées, dans le souvenir de leurs grands hommes et de leurs actions, enrichissent encore notre siècle. Tous les peuples policés du monde ont collaboré à notre civilisation moderne. Si nous pouvions analyser celle-ci, dans ses éléments, en remontant jusqu'à leurs premières origines, nous obtiendrions toute une liste de peuples, voire des noms de peuples qu'aucunes annales ne nomment.

Pour s'en convaincre, il suffit déjà des résultats encore embryonnaires des recherches sur l'histoire de la civilisation de l'humanité. Que de richesses avons-nous encore à découvrir dans ce domaine ! Cependant, ce que nous savons déjà, ce qui se passe tous les jours sous nos yeux, atteste que la règle : *chacun existe pour le monde,* est vraie pour les peuples comme pour les individus. Elle contient *la loi souveraine de la civilisation de l'humanité.* L'humanité ne progresse qu'à mesure qu'elle met cette règle en pratique; il suffit de conclure de ce que l'histoire *fait* à ce qu'elle *veut,* et de constater *comment* elle réalise ce qu'elle veut, pour découvrir dans cette règle la loi suprême de tout son développement, et dans son application toute la destinée de la race humaine. Aussi longtemps que ce but n'a pas été réalisé pour toute la race humaine, l'histoire n'a pas atteint ce qu'elle veut.

Ce qui précède a démontré la valeur effective de cette loi ; voyons sous quelle forme elle se réalise.

45. Formes de la réalisation de cette loi. — Un regard jeté sur le monde nous apprend que la forme de cette réalisation est double : libre ou forcée. Il dépend de mon libre arbitre que je déploie ou non mon activité au service de la société. Mais on ne demande pas au milicien s'il consent à s'enrôler. Libre à moi de disposer de mon patrimoine par voie de donation ou de testament; mon assentiment n'a plus rien à voir dans le paiement des contributions et des impôts dûs à l'État et à la Commune, ni dans le délaissement de la réserve due à mes enfants. Qui dit .État ou droit, dit contrainte. Non pas que l'État impose directement par la contrainte tous les buts qu'il poursuit — il ne peut imposer la pratique de l'art ni le culte de la science, et pourtant l'une et l'autre sont des buts de l'État moderne — mais il accumule au moins les moyens propres à les atteindre.

46. Actes volontaires et actes contraints. — Au nombre des actions volontaires que nous exécutons pour autrui, il en est qui ne présentent aucun intérêt pour la société, ou n'ont pour elle qu'une importance secondaire; l'accomplissement de certaines autres, au contraire, est pour elle d'une nécessité absolue. Qu'un homme fasse un sacrifice en faveur de ses amis, qu'un autre participe à une collecte, peu importe pour la société; mais que l'agriculteur fournisse du blé, que le boulanger livre du pain, et le boucher de la viande, qu'elle trouve toujours prêtes des mains et des têtes pour satisfaire à tous ses besoins, artisans, journaliers, marchands, prêtres, professeurs, employés, ce sont là pour elle choses d'une importance capitale; tout l'ordre et l'économie de l'existence en dépendent. Comment cela se réalisera-t-il toujours? C'est la question de l'organisation de la société. Pour la résoudre, il faudra nous entendre d'abord sur la notion de la société, que nous avons invoquée déjà, sans l'expliquer. Nous examinerons ensuite les mobiles qu'elle met en œuvre pour accomplir sa mission.

47. Notion de la société. — La notion de la société est toute moderne; elle est née en France si je ne me trompe. L'usage de ce mot est universel, et pourtant on n'est rien moins que d'accord sur la définition. Cela prouve que la notion repose sur une idée dont notre pensée actuelle a un besoin irréfragable, mais dont la conception claire et complète n'est pas encore obtenue. Chacun conçoit la société à sa façon, et dans cette incertitude, la même latitude doit m'être accordée; il doit m'être permis de mettre en corrélation la notion de la société avec celle de l'action pour autrui.

Une société (*societas*), dans le sens juridique du mot, est la réunion de plusieurs individus unis entre eux pour la poursuite d'un but commun, et dont chacun d'eux, en agissant en vue du but social, travaille en même temps pour lui-même. Pareille société suppose un *contrat* : le contrat de société, qui régit sa constitution et son fonctionnement. Mais l'état de fait de la société, la coopération à un but commun, se reproduit aussi sans cette forme, dans la vie. Notre existence toute entière, toutes nos relations, constituent en fait une société, c'est-à-dire une coopération à des buts communs, dans laquelle agissant pour autrui chacun agit aussi pour soi, et où l'action pour soi implique aussi l'action pour autrui. C'est dans ce retentissement d'un but sur l'autre que réside à mon avis la notion de la société. D'après cela on définira la société : l'organisation de la vie *pour* et *par* autrui, et comme l'individu n'est ce qu'il est que par autrui, elle est la forme indispensable de la vie pour *soi*, et dans la réalité des choses la forme de l'existence humaine toute entière. Vie humaine, vie sociale, sont une seule et même chose. Les philosophes Grecs ont très exactement saisi cette vérité. La destination sociale de l'homme ne saurait être exprimée plus brièvement et plus justement que par les mots ζῷον πολιτικὸν, c'est-à-dire l'être sociable. La cité (πόλις), c'est-à-dire la vie urbaine, avec ses contacts incessants et ses frottements réciproques, est la mère de toute civilisation, non seulement politique, dont le mot donne l'idée première, mais de toute civilisation quelconque, intellectuelle, morale, économique, artistique. Elle est la source d'où procède tout le développement du peuple. La société seule fait une vérité de notre règle : *le monde existe pour moi.* Mais elle ne la conçoit pas sans son antithèse : tu existes pour le monde, il a sur toi le même droit, que toi sur elle. Ce que l'on appelle la position sociale, c'est-à-dire la richesse, l'honneur, le pouvoir, l'influence, donne la mesure de la réalisation de la première de ces règles dans la vie de l'individu. La mesure en laquelle il sait, dans le cours de son existence, mettre en pratique la seconde, est le criterium de la valeur de cette existence pour la société, et pour l'humanité. L'accord parfait entre ces deux règles devrait constituer la raison d'être, le but suprême de tout ordre social; mais l'expérience de chaque jour, et l'histoire démentent cet idéal. Un avenir encore lointain contient peut-être le germe de son éclosion.

48. Rapport entre la société et l'État. — Il suit de là que la notion de la société marche de front jusqu'à un certain point avec celle de l'État, mais seulement dans les limites où la contrainte est nécessaire pour réaliser le but social. Or ces limites sont restreintes. Le commerce, les différents métiers, l'agriculture, l'industrie, l'art et la science, les mœurs domestiques et celles de la vie, s'organisent essentiellement par eux-mêmes. L'État n'intervient par son droit que par occasion, et là seulement où il le faut absolument pour préserver de certaines atteintes l'ordre que ses buts se sont tracé à eux-mêmes.

49. Universalité de la société. — La géographie même de la société n'est pas identique à celle de l'État. Le domaine de celui-ci finit aux frontières de son territoire, celui de la société embrasse la terre entière. Car la règle : *chacun existe pour autrui,* s'étend à toute l'humanité, et l'incessant travail du mouvement social tend à la généraliser de plus en plus, à s'assurer le concours de peuples toujours nouveaux, à utiliser, pour ces buts, tous les pays, tous les peuples, toutes les forces, tous les biens de l'univers. La mission que doit accomplir tout peuple civilisé, en vue de laquelle il doit régler tous ses organismes, consiste à rendre productifs pour autrui, et par cela indirectement pour lui-même, le travail et l'intelligence de chaque individu, à mettre toute force au service de l'humanité. Il ne s'agit pas seulement de production et de fabrication. Le simple travail n'est qu'un des termes de cette mission; l'autre consiste à découvrir, fût-ce dans l'univers entier, celui dans les mains duquel le produit du travail produira la plus grande somme d'utilité. La plupart des inventions modernes répondent à ces deux termes. Les unes ont pour objet le travail même : sa simplification, son perfectionnement, sa facilité; les autres poursuivent au moyen du commerce, l'utilisation du travail : elles remettent ce que l'individu a produit pour la société, les fruits de son champ, l'œuvre de ses mains, les créations de son esprit, de son imagination, entre les mains de celui à qui ils sont destinés, c'est-à-dire de celui qui y attache la plus haute valeur et paie le prix le plus rémunérateur. Lorsqu'on passe en revue tous les moyens que le génie inventif de l'homme civilisé moderne, depuis le moyen-âge, a créés dans ce dernier ordre d'idées, on peut affirmer que de nos jours aucune force pouvant servir l'humanité ne se perd; toutes trouvent leur application et leur emploi. La presse fait connaître immédiatement à la terre entière toute pensée digne d'être répandue; une grande vérité, une découverte importante, une invention utile, entrent en peu de temps dans le patrimoine de tout le monde civilisé, et ce que la terre produit sur un point quelconque du globe, sous les tropiques comme au pôle, le commerce le distribue à tous ses habitants. Grâce à lui, le plus modeste ouvrier apporte le bonheur à des milliers de lieues de distance. Des centaines de malades, chez nous, doivent leur guérison à l'orange cueillie par l'ouvrier du Pérou; l'humble pêcheur de morues qui livre de l'huile au poitrinaire, a conservé plus d'une vie qui intéressait l'avenir d'une nation, ou qui a ouvert des horizons nouveaux à l'art et à la science. L'ouvrier de Nuremberg, celui de Solingen, travaillent pour les Persans ; le Chinois, le Japonais travaillent pour nous, et dans mille ans le nègre du centre de l'Afrique aura autant besoin de nous que nous de lui. Car sur les pas du savant qui pénètre dans le cœur du continent noir, marchent bientôt le marchand et le missionnaire qui créent les relations durables.

Telle est donc la société ; elle érige en vérité la règle : *chacun pour le monde et le monde pour chacun*.

Cette notion acquise, nous revenons à la question que nous avons réservée : qu'est-ce qui assure à la société l'observation de la part de chacun de ses membres de cette loi fondamentale de son existence : *tu existes pour moi?* La réponse va suivre.

CHAPITRE VII.

LA MÉCANIQUE SOCIALE, OU LES MOTEURS DU MOUVEMENT SOCIAL.

I. Moteurs égoïstes. — Le salaire.

Sommaire : 50. Mécanique sociale. — 51. Les quatre moteurs du mouvement social. — 52. Le commerce juridique. Définition.

50. Mécanique sociale. — Nous venons de montrer l'image de la société telle qu'elle apparaît dans la réalité de chaque jour. Sans trêve, comme dans une puissante machine, se meuvent en sens divers mille cylindres, mille roues, autant de lames aiguës ; en apparence tous sont indépendants les uns des autres, semblent exister isolément, ils se menacent même comme s'ils voulaient s'entre-détruire — et cependant tous agissent dans une action commune. Tout se meut d'après un plan uniforme. Quelle est la puissance qui tient les forces élémentaires de la société dans l'ordre, les oblige à une action commune, leur indique leur voie, et règle leurs mouvements ? La machine *doit* obéir au maître, l'art mécanique lui donne le pouvoir de la *contraindre.* Mais la force qui commande aux rouages de la société humaine, c'est la *volonté* de l'homme, et différente en cela des forces de la nature, elle a pour elle la liberté. Or la volonté considérée dans cette fonction, c'est la volonté différente de milliers d'individus, c'est la lutte des intérêts divers, c'est l'antagonisme des aspirations, c'est l'égoïsme, l'opiniâtreté, la résistance, la lenteur, la faiblesse, la méchanceté, le délit.

La discipline, la soumission de la volonté humaine, est le spectacle le plus merveilleux qu'offre le monde, et c'est la société qui le réalise.

J'appelle *mécanique sociale,* l'ensemble des mobiles et des énergies qui accomplissent cette œuvre. S'ils venaient à faire défaut, où serait, pour la société, la garantie que les forces motrices sur lesquelles elle compte ne vinssent un jour à refuser leurs services, ou à opérer contrairement aux buts assignés? Qui l'assurerait que, sur tel ou tel point de ce vaste ensemble, la volonté ne se rebellât contre son rôle et n'arrêtât un jour le fonctionnement de tout l'organisme? En fait, de pareils accidents passagers se produisent çà et là; il survient même des secousses qui semblent mettre en péril toute l'existence de la société, comme il est des malaises qui menacent celle du corps humain. Mais la résistance de la force vitale de la société est telle, que le désordre est bien vite réparé, et que l'ordre succède à l'anarchie. — Chaque trouble social n'est qu'une aspiration vers une organisation meilleure. — L'anarchie n'est jamais qu'un moyen, non un but : elle est passagère, jamais durable. Dans la lutte de l'anarchie contre la société, c'est toujours cette dernière qui finit par triompher. C'est que, vis-à-vis de la volonté humaine, la société est armée d'un pouvoir de coercition. Il y a une mécanique *sociale* pour contraindre la volonté humaine, comme il y a une mécanique *physique* pour faire obéir la machine. Cette mécanique sociale répond à la théorie des moteurs que met en branle la société pour diriger la volonté vers ses buts ou, en termes plus brefs, la *théorie des moteurs du mouvement social.*

51. Les quatre moteurs du mouvement social. — Ces moteurs sont au nombre de quatre. Deux d'entre eux sont basés sur l'égoïsme, ce sont les moteurs sociaux *inférieurs* ou *égoïstes* : le salaire et la contrainte. Sans eux, on ne saurait concevoir la vie en société : sans salaire, pas de *relations* possibles, sans contrainte, pas de *droit*, pas d'*État*. Ces deux facteurs sont donc les conditions élémentaires de la société; ils fournissent la force motrice qui ne peut faire défaut nulle part, quel que soit leur état d'imperfection ou d'infériorité. En regard de ceux-ci, se placent deux mobiles autres, auxquels l'égoïsme reste étranger. Ils s'appuient même sur un sentiment tout contraire. Ils se meuvent, non dans la région inférieure du but purement individuel, mais dans la sphère plus élevée des buts généraux. Je les appellerai donc les moteurs *supérieurs*, ou plutôt les moteurs *moraux* ou *éthiques* du mouvement social, car la société, je le démontrerai plus tard (chap. IX), est la source de la moralité; ces moteurs sont le *sentiment du devoir* et l'*amour*, celui-là la prose, celui-ci la poésie de l'esprit moral.

Des deux moteurs égoïstes, la contrainte est, au point de vue psychologique, le moins noble. Sous ce rapport, le salaire présente un caractère plus élevé. Il s'adresse en effet, à la liberté du sujet, c'est le libre arbitre de ce dernier qui seul lui donne son prix. Pour le paresseux, il reste inefficace, tandis que la contrainte a prise sur lui car, ou bien comme contrainte mécanique, elle exclut complètement la liberté, ou bien comme contrainte *psychologique*, elle la restreint. La contrainte exerce l'influence la moins élevée sur l'homme, elle est le rouage le plus bas de la mécanique sociale. Ce serait donc d'elle que nous devrions parler en premier lieu. Mais notre étude ne consiste pas à nous rendre compte de l'action psychologique exercée sur l'individu par ces mobiles; nous avons à examiner leur importance pratique pour la société. Or, à ce point de vue, il est évident que l'organisation sociale du salaire, c'est-à-dire le commerce juridique, apparaît inférieure à celle de la contrainte, c'est-à-dire du droit et de l'État. L'étude de la société doit partir de ses éléments les plus bas, en remontant vers les plus élevés, et il est donc nécessaire de procéder tout d'abord par l'examen du salaire.

52 Le commerce juridique. — Définition. — *Le commerce juridique* est l'organisation de la satisfaction assurée, par le moyen du salaire, à tous les besoins humains. Cette définition renferme trois éléments : le *besoin* comme *motif*, le *salaire* comme *moyen*, l'*organisation* de leur rapport réciproque comme forme des relations. Cette organisation, à un degré plus puissant peut-être que dans n'importe quel autre domaine du monde humain, est le produit naturel de la libre évolution de la finalité. C'est la dialectique, et non la logique de la notion, à laquelle je ne crois point, c'est la force pratique du but qui, de ces deux facteurs : le besoin et le salaire, a fait naître graduellement l'infinie variété des aspects que présentent les relations. Pour le penseur qui considère le côté pratique des choses, il n'est point de tâche plus féconde que de suivre ici la marche du but, de le contempler dans sa recherche de la voie à suivre et d'observer comment le germe le plus élémentaire a fait éclore insensiblement, mais avec une impérieuse nécessité, des formes et des organismes de plus en plus élevés. Je veux montrer cette dialectique du but, en cherchant dans tous les phénomènes que nous offrent les relations, les points où, comme les rameaux et les branches d'un arbre, ils partent du tronc, depuis le bas jusqu'à la cîme, et en exposant en même temps les causes irrésistibles qui ont produit ces mouvements isolés. Le côté économique de la question reste étranger à mon étude. Celle-ci est exclusivement de nature sociale. Je ne m'occupe que des dispositions sur lesquelles repose, pour la société, la garantie de la satisfaction des besoins humains, sans examiner les lois qui règlent le mouvement des relations. Le côté juridique de la question est inséparable de cette étude.

La *garantie* de la satisfaction des besoins humains, tel

sera le point de vue décisif que j'aurai toujours en vue. C'est la mesure à laquelle je ramènerai tous les phénomènes des relations. C'est par le besoin que la nature agit sur les hommes en société. Par lui, elle réalise les deux lois fondamentales de toute moralité et de toute civilisation : chacun existe pour le monde, et le monde existe pour chacun. Dépendant des autres hommes par ses besoins, et cette dépendance croissant à mesure que ses besoins augmentent, l'homme serait l'être le plus misérable de la création, si la satisfaction de ses besoins dépendait du hasard, et s'il ne pouvait, au contraire, compter avec certitude sur l'aide et le concours de ses semblables. Il aurait lieu d'envier le sort de l'animal, car la nature a organisé celui-ci de telle sorte que lorsqu'elle lui a donné toute sa vigueur, il peut se passer de pareille assistance. La réalisation pratique de ce rapport réciproque de destination des hommes, l'exclusion du hasard, la garantie de la satisfaction des besoins humains, comme forme fondamentale de l'existence sociale, l'organisation réglée de cette satisfaction s'épanouissant à mesure que les besoins s'accroissent — ce sont là les *relations de la vie* en société.

Pour l'homme, comme pour l'animal, le mode le plus simple de donner satisfaction à ses besoins, c'est de recourir à ses propres forces. Mais chez l'animal les besoins existent en proportion des forces; il n'en est pas de même chez l'homme. Et c'est précisément cette disproportion, cette impuissance, que la nature emploie comme moyen pour le contraindre à être homme, c'est-à-dire à rechercher l'homme et à atteindre en communauté avec d'autres les buts qu'il ne lui est pas possible d'atteindre seul. Par ses besoins, la nature l'a rendu solidaire du monde et de son semblable. Voyons comment il se sert d'eux pour donner satisfaction à ses besoins.

1. Insuffisance de la bienveillance pour le but du commerce juridique.

Sommaire : 53. Rôle juridique de la bienveillance. — 54. Insuffisance de la bienveillance. — 55. Antithèse du travail onéreux et du travail gratuit à Rome. — 56. *Merces* et *Munus*. — 57. Salaire idéal. — 58. Le service public et la jurisprudence. — 59. Introduction du salaire économique

53. Rôle juridique de la bienveillance. — Bienveillance et bienfaisance impliquent l'idée de *vouloir* et de *faire* le *bien* d'un autre pour ce bien même et sans intérêt personnel. Elles supposent donc l'esprit de désintéressement, de détachement de soi. Il est évident qu'elles sont insuffisantes pour édifier le commerce social entre hommes. La bienveillance, cependant, peut exercer une certaine action, bien que restreinte, pour le but des relations humaines. Voyons dans quelle mesure,

A se demander jusqu'où s'étend le rôle *juridique* de la bienveillance, on pourrait répondre que ce rôle est aussi étendu que celui de l'égoïsme, car le tableau des contrats *désintéressés* (contrats libéraux, de complaisance, de bienfaisance) est en parfaite concordance avec celui des contrats *à titre onéreux* (égoïstes, d'affaires).

On peut céder :

	à titre onéreux.	à titre gratuit.
1. Une chose.	Vente, Echange.	Donation.
2. L'usage :		
a) d'une chose.	Louage.	Commodat, Précaire.
b) d'un capital.	Prêt à intérêts	Prêt sans intérêts.
3. Une prestation de services.	Location de services, contrat de services	Mandat, Dépôt, Gestion d'affaires sans mandat.

54. Insuffisance de la bienveillance. — A chaque contrat d'affaires, correspond donc un contrat de complaisance, et l'on jugerait au premier abord que cette circonstance établit suffisamment l'importance de la bienveillance pour les relations de la vie. Mais de ce que la bienveillance apparaît aussi dans le domaine du droit, et prend un aspect juridique, ne résulte nullement qu'elle ait pour le but des relations une *importance pratique* dont il faille tenir compte. Les contrats qui figurent dans la première colonne supposent de l'argent, et pas autre chose. Celui qui paie le plus obtient la chose, qu'il soit ou non personnellement connu. Ceux que montre la seconde colonne, au contraire, supposent certaines relations personnelles, ou certaines qualités individuelles, qui sont le motif déterminant de pareil acte de bienveillance[16] : on ne donne pas au premier venu, on ne prête pas à tout le monde, on ne rend pas des services à tout venant, on prend en considération la personne qu'on favorise, et cette influence de l'élément personnel rend la bienveillance impropre à réaliser le but des relations, lequel exige que l'on fasse abstraction complète de la personne (V. plus loin).

L'initiative qui, dans toutes les prestations sollicitées d'autrui pour la satisfaction de ses besoins, part de celui qui éprouve ces besoins, s'appelle, dans les contrats d'affaires : l'offre; dans les contrats de complaisance, elle s'appelle : la *demande*; elle prend le nom de *prière* dans les contrats de bienfaisance. Ces trois expressions caractérisent suffisamment la différence du rapport personnel dans les trois cas. L'*offre*, lorsque du reste on peut attendre le bon vouloir de l'autre partie, n'exige nulles relations ni qualités individuelles particulières. Il en est autrement des deux autres

---

(16) En particulier l'amitié. Les juristes romains signalent souvent cet élément à propos de ces contrats : *affectio* L. 3 § 9 de neg. gest. (3, 5), L. 5 de don. (**39**, 5), *officium amicitiæ*, L. 23 de reb. auct. (**42**, 5), *officium atque amicitia*, L. 1 § 4 Mand. (**17**, 1). Le service rendu est une complaisance, un bienfait : *beneficium*, L. 17 § 3, Comm. (**13**, 6), *liberalitas*, L. 1 § 1, L. 2 § 2 de prec, (**43**, 26,) *liberalitas et munificentia*, L. 1, pr. de don. (**39**, 5)

formes de l'initiative. Si celui qui les prend, base son désir sur sa pauvreté ou sur son dénuement, la manifestation de ce désir s'appelle *mendicité*, et le don accordé est une *aumône* (qui, *en droit*, ne se distingue en rien de la donation) : les mots eux-mêmes contiennent la réprobation de la chose et indiquent l'inefficacité de ce mode de secours pour atteindre le but du commerce social. Le secours, qui humilie celui qui le reçoit, est précisément le contraire de ce qui forme le but le plus élevé et le plus noble des relations humaines, ainsi que nous verrons plus tard : l'indépendance de la personne. La *demande*, il est vrai, n'implique pas cette humiliation, mais son champ est fort restreint, tant en fait que sous le rapport de la personne : on ne peut tout demander, — la chose deviendrait bientôt de la mendicité, — et l'on ne peut demander à tout le monde, à moins que la demande n'ait d'autre objet que des complaisances qui ne coûtent rien à autrui : politesses dans les rues, demandes de renseignements, etc. Toute considération personnelle y est écartée d'avance, et ces demandes se trouvent à cet égard sur la même ligne que les prestations d'affaires. Chacun peut les solliciter sans crainte de se voir opposer un refus. Mais d'autre part, la portée de ces complaisances est tellement restreinte qu'elles s'effacent devant la multiplicité des buts auxquels les relations doivent satisfaire. Au delà de ce minimum, la demande et son octroi se rattachent à des relations personnelles (amitié, voisinage, connaissance, dépendance etc.), et même quand elles existent, elles présentent si peu d'intérêt en elles-mêmes, que l'impossibilité de baser un but quelconque des relations sur l'abnégation (complaisance) au lieu de l'égoïsme (salaire) éclate à toute évidence.

Ici se présente une objection que je dois soulever moi-même. La théorie que je présente a sa source dans notre vie actuelle, et la thèse est exacte pour l'état actuel du développement des relations sociales, où l'argent a pris la place de la complaisance. Mais il fut des temps où il en était autrement. Il fut des temps où l'on pouvait obtenir pour rien des prestations qui, aujourd'hui, ne se font plus que pour de l'argent, et cela d'une façon absolue, illimitée, ce qui faisait alors de la complaisance un facteur de la vie des relations, et lui assignait une *fonction sociale*. Encore de nos jours, l'hospitalité, chez les peuples non civilisés, nous offre ce spectacle; il se présente même chez les peuples civilisés, dans les régions peu peuplées.

L'objection est de poids, et je ne crois pas superflu de nous y arrêter, car elle est de nature à faciliter la conception de la vie des relations. A cet effet, cependant, il sera utile de nous représenter la société d'autrefois dans sa forme historique concrète. Je ne saurais mieux choisir, indépendamment de l'intérêt juridique que présente la question, que de décrire le contraste des services onéreux et des services gratuits, tel que, durant des siècles, la pratique nous le révèle à Rome. Nous verrons ensuite comment, à l'époque suivante, les choses se modifièrent de fond en comble. Nous rapporterons quelques fruits de cette excursion juridique.

55. Antithèse du travail onéreux et du travail gratuit à Rome. — L'antithèse du travail onéreux et du travail gratuit dans l'ancienne Rome correspond à l'opposition du travail corporel au travail intellectuel. Celui-là seul, non celui-ci, tend la main au salaire. La conception de ces deux notions opposées n'appartient pas en propre au peuple romain. Elle se retrouve chez tous les peuples, et chez tous les individus peu civilisés, car elle n'est que l'application de l'idée grossière qu'ils ont du travail. Le travail corporel est un fait sensible pour tous. Celui qui s'y soumet le sent, le tiers le voit, et non-seulement il voit l'acte même du travail, mais il en constate le résultat. Le travail corporel seul mérite salaire, parce que seul il a coûté de la peine et parce que, d'après la conception informe qu'on s'en fait, seul il crée(17). Le travail intellectuel, au contraire, n'est pas compté comme travail, il ne fatigue pas l'homme, il ne lui cause aucun effort(18). De quel droit réclamerait-il un salaire, celui qui, pour tout travail pour nous, n'a fait que penser, et dont les services pour nous n'ont consisté qu'en discours? Les mots ne coûtent pas d'argent — celui qui n'a eu que des mots à donner, on le paie de la même monnaie, on le remercie par des mots : Dieu vous le rende, lui dit-on, et on ne lui donne rien.

56. Merces et munus. — Ainsi pense encore aujourd'hui l'homme du commun; telle a été partout la conception originaire. Elle avait revêtu dans l'ancienne Rome un caractère d'intensité telle que l'on y considérait comme un déshonneur le fait de se faire payer un travail intellectuel. Le travail manuel seul était payé, aussi était-il tenu en mépris. Le salaire (*merces*), en effet, en fait une marchandise (*merx*); on le loue (*locatur*, de *locus*) (19), on l'achète comme telle; le

---

(17) Expression de cette conception dans le langage ; en allemand l'expression : GESCHÄFT (affaires; de *schaffen* : créer) est exclusivement consacrée au travail dans le sens indiqué ci-dessus. Relation du travail avec l'idée de création, de patrimoine : en latin, *opera*, le labeur, *opus*, l'ouvrage, *opes* et *copia*, le patrimoine; en allemand : *Arbeit*, le travail, (arb, arbi, arpi, avec inversion en slave : *rab-ota*, en polonais *robota*), et *Erbe*, l'héritier (arbja, arbi, arpi, erbi, *das Erbe* : le patrimoine). *Dienen* servir, et *verdienen*, gagner.

(18) Expression de cette conception dans la langue latine : *Otium*, le loisir, *negotium* (FESTUS : *quod non sit otium*), l'affaire; celui qui a affaire n'a pas de loisir, et réciproquement.

(19) *Locare* est synonyme d'offrir publiquement. Dans PLAUTE, les cuisiniers sont exposés au marché et sont emmenés chez lui par celui qui veut donner à diner; dans l'*opus*, à l'inverse, la *locatio*, c'est-à-dire l'offre publique, a lieu de la part de celui qui cherche quelqu'un qui se charge du travail (*conducit*). La même idée d'exposition, de recherche du travail se retrouve dans le mot allemand: *Gewerbe* (profession, de *werben* : solliciter du travail, un salaire). Ce mot ne s'applique pas aux travaux intellectuels, pas plus qu'à Rome la terminologie du louage (*merces*, *locatio*, *conductio*).

maître emmène l'homme (*conducere* : mener avec soi), comme il emporte la chose qu'il achète (*emere* = prendre). Les expressions qui désignent le louage sont identiquement les mêmes, qu'elles visent les hommes libres, les esclaves ou les choses ; le serviteur ou artisan est un esclave temporaire, son service lui imprime une dégradation sociale (*ministerium*)[20], il le soumet à des prestations auxquelles l'homme libre doit se soustraire, qu'il doit abandonner à l'esclave (*operæ* ILLIBERALES)[21]. Le service de l'homme libre n'est pas un *ministerium*, mais un *munus*; il ne consiste pas en une action corporelle, son activité est toute intellectuelle, et il est presté, non en vue d'un salaire, mais par bienveillance (*gratia, gratis*). Il constitue une complaisance (*munificentia, beneficium, officium*) en rapport avec la dignité de l'homme libre (*liber, liberalitas*), et qui, à l'autre partie, n'impose qu'un devoir de reconnaissance (GRATIÆ, *gratum facere* = GRATIFICATIO). Le *munus* peut, cependant, selon les circonstances, être rendu *(re-munerari)*, même en argent, mais cette rémunération n'est pas une *merces*, elle apparaît comme *honor, honorarium,* comme un cadeau honorifique qui n'entache pas l'honneur des parties[22]. Une habileté ou un savoir spéciaux étaient-ils requis pour la prestation de

---

(20) De MINUS, *minuere, ministerium,* c'est-à-dire l'amoindrissement, en opposition avec : MAGIS, *magister, magistratus,* c'est-à-dire l'élévation au dessus du niveau social du bourgeois ordinaire.

(21) CICERON de off. I, 42 : MERCES *auctoramentum servitutis.* Est sordide, dit-il, le gain de tous les travaux salariés, *quorum operæ, non quorum artes* EMUNTUR, celui de tous les artisans (*in sordida arte versantur*), des colporteurs, et même des boutiquiers. De là *sordidum* = le salaire du courtier (L. 3 de prox., **50.**14).

(22) L. 1 pr. Si mensor (Il. 6)... *ad remunerandum dari et inde honorarium appellari.* La valeur n'en gît pas dans l'argent, mais dans l'intention, conception qui se retrouve dans le mot *honorare,* employé pour les legs : l'homme comme il faut, y voit plutôt la reconnaissance, l'honneur (*honor legati,* L. 36 pr. de exc. 27. 1) que l'argent — même lorsqu'il accepte avidement ce dernier.

certains services, c'était là un avantage, une vertu ($\alpha\rho\epsilon\tau\dot{\eta}$ = *ars*), qui décore l'homme libre *(ars liberalis)*. La peine qu'il se donne par acquérir ce mérite n'est pas *labor, opera,* mais *studium,* l'objet d'efforts que l'on fait *(studere)* pour satisfaire sa propre ambition.

Telle était l'antique conception du travail à Rome. L'agriculture, la banque, le haut commerce sont bien vus, toute autre source de gains est honteuse. La force intellectuelle, le talent, le savoir sont des biens dont tout homme d'honneur doit libéralement faire profiter ses concitoyens et l'État. Le fonctionnaire de l'État ne reçoit pas de solde : les magistratures sont des charges purement honorifiques *(honores),* le service subalterne seul, en tant qu'il n'est pas rempli par les esclaves publics, est payé. La profession des jurisconsultes, si intimement liée à la vie romaine, n'est pas salariée non plus.

Pour l'ancienne Rome, cette conception avait une immense portée sociale. Non pas qu'elle réglât la position sociale de l'individu et la distinction des classes, mais elle donnait une fonction sociale aux services gratuits. Ceux-ci, à Rome, répondaient à des besoins essentiels de la société et de l'État. Pendant des siècles, la société et l'État romains se maintinrent sous l'empire de cette idée que ces services étaient suffisamment assurés sans être rétribués, comme chez nous l'eau à boire : indispensable et cependant gratuite.

57. Salaire idéal. — Quel sentiment inspirait donc le Romain à fournir ainsi ses services pour rien? La bienveillance, l'abandon de soi? Il faudrait connaître bien peu les Romains pour le croire. Non, le Romain ne renonçait pas à tout salaire en retour de ses services, mais ce salaire n'était pas monnaie sonnante. Il consistait en un avantage qui, sur l'homme des classes supérieures, exerçait une séduction aussi puissante que l'argent sur l'homme du peuple :

c'étaient l'honneur, la considération, la popularité, l'influence, le pouvoir. Tel était le prix qu'ambitionnait l'homme en vue, lorsqu'il travaillait pour le peuple, et c'est à cela qu'il ramenait la valeur des magistratures qu'il briguait. Les charges ecclésiastiques, celles du *rex sacrificulus*, des flamines, etc., qui ne donnaient aucun pouvoir, ne le tentaient guère. S'agissait-il d'*honores*, les gens couraient après les fonctions; ici, les fonctions devaient aller rechercher leur homme.

Ce n'était donc pas l'abnégation de soi, mais ce sentiment bien connu : l'égoïsme, qui garantissait à Rome l'accomplissement des services indispensables pour l'Etat et pour la société. Le salaire que l'on avait en vue, n'était pas de nature *économique*, il n'avait qu'une valeur *idéale*. Nous devons néanmoins admirer encore ce phénomène si étrange pour nous de la substitution de l'idéalisme au prosaïsme de l'argent. Dans la pratique, cependant, cet idéalisme avait un revers très dangereux.

58. Le service public et la jurisprudence. — Une profession qui ne rapporte que de l'honneur, sans donner du pain, reste fermée à ceux que la fortune n'a pas favorisés. Et c'est ce qu'on vit à Rome. Le service public et la jurisprudence y étaient, en fait, le monopole des gens riches. Un des juristes les plus considérés du commencement de l'Empire[23], qui s'était voué à la science sans avoir de fortune, expia cette audace par la nécessité où il se trouva de devoir accepter des secours de ses auditeurs. Là où la science n'a pas encore conquis son *droit* au salaire, c'est le *cadeau gracieux* qui supplée à ce dernier.

Cette imperfection contenait en germe la fin de toute l'organisation. Le changement qui s'y introduisit, la substitution du système du salaire, fut un progrès social considérable. Le premier mouvement s'accomplit dans le domaine

---

(23) Masurius Sabinus; L. 2 § 47 de O. J. (I, 2).

de la science, et fut amené sous la pression d'influences exté-rieures. Les professeurs grecs dans toutes les branches de l'art et du savoir : *rhetores, grammatici, philosophi, mathema-tici, geometrae, architecti, paedagogi,* et tous les autres dont le nom seul trahit l'origine, affluaient en masse, à la recherche du bonheur, vers la ville universelle. Riches de science, abondamment doués d'entregent, ils avaient les poches vides et l'estomac criant famine. La nécessité leur fit braver le préjugé romain : ils se firent payer leur enseigne-ment. Les Romains s'habituèrent à ce spectacle nouveau du savoir courant après l'argent. C'est à ces Grecs que revient le mérite, — car c'en était un, — d'avoir vaincu le préjugé national, et d'avoir conquis à l'art et à la science leur position juridique sur le sol romain. C'était un triomphe, en effet, que le droit n'y appliquât pas la forme de l'*actio locati* et de la *merces,* qui eût jeté sur eux le discrédit, mais qu'il sut créer pour eux une action nouvelle, l'*extraordinaria cognitio* du Préteur sur les honoraires. La procédure seule attestait que l'on donnait à l'art et à la science un rang à part de celui du travail manuel(24). Aux honoraires privés, s'ajoutè-rent plus tard les appointements donnés aux professeurs sur les deniers de l'État et de la Commune.

L'évolution eut également son action sur la jurisprudence. L'influence grecque y introduisit une division inconnue à l'époque ancienne. La profession se dédoubla : il y eut l'exercice purement pratique ou d'affaires, et l'exercice exclusivement scientifique ou théorique. Sous le premier aspect, nous rencontrons le *Pragmaticus :* c'est le juriste au nom grec et façonné sur le modèle grec, totalement inconnu à la Rome ancienne. C'est l'homme d'affaires qui, pour de l'argent, rend tous les services que comporte son métier, un commissionnaire ou agent juridique, un homme à tout

(24) Cette forme était comprise comme distinction, comme privilège, ainsi qu'il résulte de la L. 1 § 6-7, de extr. cogn. (**50.13**).

faire. La seconde branche professionnelle nous donne le juriste au nom romain (*jurisconsultus*). Dans le style antique de Rome, c'est l'homme de la science qui, fidèle aux vieilles traditions romaines, dédaigne de s'en faire une source de profits. Il s'offre gratuitement à quiconque réclame ses conseils, ou sollicite son enseignement. Il vit solitaire, honoré, loin du tumulte du marché et de la vie des affaires ; il attend qu'on vienne à lui. L'opinion publique le tient en grande estime, et il domine de toute sa hauteur ceux qui, dans l'exercice de leur profession, ne voient qu'un gagne-pain. Sa suprême ambition était d'être revêtu du *jus respondendi*, qui le créait l'oracle juridique officiel du peuple. L'incompatibilité du salaire avec sa mission scientifique était, pour le juriste romain, un axiome inébranlable. Au troisième siècle de l'Empire, lorsque depuis longtemps déjà l'évolution s'était accomplie dans toutes les autres disciplines, l'un d'eux refusa aux professeurs de droit le droit de recevoir des honoraires[25], et même à l'époque de Constantin, on leur refusait encore le traitement officiel, dont jouissaient depuis longtemps tous les autres professeurs publiquement institués. Ils ne paraissent y avoir été admis que dans la période de décadence de Constantin à Justinien[26].

---

(25) ULPIEN L. 1 § 4-5 de extr. cogn. (**50-13**) : *est quidem res sanctissima civilis sapientia, sed quae pretio hummario non sit aestimanda nec dehonestanda.* Les professeurs de philosophie, eux aussi, avaient part à cette distinction douteuse ; il est dit d'eux : *hoc primum profiteri eos oportet mercenariam operam spernere,* comme si un philosophe pouvait vivre d'air ! On ne leur permet, aux uns comme aux autres, que d'accepter des honoraires librement accordés : *quædam enim tametsi... honeste accipiantur, inhoneste tamen petuntur.*

(26) Dans la L. 6, Cod. de profess. (**10-52**) de Constantin, dans laquelle les mots : MERCEDES *ac salaria* ne se rapportent pas aux honoraires, comme l'admettaient les glossateurs, mais au traitement public (arg. L. 1, § 5 de extr. cogn. **50-13**), l'ajoute décisive : *doctores legum,* qui manque dans le texte original de la loi (L. un. Cod. Theod. de praeb. salar. **12-2**) n'a été ajoutée que par les compilateurs de Justinien. Ceci justifie notre conclusion ci-dessus au texte.

39. Introduction du salaire économique. — Si Rome est redevable aux Grecs d'avoir rattaché le salaire à l'art et à la science, elle doit aux provinces l'introduction des traitements affectés aux services publics. Les Édiles en étaient arrivés à dépasser toujours les sommes allouées par le Sénat pour les jeux publics. Ils avaient alors à couvrir d'énormes déficits, au moyen de leurs propres ressources. Cet état de choses était devenu si ordinaire au dernier siècle de la République, que celui qui ne voulait pas perdre la faveur du peuple, et se fermer tout avenir politique, ne pouvait, comme Édile, ni calculer ni lésiner, dût tout son avoir y passer. En revanche la morale populaire lui permettait de refaire sa fortune comme gouverneur de province. Comme tel, il n'avait droit qu'à son équipement officiel, remplacé plus tard par l'allocation d'une somme à forfait (*vasarium*), mais, en fait, son poste l'indemnisait de ses frais d'Édilat et de ceux de la magistrature urbaine, et l'autorisait en quelque sorte à récupérer, pour sa sortie du service public, tout ce qu'il avait exposé en y entrant. Il recevait comme des lettres de marque lui permettant de courir sus aux provinciaux, au nom du peuple et du Sénat. Celui qui savait s'en servir sans trop de maladresse n'avait rien à craindre. Les Empereurs jugèrent plus profitable de pourvoir eux-mêmes au pillage des provinces. Ils rachetèrent au moyen d'un traitement la concurrence importune des gouverneurs de provinces. Telle est l'origine des traitements affectés aux services publics dans les derniers temps de Rome. Bientôt tous les fonctionnaires impériaux furent mis sur ce pied. Les magistratures républicaines, devenues sans importance, restèrent soumises à l'ancien régime.

Nous avons prouvé que, pendant des siècles, la société romaine sut pourvoir au fonctionnement d'une branche importante de son gouvernement, au moyen d'une idéale rémunération tirant toute sa valeur du pouvoir, de l'influence, de l'honneur, de la considération, que conféraient les fonctions exercées, mais qu'à une époque postérieure, elle dut recourir à l'aide du salaire économique en argent. Je dis recourir à l'aide de l'argent et non remplacer par l'argent; j'en détaillerai la raison plus loin (n° 7). C'est que le paiement en argent, que nous rencontrons dans les deux points que nous venons d'indiquer, n'est pas un simple cas d'application du salaire économique, mais constitue une combinaison du salaire économique et du salaire idéal.

2. Le principe du titre onéreux.

Sommaire : 60. **Rôle** de la compensation dans les relations de la vie. — 61. L'égoïsme moteur exclusif du commerce juridique. — 62. Avantages du titre onéreux. — 63. Transition de la gratuité à la remunération. — 64. Toute puissance de l'argent. — 65. Contrats onéreux. — 66. Formes fondamentales du commerce juridique. — Echange et association.

60. Rôle de la compensation dans les relations de la vie. — Le titre onéreux n'apparaît dans la vie sociale que comme l'application isolée d'une pensée générale, qui règne dans tout le monde humain, celle de l'expiation. Débutant par la *vengeance*, qui est l'expiation du mal par le mal, l'idée d'expiation met en jeu des impulsions de plus en plus nobles, jusqu'à ce que, s'élevant au dessus du monde humain, elle remonte vers Dieu, pour y revêtir son expression la plus élevée : la justice divine, l'expiation imposée par la divinité.

L'idée de compensation du bien par le bien, du mal par le mal, est une de celles qui s'imposent à l'homme avec le plus d'autorité. Nous verrons plus loin si elle est innée à l'homme, ou si, comme tant d'autres que l'on croit telles, elle n'est que le résultat du développement historique de la pensée humaine.

61. L'égoïsme, moteur exclusif du commerce juridique. — Quelle que soit cette origine, il n'en est pas moins vrai que le rôle de la compensation, dans les relations de la vie, est exclusivement inspiré par l'égoïsme. Tout le fonctionnement du commerce juridique ou social, n'est qu'un système parfaitement agencé de l'égoïsme. Cette appréciation, loin d'être la critique de l'organisation sociale, ne fait qu'en signaler le mérite, et vanter l'élément qui fait sa grandeur et sa force. Plus celui-ci sera parfait, plus les relations de la vie se développeront. Plus la société saura, dans tous les rapports de ses membres entre eux, fonder sur l'égoïsme, exclusivement, la garantie de la satisfaction de leurs besoins, substituer l'intérêt personnel et l'amour du gain à la bienveillance et au désintéressement, et mieux elle remplira sa mission.

Je le sais : ce panégyrique de l'égoïsme va heurter le sentiment de ceux qui n'ont pas fixé leur attention sur cet objet.

62. Avantages du titre onéreux. — On m'objectera, que si l'égoïsme, dans le commerce de la vie, est un mal nécessaire, il ne faut pas l'introduire là où il n'existe pas encore, et qu'on peut se réjouir de son absence ! Prenons un cas particulier et que le lecteur juge lui-même.

Qu'il se figure qu'il ait le choix d'un voyage dans un pays bien pourvu d'hôtels, ou dans une contrée où il n'y en ait pas, mais où l'hospitalité soit générale et bien observée. Lequel choisira-t-il, bien entendu sans qu'aucune circonstance particulière dicte sa préférence? Il choisira certainement le premier pays.

L'hospitalité qui ouvre la porte au voyageur fatigué est certainement une belle chose : il s'y attache un charme poétique, comme aux chevaliers pillards, aux brigands, aux lions; mais, pour la vie pratique, les routes sûres valent mieux que celles où l'on court des dangers, et il est plus agréable de rencontrer des bœufs et des agents de police,

~ quelles lions et des chevaliers pillards. L'hôtellerie l'emporte sur l'hospitalité. Car l'hôtellerie, mieux que l'hospitalité, me garantit la certitude de l'accueil; mon argent m'épargne l'humiliation de la prière, du bienfait reçu, de la reconnaissance. J'emporte, dans ma bourse, ma liberté et mon indépendance. Aussi est-ce un progrès inappréciable de voir s'implanter des hôtelleries dans une région où l'étranger était jusque là obligé de mendier de quoi subsister. C'est alors seulement que pareil pays est vraiment ouvert au voyageur. Au point de vue du voyage, l'hôtelier n'a pas moins d'importance que le marchand pour les échanges. Tous deux offrent la garantie de la satisfaction assurée, obtenue sans peine, d'un certain besoin humain; ils réalisent l'organisation de cette satisfaction comme affaire, c'est-à-dire édifiée sur le principe de la compensation.

63. Transition de la gratuité à la remunération. — Ce passage de la gratuité à la rémunération s'est accompli en bien d'autres matières, et se renouvelle chaque jour. Quiconque le facilite mérite bien de la société, alors même que la grande masse lui décerne la critique plutôt que l'éloge. La plupart des gens ne considèrent que les inconvénients de l'innovation; désormais ils devront payer ce que jusque là ils obtenaient gratis. Ils ne voient pas les avantages énormes qu'ils recueillent par le changement. Montrons-les.

64. Toute puissance de l'argent. — Donc supériorité de l'argent sur la gratuité! Seul l'argent atteint réellement le but poursuivi dans les relations de la vie; il assure d'une façon certaine la satisfaction des besoins humains. L'argent satisfait à tous les besoins, aux plus nobles comme aux plus infimes, et dans la mesure la plus large comme la plus étroite possible. Il fait que les conditions de la satisfaction de tous les besoins imaginables sont réduites à une chose unique, infiniment simple, toujours égale et appréciable. Certaines remarques paraissent si niaises, qu'on a presque honte de les faire ; il faut les relever cependant pour mettre les choses au point. Il en est ainsi du caractère absolu de la puissance de l'argent. La complaisance, pour se manifester, requiert bien des conditions ; l'argent n'en pose aucune, il agit de lui-même. La complaisance doit être sollicitée avec ménagement, avec adresse ; elle a ses préférences, ses caprices et ses antipathies ; elle se détourne parfois de celui qui lui fait le plus pressant appel, ou l'abandonne au moment le plus nécessaire ; même lorsqu'elle se fait bienveillante, elle agit dans des limites restreintes. L'argent ignore toutes ces contingences. La considération de l'individu lui est étrangère ; il est sans caprices, également accessible en tous temps, et enfin son bon vouloir n'a pas de limites. L'égoïsme a le plus grand intérêt à se mettre au service — *de chacun* — *en tout temps* — *dans la plus large mesure possible*. Plus on lui demande, plus il accorde, et plus il se prête à donner encore. Si nous devions tout attendre de la complaisance d'autrui, nous serions misérables et ravalés au rôle de mendiants. Notre liberté personnelle et notre indépendance dépendent, non seulement de ce que nous puissions payer, mais aussi de ce que nous devions payer. — L'argent contient notre *indépendance économique* et notre *indépendance morale*.

65. Contrats onéreux. — L'argent n'est pas le dernier terme de l'antithèse entre la rémunération et la gratuité. Des choses, des services peuvent, au lieu d'argent, faire l'objet de la contre-prestation (p. 69). Les contrats qui en résultent prennent, dans la terminologie du juriste, les noms de contrats *onéreux* ou *bilatéraux* ; les contrats gratuits, ceux de contrats *libéraux, lucratifs* ou *unilatéraux*. Un élément psychologique apparaît comme condition nécessaire des premiers ; c'est la conviction chez l'un et l'autre contractant que ce qu'il reçoit vaut plus que ce qu'il donne. Chacun d'eux, non seulement cherche à gagner au marché, mais est persuadé qu'il y gagne ; — sans cette condition, fût-elle objectivement mal fondée, l'échange est impossible. La désignation objective de la contre-prestation comme *équivalent*, quoique exacte au point de vue du jeu des relations sociales, ainsi que nous le verrons plus tard, ne l'est plus au regard de chaque contractant individuellement. Une contre-prestation qui n'apporte à l'individu contractant qu'un équivalent, c'est-à-dire ne valant que ce que vaut la prestation, n'a pas, psychologiquement, la puissance d'amener un changement à la situation des choses. Pour obtenir ce résultat, il faut qu'il y ait un excédent, une plus value, non pas objectivement, bien entendu, mais au point de vue individuel des contractants. Ceux-ci doivent être convaincus, chacun de leur côté, qu'ils gagnent à l'échange.

Il se peut qu'il y ait en réalité gain pour tous deux. Celui qui vend, pour un prix modéré, une chose qui lui est absolument inutile, améliore sa situation économique, car, à la place d'une chose qui ne lui sert pas, il en reçoit une dont il aura l'emploi. L'acheteur, d'autre part, lui aussi, a fait un gain en achetant à bon marché. Cette possibilité du gain réalisé de partet d'autre, repose sur la diversité des besoins respectifs ; chacune des deux parties puise dans son besoin particulier, quant aux deux choses ou prestations qui font l'objet de l'échange, une mesure de valeur différente. Ainsi se fait-il que chacun gagne sans que l'autre perde.

Telle est donc la logique du contrat bilatéral : chacun poursuit son avantage, sachant que l'autre agit de même et cela sous l'égide du droit [27]. Le droit accorde libre jeu à

---

(27) L. 22 § 3 Loc. (**19**.2) : *Quemadmodum in emendo et vendendo naturaliter concessum est, quod pluris sit, minoris emere, quod minoris sit, pluris vendere et ita invicem se circumscribere, ita in locationibus quoque et conductionibus juris est.* La nature du rapport de confiance (mandat, tutelle, société, etc.) comporte le contraire ; ici le *dolus* commence dès que l'on poursuit son avantage propre ; dans les rapports d'affaires, il ne commence que lorsqu'on poursuit cet avantage avec altération consciente de la vérité.

l'égoïsme, pourvu que, dans la poursuite de son but, il s'abstienne de recourir à des moyens prohibés.

Le rapport qui s'établit entre les parties sur la base de leur égoïsme respectif, s'appelle, dans le monde des transactions, le *pied d'affaires*. Son antithèse est le *pied de complaisance* : il désigne le rapport qui unit les deux parties dans les contrats libéraux (p. 69). Là, toutes deux reconnaissent que l'une fait à l'autre un bienfait. Le droit romain fait découler des conséquences importantes de cette différence de position (par exemple, pour la dissolution du rapport, le degré de la *culpa*, la prestation de l'éviction, l'infamie).

66. Formes fondamentales du commerce juridique : Échange et association. — L'opération, dans le contrat onéreux, considérée objectivement, consiste dans un déplacement des choses, ou dans des prestations réciproques. Chacune d'elles cherche la personne entre les mains de laquelle elle réalise le mieux sa destination, pour laquelle donc elle représente une valeur plus grande que pour son détenteur actuel. Elle échange donc la place qu'elle occupe contre une autre.

Le terme de *contrat d'échange* qui pour le juriste n'indique que l'échange de deux choses[28], convient à toutes les valeurs qui se rencontrent dans le cours des relations sociales (choses, argent, services). L'expression allemande *Verkehr*, désignant le commerce juridique, est née de cette idée du déplacement des choses d'un endroit dans un autre : il tourne (*Kehren*) et retourne (*Verkehren*), c'est-à-dire échange les choses. L'expression latine correspondante : *commercium* est empruntée au nom de la marchandise : *merx, mercari*. Elle reflète l'élément de communauté des parties (*com-mercium*)

---

(28) Conformément à la notion romaine de la *permutatio*. A *mutare* (*movitare*, bouger) se rattache le *mutuum*, le prêt; linguistiquement, c'est un *changement de place* (de la chose fongible, avec convention de retour ultérieur).

qui en est le résultat. Au point de vue linguistique donc, *Verkehr* équivaut à *commerce d'échange.*

Mais dans la vie, le commerce juridique est autre chose que le commerce d'échanges. Il embrasse plutôt deux groupes d'affaires dont un seul a pour l'objet l'échange de prestations ; l'autre concerne la réunion de plusieurs personnes en vue d'un but commun. L'échange suppose la *diversité* des besoins respectifs, et par conséquent la diversité des moyens propres à les satisfaire, c'est-à-dire des prestations réciproques. Tout autre est le cas où les besoins des deux parties sont *identiques;* alors leurs intérêts tendent vers un seul et même but. Si chacune d'elles est apte à atteindre ce but pour elle seule, aussi facilement et aussi sûrement qu'ensemble avec l'autre, il n'y a pas de raison de faire appel à la coopération de cette dernière. Mais lorsque le but dépasse les forces de l'individu isolé, ou lorsqu'il y a économie, facilité, sûreté plus grandes à le poursuivre en commun, l'intérêt respectif des parties leur commande de mettre en commun, et leurs forces et leurs moyens d'action. On y parvient au moyen du *contrat de société.* De même que le contrat d'échange, dans le sens large que nous lui avons donné, le contrat de société comprend, non point un contrat isolé, mais tout un groupe spécial de contrats dans la vie des affaires. Comme le contrat d'échange, il contient une forme fondamentale des relations, dont l'utilité pratique est illimitée : l'*association.* La distinction essentielle qu'il faut établir entre ces deux formes fondamentales du commerce juridique consiste dans l'opposition entre la *différence* et l'*identité* du but. Dans l'échange, le but de l'un contractant diffère de celui de l'autre, et c'est précisément pour cette raison qu'ils *échangent.* Dans la société, toutes les parties ont le même but, et c'est pourquoi elles se *réunissent.* Il n'y a pas, et ne peut y avoir de troisième forme fondamentale, car on ne peut concevoir le but qui réunit deux parties que différent ou identique. Incontestablement, le contrat de société doit être compris dans les contrats onéreux : le principe de la remunération y reçoit une application évidente.

L'échange est le dessin inférieur de ces deux formes fondamentales. Historiquement, par conséquent, il est le plus ancien. Il constitue la forme primordiale du commerce juridique. L'intelligence la plus rudimentaire pouvait aisément découvrir l'avantage de l'échange de deux choses ou de deux prestations; mais la conception d'une opération faite en commun fut l'œuvre d'un esprit inventif. Et encore, pour qu'elle pût surgir, fallut-il que les relations du commerce juridique [29] eussent pris un certain développement.

Ce rapport des deux formes fondamentales de la vie sociale, nous fournit l'ordre de nos explications suivantes. Nous examinerons d'abord la forme inférieure et la plus ancienne. Nous essaierons de suivre dans leur marche exacte les divers éléments et mouvements qu'y fit surgir successivement la force impulsive de la finalité.

---

(29) La *societas*, comme contrat pourvu d'une *action*, appartient, à Rome, au droit commercial moderne (*jus gentium*), tandis que la vente sous forme de *mancipatio*, et le prêt sous la forme du *nexum*, remontent jusqu'à l'époque primitive; ce qui ne veut pas dire cependant qu'avant l'introduction de l'*actio pro socio*, il n'y eût pas, en fait, des contrats de société, soit non obligatoires, et basés purement sur la bonne foi (*fides*) réciproque, et éventuellement sur la crainte de l'opinion publique (infamie en cas de mauvaise foi), soit conclus avec force juridiquement obligatoire sous forme de stipulation. C'est une erreur, je crois, de vouloir reculer l'origine de la société dans la vie de famille des anciens Romains; lorsque des frères, après la mort du père, continuaient la même vie en commun, celle-ci se trouvait, en droit, sous la protection de l'*actio familiae erciscundae*, et même plus tard, ce rapport des cohéritiers, pas plus que celui des copropriétaires, n'a jamais été rangé par les juristes romains sous le point de vue de la société.

3. Le salaire (l'argent).

Sommaire : 67. Forme inférieure de l'échange : Égalité des fonctions. — 68. Forme supérieure : Diversité des fonctions. — 69. Notion du salaire.

67. Forme inférieure de l'échange : Égalité des fonctions. — La satisfaction immédiate des besoins respectifs, chacune des deux parties obtenant la chose ou la prestation dont elle a besoin, telle est la conception la plus simple que l'on puisse se former du contrat bilatéral. Le contrat opère ici pour les deux parties dans le même sens. C'est ce que j'appellerai l'*égalité* de sa *fonction*.

Mais si telle est l'image la plus simple du contrat, elle est aussi la plus imparfaite, car elle suppose que chacune des parties possède précisément ce que l'autre cherche, et en a la disposition immédiate. Cette hypothèse ne se présente que rarement dans la réalité, et le commerce juridique ne rencontrerait que des difficultés s'il ne pouvait s'en départir. Il y a réussi par un moyen qui renferme l'une des idées pratiques les plus géniales de l'homme[30] : par l'*argent*. Le service que celui-ci rend dans le domaine des relations sociales est si évident, si palpable, que je ne crois pas devoir y insister. Je ne présenterai qu'une seule observation.

J'ai défini le commerce juridique : le système organisé de

---

(30) Je ne puis me retenir d'intercaler ici, pour les non juristes, l'exposé d'un juriste romain (PAUL) dans la L. 1 pr. de cont. emt. (**18**.1). *Origo emendi vendendique a permutationibus cœpit, olim enim non ita erat nummus, neque aliud merx, aliud pretium nominabatur, sed unusquisque secundum necessitatem temporum ac rerum utilibus inutilia permutabat, quando plerumque evenit, ut, quod alteri superest, alteri desit. Sed quia non semper nec facile concurrebat, ut, cum tu haberes, quod ego desiderarem, invicem haberem, quod tu accipere velles, electa materia est, cujus publica ac perpetua æstimatio difficultatibus permutationum æqualitate quantitatis subveniret, exque materia forma publica percussa usum dominiumque non tam ex substantia præbet quam ex quantitate nec ultra merx utrumque, sed alterum pretium vocatur.*

la satisfaction des besoins humains. Cette définition reste-t-elle exacte lorsqu'il s'agit de l'argent? Satisfait-il aux besoins de celui qui accomplit une prestation en vue de l'obtenir! Actuellement, non; mais virtuellement, oui. L'argent que paie l'acheteur permet au vendeur de fournir à ses besoins; il n'a qu'à chercher celui qui est en mesure d'en payer. L'argent lui donne à cet égard une latitude illimitée (quant au temps, au lieu, aux personnes, à l'étendue). L'argent donc, ne contente pas immédiatement les besoins, mais il donne la certitude absolue, acceptée par tout le monde, de pouvoir y satisfaire ultérieurement. Le contrat d'échange, dans le sens étroit du mot, se distingue du contrat de vente, en ce que les besoins respectifs y reçoivent satisfaction au moyen d'un seul et même acte, tandis que dans le contrat de vente, il faut plusieurs actes pour que cette satisfaction soit complète. Dans la vente, l'acheteur seul, et non le vendeur, obtient immédiatement ce qu'il lui faut.

68. Forme supérieure de l'échange : diversité des fonctions. — A cette image du contrat bilatéral, reposant comme nous l'avons vu sur *l'égalité des fonctions*, s'oppose donc un autre aspect, reposant sur la *diversité des fonctions* : l'une des prestations procure une satisfaction immédiate, l'autre ne la procure qu'en puissance; en d'autres termes, il y a d'une part des prestations réelles ou individuelles et de l'autre une prestation idéale ou abstraite : l'argent. Nous obtenons ainsi le tableau suivant, déjà tracé plus haut (p. 69), et qui comprend tous les contrats possibles du commerce d'échange dans le sens large :

PRESTATION RÉELLE.	ARGENT.	CONTRAT.
1. Abandon permanent d'une chose.	Prix.	Vente.
2. Abandon passager :		
a) d'une chose,	Loyer.	Louage.
b) d'un capital.	Intérêts.	Prêt.
3. Prestations de services.	Salaire.	Contrat de services.
	(honoraires, traitement).	

69. Notion du salaire. — Il serait désirable de pouvoir exprimer par un terme déterminé la fonction que l'argent exerce dans tous ces cas. Celui de *équivalent* ne convient pas, car il indique un rapport de valeur entre les deux prestations, qui n'a rien à voir avec l'argent comme tel — une chose peut, elle aussi, être l'équivalent d'une autre chose (n° 4). On m'accordera d'appliquer la notion du salaire aux trois cas de prestation d'argent ci-dessus indiqués. Le langage scientifique identifie régulièrement cette notion avec celle du prix du travail, mais elle comporte, on le sait, dans la vie courante, une acception bien plus étendue. J'entendrai donc par salaire, dans le sens large, non pas seulement le prix du travail, mais encore le prix de vente, les loyers, les intérêts d'argent. La notion du salaire dans la première application (prix du travail) s'élargira elle-même, plus loin (n° 7), dans la notion du salaire idéal, que j'oppose au salaire pécuniaire ou économique, et dans celle du salaire mixte qui contient une combinaison de l'un et de l'autre. La notion du salaire a pris ainsi une généralité telle, que le salaire peut être considéré comme le mobile déterminant de tout le commerce juridique. Ceci est trop absolu, cependant, car nous nous en tenons à la forme parfaite de l'échange (contre de l'argent), en négligeant, comme sans influence sur le jeu des relations sociales, la forme imparfaite du troc de deux prestations réelles.

Je ne crois pas néanmoins que la notion du salaire aussi largement comprise perde de sa précision et par cela même de son utilité pratique. L'argent et la prestation réelle sont les deux formes opposées de la rémunération, c'est à-dire de la compensation entre deux prestations, indiquées par la nature des choses. Il pourrait y avoir, à la vérité, utilité pour le juriste et l'économiste à distinguer dans la fonction de l'argent, entre le prix du travail, le prix de vente, les loyers et l'intérêt d'argent. Mais ces distinctions n'ont rien à voir dans la question que nous traitons, et qui consiste à examiner comment le commerce juridique ménage la satisfaction des besoins humains. Il y pourvoit directement ou indirectement. Directement, au moyen de la prestation réelle, indirectement, à l'aide de l'argent. Et cette fonction de l'argent doit recevoir une appellation spéciale. Le salaire que touche l'ouvrier ne satisfait pas immédiatement à ses besoins; il lui procure seulement un moyen de les contenter. Et il en est de même du prix de vente, du loyer et des intérêts, pour le vendeur, le bailleur, le prêteur. Que celui là travaille, que celui-ci vende, ou loue sous le coup d'une nécessité immédiate, ou qu'ils le fassent pour donner un emploi utile à leurs forces, à leurs choses, à leur capital, l'argent qu'ils reçoivent ne change pas de caractère; dans l'un comme dans l'autre cas, il ne satisfait pas le besoin immédiatement, il ne fait que rendre possible sa satisfaction ultérieure.

4. L'équivalent.

Sommaire : 70. Équilibre entre les prestations. — 71. L'idée de justice dans le commerce juridique. — 72. La concurrence, régulateur de l'égoïsme. — 73. Dangers de l'extorsion. — 74. Intervention exceptionnelle de la législation.

70. Équilibre entre les prestations. — Les notions de salaire et d'équivalent ne se confondent point. L'équivalent peut être autre chose qu'un salaire (prestation réelle), et le salaire ne doit pas représenter un équivalent. Il peut être supérieur ou inférieur. L'équivalent, c'est l'équilibre entre la prestation et la contre-prestation, établi par l'expérience acquise du commerce juridique, d'après la valeur des biens et des prestations. C'est l'économie politique qui enseigne comment se forme la mesure de cette valeur et sur quelles données elle repose. Nous n'avons pas à traiter cette question

Il nous suffit de constater le progrès qui se rattache, au point de vue des transactions, à élever le salaire au rang d'équivalent.

La fixation du salaire, pour chaque cas particulier, est affaire de consentement individuel. Le droit reconnaît ici le pouvoir régulateur et légitime de l'égoïsme [31]. Sa conception est celle-ci : chacune des deux parties a en vue son avantage propre, chacune cherche à faire profit de la position moins favorable de l'autre. Cette inégalité de position peut dégénérer en un véritable état de contrainte, lorsque l'on trouve en présence, d'une part, le maximum du besoin, et d'autre part, un moyen exclusif de tout autre de lui donner satisfaction. Le nécessiteux, dans ce cas, n'a d'autre ressource que de se soumettre aux conditions imposées par la partie adverse. Celui qui se noie offre sa fortune pour un bout de corde; celui qui meurt de soif dans le désert donne ses perles en retour d'une gorgée d'eau; Richard III, dans Shakespeare, s'écrie : « mon royaume pour un cheval » : lorsque la vie en dépend, la chose la plus infime acquiert un prix inestimable.

L'impitoyable exploitation de la détresse d'autrui, voilà donc le fruit de cet égoïsme que nous avons tant vanté. A ce résultat, tout sentiment moral se révolte. Dès lors, ne proclame-t-il pas la banqueroute de notre théorie de l'égoïsme? Ne nous force-t-il pas à confesser que l'égoïsme est impuissant à répondre aux exigences du commerce juridique, et qu'il ne peut procurer la satisfaction réglée et assurée des besoins humains? Ne faut-il pas reconnaître enfin qu'il est nécessaire de trouver au dehors un frein à sa naturelle insatiabilité?

---

(31) L. 16 § 4 de minor. (4.4) : *In pretio emtionis et venditionis naturaliter licere contrahentibus se circumscribere.* L. 22 § 3. Locat. (19.2)... *ita in locationibus quoque et conductionibus juris est;* L. 10 C. de resc. vend. (4.44) : *dolus emtoris... non quantitate praetii aestimatur.*

L'égoïsme de celui qui veut prendre le plus possible se heurte contre le sentiment identique de celui qui cherche à donner le moins possible. L'équilibre se produit à un point d'indifférence qui est l'*équivalent*. C'est l'expérience qui établit cet équilibre entre la prestation et la contre-prestation, et fixe un taux du salaire (de la prestation réelle), grâce auquel les deux parties acquièrent leur droit, sans perte pour l'une comme pour l'autre. L'équivalent réalise l'idée de justice dans le domaine où se meut le commerce juridique.

71. L'idée de justice dans le commerce juridique. — La justice, en effet, n'est autre chose que ce qui convient à tous, ce qui assure l'existence de tous. La plus haute mission de la société consiste donc à faire prévaloir le principe de l'équivalent dans toutes les relations de la vie sociale.

Est-ce au moyen de la loi que la société s'acquittera de cette tâche? Incontestablement, s'il s'agit de faire œuvre de justice; car, ce que la justice exige doit être réalisé par la loi. Je ne suis cependant pas de cet avis. Si l'intérêt de tous exige qu'un certain ordre règne, encore faut-il voir d'abord si cet intérêt n'est pas assez puissant pour établir la règle lui-même. Dans ce cas la loi est inutile. Il ne faut pas de loi pour imposer le mariage, ni pour condamner le suicide.

Le commerce juridique réalisera-t-il l'idée de l'équivalent au moyen de ses propres forces? En thèse générale, oui. Aucune loi ne fixe les prix à l'artisan, au fabricant, au boutiquier, etc. et cependant ils conservent une mesure dans leurs prix. Ce n'est certainement pas l'esprit de désintéressement qui les anime, ni une sorte de doctrinarisme social qui les pousse à réaliser l'idée de l'équivalent. C'est qu'ils ne peuvent faire autrement, et que leur propre égoïsme les y contraint.

72. La concurrence, régulateur de l'égoïsme. — L'égoïsme devient ici son propre correctif. Et cela à un double titre. Grâce à la concurrence d'abord. L'égoïsme du vendeur qui surfait son prix, est paralysé par l'égoïsme d'un autre marchand qui aime mieux vendre à prix modéré que de ne pas vendre du tout; l'égoïsme de l'acheteur qui offre trop peu, est paralysé par celui d'un autre qui offre davantage — *la concurrence est le régulateur spontané de l'égoïsme.*

Quelle que soit, néanmoins, l'exactitude générale de ces constatations, il y a des situations spéciales, des rapports tout particuliers, où la concurrence cesse momentanément, ou même absolument, d'avoir une influence. L'unique hôtelier, l'unique médecin ou pharmacien d'une localité, n'ont pas de concurrence à redouter; même là où ils sont plusieurs, celui qui doit recourir à leurs services peut se trouver dans une situation telle qu'il ne puisse s'adresser qu'à l'un d'eux, et qu'il doive accepter ses conditions. Le chirurgien qui a terminé son opération, mais n'a pas encore lié les artères, tient la vie du patient entre ses mains; l'hôtelier tient son logeur en son pouvoir; qui les empêche d'exiger un prix exorbitant, l'un pour parfaire l'opération, l'autre pour consentir à continuer sa location? S'il ne le font, c'est qu'ils comptent, celui-là sur d'autres patients, celui-ci sur d'autres clients. Leur propre intérêt les guide. De même que, dans la concurrence, l'égoïsme de l'un tient en échec celui de l'autre, de même, ici, l'égoïsme se fait échec à lui-même. La considération de l'avenir s'oppose à l'exploitation égoïste du présent. L'égoïsme établit la balance entre les deux avantages possibles, et sacrifie le profit passager, si considérable soit-il, au bénéfice moindre, mais plus sûr et plus durable que l'avenir lui réserve — la considération de l'avenir est le régulateur individuel dans les cas où le régulateur social, la concurrence, fait défaut.

75. Dangers de l'extorsion. — Mais il faut de bons yeux pour percer l'avenir. Il est bien des gens à vue si courte qu'ils ne peuvent l'embrasser. D'autres sont de volonté si faible, qu'ils n'hésitent pas à sacrifier l'avenir au présent. Il se peut

qu'une unique extorsion[32], commise dans de vastes proportions, compense la ruine de tout l'avenir; l'extorsion
peut même devenir un métier (usure), et s'exercer d'une
façon continue. Alors l'égoïsme cesse d'être son propre
remède. La société, qu'il menace, s'alarme, et se défend
contre ses excès par l'arme de la loi. Appartiennent
à la classe des lois destinées à prévenir dans le commerce
de la vie ces abus de l'égoïsme : les taxes légales, les
restrictions du taux de l'intérêt, les pénalités contre
l'usure, etc.[33]. L'expérience enseigne que plus d'une de
ces lois a manqué son but. L'esprit libre échangiste de
notre époque les critique; il voudrait les abolir complètement, comme il en a effacé déjà beaucoup, ne voyant en
elles que des obstacles aux accommodements des relations
sociales.

---

(32) Ici, et dans la suite, je n'emploie pas ce mot dans le sens criminel,
mais dans le sens économique de l'exploitation de la détresse d'autrui
pour augmenter le prix ou le salaire au dessus de l'équivalent. Exercée
systématiquement ou professionnellement, l'extorsion devient *usure*. Il
faut distinguer de l'extorsion, la *duperie*. Celle là spécule sur la détresse
de l'adversaire, celle-ci sur son ignorance du vrai prix, ou sur sa répugnance à entrer dans des pourparlers fastidieux sur la disproportion
entre le vrai prix et celui demandé.

(33) Les diverses législations s'écartent extraordinairement les unes
des autres sous ce rapport. L'ancien droit romain avait presque exclusivement porté son attention sur l'usure; le droit nouveau y a ajouté
quelques autres cas (Extorsion de la part du médecin : L. 9 C. de prof.
(10.52), L. 3 de extr. cogn. (50.13); de la part de l'avocat : *pactum de
quota litis* et *palmarium* L. 53 de pact. (2.14), L. 1, § 12 de extr. cogn.
(50.13) L. 5 C. de post. (2.6), prohibition de la *lex commissoria* dans
l'hypothèque, annulation du contrat de vente du chef de lésion
énorme, etc.). En sens opposé, c'est bien le droit musulman qui est allé le
plus loin, en faisant un devoir au vendeur d'indiquer la valeur vraie, ne
permettant qu'aux commerçants de stipuler un avantage supérieur, et
défendant même entièrement les ventes aux enchères, dans lesquelles
le prix dépasse facilement la véritable valeur. N. VON TORNAUW. *Das
moslemitische Recht*, Leipz. 1855, p. 92-93. Cette disposition rappelle la
prohibition des intérêts en droit canonique.

Il faudra repasser par de dures épreuves avant de comprendre à nouveau de combien de dangers l'égoïsme individuel, dégagé de toute entrave, menace la société, et pourquoi le passé a jugé nécessaire de le refréner. La liberté illimitée dans les relations et les transactions sociales est une prime donnée à l'extorsion, un permis de chasse délivré aux pirates et aux brigands, avec droit de prise sur tous ceux qui leur tombent entre les mains ! — Malheur aux victimes ! Que les loups réclament la liberté, on le comprend, mais que les moutons continuent à faire chorus..., ils ne prouvent qu'une seule chose : qu'ils sont moutons !

74. Intervention exceptionnelle de la législation. — En réclamant ici, pour la législation, le droit d'intervenir, je ne contredis en rien à mon opinion fondamentale que la vie sociale se base sur la satisfaction égoïste des besoins humains. Je crois fermement que l'égoïsme est le moteur de toute l'activité sociale, et que lui seul est de force à donner la solution du problème. L'idée de vouloir le remplacer par la contrainte, présente une telle impossibilité, qu'il suffit d'en faire un instant abstraction pour se convaincre que tout le succès du travail dépend de lui, c'est-à-dire du salaire libre. Vouloir régler le travail au moyen de la contrainte, au lieu du salaire, ce serait faire de la société un bagne, et réduire le travail national au seul travail manuel, car on commande aux bras, mais l'esprit reste libre. Même dans le travail manuel, la contrainte ne peut suppléer au salaire. La contrainte fait de l'égoïsme un ennemi du travail, le salaire en fait un allié ; car, dans le travail imposé, l'ouvrier a intérêt à peiner le moins possible, tandis que dans le travail libre, son intérêt est de produire le plus possible. Là, il trompe le maître ; ici, il se trompe lui-même. La contrainte n'a d'effets que tant que le châtiment menace, le salaire agit sans trève ni relâche.

Mais autant je suis convaincu que l'égoïsme est la seule

force motrice des relations, autant je le suis, d'autre part, que l'État a pour mission de combattre ses excès quand ils deviennent une menace pour le bien de la société. C'est une erreur dangereuse, à mes yeux, de croire que le contrat, comme tel, pourvu que son objet ne soit ni illégal ni immoral, ait droit à la protection de la loi. Je combattrai cette erreur dans la deuxième partie, je me borne ici à une simple protestation. A l'intérêt de l'égoïsme individuel, la société a le droit, autant que le devoir, d'opposer son propre intérêt. Or, l'intérêt de la société, c'est, non-seulement ce qui sert l'individu, mais ce qui est utile à la généralité, ce qui garantit l'existence de tous. Cela, je l'ai déjà dit (n° 71) c'est la *justice*. Elle est au dessus de la *liberté*. Chacun existe, non seulement pour lui, mais encore pour le monde (n° 33). — c'est pourquoi la *liberté*, ou ce qui convient à l'individu, doit être subordonnée à la *justice*, ou ce qui convient à tous.

A ce problème social de l'élévation du salaire au rang d'équivalent, ou de la réalisation de l'idée de justice dans la vie, se rattache étroitement un phénomène que je vais examiner maintenant, et dont l'importance est très grande.

5. Professions.

Sommaire : 75. La profession est un poste de service de la société. — 76. La profession est un rapport d'obligation. — 77. Honneur professionnel. — 78. Satisfaction assurée des besoins sociaux au moyen des professions.—Corrélation de leur nombre avec celui des besoins sociaux —79 Intermédiaires par profession. — 80. La profession représente l'organisation du salaire. — 81. La profession est le régulateur du salaire. — Concurrence déloyale. — 82. Bienfait de la profession : assurer au talent son utilisation économique.

75. La profession est un poste de service de la société. — La vocation est une forme déterminée d'activité, par laquelle l'individu se met d'une façon durable à la disposition de la société, par laquelle il occupe son *poste de service*

social. Le mot ainsi entendu est pris dans le sens social ou objectif — différent de sa portée subjective, qui indique la disposition individuelle, la voix interne qui appelle (*vocare*) à accomplir telle tâche de préférence à une autre. Si à la vocation, dans l'intention du sujet, se rattache le but d'en vivre, elle devient une profession. L'individu vit *pour* sa profession, et il *en* vit. A ce sujet, nous avons une autre manière de voir que les anciens (n° 56). Pour nous, vivre de sa profession, ne diminue en rien l'individu, quel que soit son rang. Le travail ne déshonore pas, et le salaire reçu en retour du travail professionnel laisse à l'homme sa dignité. Il n'y a déshonneur que lorsqu'on se fait payer un service qui ne relève pas de la profession. Chacun approuve que l'homme de peine, qui conduit l'étranger de la gare à l'hôtel, se fasse payer. Tout autre qui exigerait pareille rémunération serait blâmé. Pourquoi cette distinction? C'est que l'un vit de ce trafic, qui est son travail professionnel, et que non seulement le salaire de ce travail, aux yeux de la société, est un équivalent de cette prestation isolée, mais qu'il consacre en même temps l'utilité sociale du service presté. Et celui-là seul qui vit *pour* le travail a le droit d'*en* vivre.

76. La profession est un rapport d'obligation. — Celui qui embrasse une profession déterminée proclame par cela même, publiquement, qu'il est apte et prêt à accomplir tous les services qu'elle comporte. Il met ses services à la disposition du public; il donne à tous le droit d'y faire appel[34]. Son intérêt, autant que la concurrence, sont les garanties de son bon vouloir. Mais ces mobiles peuvent faire défaut. Qu'arrivera-t-il alors? Peut-il, par paresse ou par pur

---

(34) S'il n'est pas capable, c'est un intrus, qu'une politique sociale intelligente commande d'éloigner, tant dans l'intérêt de la profession que dans celui du public. Tel était, dans l'ancienne organisation des corporations, le but du chef d'œuvre des artisans. Tel est aussi le but, de nos jours, des examens publics des avocats, notaires, médecins, pharmaciens, sages-femmes, professeurs, etc.

caprice, refuser ses services à ceux qui les réclament? L'hôtelier peut-il renvoyer les voyageurs, le boutiquier, le boulanger, le boucher, leurs clients, le pharmacien, le médecin abandonner le malade, l'avocat celui qui vient le consulter? Non : tout homme d'affaires véritable sent qu'il ne le peut pas, sous peine de heurter l'opinion publique. Pourquoi? Nul n'en veut au propriétaire qui refuse de louer ou de vendre sa maison vacante. Pourquoi donc le blâme atteint-il l'homme d'affaires qui refuse ses services? C'est qu'en embrassant sa profession, il a donné à la société une assurance à laquelle il doit satisfaire; c'est que, dans le commerce de la vie, quiconque exerce une profession publique devient en quelque sorte une personne publique : il existe pour le public, il est obligé d'être à son service, et l'opinion publique envisage l'exercice de sa profession comme une *obligation envers la société.*

77. Honneur professionnel. — Aussi le corps social retire-t-il son estime à l'homme d'affaires qui, par paresse ou négligence, déserte ses devoirs professionnels, quel que soit du reste son mérite. La société le proclame incapable, elle le méprise à raison de son incapacité; mais elle honore l'homme d'affaires entendu, dût-il sous d'autres rapports prêter le flanc à la critique. Elle mesure l'homme à proportion de son utilité sociale. C'est dans cette utilité que gît aussi l'honneur de l'homme d'affaires vigilant, et cet honneur lui défend de négliger sa besogne, ou de faire mauvais œuvre. Quel rapport y a-t-il entre l'honneur et les affaires? Au sens objectif, l'honneur ou l'estime du monde consiste dans la reconnaissance de la valeur sociale de l'individu; au sens subjectif, il constitue le sentiment individuel et l'affirmation de fait de cette valeur. L'honneur trouve sa mesure dans tous les éléments qui concourent à assigner à l'individu sa valeur pour la société, et notamment dans sa mission sociale. L'artisan, le médecin, l'avocat, ont des missions différentes; mais c'est leur honneur à tous, de les remplir dignement, d'y consacrer toutes leurs énergies; l'oubli de leurs devoirs est une honte. Il répugne à l'artisan capable de livrer un travail mal accompli, tout comme le médecin et l'avocat consciencieux mettent leur honneur à ne pas abandonner leur client. Pour juger l'homme, pour déterminer sa valeur sociale, le monde envisage en premier lieu comment il exerce sa profession.

L'égoïsme de la société ne s'enquiert pas de ce qu'est l'homme *en soi*, il se demande ce qu'il vaut *pour elle*. N'être *rien* pour la société, vivre uniquement pour soi, n'est pas une existence bien louable, encore peut-on s'en contenter; mais il n'est pas permis de ne pas être pour la société ce que l'on *doit* être, et rien ne peut compenser pour l'individu l'amertume du sentiment de son incapacité. Celui qui, loyalement, énergiquement, accomplit son devoir professionnel, trouve dans cet effort même un soutien contre les coups du sort les plus pénibles; il a conscience que sa vie, sans charmes pour lui, conserve de l'utilité pour les autres.

Envisagée au point de vue de la société, la profession est un devoir. Le côté par lequel elle intéresse l'individu est le salaire. La profession est un moyen d'acquérir. Pour l'homme isolé, qui peut se passer de salaire, cette circonstance peut n'avoir point d'importance, mais son action, dans la vie totale, est si décisive que seule elle assigne aux rapports et aux individus l'importance pratique qu'ils ont et doivent avoir. Celui qui se voue à l'exercice d'une profession déterminée engage son existence entière envers la société pour l'accomplissement de la tâche qu'il assume; son intérêt et celui de la société se confondent. S'il veut prospérer, il lui doit toute son énergie, son pouvoir et son savoir, son vouloir et ses aspirations, son corps et son âme. Il doit prévenir ses besoins, deviner ses vœux et ses idées, sans attendre qu'elle-même les manifeste. Il doit apprendre à la satisfaire, et en trouver le moyen. Semblable au garde malade, il saura épier chaque souffle de la société ; comme un médecin, il sera attentif à chacune des pulsations du besoin social. Son adresse à les juger à chaque heure, en chaque occurrence, le fera riche ou pauvre.

78. Satisfaction assurée des besoins sociaux au moyen des professions. — Corrélation du nombre des professions avec celui des besoins sociaux. — Tout cela met en pleine lumière la suprême importance de la profession au point de vue social. Chaque profession contient l'organisation du genre d'activité sociale qu'elle représente ; elle assure, par cela même, la satisfaction réglée et constante des besoins sociaux. Le commerce juridique a accompli l'un de ses buts lorsqu'il a créé une profession spéciale à cet effet. Son développement se mesure à la perfection avec laquelle il achève cette organisation. Une branche professionnelle déterminée vient-elle à faire défaut, dans le système des relations à une époque donnée, c'est que le besoin de son existence n'a pas encore été ressenti au point de la faire surgir dans sa forme nécessaire. Dans un pays où il y a plus de distilleries d'alcool que de bibliothèques ou d'écoles pour femmes, il est évident que la population ressent plus fortement le besoin d'absorber de l'alcool, que de veiller à la nourriture intellectuelle, ou à l'éducation féminine. Il y a concordance exacte entre la statistique d'une branche professionnelle, et l'intensité du besoin de l'existence de cette dernière. L'exercice d'une profession devient impossible, là où elle n'est pas désirée ; elle surgit d'elle-même dès qu'elle est voulue. Il s'en va là comme du réveil de la nature, quand le printemps apparaît. Aussi longtemps que la chaleur requise est absente, l'arbre ne bourgeonne pas ; bourgeonne-t-il, c'est que la chaleur est éclose. Si le commerce juridique est bien organisé, le système des branches professionnelles doit répondre exactement aux divers besoins sociaux. L'époque actuelle laisse peu à désirer sous ce rapport. Quel vœu, quel désir, l'homme pourrait-il formuler, considérant les mille aspects de son existence, la foule de ses aspirations et de ses besoins, ses multiples intérêts matériels et intellectuels, qu'il n'y ait, toute prête, une branche professionnelle apte à en aider la réalisation? La *chose immobilière* seule échappe à cette organisation, et cela par sa nature même. Il y a mille commerces, depuis celui des chiffons jusqu'au commerce des objets d'art; mais le commerce des choses immobilières n'existe pas [35]. Qui veut acheter ou louer un fonds de terre, prendre à bail une maison, doit s'adresser à un particulier; il n'y a pas de marchand de biens ruraux ou de maisons. Un seul essai d'organisation à cet égard, a été tenté dans les grandes villes, par les sociétés de construction. Elles bâtissent des maisons en vue de les vendre, elles édifient des habitations ouvrières en vue de les louer. Un grand avenir est peut-être réservé à cette industrie.

79. Intermédiaires par profession. — Le métier *d'intermédiaire* est une profession d'une espèce particulière. Il consiste dans l'entremise entre ceux qui recherchent une chose, ou réclament un service, et ceux qui peuvent fournir l'une ou l'autre (courtiers, bureaux de renseignements) [36].

---

(35) C'est ainsi que le Code de commerce allemand, art. 1, restreint la commercialité aux professions qui ont pour objet des choses mobilières; de même le droit romain restreint à ces choses la notion de la *merx* L. 66 de V. S. (**50**.16).

(36) A Rome, le métier d'intermédiaire, sous l'Empire, était organisé d'une manière complète dans les directions les plus diverses. Longtemps auparavant, il s'était localisé dans le commerce d'argent, où le banquier (*argentarius*) se chargeait de la négociation, en prêtant les fonds à lui confiés (soit en son nom, soit au nom du prêteur), et percevait les intérêts, qu'il portait en compte. Plus tard, se joignit à lui le courtier d'argent (L. 2 de prox. **50**.14 : *proxeneta faciendi nominis ut multi solent*). Le métier de courtier, comme le prouve l'étymologie (*proxeneta, proxeneticum, phi-*

La négociation directe remplacera sans doute, dans la suite du temps, le concours que le commerce juridique demande encore aujourd'hui à l'intermédiaire. Sous ce rapport, le commerce de l'argent a réalisé les plus grands progrès. La forme la plus simple, et aussi la forme primitive de ce commerce, consiste à laisser celui qui a besoin d'argent chercher le particulier qui est en mesure de lui en avancer. Puis, vient celle où tous deux s'adressent à l'intermédiaire, lequel recherche l'argent et le place. Dans sa forme dernière, le prêteur abandonne son capital à la banque, et celle-ci fait le prêt à ses propres risques, épargnant à l'autre les recherches et le péril du placement. La banque est la forme la plus parfaite du commerce de l'argent; son avantage pour les trois négociateurs est si évident, que les deux formes précédentes doivent succomber devant elle.

Nous venons d'affirmer que l'établissement des diverses professions lucratives suit une marche parallèle à celle du développement des besoins sociaux. L'expérience confirme cette assertion. Mais nous n'avons pas encore donné la raison pour laquelle c'est précisément une profession lucrative particulière, qui doit satisfaire à ces différents besoins. Est-il bien nécessaire de rechercher cette raison? Tout le monde l'aperçoit. Elle réside dans la division du travail. Ce que celle-ci comporte d'avantages, tant pour le travailleur que pour la société, n'a pu échapper à l'homme, même à la phase la plus infime du développement des relations sociales. Pas un tailleur ne sera assez naïf pour faire ses bottes lui-même, pas un bottier ne confectionnera son propre habit. Tous deux savent qu'ils font mieux d'acheter, l'un ses bottes,

---

lantropia, hermeneuticum, L. 1. 3. ibid) était d'origine grecque. Sous l'empire, il y avait à Rome, comme chez nous, des bureaux de placement de tout genre, L. 3 de prox. **50**.14 : *Sunt enim hujusmodi hominum ut in tam magna civitate officinae;* ils y étaient encore plus nécessaires que chez nous, où des insertions dans les journaux servent au même but.

l'autre son habit; qu'ils économisent leur force de production, en la consacrant exclusivement à une seule et même branche de travail.

En résumé, la profession lucrative contient l'organisation sociale du travail, en même temps que celle de la satisfaction des besoins de l'humanité.

Mais cela n'épuise pas l'importance de la profession pour les relations sociales; deux autres considérations s'imposent à l'attention.

La première se formule en ces termes : la profession est *l'organisation du salaire.*

80. La profession représente l'organisation du salaire. — L'organisation du salaire, c'est l'élévation de celui-ci de son montant flottant et accidentel, calculé d'après des éléments purement individuels, à l'uniformité et à la sûreté d'une mesure de valeur générale; c'est, en d'autres termes, la réalisation de l'idée *d'équivalence.* Double est sous ce rapport l'influence de la profession : elle *découvre* la mesure de l'équivalent, elle en *assure* l'observation pratique. D'un côté, en effet, une expérience constante et répétée fixe la mesure et les frais du travail nécessaire pour effectuer la prestation. Celui-là seul peut le faire, qui a consacré sa force et sa vie à l'accomplissement du travail, seul il sait ce qu'il coûte. Et si des circonstances individuelles particulières mettent son expérience en défaut, celle des autres a bientôt corrigé son erreur : les prix-courants sont le résultat expérimental de toute la branche professionnelle, c'est-à-dire de millions d'individus, qui ont établi, et continuent à établir le même calcul. Ce n'est pas un acte particulier, isolé, du travail, qu'ils portent en compte, mais cet acte mis en corrélation avec toute leur vie, comme partie aliquote de celle-ci, eu égard à l'apprentissage nécessaire, à l'obligation imposée d'être toujours prêt à rendre ses services, aux interruptions inattendues qui sont inséparables de toute profession, etc.

Les honoraires du médecin, de l'avocat, ne doivent pas seulement rémunérer la prescription médicale ou la consultation juridique, mais encore compenser le temps qui fut employé à faire leurs études. Le salaire de l'homme de peine, du cocher de fiacre, de la sage-femme, doit indemniser ces personnes du temps d'attente, dépendant nécessairement de leur office — le client doit payer les heures pendant lesquelles le commissionnaire reste inactif au coin de la rue, où le cocher sommeille sur son siège et où la sage-femme reste oisive. Il n'y a exception que pour le journalier ; pour lui, le salaire représente, en fait, ce qu'annonce son nom : le salaire du jour, c'est-à-dire l'équivalent du temps qu'il donne à sa besogne, sans aucun rapport avec une période de préparation ou d'attente en dehors de cette besogne.

En même temps que de la profession se dégage le montant exact de l'équivalent, elle en assure dans la pratique la rigoureuse observation. Celui qui de çà et de là seulement est appelé à prester un service, à vendre ou louer une chose, est libre d'en demander le prix qu'il peut obtenir ; mais il est de l'intérêt de quiconque fait profession de rendre tels ou tels services, de vendre ou de louer certaines choses, de n'exiger que le prix qui lui *revient* (n° 72).

81. La profession est le régulateur du salaire. — Rabais par suite de concurrence déloyale. — La profession peut être considérée comme le régulateur du salaire. Celui qu'elle fixe est toujours juste, c'est-à-dire qu'il est adéquat à la prestation, partant qu'il est juste et équitable pour les deux parties ; et la société a un intérêt majeur à ce que le prix ne soit pas rabaissé, car le juste prix est la condition du travail juste. La profession même périclite lorsqu'elle n'obtient pas ce qui lui revient. Aussi celui qui diminue les salaires n'est pas un bienfaiteur, mais un ennemi de la société, car il porte atteinte à ce qui constitue la base de toute profession : à l'équilibre expérimentalement établi entre le travail et le salaire. Qu'il le fasse par esprit de lucre ou de sacrifice, n'importe! L'instinct populaire s'est rendu un compte exact du danger social que présente un pareil procédé. C'est cette considération qui motivait la condamnation de l'intrus à l'époque des corporations, et justifiait les poursuites dirigées contre lui. L'homme de métier travaille ouvertement, dans son atelier, dans sa boutique : l'intrus opère secrètement, ou en contrebande. Le salaire mérité par l'exercice du métier est dû à celui qui s'y est consacré, car, nous l'avons vu, le salaire représente, non pas le travail isolé, mais l'activité professionnelle toute entière : on s'y est préparé, on s'est organisé en vue de la profession, on est toujours prêt à en remplir les devoirs et les obligations. L'exercice de chaque profession a établi un équilibre expérimental entre les charges et les profits, les devoirs et les droits. Recueillir les avantages d'une profession, sans vouloir s'astreindre aux devoirs qu'elle impose, c'est détruire l'équilibre, c'est nuire à la profession. Qui le fait, commet un acte de piraterie sociale, et à ce malfaiteur, la société doit courir sus. Sous ce rapport, la réduction des prix est un cadeau de Grec. C'est le bon marché dû braconnier : il chasse à bon marché, qui chasse sur le terrain d'autrui!

Avec les corporations, ont disparu les pénalités qui attendaient ceux qui ravalaient le métier; mais le principe qui les édictait subsiste toujours, et j'estime qu'une saine politique sociale devrait toujours avoir soin d'interdire la concurrence de ceux qui n'appartiennent pas au métier. Dans chaque métier, la concurrence se règle d'elle-même; celle qui vient du dehors, fait de la profession une course au clocher; celui qui n'a su se mettre en ligne au départ se jette dans l'arène au premier tournant, et profite de cette avance pour voler leur salaire à ceux qui se sont mis en règle, et ont fourni toute la course [37].

L'importance sociale de la profession soulève un deuxième point qui mérite examen : la garantie du talent que l'organisation de la profession assure à la société.

82. Bienfait de la profession : assurer au talent son utilisation économique. — Aussi longtemps, qu'à Rome, le travail intellectuel ne put se faire rétribuer qu'au prix d'une déchéance sociale, les favorisés de la fortune conservèrent le monopole des services publics et de la science. L'accès en restait fermé au talent qui n'était pas soutenu par la fortune. Ce fut un progrès pour l'individu comme pour la société, quand ces deux branches de l'activité humaine devinrent des professions civiles. On a tôt fait de proclamer que le génie dompte tous les obstacles; mais lui aussi a besoin de pain pour vivre, et lorsque sa profession ne le lui assure pas, parce qu'elle n'est pas encore devenue une profession civile, il doit en choisir une autre qui lui assure ce nécessaire. Au 19ᵉ siècle, la pratique de l'art musical garantit à l'artiste de génie son existence assurée; au 14ᵉ siècle, il devait la mendier dans les châteaux des grands et dans leurs palais. Mais tout le monde n'est pas fait pour tendre la main, et plus d'un artiste, à cette époque, a dû préférer être un honorable artisan, qu'un musicien courant les grands chemins. De nos jours, le génie est moins aisément perdu pour le monde; s'il se révèle, on a bientôt fait de le remarquer, de le mettre à sa vraie place, où il peut se faire valoir, et se créer toutes les ressources

---

(37) Un cas d'application nous est offert par la question agitée naguère en Autriche, de savoir si le fonctionnaire judiciaire pensionné devait être admis à pratiquer comme avocat. Absolument pas, à mon avis. Sauf des circonstances exceptionnelles, je ne puis voir là qu'une désorganisation du barreau. Si la pension du fonctionnaire judiciaire retraité est trop faible, le gouvernement doit l'augmenter, mais de ses propres ressources, et non pas lui permettre de se l'assurer au détriment des avocats.

nécessaires. Une Catalani, aujourd'hui, un Paganini, un Beethoven, ne peuvent être autre chose que ce qu'ils sont devenus. Au moyen âge, ils eussent dû se résigner à exercer quelque honnête métier, s'ils ne voulaient être des chanteurs vagabonds, ou des racleurs de taverne. Malheur au génie qui vit à une époque qui n'est pas organisée pour lui ! C'est un aigle encagé, qui se brise la tête aux barreaux, quand sa fierté lui fait déployer ses ailes. Mais le temps présent lui a ouvert les voies dans tous les domaines de l'art et de la science, et s'il ne se crée pas son bonheur à lui-même, s'il ne devient pas une source de bénédictions pour le monde, c'est qu'il n'a pas su comprendre sa mission, et c'est à lui-même qu'il doit s'en prendre.

C'est la sûreté du salaire, réalisée par l'exercice régulier de la profession, qui a produit cette évolution. Tout homme à la hauteur de sa mission, trouve dans sa profession une existence assurée. Hans Sachs, de nos jours, écrirait ses vers sans être réduit à exercer le métier de cordonnier, Spinoza ne polirait plus de lunettes pour pouvoir se livrer à ses contemplations philosophiques. L'art et la science donnent du pain à quiconque est bien doué; le traitement et les honoraires ont remplacé l'aumône du riche.

6. Le crédit.

Sommaire : **83. Notion du crédit. — 84. Retour au droit romain. — 85. L'argent objet exclusif du crédit. — 86. Prêt principal — accessoire. — 87. Fonction économique du crédit. — 88. Crédit d'argent. — 89. Crédit de marchandise. — 90. Crédit de consommation et crédit commercial. — 91. Avantages du crédit commercial. — 92. Dangers du crédit commercial.**

83. Notion du crédit. — Le développement du système des échanges trouve son dernier mot dans le crédit. Les relations sociales font de celui-ci une inéluctable nécessité.

Sans lui, le commerce juridique ne rencontrerait qu'entraves et difficultés. Il est l'aide qui lui ouvre son essor, comme sont les ailes à l'oiseau qui vient d'éclore.

Il appartiendrait aux économistes d'établir la notion du crédit; mais il ne sont rien moins que d'accord à cet égard[38], et c'est ce qui m'a décidé à examiner la question, au point de vue du droit, à rechercher ce qui peut l'éclairer, à l'aide du droit romain, auquel nous devons cette expression : crédit.

84. Retour au droit romain. — Par *credere*, dans le sens large, les juristes romains entendent la dation d'une chose à autrui, avec obligation de la restituer ultérieurement. Dans son édit, le Préteur romain comprenait, sous le titre *res creditæ*, tous les contrats se rapportant à cette matière[39]. A ce mode d'établissement des obligations par dation, se rattachait, linguistiquement et historiquement, l'expression *creditor*, et la notion qui s'y rapporte, car à l'origine, comme nous l'établirons ci-après, la dation était l'unique source des obligations — le *creditor* était celui qui avait donné, le *debitor* celui qui avait reçu (*creduere, credere* de *dare; debere* de *habere)*.

Mais l'obligation romaine se développa et embrassa des rapport plus larges; en même temps l'expression *creditor* s'étendit aussi. Dans le droit nouveau, ce mot désigne tout créancier, lors même qu'il n'aurait rien donné[40]. Le *debitor* est tout débiteur, n'eût-il même rien reçu. *Creditor* et *debitor*

---

(38) Une revue des diverses opinions est donnée par KNIES, *Der Crédit*, 1re partie, Berlin, 1876. L'opinion de l'auteur n'est pas exacte, à mon avis, et elle m'a surtout déterminé à donner à la définition du crédit plus d'espace que je ne l'aurais fait sans cela.

(39) L. 1 De Reb. cred. (**12.**1)... *Credendi generalis appellatio est, ideo sub hoc titulo Prætor et de commodato et de pignore edixit, nam cuicunque rei assentiamur alienam fidem seculi mox recepturi quid ex hoc contractu, credere dicimur.*

(40) L. 10-12 de V. S. (**50.**16).

deviennent tels, par le simple contrat conclu avec intention juridiquement obligatoire.

A la suite de cette évolution de la notion de l'obligation, les *res creditæ* ne sont donc plus qu'une catégorie particulière, mais très étendue, du contrat obligatoire. Elle se divise à son tour en deux classes, selon que la dation de la chose a simplement transféré la détention de fait (possession), ou la détention de droit (propriété), avec obligation de restituer *la même chose* dans le premier cas, une chose de *même espèce* dans le second (désignation *spécifique* et *générique* de l'objet de la restitution, ou *species* et *genus*).

Ici se présente une distinction fort importante en pratique, à faire au point de vue du créancier. Dans le premier cas, il conserve la propriété de la chose ; il en garde même toujours la possession *juridique*. La garantie est plus grande pour *lui* que dans le second cas, où il renonce à l'une et à l'autre. Outre le moyen de protection obligatoire que le droit lui confère (*actio in personam*), il se trouve encore armé des actions possessoires et revendicatoires, celles-ci même à l'égard des tiers. Le droit ancien allait même jusqu'à lui reconnaître le pouvoir de recouvrer la chose par la force. Il se trouve vis-à-vis de la chose dans la même position que s'il la possédait encore. Juridiquement, ce *credere* ne lui fait pas courir le moindre danger. A titre d'exemples, nous citerons la dation d'une chose en vue d'en assurer la conservation (*depositum*), ou d'en permettre l'usage momentané à titre onéreux ou gratuit (bail, louage, *commodatum*).

Dans l'autre cas, la position change. Le créancier, qui a cédé au débiteur la possession et la propriété, doit renoncer à toute protection réelle. Sa réclamation ne peut se baser que sur le lien obligatoire. Le débiteur peut céder la chose à un tiers, aussitôt après l'avoir reçue ; si, dans la suite, il ne peut satisfaire à son obligation, le créancier reste désarmé.

L'incertitude de la restitution, qui menace dans ce cas le créancier, implique de sa part une confiance plus étendue dans son débiteur (*credere*, dans le sens de croire). C'est cette considération, sans doute, qui a porté les juristes romains à admettre ici une espèce renforcée du *credere*, qu'ils désignent par les expressions *in creditum ire* ou *abire*, *in credito esse*, *in creditum dare*, *accipere* [41].

Le *credere*, d'après ce qui précède, suppose une détermination générique ou spécifique de l'objet à restituer : il ne s'établit que lorsqu'il y a certitude d'obtenir, dans la chose reçue en retour, une valeur identique à celle qui a été donnée. Cette identité de valeur atteint le suprême degré dans l'argent. C'est le *certum* par excellence des Romains. L'argent devient ainsi, par sa nature même, l'objet principal du *credere*, tel que nous l'avons défini. Toutes autres choses n'atteignent pas de loin son utilité économique. L'argent fait, du *creditum*, le moteur le plus puissant du commerce juridique, et le droit romain ancien lui a consacré des dispositions toutes spéciales. C'est dans ces dernières que nous trouverons la notion moderne du crédit.

85. L'argent, objet exclusif du crédit. — Pour nous, aujourd'hui, l'argent constitue l'objet exclusif du crédit. Le boutiquier qui livre sa marchandise à crédit n'en crédite pas l'acheteur — ce serait en exiger la restitution — ce qu'il crédite, c'est le prix de vente.

Mais *donner à crédit* n'emporte pas toujours l'idée de donner de l'argent sous condition de le restituer ultérieurement. Celui qui, partant en voyage, dépose son argent chez

---

(41) L. 2 § 1. L. 19 § 1 de reb. cr. (**12**.1), L. 5 § 18 de trib. act. (**11**.4), L. 19 § 5 ad Sc. Vell. (**16**.1), L. 31 Loc. (**19**.2). Comme opposition à l'*in credito esse*, on désigne le *suum esse*, dont le caractère distinctif est : *quod vindicari non possit*, L. 27 § 2 de auro (**14**.2). L'*in credito esse* est donc équivalent à l'abandon de la propriété ; dans les cas de la première espèce, il reste au créancier le *suum esse* et partant la poursuite de ce dernier par revendication.

un banquier, en exigeant qu'on lui restitue, plus tard, non pas les mêmes pièces d'argent *(depositum regulare)*, mais la somme équivalente *(depositum irregulare)*, fait certes un *creditum abire* dans le sens romain. Sa situation est la même que s'il avait donné l'argent en prêt. Mais prêter n'est pas toujours faire une opération de crédit. Les juristes romains eux-mêmes ont fait la distinction. Le motif même qui détermine l'acte dans l'un et l'autre cas les y a amenés : le déposant donne l'argent en vue de lui-même, le prêteur le donne pour l'emprunteur. Dans les deux cas, il est vrai, celui qui reçoit l'argent peut en disposer pour lui-même, mais dans le premier, c'est là une simple conséquence de la dation, dans l'autre, c'en est le but même. Le rapport est identiquement le même dans le cas où quelqu'un remet à son mandataire les fonds nécessaires pour l'exécution du mandat, ou pour en couvrir les frais; il lui transfère la propriété de l'argent, et s'en rapporte à lui pour son emploi; mais encore une fois ce n'est pas là une dation de crédit. Celle-ci se fait toujours dans l'intérêt de celui qui reçoit.

86. Prêt principal ou accessoire. — Il y a deux manières de créditer de l'argent dans l'intérêt de celui qui reçoit : par contrat *indépendant*, par dation de *pièces de monnaie*, c'est-à-dire sous forme de *prêt*, ou à l'occasion d'un autre contrat, en créditant de la somme due à raison de ce contrat, ce qui peut se faire au moment même de la conclusion du contrat, ou plus tard, par la concession d'un sursis de paiement. La conclusion d'un contrat de vente en fournit l'occasion la plus fréquente. Si l'on y stipule que le prix sera crédité, nous disons qu'il y a vente *à crédit*.

Dans le train ordinaire des choses, c'est la première idée qui surgit lorsqu'il est question de donner crédit et de créditer. Tel est le crédit que le boutiquier donne à ses clients; tel est celui qui est nécessaire au marchand pour la marche de ses opérations. Si ce dernier doit recourir à un prêt, c'est la preuve que, dans le monde commercial, il ne jouit d'aucun crédit. Le crédit remplace le prêt pour le commerçant solvable.

Si j'intercale ici cette dissertation de droit romain, c'est que ce droit fournit une conception intéressante de cette forme de dation de crédit. Elle se traduit en peu de mots : c'est que toute dation de crédit contient un *prêt accessoire*, fait à l'occasion du contrat principal.

L'acheteur qui n'a pas l'argent nécessaire pour payer le prix de vente, doit chercher quelqu'un qui le lui prête. — C'est le prêt qui doit rendre le contrat de vente possible. Or, aussi bien qu'un tiers, le vendeur peut consentir ce prêt [42]; et c'est ce qu'il fait en créditant le prix de vente à l'acheteur. La bienveillance reste étrangère à cette opération; le vendeur agit dans son intérêt propre, pour rendre possible la vente au prix exigé. Il agirait autrement, s'il trouvait un acheteur qui lui prît la chose au même prix, contre paiement comptant. Dans la vie des affaires, nul ne donne crédit s'il n'y trouve son bénéfice. Si même le vendeur ne stipule pas les intérêts du prix de vente, ceux-ci se trouvent en réalité compris dans ce prix, car le marchand qui vend à crédit accorde tout naturellement un rabais à l'achet teur qui ne veut point en profiter, et qui paie comptan- (escompte).

La dation à crédit du prix de vente doit donc se concevoir en ce sens, que le vendeur, comme prêteur, se paie à lui-même, comme vendeur, le prix de vente [43], et comme tel se trouve désintéressé.

---

(42) On trouve un cas analogue dans la L. 15 § 6 Loc. (**19.**2), où le passager, avant la fin du voyage, avance le prix du passage au capitaine, sous forme de prêt (*vectura quam* PRO MUTUO *acceperat*); c'est un prêt accessoire, qui, ultérieurement, après la fin du voyage, sert au paiement du prix du passage; l'emprunteur se le rend à lui-même en qualité de capitaine.

(43) Pareilles manipulations juridiques ne sont pas rares chez les

Pour transformer la dette de vente en une dette de prêt, et donner ainsi à la négociation ci-dessus son expression exacte en droit, il faut admettre l'intervention d'une opération juridique particulière. L'ancien droit romain n'y a pas manqué. La transmission solennelle de la propriété (*mancipatio*) ne s'y prêtait point, mais la dation de crédit prenait, soit la forme du *nexum*, qui correspond à notre lettre de change, soit celle d'un contrat littéral [44], ou d'une stipulation (contrat verbal) [45]. Lorsque le contrat de vente sans formes fut pourvu d'une action, on étendit sa force obligatoire à la convention accessoire de la dation en crédit du prix, et l'intervention d'une opération spéciale, d'un prêt accessoire, devint superflue [46]. En termes de procédure, la réclamation du prix de vente crédité se faisait au moyen de l'*actio venditi*. L'ancienne conception, que l'acheteur avait reçu le prix de vente en prêt, a laissé sa trace dans la règle qu'il en doit les intérêts à compter du moment de la tradition de la chose.

Toute cette démonstration a eu pour but de préciser la *forme juridique* du crédit, telle qu'elle apparaît dans le droit romain, afin de préparer ainsi les explications qui vont suivre sur l'importance *sociale et économique* du crédit.

87. Fonction économique du crédit. — Nous avons dit

---

juristes romains; ainsi, par exemple, le tuteur, débiteur du pupille, doit se payer à lui-même en qualité de représentant, c'est-à-dire porter le paiement en compte. L. 9 § 5 de adm. tut. (**26**.5); v. un autre exemple dans L. 15 de reb. cr. (**12**.1); pour la technique juridique on ne saurait même s'en passer.

(44) V. un exemple dans le célèbre cas de tromperie, cité par Cicéron, de off. III, 14 : *nomina facit, negotium conficit.*

(45) La L. 3 § 3 ad Sc. Maced. (**14**.6) reconnaît expressément que la dation de crédit prend par là la forme du prêt : *si* IN CREDITUM ABII.. *ex causa emtionis.. et stipulatus sim, licet* COEPERIT ESSE PECUNIA MUTUA.

(46) Mais la possibilité de transformer encore ultérieurement, par un simple contrat, la dette de vente en un prêt, restait toujours ouverte. L. 15 de R. cr. (**12**.1).

au début de l'examen du crédit (n° 83), que sans crédit, le commerce juridique resterait entravé. Son développement exige le crédit, et celui-ci naît par la force même des choses.

La satisfaction des besoins humains est le but du commerce juridique. Elle s'obtient au moyen du contrat d'échange, dans l'acception étendue de ce mot : prestation pour prestation, ou, depuis que l'argent représente l'équivalent normal de toutes les prestations possibles : réalisation de la prestation au moyen de l'argent.

Mais tel se trouve sous le coup d'un besoin, et il manque d'argent : qu'arrivera-t-il? En cette occurrence, s'il ne peut, même au prix de lourds sacrifices, se procurer des ressources au moyen de la vente des choses qu'il possède, il ne pourra satisfaire son besoin : le pain nécessaire à son existence et à celle des siens, lui sera refusé, eût-il la certitude la plus absolue d'avoir demain l'argent qui lui fait défaut aujourd'hui.

Le crédit vient remplir cette lacune que laisse le système de l'échange tel que nous venons de le présenter ; il vient en aide au présent par la prévision de l'avenir.

Aux nécessités du présent, l'amitié pourrait subvenir. Mais l'amitié et la bienveillance ne forment pas des facteurs du commerce juridique (n° 54) ; celui-ci est, et doit être, basé sur l'égoïsme ; et l'égoïsme veille toujours.

L'ami prête à titre gratuit ; l'égoïste à titre onéreux : il exige des intérêts. Par là, le prêt se conforme au principe fondamental du système d'échange : prestation pour prestation — les intérêts représentant l'équivalent de l'abandon temporaire du capital. Le temps, c'est de l'argent, aussi bien par rapport à la force productive de l'argent, qu'à celle de l'homme. C'est ainsi que le prêteur ne vient à l'aide des besoins de l'emprunteur que s'il a confiance dans le rembour-sement. Le *credere* économique de l'argent a pour condition le *credere* moral envers la personne. Le crédit, c'est la foi en matière économique. Les croyants sont les créanciers.

88. Crédit d'argent. — Le prêteur, comme détenteur de sommes d'argent qu'il met à la disposition de l'emprunteur, reçoit le nom de *capitaliste :* les sommes prêtées sont des *capitaux*[47]. Si les ressources du présent dépassent ses besoins, une bonne économie veut qu'il mette le surplus de côté, en vue de l'avenir : il *épargne*. Lorsque ces épargnes dépassent la mesure normale des besoins individuels, nous les appelons : *capitaux*. Les capitaux sont des excédents économiques, qui ont soutenu victorieusement l'assaut des besoins continuels. Ce qui constitue le capital est donc une notion purement relative. Pour le pauvre, 300 francs, même 30 francs, pourront constituer un capital, c'est-à-dire une épargne pouvant parer aux assauts du besoin, tandis que pour le riche, pareilles sommes ne représentent peut-être pas la centième partie de ce qu'il faudrait pour atteindre ce but. Le capital commence où finit le besoin.

Le commerce des biens déplace, le cas échéant, la chose, là où elle ne répond pas à un besoin. Le commerce d'argent opère de même pour les capitaux, au moyen des intérêts. Les intérêts attirent l'argent qui s'est accumulé, sans trouver son emploi économique, et le font affluer là où il fait défaut. Il s'établit une compensation entre l'excédent existant d'un côté et ce que réclame le besoin de l'autre. Le trop de l'un, va venir en aide au trop peu de l'autre. Le passé, le

---

(47) Le mot *caput,* employé pour désigner la somme prêtée (dans le sens de chose principale, opposée aux intérêts, comme chose accessoire) date des derniers temps de l'empire ; l'expression antérieure était *sors*. De même que cette expression *caput*, les expressions actuelles : capitaux, capitaliste, impliquent l'utilisation économique de l'argent, par le moyen des intérêts ; là où nous ne songeons pas à ces derniers, nous parlons d'*argent*. La destination du capital est de porter intérêts ; le *capitaliste* proprement dit, est celui qui peut vivre de ses intérêts (de ses rentes, de là : rentier).

présent, l'avenir économique, se balancent ainsi entre deux personnes. Au capitaliste, le passé : il a dû épargner pour pouvoir faire crédit; à l'emprunteur, le présent et l'avenir : le présent c'est son déficit, l'avenir lui impose le devoir de couvrir celui-ci au moyen de ses excédents ultérieurs. Le monde économique offre ainsi le même spectacle que celui que présente la nature, quand elle répartit la chaleur entre les saisons, les contrées, la terre et la mer.

Mais le prêt du capitaliste, prêtant son argent comptant, soit qu'il le donne lui-même, soit qu'il ouvre un crédit chez un tiers, n'est pas le seul moyen d'aider à la nécessité du moment. Il est une deuxième espèce de crédit dont nous avons déjà parlé (n° 86) : elle consiste dans la dation de crédit à l'occasion d'un autre contrat, ou la dation en crédit d'une *somme* d'argent, par opposition à l'argent comptant. Elle apparait principalement dans le contrat de vente. Nous l'appellerons le *crédit de marchandises*, par opposition au *crédit d'argent* du prêt. Ce sera nous conformer au langage usuel qui dit : prendre des marchandises à crédit. Nous avons déjà fait observer (n° 85) que ce ne sont pas les marchandises qui sont créditées : ce qui est crédité, c'est, juridiquement, le prix de vente.

En droit, le prix de vente n'est crédité qu'en vertu d'une convention. En l'absence d'une convention, même lorsque le vendeur livre la chose sans avoir obtenu paiement, il y a, selon les principes du droit, vente au comptant. La dation de crédit est donc ici une question de pur fait; elle constitue un précaire obligatoire, que le vendeur peut faire cesser à volonté, et partant, d'après le droit romain, elle n'entraîne pas non plus le transfert de la propriété, car celui-ci suppose le paiement ou la dation conventionnelle en crédit du prix de vente. En réalité, cette distinction est sans importance au point de vue de la fonction économique du crédit dans la vie actuelle des affaires, dont nous allons exclusivement nous occuper. La dation de crédit de pur fait, qui permet au vendeur, à sa volonté, de réclamer le prix aussitôt la livraison de la chose faite, d'envoyer son compte, et d'en exiger le paiement, mais qui n'use pas de cette faculté, présente une importance aussi grande que la dation de crédit entendue dans son sens juridique.

89. Crédit de marchandises. — Dans cette acception étendue, le crédit de marchandises se distingue du crédit d'argent en ce que ce dernier résulte de la nature même de l'opération — un prêt sans crédit est un non-sens — tandis que dans la vente, il vient s'y joindre, comme il peut aussi y faire défaut. Le contrat de vente ne s'entendait primitivement que d'une vente au comptant : la notion du contrat s'étendant, elle a frappé ensuite aussi sur la vente à crédit. C'est le prêt qui a engendré l'idée de crédit — l'un est la conséquence de l'autre — et ce n'est qu'après coup que la notion du crédit a pu être appliquée au contrat de vente. Le droit romain (p. 114) appuie cette théorie, et d'autres considérations générales la justifient. Le créditeur né est le capitaliste qui a amassé des épargnes; il lui importe de pouvoir mettre cet argent en valeur, sous forme d'intérêts. Il cherche à placer son argent. Le vendeur, au contraire, cherche à en toucher; il est souvent si peu capitaliste, qu'il ne devient vendeur que par pénurie d'argent. Comment donc est-il amené à faire crédit du prix de vente? Évidemment, c'est son seul intérêt qui le guide. S'il trouve à vendre aussi avantageusement au comptant qu'à crédit, il refuse le crédit. Il ne le consent que pour rendre possible une vente qui ne peut se conclure qu'à cette condition, ou encore pour obtenir un prix plus élevé. Dans l'un et l'autre cas, le contrat de vente doit lui payer le crédit qu'il donne.

Au point de vue économique, le vendeur, en donnant crédit, se fait prêteur, capitaliste. Il évite à l'acheteur de devoir s'adresser à tout autre capitaliste pour se procurer l'argent qui lui manque. Il fait ce qui, originairement, constituait la seule opération du capitaliste : mettre à la disposition de l'acheteur les ressources nécessaires pour conclure la vente. Mais il les lui prête, non comme le capitaliste, dans la forme d'un contrat indépendant, mais sous celle d'un prêt accessoire, qui vient s'adjoindre au contrat de vente comme partie constitutive de ce contrat. Que ce prêt revête sa forme juridique propre, comme il apparaît dans le droit romain, et comme il se présente chez nous, dans les relations commerciales, par la création d'une lettre de change, peu importe au point de vue *économique*. Le vendeur, en réalité, ici, est prêteur. Celui-ci exige des intérêts, lesquels, pour celui-là, s'il ne les a expressément stipulés, sont compris dans le prix de vente, car ce prix s'élèvera en proportion du crédit accordé.

Le crédit d'argent et le crédit de marchandises deviennent ainsi une même chose : un prêt. Le crédit d'argent est le prêt indépendant, déclaré; le crédit de marchandises est un prêt accessoire, déguisé. L'importance pratique de l'application du crédit du prêt à la vente est immense. Elle constitue l'un de ces faits dominants qui changent la physionomie de tout le commerce juridique. L'entrée du crédit dans les transactions commerciales, a élevé le commerce des échanges à une perfection qu'il ne saurait plus dépasser.

Pour apprécier à sa valeur l'importance du crédit de marchandises pour le commerce juridique, nous devons étudier celui-ci sous deux rapports différents. Le premier concerne les relations civiles (non-commerciales), l'autre a trait aux relations commerciales; d'un côté, le crédit accordé à l'homme privé (non-commerçant), d'un autre, le crédit fourni au marchand. Nous appellerions l'un : le *crédit civil*, et nous désignerons le second sous le nom de : *crédit commercial*.

90. Crédit de consommation et crédit commercial. — Les ventes de choses mobilières entre personnes privées, forment l'exception dans la vie sociale ; le plus souvent, l'une des parties est un marchand, dans l'acception générale du mot : boutiquier, brocanteur, hôtelier, libraire, artisan, banquier, etc. Les cas où une vente mobilière se conclut entre personnes privées sont noyés dans la masse énorme des ventes où figure le marchand. Une vie d'homme toute entière peut s'écouler sans donner lieu à une négociation de ce genre, et lorsqu'elle se présente, la vente se fait généralement au comptant. Seule, la vente d'un mobilier, à la suite de décès, de déménagement, etc. met l'homme privé en passe de devenir vendeur de choses mobilières ; encore les choses s'accomplissent-elles régulièrement en forme de vente publique aux enchères. A cette occasion, se présente aussi la dation de crédit. Déjà les Romains ont constaté que, dans les ventes aux enchères avec crédit, les choses atteignaient des prix plus élevés que dans les ventes au comptant. C'est sur ce fait que reposait à Rome l'organisation du crédit dans les ventes aux enchères. Elle consistait dans l'endossement de la dation de crédit à *l'argentarius*. *L'auctionator* romain était, de par ses connaissances personnelles, l'homme désigné pour juger de la solvabilité des enchérisseurs ; il entreprenait la dation de crédit à ses risques et périls, et moyennant un pourcentage du produit total. Ainsi procède encore *l'auctionator* moderne ; moyennant une certaine commission, il assume le risque du ducroire, et paie comptant le produit total au vendeur, sous déduction de cette commission. L'homme privé évite la dation de crédit ; il l'abandonne à l'homme d'affaires.

La situation change quand il s'agit de la vente des choses immobilières. Ici, la dation de crédit est la règle. Une partie du prix de vente est payée ; l'autre, en général la plus forte, reste productive d'intérêts, assurée sur l'immeuble, avec réserve de la propriété, ou moyennant une hypothèque. Le vendeur fait à l'acheteur l'avance de la somme que celui-ci devrait obtenir d'un tiers : il devient prêteur. Nous rencontrons là le cas du *crédit réel*, par opposition à celui du *crédit personnel*. Du crédit dans le sens de confiance, il n'a rien. En exigeant des sûretés réelles, le vendeur témoigne qu'il ne suit pas la foi seule de l'acheteur. Il consent à lui prêter (*credere* dans le sens économique), mais il ne se fie pas à lui (*credere* dans le sens moral). Sous ce dernier point de vue, dans la vente faite par l'homme privé, la dation de crédit est chose exceptionnelle. Il ne fera pas crédit une seule fois, sur mille cas où le marchand y consentira. C'est que l'homme privé veut être sûr de son affaire; c'est son droit, et même son devoir. Il ne vit pas de la vente comme le marchand. Celui-ci, pour augmenter son trafic, est forcé de recourir à cet artifice. Il regagne, sur la masse de ses affaires, la perte qu'il éprouve dans un cas particulier. Elles l'obligent à consentir au crédit, et elles compensent ses pertes avec ses bénéfices. Le marchand est son propre assureur.

Par rapport aux personnes auxquelles on accorde crédit, il faut distinguer entre le non-commerçant et le marchand. En ce qui concerne le donneur de crédit, il n'y a pas là de différence essentielle ; il cherche toujours à rendre possible une transaction qui, sans crédit, ne pourrait se conclure; toujours il court un risque, seulement celui-ci grandit lorsqu'il traite avec le marchand. Il en va tout autrement du preneur de crédit, et ici nous avons à distinguer entre le *crédit de consommation* et le *crédit commercial*. Le besoin momentané de la chose donnée à crédit, fournit le motif et la mesure du crédit de consommation. Celui-ci ne suppose pas régulièrement un manque de ressources. L'économie domestique est, et doit être, réglée de telle sorte, qu'il ne faille pas de crédit chez le boutiquier, le boulanger, le boucher, etc. — Le bon père de famille ne fait pas de dettes; il ne demande ni n'accorde crédit. Le paiement comptant est le principe de la bonne économie domestique. La nécessité de recourir au crédit témoigne d'un trouble dans la conduite des affaires domestiques.

91. Avantages du crédit commercial. — En matière de crédit commercial, la situation est toute autre. Il ne s'agit plus de se procurer une chose pour satisfaire son propre besoin, mais pour opérer la revente de cette chose. Un bon commerçant, sans perdre ce nom, peut prendre du crédit. Il le doit même; il ne serait pas commerçant, s'il ne savait faire servir le crédit au succès de ses opérations. La vente des marchandises doit lui permettre de couvrir ses achats : il doit acheter au delà de ses ressources immédiates. Sa profession est basée sur le crédit. La mesure de son crédit est le criterium de sa valeur et de son importance commerciales. L'opposition entre l'état normal de l'économie domestique et de l'économie commerciale se caractérise par ces deux mots : *paiement comptant* et *crédit.*

Le crédit n'atteint son épanouissement complet que dans le domaine commercial. Celui qui gère bien son patrimoine, et qui ne jouit que d'un revenu annuel de 1,000, ne dépassera pas, par an, un crédit de 1,000. Mais un négociant dont les affaires prospèrent, à la tête d'un actif de 10,000, conclura des marchés de 100,000, et davantage. Le crédit commercial n'a pas pour but, comme le crédit civil, de contrebalancer les besoins et les ressources du moment. Il doit permettre à l'homme d'affaires d'user de capitaux étrangers, en vue de ses spéculations. Nous pouvons le nommer : le crédit de *spéculation*. Les marchandises livrées sans paiement à l'homme d'affaires représentent pour lui un emprunt de capital; le crédit qu'il obtient l'habilite à fournir sa prestation ultérieure en retour, et il lui est donné en vue du bénéfice que ce crédit lui-même doit produire.

92. Dangers du crédit commercial. — Ce crédit se paie, et se paie cher. Il crée de lui-même, pour le commerce juridique, une source de dangers sérieux, une cause de troubles et d'interruptions périodiques du fonctionnement normal de la vie sociale. Le crédit ressemble aux narcotiques. Pris à dose convenable, ils excitent, vivifient, doublent les forces de l'homme; leur abus produit le relâchement et l'énervement de son activité. Le crédit commercial, bien utilisé, élève la puissance de l'individu, il crée la vie des relations sociales; mais aussi son emploi abusif amène la ruine, la corruption, et de ceux qui y recourent, et de ceux qui le donnent. On connaît le malaise par lequel la nature châtie l'usage immodéré des boissons alcooliques; ce malaise, dans le commerce juridique, c'est la *crise commerciale*, plus communément désignée aujourd'hui sous le nom de *krach*. Un *krach*, c'est le malaise amené par les excès du crédit; il y a du vertige dans l'un comme dans l'autre.

Ce qui produit le danger, c'est que le crédit opère avec le capital d'autrui. Lorsque le preneur de crédit met en jeu un capital représentant X, il n'en retirera, peut-être, que 1/10 de bénéfice; les 9 autres dixièmes iront ailleurs. Que l'entreprise avorte, le risque dépassant 1/10 n'est pas pour lui, c'est un autre qui en pâtit. Si l'apport X lui appartenait tout entier, tout le risque serait pour lui seul, et cette perspective le rendrait plus prudent. Le crédit pousse à la spéculation : on joue volontiers quand on joue à crédit. Le crédit commercial est l'expression suprême du salaire économique tel que nous l'avons défini. Mais le salaire économique n'est pas l'unique forme sous laquelle la société applique la notion de salaire pour réaliser ses buts; il en est une deuxième que nous allons étudier.

7. Le salaire idéal et sa combinaison avec le salaire économique.

Sommaire : 93. Le salaire idéal. — 94. Comparaison avec l'antiquité. — 95. Le salaire idéal de la société. — 96. Combinaison du salaire idéal et du salaire économique. — L'art et la science. — 97. Salaire mixte. — 98. Le service de l'Etat et de l'Eglise. — 99. Tableau des services rendus à l'Etat.

93. Le salaire idéal. — L'argent n'est pas le dernier mot du salaire. Le langage attache aussi à cette expression de salaire un sens moral; il désigne ainsi tout avantage accordé à l'individu en récompense d'un fait méritoire. C'est ainsi qu'on parle d'un salaire de la vertu, du zèle, etc. Si cette notion plus large du salaire, comporte une importance quelconque pour le commerce juridique, c'est ce que nous examinerons plus tard; mais qu'elle en présente une pour la société, c'est ce qui est hors de doute. Dans cette acception étendue, le salaire forme un pendant de la peine; la société châtie ceux qui ont forfait envers elle, elle récompense, elle salarie, ceux qui la servent.

94. Comparaison avec l'antiquité. — Par un recul sur l'antiquité, la société, aujourd'hui, punit plus qu'elle ne récompense. A Rome, salaire et peine étaient les deux moyens grâce auxquels la société atteignait ses fins; la politique sociale les mettait complètement sur la même ligne. Et, chose significative, un juriste romain va jusqu'à les identifier, en examinant, lui, la question du but final du droit [48]. En quoi, cependant, le salaire intéresse-t-il le juriste? En rien, aujourd'hui; le juriste n'a à se préoccuper que de la peine. Personne, aujourd'hui, n'a droit à une récom-

---

(48) L. 1 § 1 de J. et J. 1.1.. *bonos non solum metu poenarum, verum etiam præmiorum quoque exhortatione efficere cupientes.*

pense pour des services éminents ou extraordinaires. Là gît le contraste entre le monde romain et la société moderne. A Rome, la récompense publique n'avait pas, comme chez nous, une importance exclusivement sociale ; elle relevait aussi du droit. Au droit criminel, correspondait un droit du salaire. Cette notion nous est aujourd'hui étrangère. On pourrait même soutenir que jusqu'à la codification du droit criminel, à la fin de la république, le droit du salaire avait ses règles mieux définies que ce dernier. Chez les Romains, l'application du droit criminel était en quelque sorte livrée à l'arbitraire de la volonté du peuple [49]. Mais, le général d'armée avait-il droit au triomphe ou à l'ovation, le soldat avait-il droit à l'un des ordres militaires des Romains — la *corona muralis, civica, castrensis, navalis* — des règles fixes existaient à cet égard, et les tribunaux mêmes avaient à connaître de la question [50]. Aux triomphes, aux couronnes d'olivier des jeux olympiques, aux couronnes murales, civiques, etc. de l'antiquité, répondent nos ordres de chevalerie, nos titres de noblesse. Mais au lieu de trouver leur source dans le droit, ils émanent de la grâce du souverain. Et quant à y voir des preuves sans réplique de mérites éminents, nul n'est plus éloigné de le faire que le pouvoir qui les octroie, lui qui sait pourquoi et comment on les obtient. Ce sont les fruits du pommier, auxquels ne peut atteindre celui qui est loin de l'arbre, mais qui tombent dans le giron de quiconque se trouve à même de le secouer. Le temps

---

(49) V. Esprit du D. R., II, p. 45 (3e éd. fr.).

(50) VAL. MAX. II, 8.2 .. *judicium.. in quo de* JURE *triumphandi.. actum.* Tout le chap. VIII de cet auteur traite : *de* JURE *triumphandi.* V. dans Tite Live (**26**.48), un procès sur le droit à la *corona muralis* qui avait presque abouti à une révolte de soldats. Le *jus civicæ coronæ*, dans GELL. VI, 5, § 13. Les autres récompenses de nature juridique, qui étaient attachées à des circonstances déterminées, étaient : l'obtention du droit de cité complet, ou de la puissance paternelle pour un citoyen mineur (*Latini Juniani* Ulp. III. Gaius I. 66), le *jus liberorum*, si important en matière de succession et même autrement : la prime du mariage fécond.

amènera-t-il un changement dans cet état des choses? Les récompenses d'État suivront-elles l'évolution qu'a subie depuis longtemps le système des pénalités? Le bon plaisir fera-t il place au droit? Se fera-t-il sous ce rapport un retour aux idées de l'antiquité? Le croie qui voudra. Pour moi, j'ai foi dans ce progrès. La récompense et la peine ne doivent avoir pour but que de réaliser l'idée de justice; si l'une favorise qui ne le mérite, si l'autre frappe un innocent, l'une comme l'autre faillit à l'idée de justice.

95. Le salaire idéal de la société. — Mais le détenteur du pouvoir public n'est pas seul à récompenser les mérites acquis vis-à-vis de la société. Il est, à côté de lui, un autre pouvoir tout impersonnel : l'opinion publique. Il y a aussi l'histoire, qui répare les méprises du souverain, et qui a des honneurs à conférer, à côté desquels pâlissent ceux qu'il a pu octroyer. Les distinctions qu'il accorde passent, les décorations suivent le décoré dans la tombe. Mais le laurier du Dante est impérissable; une seule feuille de sa couronne a plus de poids que des charretées de grands cordons.

Cela, c'est le salaire *idéal*. Je l'appelle idéal, par opposition au salaire réel, l'argent. Celui-ci porte sa valeur en lui-même; la valeur idéale de l'autre repose uniquement sur l'opinion qu'on s'en forme. A celui qui ignore leur signification, que représentent trois queues de cheval, une plume de paon, un ruban à la boutonnière? Qu'est-ce cela, même pour celui qui sait, mais qui fait fi de pareils honneurs? Les marques honorifiques extérieures n'ont de valeur, pour celui qui les porte, que celle qu'il leur attribue lui-même. L'argent, au contraire, garde toujours sa valeur, c'est-à-dire toute sa force économique, même pour celui qui en a le dédain. Il est d'intérêt social que le salaire idéal soit prisé le plus haut possible; plus grande est la valeur qu'on y attache, plus puissamment la société s'en servira-t-elle comme stimulant pour ses fins.

96. Combinaison du salaire idéal et du salaire économique. — L'art et la science. — Nous avons (n° 52) défini le commerce juridique : le système de la satisfaction organisée et assurée des besoins humains. Mais ces besoins ne sont pas uniquement matériels. Pour beaucoup, il y a aussi les besoins idéaux de l'art et de la science. En donnant satisfaction à ceux-ci, l'artiste et le savant servent le commerce juridique autant que l'agriculteur, l'artisan, le marchand. L'art et la science viennent aussi, sur le marché, offrir leurs trésors : le peintre, son tableau; le sculpteur, sa statue; le compositeur, sa symphonie; le savant, son manuscrit. Comme tels, semble-t-il, ils se placent au rang de ceux qui vendent leurs produits ou fabricats : agriculteurs, fabricants, artisans — ils passent sous le niveau économique de la vie des affaires; ils acceptent un salaire pour leur travail, donc c'est un salaire de travail, et tout ce qui est vrai de ce dernier leur est applicable.

Mais une pareille appréciation doit absolument être écartée. Non point qu'elle rabaisse l'art, ou ravale la science, mais elle est contraire à la vérité, et à la réalité des choses. Ce qui est vrai, c'est que le travail social comprend deux domaines : sur le premier, règne l'argent, comme but et mobile unique de l'activité qui s'y déploie; dans le second, les efforts de l'individu visent encore un autre but que l'argent. A ce dernier domaine, se rattachent l'art et la science, le service de l'Église, celui de l'État. Le langage a nettement saisi la distinction des deux champs d'activité; il parle de salaire quand il s'agit du premier; pour l'autre, il a de parti pris évité le mot, et lui a substitué des appellations différentes. L'écrivain, le compositeur, le médecin, l'avocat, ne reçoivent pas un salaire : ils touchent des honoraires; l'employé reçoit un traitement, des appointements (une rémunération en cas de services extraordinaires), le comédien, des gages, l'officier, une solde. Ce n'est point là simple affaire de courtoisie, ayant pour but de voiler le fait que ces personnes travaillent pour de l'argent; la différence dans les termes ne vise pas simplement l'opposition entre le travail manuel et le travail intellectuel. Elle exprime, à mon avis, la différence du rapport entre le salaire et le travail; le salaire, pour le travailleur ordinaire, forme le but unique de son travail; le médecin, l'avocat, l'artiste, le savant, le professeur, le prédicateur, l'employé de l'État (à moins d'être un simple artisan), ont encore autre chose en vue que l'argent. Si l'emploi de ces mots ne reposait que sur un motif de courtoisie, la science n'aurait qu'à les rejeter : elle rappellerait l'antique préjugé, évanoui aujourd'hui, qui considérait comme une déchéance la rémunération du travail (n° 56). Là où le salaire est réellement un salaire de travail, il serait aussi absurde d'éviter cette expression, par égard pour la position sociale de l'intéressé, que de donner des noms différents aux prix de vente, loyers, intérêts, affaires de bourse, selon qu'il s'agit de personnes de haut rang, ou de gens de condition inférieure. Le langage n'entre pas dans des considérations aussi insignifiantes.

97. Salaire mixte. — La nature du traitement, et de toutes les autres formes de rémunération qui y ressemblent, repose sur la combinaison du salaire économique et du salaire idéal. A ces formes simples du salaire, s'en ajoute une troisième, que j'appellerai : le *salaire mixte,* et qui est un composé des deux autres. A première vue, on croirait que les deux éléments se combinent sans s'affecter l'un l'autre. Les principes du salaire du travail trouveraient ainsi leur application aux traitements. Il n'en est pas ainsi, cependant. Cette combinaison agit sur le salaire économique d'une manière telle, que, selon les circonstances, il le détruit jusque dans son essence : la dation d'un équivalent pour le travail. L'examen des trois rapports sociaux indiqués : art, science, service public (État et Église) va nous en donner la preuve. Le traitement élevé d'un prince de l'Église, représente-t-il un équivalent de son travail? L'écart, considérable parfois, entre le traitement du président d'un collège et celui de ses assesseurs, se base-t-il sur la valeur différente de leur activité, ou sur la quantité différente de leurs occupations? Les honoraires de l'écrivain, du compositeur, répondent-ils toujours à la valeur de leur livre ou de leur composition? Des œuvres immortelles de Schubert ne lui ont presque rien rapporté, et à la même époque, Strauss a récolté de l'or pour quelques airs de valse.

Est-ce l'argent qui guide le pinceau du peintre, qui met l'ébauchoir dans la main du sculpteur, qui inspire l'imagination du poète, et fait veiller le savant? Dénué de ressources, pressé souvent par le besoin, Cornelius, dans la Villa Bartholdi, à Rome, sacrifia son temps et ses peines, des années durant, à remettre en honneur la peinture à fresque, sans qu'aucun salaire lui revînt. Les recherches scientifiques d'Alexandre de Humboldt ont dévoré sa fortune. Nombreux sont les savants qui consacrent leur vie à une œuvre qui leur rapporte à peine le prix du papier. Mais où trouver le cordonnier, le tailleur, le fabricant, le marchand, qui mettra des années à produire les choses de son métier pour le seul amour de les produire? Ce n'est point un salaire de travail que l'honoraire de l'artiste, du poète, du savant; le caractère le plus essentiel du salaire, l'équivalence, y fait défaut (n° 70 in f.). Cet honoraire peut être considérable pour un travail léger, minime pour un travail difficile, et complètement nul pour un travail excessif. Et ce ne sont pas là des exceptions : la littérature scientifique nous fournit des branches entières, dans son domaine, qu'aucuns honoraires ne paient, et qui, en fait, peuvent s'en passer; tels sont les journaux spéciaux, consacrés aux sciences naturelles, et les ouvrages se rapportant à celles-ci, dont les gravures, parfois, exigent même encore des sacrifices pécuniaires de la part des auteurs.

Ce n'est donc pas dans le salaire économique qu'il faut rechercher le mobile qui, pour l'art et la science, stimule le talent de l'homme; il est un autre salaire qui s'y ajoute, ou qui le remplace complètement : c'est le salaire idéal.

Celui-ci est extérieur ou intérieur. La société, le pouvoir public, octroient le premier (n° 70), sous la forme de la réputation, de la reconnaissance publique, des honneurs. Le second consiste dans la jouissance que procure le travail même, dans la satisfaction que donne l'incubation même de l'œuvre; c'est le charme qu'on éprouve à essayer ses forces, c'est la joie de la découverte, la volupté de la création, c'est la fierté d'avoir travaillé au progrès et au bien de l'humanité. L'efficacité sociale du salaire idéal dépend de l'intensité du sens de l'idéal chez l'individu. Là, où le sens de l'idéal fait défaut, l'art ne fleurira pas, la science restera stérile. L'œuvre idéale ne naîtra que chez le peuple doué du sens de l'idéal, qu'à une époque éclairée par la lumière de l'idéal; elle ne sortira que des mains de l'individu imprégné d'idéal. C'est l'idéalisme qui donne son empreinte caractéristique à l'art et à la science; sans lui, ils manquent leur mission. Pour les affaires, il n'y a d'autre mobile que l'appât du gain. L'artiste qui ne songe qu'au gain que va lui rapporter son œuvre, n'est qu'un artisan plus ou moins accompli; la vraie œuvre d'art restera morte entre ses mains, et dans le conflit entre l'art et l'argent, il choisira l'argent. Le pendant de ce déserteur de l'idéal, c'est l'homme d'affaires qui, sur le terrain économique, oublierait le gain pour poursuivre un intérêt idéal. L'un et l'autre ne sont pas à leur place; ils poursuivent un but qui ne doit pas être le leur. L'esprit doit rechercher l'idéal, mais les affaires doivent se traiter en affaires; c'est le moyen pour l'individu et la société de réussir et de prospérer. Loin de moi la pensée de soutenir que la pratique des affaires doive nécessairement exclure le sens de l'idéal chez l'individu. L'expérience prouve au contraire, que l'art et la science doivent un souvenir reconnaissant à ces hommes d'affaires de grande race, libraires, marchands d'objets d'art, qui leur ont fait crédit de leur bourse, et leur ont permis de se produire au grand jour.

98. Le service de l'État et de l'Église. — S'il est possible d'établir une échelle fixe du salaire ouvrier, il ne saurait en être de même du salaire idéal et du salaire économique combinés, qui, pour la science et l'art, représentent l'équivalent de prestation. Les choses changent quand il s'agit du service de l'Église et de l'État. Nous y rencontrons un système de salaire où les deux éléments combinés : le salaire économique (le traitement) et le salaire idéal (le rang), progressent simultanément, à mesure de l'importance hiérarchique de la position de l'individu. Il y a, dans ces domaines, une échelle du salaire mûrement étudiée et systématiquement appliquée. Son principe repose sur l'évaluation officielle de l'importance que présente la fonction. Le traitement et le rang suivent les degrés de la hiérarchie. Au système du salaire *ordinaire* s'adjoint, à titre de complément, un salaire *extraordinaire*. Celui-ci, selon les cas, sera un salaire économique : la gratification, ou un salaire idéal : les titres d'honneur (par opposition aux titres officiels), et les ordres (les décorations).

On ne peut dire cependant que le salaire octroyé par l'État — et tout ce que je vais exposer pour l'État est, au fond, vrai aussi pour l'Église et les Communes — soit toujours le salaire tel que je viens de le décrire. L'employé de bureau ne reçoit pas un traitement, mais un salaire, dans le sens du salaire ouvrier ; le salaire du troupier n'est qu'une *paie ;* et il y a bien des services que l'État ne rémunère pas du tout. La *contrainte* et la *récompense* apparaissent en somme, comme les deux mobiles de tous les services rendus à l'État. En voici le bref tableau :

I. La contrainte.

99. Services contraints rendus à l'Etat. — Il est des prestations de services que l'État impose. Ce sont, par exemple, celles du milicien, du juré, du témoin. Elles constituent une obligation civique, au même titre que le paiement de l'impôt. La nécessité du service n'est pas la raison déterminante de l'emploi de la contrainte. Les juges et les officiers sont indispensables, tout comme les jurés et les soldats; mais le service de ceux-ci est contraint, point celui des premiers. Il y a ici une double considération qui s'impose. Pour ces derniers services conviennent tous les individus non spécialement incapables, et, d'autre part, leur durée passagère n'entrave pour personne le choix et l'exercice d'une profession civile; au contraire, le service de l'État, proprement dit, suppose une aptitude acquise par une longue préparation; il réclame son homme tout entier, et tout son temps. Ce sacrifice, l'État ne peut l'imposer arbitrairement. L'individu doit s'y résoudre de son plein gré, et l'État doit le lui rendre possible en assurant l'entretien de sa vie. Là même, où pour des services contraints, il est accordé une indemnité pécuniaire (paie du soldat, taxe du témoin, indemnité des jurés), celle-ci n'a pas le caractère de salaire. L'on ne peut y voir que des frais d'entretien de l'individu pendant la durée du service.

II. Le salaire.

Sommaire : 100. Salaire économique. — 101. Salaire idéal. — 102. Salaire mixte. — 103. Traitements des fonctionnaires.

Il se présente sous une triple forme :

1. SALAIRE PUREMENT ÉCONOMIQUE (SALAIRE OUVRIER).

100. Salaires économiques de l'État. — Le salaire ouvrier, pour les services rendus à l'État, embrasse les services professionnels, inférieurs, sans caractère déterminé. Il s'applique, non-seulement aux services passagers (employés de bureaux, journaliers et ouvriers utilisés pour les constructions publiques, etc.), mais aussi aux emplois permanents (employés subalternes). Il est essentiellement un salaire économique, c'est-à-dire un équivalent du travail, et offre souvent une disproportion énorme avec le traitement des fonctionnaires. Mais la conception populaire y introduit déjà un élément idéal. L'éclat du service public illumine encore les bureaux et les greffes : il dore les plumes et les encriers. Le dernier expéditionnaire d'un greffe se gonfle à l'idée d'être un rouage de la grande machine de l'État. Il ne lui manque plus qu'un titre : rédacteur, secrétaire, conseiller de chancellerie, pour porter au suprême degré le sentiment de sa propre dignité.

2. SALAIRE PUREMENT IDÉAL.

101. Salaire idéal de l'État. — Les emplois dans lesquels l'équivalent du service rendu est uniquement le pouvoir ou l'honneur qui y sont attachés, s'appellent des emplois ou des fonctions honorifiques. Dans la Rome ancienne, ils comprenaient toute l'administration supérieure de l'État (les *honores*); ils ont, dans la Rome nouvelle, cédé la place au service soldé de l'État (n° 39). Dans les temps nouveaux, pendant des siècles, l'Europe moderne les rattacha exclusivement au service de l'Église et de la Commune. Puis, ils ont reconquis une place éminente dans les assemblées populaires sans indemnité. Là où le représentant du peuple reçoit une indemnité, l'emploi rentre dans la catégorie suivante.

3. SALAIRE MIXTE.

102. Salaire mixte de l'État. — Si la fonction est permanente, le salaire économique qui y est attaché prend le nom de *traitement, de solde, de gages*. Si le service est passager, comme celui du député ou de l'employé chargé d'une mission, le salaire sera une *indemnité*. Dans l'un et l'autre cas, il prend, à mon avis, le caractère d'une sustentation conforme au rang du fonctionnaire, et accordée pendant la durée de son service. Là, l'État dispense le titulaire de l'emploi, du souci de son entretien d'une manière permanente; ici, il lui ôte passagèrement cette préoccupation. Point de doute à cet égard, quant aux indemnités. De par leur destination même, elles ne représentent que des frais de voyage ou d'entretien. Ce n'est donc pas la nature ou la difficulté du travail qui fixe leur montant, mais bien la dignité du rang de l'intéressé. C'est ce que démontre à toute évidence la classification même des indemnités et celle des traitements. Il ne sera pas inutile de le prouver, car, et c'est une erreur à mon avis, les économistes ont compris les traitements dans la notion du salaire ouvrier.

103. Traitements des fonctionnaires. — Le traitement n'est pas un salaire ouvrier : il n'est pas l'équivalent du service rendu. Bien souvent il ne répond pas à la valeur du travail, telle qu'elle est établie dans l'ordre normal des choses. Des banques, des sociétés privées, ont maintes fois offert le décuple de leur traitement à des employés de l'État, dont elles recherchaient les services. Preuve évidente que leur traitement n'était pas un équivalent de leur travail. Je soutiens qu'il en est de même du traitement de la plupart des ecclésiastiques et des professeurs, que dépasse parfois le revenu d'un employé subalterne : — tel sacristain, tel appariteur, est plus fortuné que son supérieur ecclésiastique ou académique. Plus frappant encore se présente le fait pour l'officier. Comment voir dans sa solde l'équivalent de l'existence que le serment du drapeau l'oblige à consacrer toute entière au service? La solde de l'officier aisé représente à peine son argent de poche; elle lui est de si peu qu'il s'en passerait sans peine. Si l'État paie la solde, c'est qu'il y a pénurie d'officiers riches.

La perfection du travail, sa quantité, sont les facteurs du salaire ouvrier ; l'ouvrier habile et actif mérite d'être mieux payé que le maladroit et le paresseux. Dans le service de l'État, cette circonstance n'a pas d'importance quant au traitement ; chaque fonctionnaire de même catégorie, méritant ou médiocre, reçoit le même traitement. La différence qui existe sous ce rapport entre les individus isolés, peut avoir de l'influence pour leur avancement et l'obtention d'un salaire extraordinaire (gratification, n° 98), elle n'en a aucune pour le traitement. Celui-ci est fixé par la loi, et il lui manque cette souplesse d'accommodation individuelle que possède à un si haut degré le salaire ouvrier. Celui-ci varie constamment d'après l'offre et la demande ; le traitement reste fixe pendant des périodes entières ; les influences auxquelles sont exposés le travail et le salaire ouvrier n'ont pas prise sur lui. Le salaire s'arrête, pour l'ouvrier infirme ; le traitement se continue, sous forme de pension, pour le fonctionnaire hors de service. L'homme d'affaires vigilant, parvenu à la vieillesse, doit avoir regagné le capital que son éducation commerciale lui a coûté, et avoir amassé de quoi vivre. Régulièrement, ce n'est point le cas pour le fonctionnaire. Son traitement lui fournit à peine de quoi soutenir son rang, et faire vivre les siens ; il ne lui permet pas de refaire son capital, ou d'assurer le sort de ses vieux jours. Lors donc qu'un savant distingué [51] a étendu au service public cette vérité économique, que le travail doit couvrir ses propres frais, je crois pouvoir lui opposer deux objections. Tout d'abord, en fait, pour autant que je puisse en juger, la chose n'est pas exacte. Le fonctionnaire, à moins de rompre ouvertement avec les usages, en s'abstenant de parti pris, pour lui et pour les siens, de la représentation

---

(51) ENGEL, *Ueber die Selbskosten der Arbeit, Zwei Vorlesungen,* Berlin, 1866.

commandée par la dignité de sa position, ne peut rien épargner. Ensuite le service public n'a pas, et ne peut avoir, cette exigence. Le capital du fonctionnaire lui est remboursé par cela seul que, sa vie durant, il a joui de l'avantage de remplir une fonction. Par cet avantage, il l'emporte sur l'homme d'affaires, et ce privilège n'est pas trop payé par le sacrifice de ce capital. La faveur attachée à la position du fonctionnaire réside, d'une part, dans ce que j'appelle le salaire idéal (position sociale, rang, pouvoir, influence, genre de travail), d'autre part, dans la prééminence du traitement sur le salaire ouvrier. Inférieur à celui-ci quant au taux, il l'emporte sur lui, en ce qu'il est assuré pour la vie, qu'il échappe à l'influence des crises économiques, qu'une incapacité passagère ne le fait pas cesser, qu'il croît avec l'âge du titulaire, et que la pension conjure le danger d'une infirmité complète. Le service public est une institution économique d'assurance.

Ces avantages expliquent l'attrait qu'exerce le service de l'État, malgré la modicité relative des traitements qui y sont affectés. De tous les travailleurs, aucun n'a des ressources aussi restreintes que le serviteur de l'État, mais aucun non plus n'a l'existence plus assurée et plus exempte de déboires. Exiger que le traitement doive rembourser son capital de mise, ce serait constituer ce capital en rente viagère avec obligation de le restituer après décès.

Le traitement ne permettant pas, en général, de réaliser un excédent sur les besoins de la vie, ni de rassembler un capital, il semble tout d'abord que le fils du fonctionnaire, ou de l'officier peu fortuné, devraient nécessairement renoncer à la profession du père, et passer dans la classe ouvrière; que le petit-fils seul, grâce au nouveau capital acquis par le fils, pourrait reprendre la profession du grand-père. Mais à cela, l'intérêt du service ne trouverait nullement son compte. Les fils de fonctionnaires et d'officiers ont une aptitude plus adéquate à la profession que les fils des gens d'affaires. Ils y apportent, il est vrai, quelque partialité et des préjugés, mais ce qu'ils ont puisé dans la maison paternelle est plus favorable encore pour le service de l'État, que l'absence de préjugés de l'*homo novus*. Or, l'expérience prouve que la classe des fonctionnaires se recrute par elle-même plus aisément que ne le donnerait à penser ce que nous venons de signaler. C'est qu'il y a deux facteurs qui exercent ici leur influence. Ce sont, en premier lieu, les institutions publiques et gratuites, qui préparent à certains services publics, les bourses, les écoles spéciales, les subventions et fondations qui facilitent les études. La femme fortunée représente le deuxième facteur. Sa puissance est grande dans le système du service public moderne. Elle y est presque aussi importante que l'institution des examens. Tout s'arrange du reste sans grande difficulté : la fille du fabricant ou du marchand riche épouse l'officier ou le fonctionnaire : l'une apporte son argent, l'autre sa situation sociale : partant quittes.

Le traitement n'est pas un salaire ouvrier ; c'est la thèse négative que nous venons de démontrer. Nous allons maintenant nous convaincre que le côté positif du traitement, comme nous l'avons affirmé, est de procurer la sustentation conforme au rang.

Le salaire ouvrier (dans le sens le plus large) donne plus que ce qui est nécessaire pour satisfaire aux besoins de la vie (52). Le traitement ne procure rien au-delà. Mais, remarquons le bien, il s'agit de subvenir aux exigences de la position : là est la clef de toute la notion du traitement.

---

(52) Cette opinion, démontrée d'une manière convaincante par ADAM SMITH, dans son célèbre ouvrage, T. I, chap. 8, a été contestée, mais assurément non renversée, par la théorie connue de RICARDO, d'après laquelle le salaire ouvrier ne doit donner que le strict nécessaire pour l'entretien de la vie.

Ces exigences dépendent du rang occupé par le fonctionnaire, et ce rang se détermine d'après le pouvoir qui y est attaché. Le montant du traitement n'est pas en relation avec la science du fonctionnaire, sinon ce serait le plus apte qui obtiendrait le traitement le plus élevé. Il faut écarter cette idée de voir dans le traitement un équivalent quelconque du talent, des connaissances acquises, du zèle déployé. Le traitement ne sert qu'à donner une situation conforme au rang que l'on occupe. L'État fournit des ressources plus grandes à celui que l'importance de sa fonction oblige à une dépense plus considérable. Et, d'après la dernière classification des fonctions, ce n'est pas celle qui exige le plus de connaissances et d'application, qui est la mieux rétribuée, c'est celle qui donne la plus grande somme de pouvoir, et qui, partant, implique le plus de confiance de la part de l'autorité. Dans cet ordre d'idées, l'État n'a fait que suivre l'opinion naïve du peuple. Le pouvoir et l'influence imposent plus que la science et le talent. Un ministre, un général, un ambassadeur de haute naissance, comme il y en avait tant dans les petits états allemands au temps du système fédératif, avaient, aux yeux de la foule, un autre lustre que l'officier ou le fonctionnaire inférieur, si distingués fussent-ils. A un poste plus élevé, doit s'attacher une considération plus grande, et celle-ci réclame un rang, des titres, un traitement, en rapport avec elle.

Le summum du pouvoir, et, par cela même, de la considération dans l'État, réside dans la personne du souverain. A ce rang suprême, répond, dans la monarchie constitutionnelle, la dotation économique (liste civile), établie par les lois fondamentales, et évidemment destinée à lui permettre de tenir le rang qu'il occupe dans l'État. En deux mots : le traitement répond à l'autorité attachée à la fonction; il ne dépend point du travail fourni.

Un autre élément, secondaire et tout d'équité, vient

régler encore la mesure des traitements; il réside dans les nécessités de la vie, qui augmentent avec l'âge. Le célibataire a moins de besoins que l'homme marié. Pendant les premières années du mariage, les dépenses à faire pour les enfants sont moindres que plus tard, à mesure que ceux-ci croissent en âge. Aussi le traitement augmente-t-il avec les années de service, alors cependant que la fonction reste la même, et que l'aptitude au travail diminue chez le titulaire.

Le traitement est destiné à soustraire le fonctionnaire aux soucis qu'entraîne le soin de son existence, et cette considération vise aussi la femme et les enfants, car la constitution d'une famille est le complément nécessaire de toute existence. Cette destination accessoire du traitement est officiellement consacrée dans la pension accordée à la veuve. La pension, celle de la veuve comme celle du fonctionnaire, ne fait que continuer leur entretien, après la cessation de la fonction. Si le traitement était un salaire, la pension ne pourrait se justifier; aucune loi financière n'oserait la consacrer. Si, au contraire, le caractère du traitement est tel que je viens de le décrire, la pension n'en est que la conséquence logique.

L'interdiction, pour le fonctionnaire, de l'exercice de toute autre profession lucrative, découle du but même en vue duquel un traitement lui est accordé. Si le traitement était un salaire ordinaire, on ne comprendrait pas que l'État interdît à ses fonctionnaires de rechercher un supplément de ressources dans une occupation accessoire; il devrait, au contraire, favoriser leurs efforts dans ce sens, et leur permettre de suppléer à l'insuffisance de leur traitement. Mais il naîtrait de là, contre l'État, le reproche qu'il ne fournit pas à ses serviteurs ce qu'il leur doit : le moyen de subvenir aux besoins de leur existence. Cette interdiction ne découle pas de l'obligation incombant au fonctionnaire de vouer toute son activité au service public : ce qui le prouve, c'est qu'elle s'étend à la femme du fonctionnaire. La femme d'un Président de cour, ne peut exploiter un magasin de modes, celle de l'officier ne peut vendre des légumes. Celui qui se permettrait pareil cumul se dégraderait lui-même.

La modicité relative des traitements me fournit un dernier argument. Le traitement ne dépasse jamais ce qui est nécessaire pour soutenir dignement son rang; le salaire, souvent, va bien au delà. Il y a de gros traitements, mais, souvent, les plus élevés permettent à peine de mener un train conforme à la position. Le traitement d'un ministre n'atteint jamais ce que gagne un ténor célèbre ou un chirurgien renommé. Aussi le fonctionnaire en activité de service ne peut-il rien épargner : il ne peut même refaire son capital de mise. L'artisan, le fabricant, le marchand, qui, après une vie de labeur, n'ont pu réaliser des économies, prouvent par cela même qu'ils ont mal dirigé leurs affaires. Le fonctionnaire qui s'enrichit au service de l'État, n'a pas soutenu son rang, ou a forfait. Le fonctionnaire entré sans fortune au service de l'État, ne laisse généralement à sa mort qu'une veuve, des enfants, et des dettes trop souvent. Le compte de l'État n'est juste que si son serviteur mort laisse une situation nette. Et il faut avouer que l'État est bon comptable, et que si, sous le rapport de l'organisation des traitements, un reproche peut l'atteindre, ce n'est certes pas celui d'avoir trop donné, mais bien d'être resté en deçà de ce qu'exigent la position et le rang. Cette économie constitue une injustice à l'égard de l'individu, et elle est contraire à l'intérêt véritable du service public. Prendre les gens par la famine, n'est pas le moyen de développer chez eux le sentiment du devoir et le sens de l'idéal.

La nomenclature des diverses indemnités accordées, à Rome, pour prestations de services publics, vient parfaitement confirmer cette appréciation. Seul, le salaire du fonctionnaire subalterne est désigné comme salaire ouvrier proprement dit (*merces*)[53]. Toute autre gratification repose, de par son nom même, sur l'idée de sustentation[54]. Il en est ainsi, dans le service militaire, du *stipendium*, de l'*æs hordearium*, du *salarium*, du *congiarium*[55]; dans le service civil, de l'*annona*, des *cibaria*, de la *sportula*, du *viaticum*, du *vasarium*[56], et des *salaria* de ceux qui enseignaient publiquement les arts et les sciences.

Tous les traits particuliers du traitement nous ramènent toujours à cette idée : subvenir aux besoins de la position. Celui qui se voue au service de l'État ou de l'Église, doit faire abstraction du gain, et ne considérer que la noblesse de la profession. Mais pour qu'il puisse s'y adonner complète-

---

(53) Lex Cornelia de XX quæstoribus I, 2, II, 33 (BRUNS, Fontes juris rom. antej., éd. III, p. 79). Cic., Verr. III, 78.

(54) L'article : habitation, qui joue un si grand rôle dans la question actuelle des traitements (habitations de service, indemnité de logement, billets de logement), ne se trouve pas représenté dans cette liste. Nos expressions actuelles : traitement, solde, gages, rémunération, à la différence des expressions romaines, ne contiennent aucune indication du but poursuivi.

(55) 1. *S ipendium* de *stips* qui, dans le langage de l'époque postérieure, signifie un petit secours pécuniaire, mais qui, originairement, à en conclure d'après la corrélation avec *stipula* (chaume), semble avoir signifié des céréales; transition de l'objet de valeur originaire pour l'agriculteur à l'argent, analogue à celle qui a eu lieu pour le bétail (*pecus — pecunia*). 2. *Aes hordearium* GAÏUS IV, 27 : *pecunia ex qua hordeum equis erat comparandum*. 3. *Salarium* = l'approvisionnement de sel converti en argent. 4. *Congiarium* = originairement, une quantité déterminée d'huile, de vin, de sel.

(56) Dans l'*annona* et les *cibaria*, la signification est évidente; *sportula* signifie le panier à fruits ou à provisions, puis, sous l'empire, les frais des servants de justice; *viaticum*, les frais de voyage; *vasarium*, un prix à forfait pour l'équipement des gouverneurs de province, qui à l'origine leur était donné en nature. L'élément de conformité au rang que je fais valoir pour les traitements est ici expressément attesté; v. les citations dans MOMMSEN, *Röm.. Staatsrecht*, I, p. 240, note 2, p. 241, note 4. L'on y trouvera, p. 244 et s., d'autres indications sur ces expressions.

ment, l'État et l'Église doivent lui enlever le souci de l'entretien de son existence. Le traitement a pour but déclaré de rendre possible l'exercice exclusif d'une profession déterminée.

Nous voici au terme de notre étude de la notion du salaire. Elle nous a montré que le service de l'État et de l'Eglise n'est pas compris dans la notion ordinaire du mot : commerce juridique. En fait, cependant, les choses sont identiques. Ce service, comme le commerce juridique, répond à un besoin de la société. Il a pour mobile, comme celui-là, le salaire. Seulement, ici, le salaire prend une physionomie spéciale. Qu'un particulier engage les services d'un médecin, d'un architecte, ou que l'État fasse appel à leur concours, il s'agit toujours, soit de faire face à des besoins, soit de tirer parti de services rendus. C'est toujours un échange, dans le sens étendu du mot, c'est-à-dire un acte du commerce juridique.

A cette forme fondamentale des relations sociales, les échanges, nous en avons précédemment (n° 66) opposé une seconde : l'association. Nous allons l'étudier.

8. L'association.

Sommaire : 104. Deuxième forme fondamentale du commerce juridique. — L'association. — 105. Motif pratique de l'association. — 106. Universalité de l'association. — 107. Intérêts particuliers et intérêts communs dans l'association. — 108. Formes de l'association. — 109. Sociétés anonymes.

104. Deuxième forme fondamentale du commerce juridique : l'association. — Le contrat d'échange repose sur la *diversité* du but poursuivi par les contractants, la société suppose son *égalité*. Envisagé au point de vue de la circulation des biens, le résultat de l'échange fait que deux valeurs (choses, argent, services) prennent la place l'une de l'autre. Ce qu'avait l'un *avant* le contrat, un autre l'a *après* son exécution. Dans le rapport de société, le mouvement est convergent ; pour les contractants, le but est le même, le moyen de l'atteindre est le même, le résultat final est commun.

Ce n'est pas la bienveillance qui pousse l'homme à s'unir à un autre, avec lequel en fin de compte il devra partager. La bienveillance est étrangère au commerce juridique. Tous les contrats relevant de celui-ci, sont basés sur l'égoïsme, et le contrat de société de même. Certes, la bienveillance y peut intervenir, comme on peut, par gracieuseté, vendre ou louer une chose au-dessous du prix. Mais j'entends affirmer que, d'après sa fonction sociale et sa destination, le contrat de société est au service de l'égoïsme, et non à celui de la bienveillance. L'égoïste ne partagera pas ce qu'il peut avoir seul ; s'il le fait, c'est qu'il y trouve son avantage.

105. Motif pratique de l'association. — Il est certains buts que les efforts de l'individu isolé ne sauraient atteindre, et qui exigent impérieusement le concours de plusieurs. Pour obtenir ces résultats, l'association s'impose. Il en est ainsi des fins que se proposent de nos jours les communautés politiques ou religieuses, et l'État. Autrefois, celui qui voulait poursuivre ces résultats devait nécessairement chercher des alliés. Avant d'être des institutions publiques ou religieuses, ces buts (par exemple, la sûreté publique, la construction de routes, d'écoles, la bienfaisance, l'érection d'églises) étaient poursuivis par des associations libres. Pour les atteindre, l'individu n'a pas le choix ; il doit y renoncer entièrement, ou bien les poursuivre avec le concours d'associés. D'autres buts, au contraire, peuvent être réussis, soit par l'individu isolé, soit au moyen de l'association : par exemple, les affaires commerciales, les entreprises industrielles. Le motif qui détermine ici l'individu à s'associer avec des tiers, c'est qu'il lui manque l'une ou l'autre condition nécessaire au succès de l'entreprise. Ses connaissances en affaires sont suffisantes, ses relations étendues, mais ce sera le capital qui lui fera défaut. Ou bien, possédant le capital, il lui manquera les connaissances techniques nécessaires ; ou bien encore, pourvu de ce côté, ce sera la confiance du monde des affaires, et la clientèle, qu'un autre devra lui apporter. Dans le contrat d'échange, la diversité du but est en corrélation avec la diversité des prestations réciproques (nᵒ 66) ; dans l'association, l'identité du but se concilie aussi bien avec la diversité des moyens apportés par les associés qu'avec leur identité.

Le contrat d'échange, tout aussi bien que l'association, admet ce concours d'autrui ; celui qui peut fournir les fonds nécessaires pour la réussite de l'entreprise, mais à qui manquent les connaissances techniques ou commerciales requises, s'assure les services d'un technicien, d'un comptable. L'argent lui fait-il défaut, il s'adressera au capitaliste, et en empruntera. Bref, par l'échange, aussi bien que par l'association, on peut se procurer tout ce qu'il faut pour mener une œuvre à bien. Il serait impossible de déterminer d'une manière générale ce qui fait choisir l'une forme plutôt que l'autre. Tel aura recours à l'association, parce qu'on exige de lui un partage des bénéfices, un droit de contrôle, une coopération à l'entreprise, ou qu'il espère obtenir un concours plus efficace de la part d'intéressés dans l'affaire. Tel autre se trouvera en situation de prendre l'affaire à son propre compte, et de se passer d'auxiliaires. L'échange, comme l'association, ont chacun leurs avantages trop bien connus des juristes, pour que j'aie besoin d'y insister.

L'association, comme nous l'avons vu, se base sur des rapports intéressés ; c'est un contrat d'affaires. Elle rentre dans le système de l'égoïsme : le sentiment de la bienveillance n'a rien à y voir ; celui qui s'associe recherche son avantage propre, et non celui d'autrui. S'il agit dans un autre but, il va à l'encontre du principe de l'association ; il agit aussi irrationnellement que celui qui, au moyen d'un contrat de vente, chercherait à faire une libéralité à l'acheteur [57]. Dans l'association, toutefois, l'égoïsme ne joue pas le même rôle que dans les contrats d'échange. Ici, les deux contractants ont des intérêts diamétralement opposés ; si la vente est favorable pour l'acheteur, c'est au détriment du vendeur, et vice versa. *Son* dommage, *mon* bénéfice, est la devise de chaque contractant. Nul ne peut en vouloir à l'autre de veiller à ses propres intérêts exclusivement (note 28, p. 84). Il en va tout autrement dans l'association : l'intérêt particulier et celui d'autrui marchent de front. Si l'un des associés se trouve lésé, l'autre souffre un dommage égal ; l'avantage de l'un est aussi celui de l'autre. L'idée de la solidarité des intérêts doit guider les deux parties dans la conclusion du contrat de société. Si l'une d'elles, au lieu de poursuivre l'avantage commun, ne recherche que son intérêt propre, elle détruit l'essence même de l'institution — une pareille pratique, si elle se généralisait, la ruinerait pour le commerce juridique. Un associé infidèle est un traître : d'après le droit romain, il encourait l'infamie. Cette peine n'a jamais atteint la tromperie dans l'échange [58].

---

(57) Les Romains, en souvenir de la fable d'Ésope, ont donné le nom de *societas leonina*, à pareille société mal-entendue. L. 29 § 1.2 pro socio (**17**.2). Ils la déclarent nulle. L. 5 § 2 ibid. : *donationis causa societas recte non contrahitur.* Sur la vente comme moyen de donner, v. L. 36 de contr. emt. (**18**.1) *pretium.. donationis causa non exacturus non videtur vendere.* L. 3 Cod. ibid. (**4**.38).. *emtioni* sui *defecit* SUBSTANTIA.

(58) Les Romains ont exactement reconnu cette différence fondamentale entre la société et tous les autres contrats. La société, pour eux, est un genre de rapport fraternel (*societas jus quodammodo* FRATERNITATIS *in se habet.* L. 63 pr. pro socio (**17**.2); aussi, à la différence de la liberté reconnue aux parties, dans les contrats d'échange, de se préjudicier l'une l'autre, est-elle régie par le principe de l'égalité (non de l'égalité extérieure, mécanique, mais de l'égalité interne. L. 6. L. 29 p. L. 80 ibid.). Le dol, dans la constitution de la société, entraine la nullité (L. 3 § 3,

Il s'ensuit que, créée pour servir des intérêts égoïstes, l'association, par une apparente contradiction avec son essence, commande à l'associé de veiller aux intérêts d'autrui comme aux siens propres. Dans le système juridique, elle marque le point où l'égoïsme et l'abnégation se joignent et se confondent. L'échange, la donation, la société, sont les trois contrats types qui, dans le domaine juridique, épuisent toutes les modalités possibles du rapport entre la volonté de l'individu et son intérêt. Dans l'échange, il poursuit son intérêt propre aux dépens de celui d'autrui (égoïsme); dans la donation, il met en avant l'intérêt d'autrui aux dépens de son intérêt propre (abnégation); dans la société, il poursuit son intérêt propre *dans* celui d'autrui, et réciproquement. L'association tient la balance égale entre ces deux intérêts.

L'association ne s'entend pas uniquement dans le sens qu'y attache le droit privé, ni en particulier des sociétés commerciales; sous ce rapport étroit, l'action morale exercée par la volonté sur les relations sociales serait de minime importance. Prise dans le sens du juriste, la société n'est qu'un cas d'application particulier d'une notion plus générale. Elle est une institution type, comme l'échange et la donation. Derrière l'échange dans le sens restreint du mot, viennent se ranger tous les contrats de permutation, tout le commerce des échanges : derrière la donation, apparaissent tous les contrats libéraux, le système tout entier de la bienveillance (n° 53); de même, à l'association, viennent se

---

L. 16 § 1 de minor. **4**.4); une condamnation pour dol entraîne l'infamie; même après la dissolution, les *socii* se doivent des égards dans l'exécution (*benef. competentiae*); pendant la durée de la société, ils ne répondent que de la *diligentia quam in suis rebus*. Toutes ces règles, à l'exception de l'infamie, se retrouvent dans le rapport dotal entre mari et femme (remède contre les préjudices : L. 6 § 2 de J. D. **23**.3, nullité du chef de dol : L. 22 § 2 sol. matr. **24**.3, *benef. compet.* : L. 20 de re jud. **42**.1, *diligentia quam in suis rebus:* : L. 11 Cod. de pact. conv. **5**.14). *Aucune* de ces règles ne se retrouve dans les contrats *d'affaires*.

joindre tous les rapports de même nature : toutes les communautés, toutes les unions, depuis les plus humbles jusqu'aux plus hautes, l'État lui-même et l'Église. Nous les embrassons tous à l'aide de ce seul mot : *l'association*.

106. Universalité de l'association. — *L'association* comporte l'application la plus générale; elle est, en réalité, comme je l'ai dit (n° 104), la deuxième *forme fondamentale* de l'existence sociale.

Hormis la vie de famille, je ne connais pas de but humain qui ne puisse être, et n'ait été, poursuivi sous forme d'association. Nous rencontrons toujours, à côté de l'individu, un groupement qui vise aux mêmes fins; pour une foule de celles-ci, l'association est la seule forme possible, pour d'autres, la seule pratique.

Prenons d'abord le but le plus infime de la vie individuelle : celui qui tend à la satisfaction des besoins corporels; immédiatement, à côté de l'individu, nous voyons surgir l'association sous la forme de sociétés de consommation. Pour les besoins des relations privées, elle crée les sociétés d'agrément (clubs, casinos) et les sociétés privées. Dans le domaine des affaires, elle crée les sociétés de production, les banques, etc. Elle finit par tout englober, et partout où il y a un gain à réaliser, elle est entrée en lice. Viennent ensuite l'enseignement, l'éducation, les arts, la science, la bienfaisance. L'État, aujourd'hui, en gère les intérêts, soit seul, soit comme partie principalement intéressée; à l'origine, l'association s'en occupait exclusivement, et maintenant encore, en bien des matières, elle entre en concurrence avec l'État. Qui dira où s'arrête l'activité des associations? A notre mort même, c'est encore une association qui s'occupe de nos funérailles, et qui vient au secours de ceux que nous laissons derrière nous.

Nous en arrivons enfin à l'expression la plus haute de l'association : l'Église et l'État, les Communes, et toutes les corporations ou unions qui en dépendent. L'intimité de la vie familiale mise à part, et aussi les relations qui puisent leur source dans le cœur de l'homme, tous les buts de l'humanité sont travaillés par l'association. Rien que comme forme, et sans spécification de but déterminé, elle est le vase immense qui se prête à recevoir tout ce qu'il faut pour les besoins de la vie humaine.

Et le contenu grandit sans cesse : l'État, les Communes, sous leur forme existante, poursuivent des buts qui, antérieurement, étaient réalisés sous d'autres formes; des associations indépendantes s'élèvent, qui s'attachent à réaliser des buts anciens et des buts nouveaux. Où s'arrêtera le progrès dans cette voie? C'est ce que l'imagination ne saurait se représenter. Mais sans être prophète, on peut prévoir que là surtout gît le renouvellement progressif de la physionomie de notre vie, ainsi que le développement ultérieur du droit. Les Romains ont apporté à tout un côté du droit, celui du commerce des échanges, une telle perfection, qu'il n'est resté aux modernes que peu de choses à faire pour le compléter sous certains rapports (change, assurances, droit maritime, etc). Dans d'autres parties, au contraire, leur activité pourra se donner carrière. L'histoire du commerce des actions dans les derniers dix ans atteste combien il leur reste à accomplir. Sous les yeux du législateur moderne, les sociétés anonymes se sont transformées en agences de vols et de tromperies; leur histoire secrète récèle plus de bassesse, d'infamie, de coquinerie, qu'on n'en trouverait dans un bagne; seulement, ici, les voleurs, les trompeurs, les coquins, sont aux fers : là, ils roulent sur l'or.

107. Intérêts particuliers et intérêts communs dans l'association. — Reprenons une idée que je n'ai fait qu'effleurer. Je veux démontrer ce que présente de caractéristique pour l'association, au contraire de ce qui se passe dans les autres rapports contractuels, la combinaison de l'intérêt particulier avec l'intérêt d'autrui (p. 145). Dans l'association, l'un et l'autre se confondent; celui qui poursuit son intérêt propre, travaille aussi dans l'intérêt d'autrui, et vice versa. La volonté de l'individu, mise en mouvement par la puissance de l'intérêt, est inspirée par l'amour du bien public. Le phénomène est intéressant, non-seulement à raison de son résultat, mais dans son origine même. A qui, dans les phénomènes sociaux, voit autre chose que de purs faits, et qui en veut pénétrer la raison, l'existence de ce sentiment — l'amour du bien public — doit inspirer bien des réflexions. L'amour du bien public, émergeant du système de l'égoïsme, est chose aussi énigmatique qu'une fleur épanouie sur un rocher aride. Où est la sève qui les nourrit?

L'amour du bien public n'est qu'une forme ennoblie de l'égoïsme; c'est l'égoïsme de l'homme assez clairvoyant pour se rendre compte que son bonheur ne réside pas uniquement dans ce qui le concerne immédiatement, et dans ce qui lui appartient exclusivement, mais aussi dans ce qu'il a avec d'autres. C'est l'égoïsme dirigé vers ce qui nous est commun avec d'autres (intérêts généraux, opposés aux intérêts individuels). L'individu y expose son intérêt particulier pour favoriser l'intérêt général. C'est là, au point de vue moral, un fait digne d'observation. Non pas parce qu'il nous montre l'union intime de l'égoïsme avec l'abnégation, qui en est la négation, mais parce qu'il résoud clairement le problème le plus ardu de la morale, en faisant comprendre comment l'homme, c'est-à-dire l'égoïste, atteint à l'abnégation. L'abnégation ne descend pas du ciel comme quelque chose de surnaturel destiné à refréner l'égoïsme humain; elle est fille de la terre, et l'égoïsme lui a donné sa substance. Je ne pourrai développer cette idée qu'en exposant la théorie de la moralité (chap. IX); ici, elle nous mènerait au delà de l'égoïsme, qui est notre thème actuel.

108. Formes de l'association. — La société, telle que la conçoit le droit romain, est la forme la plus simple de l'association : les associés participent à l'entreprise commune, comme si elle leur appartenait en propre; tout se fait par tous; pas de résolution, qui ne soit prise, pas d'acte qui ne soit accompli, sans la coopération de tous. Sous ce rapport, la société anonyme forme un contraste parfait. Ici, les associés restent étrangers à l'administration; ils l'abandonnent à des tiers qui peuvent être des sociétaires, mais ne le sont pas toujours. On y rencontre donc séparés, deux éléments qui, généralement en droit, se trouvent réunis dans la seule personne de l'ayant droit : l'intérêt et la disposition; ici par contre, l'actionnaire conserve son intérêt, sans en avoir la disposition, tandis que l'administrateur dispose, sans que son intérêt soit en jeu. Cette séparation peut aussi, on le sait, se présenter dans d'autres rapports. La raison est toujours que le détenteur du droit n'est pas, momentanément ou d'une manière permanente, en état de gérer l'affaire, soit à raison de l'absence de qualités personnelles nécessaires (personnes sous tutelle), soit à raison d'éloignement, soit encore à cause du nombre trop considérable d'intéressés. Il s'établit alors un rapport qui, en droit, prend le nom de *représentation*. Il y a une distinction à faire : ou bien le représentant ne fait qu'exécuter la résolution prise par son mandant, sans aucune initiative de sa part; ou bien il décide lui-même de la résolution à prendre à la place du représenté (incapable ou empêché), dont il gère les affaires.

Sont dans ce dernier cas : le tuteur, l'administrateur d'un patrimoine (curateur de faillite), lorsqu'il s'agit d'intérêts particuliers, et la direction, lorsqu'il s'agit d'associations (non seulement les sociétés anonymes, mais toutes autres corporations etc.). Deux éléments caractérisent la position juridique du représentant : pouvoir de disposition sur un droit appartenant à autrui, obligation d'en user dans le seul intérêt du représenté.

109. Sociétés anonymes. — C'est ce dernier élément qui rend la situation précaire. Pas de trahison possible tant que l'intérêt propre dirige l'affaire. Mais la garantie que donne cet intérêt disparaît si le pilote est un étranger, car alors il peut gouverner dans *son* intérêt particulier, au lieu de n'avoir en vue que l'intérêt d'autrui. La situation de l'administrateur l'expose à bien des tentations. Tenant en mains le bien d'autrui, le désir et la facilité de se l'approprier sont toujours imminents. Le vol devient aisé, la tromperie trouve toutes voies ouvertes. Un aussi pressant péril réclamait une sûreté. Le droit y a pourvu pour les tuteurs et administrateurs de biens et d'intérêts publics, c'est-à dire pour les fonctionnaires. Cela n'a pas d'intérêt pour nous ; mais il n'a pas réussi en ce qui concerne les administrateurs des sociétés anonymes ; l'expérience des dernières années le prouve. L'obligation, pour la direction, de rendre compte à l'assemblée générale, n'a empêché ni une fraude ni un mensonge : cela dit la valeur de la mesure. Autant dire que le devoir imposé au tuteur de rendre compte à son pupille protège celui-ci. Il faudrait d'autres moyens, cela est hors de doute. Je suis convaincu que la loi de l'avenir édictera des pénalités publiques et privées, qui serviront de mesures de garantie contre les méfaits. Le droit moderne présente ici une lacune béante. Dans sa forme actuelle, la société anonyme est organisée de la façon la plus imparfaite et la plus dangereuse, et les cataclysmes qui ont bouleversé le monde des affaires, dans ces derniers temps, ont leur source dans cette imperfection de la loi, ou s'y rattachent étroitement. Je passe sur l'effet profondément démoralisant, qu'a amené le régime des actions, en empoisonnant les sources mêmes de l'honneur et de l'honnêteté ; je n'ai en vue que le côté économique de la question. Quels que soient les avantages sociaux qu'aient introduits les sociétés anonymes, les malédictions qu'elles ont soulevées dépassent leurs bienfaits. Les désastres qu'elles ont causés dans la fortune privée, sont plus graves que si le feu et l'eau, la disette, les tremblements de terre, la guerre et l'occupation ennemie, s'étaient conjurés pour ruiner la richesse nationale. Comparez les listes des cours depuis la dernière catastrophe (1873), avec ceux de la période de fondation ! Le résultat est écrasant, et rien ne peut dissimuler l'abîme. Il nous montre le tableau d'un champ de bataille ou d'un cimetière — mares de sang, cadavres, tombeaux — maraudeurs, fossoyeurs — ces derniers seuls sont à l'aise, car seuls ils ont gagné ! Si encore les intéressés immédiats avaient seuls eu à pâtir des effets désastreux des sociétés anonymes, on pourrait se consoler de leur ruine : ils n'avaient qu'à user de plus de prévoyance, bien que leur bêtise, après tout, n'excuse pas les tromperies commises à leur détriment. Mais le contre-coup s'en est fait sentir à la société toute entière. Les sociétés anonymes sont parvenues à compromettre l'équilibre économique sur lequel repose tout l'ordre et la sûreté de notre commerce juridique : elles ont détruit, dans les ventes et locations, l'équilibre entre le prix et la marchandise, dans la spéculation, celui entre le gain et la perte, et dans l'industrie, elles ont faussé la balance entre les besoins et la production. L'homme d'affaires ne paie pas les choses au delà de leur valeur ; le plus puissant commerçant, dans l'unique désir de faire des affaires, n'achètera pas plus cher pour revendre à meilleur marché que ses concurrents ; l'industriel ne forcera pas sa production au delà du nécessaire ; dans leurs spéculations les plus hardies, ils ne perdront pas de vue les rapports entre la mise, le bénéfice et la perte — le simple calcul de l'égoïsme leur en fait une loi. Comment se fait-il donc que les sociétés anonymes aient fait table rase de ces considérations ? C'est que la direction opère avec l'argent d'autrui. Le mobile de l'intérêt particulier, ce suprême régulateur des relations sociales, n'existe pas pour elle, et le sentiment du devoir, qui seul peut tenir la place de l'intérêt reste, pour un grand nombre, une quantité absolument inconnue. Une direction chargée de créer une entreprise, n'hésite pas à payer au-delà de la valeur les choses et le travail. Elle puise dans la poche d'autrui, et le juste prix ne lui importe guère. Son seul but est de mettre au plus tôt l'entreprise sur pied. L'argent d'autrui, c'est de la semence qu'on jette au vent. Germe-t-elle, tout est bien; la spéculation s'annonce brillante; — il arrive même souvent que l'affaire est organisée de telle sorte que ceux qui l'ont mise en train la gardent alors pour eux seuls. Mais la moisson vient-elle à manquer? tant pis pour les propriétaires. Le régime des actions fait pendant au crédit; ici, comme là, c'est l'argent des autres qui est en jeu; tout ce que j'ai dit de l'un (n° 92) s'applique à l'autre avec bien plus de raison encore.

9. Autres bienfaits du commerce juridique.

Sommaire : 110. L'indépendance de l'individu assurée. — 111. L'égalité des personnes. — 112. La justice dans le domaine économique.

La tâche que je m'étais assignée consistait à montrer la société se servant du mobile de l'égoïsme, pour satisfaire aux besoins sociaux. L'appareil dont elle se sert n'existe pas tout prêt à fonctionner : il se développe et se déploie peu à peu, sous l'influence d'une force motrice : le but ou la finalité. Ce point de ma démonstration atteint, je vais analyser les autres problèmes sociaux que le commerce juridique parvient à résoudre plus ou moins.

Ce sont : 1. L'indépendance de l'individu.

2. L'égalité des personnes.

3. L'idée de justice.

1. L'INDÉPENDANCE DE L'INDIVIDU.

110. L'indépendance de l'individu assurée par le commerce juridique. — L'homme indépendant n'est pas, comme on le dit habituellement, celui qui a le moins de besoins à satisfaire. C'est là une indépendance peu enviable, et sous ce rapport, l'animal nous est supérieur, et le sauvage l'emporte sur l'homme civilisé. L'indépendance consiste à pouvoir satisfaire ses besoins. C'est le commerce juridique qui en assure les moyens. Ce service qu'il rend à la société des hommes est la base de l'indépendance humaine. S'il le fait dépendre de cette condition : la possession de l'argent, il ne s'ensuit pas que la charge compense le bienfait, car s'il est vrai que sans l'argent le commerce juridique perd toute valeur pour l'homme, il est tout aussi vrai de dire que l'argent devient un facteur inutile sans les relations sociales. Des monceaux d'or ne servent de rien au milieu d'une population sauvage, chez laquelle on ne peut rien acheter de ce qui sert à l'existence : la plus petite somme d'argent, chez nous, peut procurer les plus nobles jouissances. Dans un pays civilisé, l'ouvrier, avec son salaire, peut acquérir les fruits du travail de milliers d'hommes. Le sou que nous payons, nous procure ce qui se produit à l'autre bout du monde, et met à l'œuvre une multitude de mains humaines. S'il est vrai qu'il n'y a pas de travail qui ne soit rémunéré, que tout acheteur d'une marchandise paie les efforts qu'il a fallu faire pour la produire, depuis le moment où sa matière première s'est détachée du sol, jusqu'à celui où elle arrive entre ses mains, les quelques sous donnés pour l'acquisition d'une tasse de café ou d'un journal, contribuent à tous les frais qu'a nécessités la production de l'un et de l'autre. Dans le café, il paie sa part dans la rente foncière du propriétaire de la plantation, dans les frais de culture et de transport, dans les primes d'assurances, les loyers de l'équipage, les bénéfices de l'armateur et de l'importateur, la commission du courtier, l'impôt, le gain du boutiquier et du cafetier. Voilà pour le seul café; le compte recommence pour le sucre et le lait. Avec le sou que coûte mon journal, je paie l'éditeur, l'imprimeur et ses ouvriers, le fabricant de papier, les rédacteurs et les correspondants. les dépêches télégraphiques, la poste, le distributeur. Les parts que je paie ainsi ne peuvent se déterminer mathématiquement, mais il n'y a pas à nier qu'elles ne soient comprises en proportions infinitésimales dans le sou que je paie.

Ce phénomène est le produit de trois progrès que nous devons à la perfection de notre système actuel des relations : la division du travail, l'intensité de la force productive, et l'expansion du commerce à travers le monde entier. Tous les trésors de Crésus n'eussent pu lui procurer une tasse de café, ni un numéro de journal, s'il avait dû faire accomplir pour lui seul toutes les opérations nécessaires pour leur acquisition. Le pauvre, aujourd'hui, pour quelques sous, a plus d'hommes à son service, et dans tous les coins de la terre, que Crésus n'en eût pu trouver, même en vidant ses coffres.

2. LE PRINCIPE DE L'ÉGALITÉ DES PERSONNES.

111. L'égalité des personnes dans le commerce juridique. — Le commerce juridique fait abstraction des personnes; il n'a souci ni du grand seigneur, ni du prolétaire, de l'homme célèbre ni de l'obscur ignorant, du régnicole ni de l'étranger. Il ne connaît que l'argent. Cette indifférence pour la personnalité — conséquence évidente de l'égoïsme, qui n'a autre chose en vue que le gain — est, au point de vue social, d'une valeur vraiment inappréciable, car elle garantit à tout homme, quel qu'il soit, pourvu qu'il sache payer, la certitude de pouvoir satisfaire les besoins de son existence, la possibilité de mettre celle-ci au niveau des conditions de civilisation de son époque. Cette situation sociale de l'homme est inexpugnable. L'État peut lui enlever son honneur, le priver de sa liberté; l'Église, les associations peuvent le chasser; le commerce juridique ne le rejette jamais. Celui qui est impropre à tout, celui dont on fuit tout contact, vaut toujours qu'on fasse des affaires avec lui. L'argent est une recommandation que la société ne laisse jamais protester.

L'indifférence du commerce juridique à l'égard de la personnalité équivaut à l'égalité absolue de tous dans le commerce juridique. Nulle part, le principe de l'égalité ne se trouve plus complètement réalisé en pratique. L'argent est le véritable apôtre de l'égalité. Les préjugés sociaux, toutes les antithèses sociales, politiques, religieuses, nationales, ne sauraient prévaloir contre-lui. Est-ce un bien ? est-ce un mal? Ceci dépend du point de vue où l'on se place. A considérer le pourquoi de la chose, on ne saurait la louer : elle est dictée par l'égoïsme, et le sentiment de l'humanité n'y a point de part. Mais au point de vue de l'effet, je ne puis que répéter que l'égoïsme, en se servant lui-même, favorise la famille humaine; uniquement préoccupé de lui-même et de son intérêt, il réalise dans son domaine, sans le savoir, sans le vouloir, un principe auquel il résiste partout ailleurs, celui de l'égalité des personnes (59).

3. L'IDÉE DE JUSTICE.

112. La justice dans le domaine économique. — L'idée de justice représente l'équilibre imposé par l'intérêt de la société entre un fait et ses suites pour son auteur, c'est-à-

---

(59) Plus loin je traite ce sujet avec plus de détails; je n'y touche ici qu'en tant qu'il concerne mon thème actuel.

dire entre le fait *coupable* et la *peine*, entre le fait *louable* et la *récompense*. Le commerce juridique réalise ce dernier équilibre de la manière la plus parfaite. Grâce à lui, chaque contractant reçoit en retour l'équivalent de ce qu'il a donné (n° 70). Le salaire (salaire ouvrier, prix de la marchandise) est donc la *réalisation de l'idée de justice sur le terrain économique*. La fixation de la peine comporte toujours un degré d'arbitraire. Elle est déterminée par une disposition du pouvoir public. La mesure en est toujours variable et incertaine. La fixation de l'équivalent est, au contraire, le résultat d'une appréciation soigneusement étudiée, et expérimentée sans cesse par tous les intéressés. Le salaire possède la sensibilité du mercure dans le thermomètre, il monte ou descend au moindre changement dans l'atmosphère économique. C'est dans le commerce juridique, qu'au milieu de nos institutions sociales, l'idée de justice a été *le plus parfaitement* réalisée, c'est là aussi qu'elle l'a été *le plus promptement*. Il a trouvé sa forme adéquate dans le salaire, plus tôt que l'État n'a trouvé la sienne dans la peine. C'est encore là que l'idée de justice s'est *le plus uniformément* réalisée dans le monde. Le droit et la peine changent en passant d'un État dans un autre : les prix et les salaires ne connaissent pas de frontières, bien que certaines institutions positives de l'État (douanes et contributions) mettent obstacle, jusqu'à un certain point, à leur nivellement universel.

L'application de la notion de justice au salaire donne la clef d'un phénomène psychologique particulier : la résistance, même pour celui qui n'est rien moins qu'avare, à vouloir payer une chose au delà de sa valeur, la différence fût-elle d'ailleurs insignifiante. Ce n'est point, comme le croient les esprits étroits, l'avarice qui inspire cette répugnance; elle provient du sentiment du droit, qui résiste à l'idée d'accorder ce qui n'est pas dû. La résistance n'est pas guidée par un motif économique, c'est un motif moral qui la dicte. Aussi voit-on des gens qui, pour se laver du soupçon d'avarice, et affirmer leur mépris de l'argent, se livrent aussitôt, pour la pose, à de vaines prodigalités. Ils se débattent pour un sou, et gaspillent un louis.

Les trois idées dont je viens de montrer l'application au commerce juridique, sont les problèmes moraux les plus élevés que connaisse l'éthique. Elle les a réalisés avec une perfection que l'État n'a jamais su atteindre. A l'aurore de l'histoire, bien avant que l'État sortît de ses limbes, le commerce avait déjà rempli en partie sa mission. Les États se combattaient encore, que déjà le commerce avait frayé les voies qui devaient unir les peuples, et établi entre ceux-ci l'échange de leurs produits et de leurs idées. Il fut le pionnier du désert, le héraut de la paix, le porte-flambeau de la civilisation.

CHAPITRE VIII.

LA MÉCANIQUE SOCIALE OU LES MOTEURS DU MOUVEMENT SOCIAL.

II. Moteurs égoïstes. — La contrainte.

113. Contraintes diverses. — La contrainte sert de second moteur à l'ordre social. Le commerce juridique repose sur l'organisation sociale du salaire; l'État et le droit reposent sur celle de la contrainte. Avec celle-ci, le commerce juridique atteint à l'apogée de son développement. Le salaire doit s'appuyer sur le droit.

La contrainte, entendue dans un sens général, consiste dans la réalisation d'un but au moyen de l'assujetissement d'une volonté étrangère. La contrainte suppose activement et passivement un être vivant doué de volonté. L'assujetissement de la volonté d'autrui peut être obtenu de deux manières (n°° 9, 21). *Mécaniquement,* d'abord (contrainte mécanique, physique, *vis absoluta*), si la résistance apportée par la volonté d'autrui au but poursuivi, est brisée par une pression matérielle plus puissante. C'est là un fait purement extérieur, comme le serait celui de l'homme écartant l'obstacle inanimé qui lui barre la route. En langage ordinaire, dans l'un comme dans l'autre cas, l'événement se traduit par l'expression de force. Mais la force frappant l'être vivant s'appelle aussi *contrainte*, car, bien que dirigée seulement contre le corps, elle atteint aussi la volonté, puisqu'elle gène son libre essor.

La contrainte *psychologique* est l'antithèse de la contrainte mécanique. Dans celle-ci, l'acte est accompli par celui qui l'exerce : dans la contrainte psychologique, il est exécuté par celui qui est contraint. Là, il faut que, négativement, se brise la résistance de la volonté ; ici, il faut que, positivement, la volonté agisse. Le résultat est le même, mais la distinction a son importance au point de vue psychologique et juridique. Témoins, le viol avec violence et l'extorsion.

D'après la nature négative ou positive du but à atteindre, la contrainte est propulsive ou compulsive. Celle-là combat la résistance à un certain acte, celle-ci veut l'exécution de cet acte. La légitime défense est propulsive, la justice privée est de nature compulsive.

Telle est l'idée première que nous avons voulu présenter de la contrainte. Nous allons étudier son organisation en vue des buts de la société. Cette organisation repose sur la réalisation des deux notions de l'*État* et du *droit* ; d'un côté, organisation du *pouvoir* qui exerce la contrainte, d'un autre, fixation des principes qui règlent son exercice.

Cette organisation de la contrainte n'épuise pas la matière. A côté de la contrainte *politique*, il en est une autre, non organisée, qui, de même qu'elle a partout précédé celle-là, s'est aussi partout manifestée à côté d'elle ; je l'appelle la contrainte *sociale*. La contrainte *politique* a pour objet la réalisation du *droit*, la contrainte *sociale* celle de la *moralité*. Nous traiterons plus tard la théorie de la *moralité* (chap. IX).

Je vais m'attacher à analyser les deux notions : État et Droit, jusque dans leurs premiers principes. Comme je l'ai fait pour le salaire dans le système du commerce juridique, j'en exposerai la genèse telle qu'elle résulte invinciblement de la force impulsive pratique de la notion de finalité. Je compte sur un double résultat : constater la continuité du déploiement de l'idée de finalité dans la société humaine, d'abord, et montrer ensuite comment cette idée jette une vive lumière sur l'État et le droit organisés.

En reconnaissant, et en accentuant énergiquement la dépendance du droit vis-à-vis de l'État, la philosophie du droit moderne a incontestablement fait un progrès sur l'ancien droit naturel. Mais elle dépasse le but, lorsque, comme HEGEL, par exemple, elle dénie tout intérêt scientifique à la situation antérieure à l'avènement de l'État. L'existence indépendante de l'être vivant ne date que de sa naissance; mais la science remonte jusqu'aux premiers germes de la vie utérine, et l'histoire de la croissance de l'embryon est devenue, pour elle, une source féconde de connaissances.

C'est pourquoi il faut permettre à la science, même dans le droit, d'étudier l'état embryonnaire des choses. Ceux qui se sont occupés de l'histoire naturelle du droit ne se sont pas arrêtés au fait extérieur du droit et de l'État. C'est leur titre de gloire de s'être demandé d'où procèdent et le droit et l'État. Mais ils ont faussement résolu le problème en faisant du contrat l'origine de l'État dans l'histoire. C'est là une pure hypothèse prise hors de la réalité historique. Ils ont suivi l'histoire du développement du droit sans scruter attentivement ce développement même. La philosophie moderne du droit, avec raison, est venu contredire à cette solution du problème. Mais celui-ci reste entier, et sa solution s'impose. Si l'historien du droit comparé et le philosophe unissent leurs efforts, l'histoire du développement du droit deviendra un jour, pour le juriste, aussi intéressante que l'étude du développement du fœtus pour l'anatomie comparée.

Les origines premières, que nous allons scruter, s'étendent plus loin pour la contrainte que pour le salaire. Celui-ci ne naît qu'avec l'homme, l'autre existe déjà pour l'animal. Chez celui-ci, elle apparaît dans sa forme la plus rudimentaire; dans l'État, elle revêt la forme la plus élevée. Nous allons essayer de rattacher l'une à l'autre.

1. L'animal.

114. La contrainte dans la nature animée. — LA FORCE. Nous appliquons la notion de force aussi bien aux corps inanimés qu'aux êtres animés. Nous parlons de la puissance des éléments, de la force centrifuge, de la domination qu'un animal exerce sur un autre. Extérieurement égaux, ces faits, dans leur essence interne, diffèrent totalement les uns des autres. Lorsque l'orage déracine le chène, lorsque la mer rompt ses digues, ce sont des faits qui tombent sous l'application de la loi de causalité. Lorsqu'un animal en terrasse un autre, le tue, le dévore, il agit en vue d'un but : c'est donc la loi de finalité qui dirige l'acte. Mais lorsque l'animal use de sa force, son but est le même que celui de l'homme qui use de sa puissance : la conservation, l'affirmation de la vie propre. C'est toujours ce même but que poursuit la force, chez l'animal, chez l'homme, dans l'État. Son résultat gît dans sa supériorité. Dans la nature entière, toujours, le plus fort vit aux dépens du plus faible. Mais le recours à la force n'aura lieu que si leurs conditions vitales entrent en conflit, et si le plus faible ne préfère pas subordonner les siennes à celles du plus fort. Ceci nous amène à la contrainte.

LA CONTRAINTE PSYCHOLOGIQUE. Comparée à la force, elle constitue un progrès immense. Le corps inanimé plus faible ne peut échapper au choc d'un corps plus fort, mais l'animal le plus désarmé, peut échapper par la fuite à son ennemi le plus redoutable; il sauvera son existence en cédant le terrain. L'animal, l'homme, le peuple, qui cèdent à plus puissant qu'eux-mêmes, subordonnent, par ce fait, leurs conditions de vie à celles de l'ennemi. C'est un *modus vivendi* qui s'établit entre eux. Cette capitulation devant la contrainte, c'est l'affirmation de leur être propre. Le roquet qui fuit la lutte et abandonne son os au mâtin, conserve sa vie par le sacrifice de sa proie. La force affirme un but personnel, en déniant en principe, et en maîtrisant en fait, le but d'autrui. La contrainte renferme la conciliation entre ces deux buts, amenée par la réflexion et la soumission de l'être menacé. L'animal possède le degré de réflexion nécessaire pour comprendre la menace et la nécessité de s'y soustraire. C'est ainsi que la nature permet au plus faible de vivre à côté du plus fort. A celui qui est impuissant à se défendre, elle donne, comme compensation, l'intelligence de se préserver de l'attaque.

Cette contrainte dont nous venons de parler, c'est la contrainte propulsive. Elle est si générale dans le monde animal, que l'on serait tenté de croire qu'il n'en existe pas d'autre. Mais dans ce règne apparaissent également des cas isolés de contrainte compulsive. Le plus intéressant est celui des expéditions guerrières des fourmis : toute une tribu, rangée en ordre de bataille, sous la conduite de ses commandants, entre en campagne contre une tribu voisine; le vaincu n'est pas détruit, il est réduit en esclavage et contraint de travailler pour le vainqueur.

2. L'homme. — L'empire de la force sur elle-même.

Sommaire : 115. La force trouvant en elle-même le principe de sa modération. — 116. L'esclavage. — 117. La paix; sujétion du vaincu. — 118. Origine du droit dans la force.

115. La force trouvant en elle-même le principe de sa modération. — Vie du plus fort aux dépens du plus faible; en cas de conflit, destruction du dernier : tel est le spectacle qu'offre la vie en commun dans le monde animal. — L'existence garantie, même au plus débile et au plus humble, à côté du plus fort, du plus puissant, telle est la physionomie de la vie dans la société humaine. Et cependant, l'homme a, dans l'histoire, le même point d'origine que l'animal. Mais la nature l'a doué de telle sorte que, dans le cours des siècles, il a pu, et même dû, s'élever à ce degré de civilisation. L'histoire universelle dût-elle se renouveler cent fois encore, cent fois l'humanité aboutirait, comme de nos jours, au droit. L'homme ne peut faire autrement que de se ménager une situation qui rende possible la vie en communauté.

L'histoire du pouvoir dans le monde, est l'histoire de l'égoïsme, mais l'égoïsme doit s'assagir et profiter de l'expérience du passé. Cette éducation de la puissance enseigne à l'égoïsme comment il doit en user, non seulement pour neutraliser celle d'autrui, mais pour se la rendre utile. A chaque étape de la civilisation, l'intelligence de l'homme, toujours en progrès et mue par l'intérêt propre, lui sert pour renforcer sa puissance autant que pour la modérer. L'humanité vers laquelle il s'élève, n'est autre chose, d'après son origine première, que l'empire de la force sur elle-même, dicté par l'intérêt propre bien entendu.

116. L'esclavage. — L'esclavage marque le premier pas dans cette voie. Le vainqueur qui, le premier, laissa la vie à l'ennemi vaincu, au lieu de le massacrer, en usa ainsi parce qu'il avait compris qu'un esclave vivant a plus de prix qu'un ennemi mort. Il l'épargna comme le propriétaire épargne l'animal domestique. Le *serv-are* du *servus* avait pour but le *serv-ire* (60). Motif égoïste — soit! Béni soit l'égoïste qui reconnut le prix de la vie humaine, qui posséda assez d'empire sur lui-même pour l'épargner dans son propre intérêt, et par cela même pour le bien de l'humanité. La reconnaissance de la valeur économique de la vie humaine

---

(60) Etymologie romaine (v. les textes de SCHRADER Inst. sur § 3 de jure pers. 6.3) qui, linguistiquement fausse, n'en renferme pas moins, en fait, une idée exacte.

marque l'aurore de l'humanité dans l'histoire. Les Romains appellent l'esclave : *homo;* c'est l'homme, et rien de plus, c'est-à-dire l'animal, la bête de somme. Il n'est pas *persona,* sujet de droit; le citoyen seul peut prétendre à ce titre. Mais cet *homo* est l'avant-garde du genre humain dans sa marche vers l'humanité. L'esclavage est la première solution du problème de la coexistence du fort et du faible, du vainqueur et du vaincu.

117. La paix. — Sujétion du vaincu. — Avec le temps, sa forme devient plus douce, et le sort du faible vis-à-vis du puissant est moins cruel. Le vaincu n'est plus esclave ; il paie tribut, il se rachète, il est incorporé dans les rangs du vainqueur, avec des droits moindres, d'abord, avec des droits égaux, plus tard. Enfin des traités mettent fin à la lutte : ils règlent les rapports entre les peuples, et le plus faible vit *libre.* C'est le traité de paix (*pacisci* = s'accorder, *pax*, la paix). La paix implique, en faveur de l'adversaire, la reconnaissance du droit d'être libre; on ne traite pas avec l'esclave. Est-ce l'humanité qui détermina le vainqueur à remettre l'épée au fourreau avant que le vaincu fût enchaîné à ses pieds, et à le traiter généreusement? Ce ne fut pas un autre sentiment que celui qui lui avait fait épargner sa vie; c'est-à-dire son intérêt propre. Devant une victoire probable, assurée même, il calcula le prix du triomphe; il mit en balance les chances de la continuation du combat. Il se demanda si payer le haut prix pour obtenir plus, serait plus avantageux pour lui que d'obtenir moins à moins de frais : le bénéfice compenserait-il le risque? Un effort y pourra réduire un corps au volume de x pouces; pour le réduire à $x - 1$, une mise en œuvre de $y + 10$ sera peut-être nécessaire. Le bénéfice de 1 balance-t-il le coût de l'effort de 10? C'est à ce calcul que se résume toute la stratégie du vainqueur. S'il est assez maître de lui pour substituer une conception intelligente de la situation à la passion du moment, son intérêt le portera à ne pas pousser l'ennemi vers un effort désespéré, qui entraînera pour lui-même des sacrifices sans rapport avec le but à atteindre. L'excès de la pression amène une réaction violente. La politique seule, en dehors de tout sentiment d'humanité, conseille la modération.

C'est ainsi que l'intérêt seul conduit au droit, qui est la *paix*. La paix, c'est la fin d'une contestation par l'établissement d'un *modus vivendi*, auquel se soumettent les deux parties en lutte. La force s'impose ainsi à elle-même une limite qu'elle veut respecter, elle se crée une norme qu'elle n'entend pas méconnaître. Cette norme consentie par elle-même, c'est le *droit*. Qu'elle l'observe, ou non, par la suite, peu importe en présence du fait accompli. Elle peut violer le droit, le considérer comme non avenu; toujours est-il que le droit a été créé, et elle ne peut plus faire qu'il ne soit pas. Elle s'est tracé ainsi sa propre ligne de conduite, et une mesure inconnue auparavant pour la juger elle-même; si elle brise sa propre œuvre, elle n'est plus la *force*, mais l'*arbitraire;* c'est la force qui se met en lutte avec le droit.

Ce n'est pas là une conception imaginaire, mais un fait historique, que chaque traité de paix renouvelle dans le domaine international. Chaque fois, la conclusion de la paix amène le triomphe du droit. Nous venons d'en indiquer la raison. Le droit se substitue à la force, qui, dans son propre intérêt, aspire au repos, et renonce à des avantages ultérieurs hors de proportion avec les sacrifices qu'ils exigent. Cet événement est d'une importance capitale pour la formation du droit dans l'État, droit public comme droit privé.

118. Origine du droit dans la force. — A suivre les transformations juridiques chez un peuple jusque dans leurs dernières origines, on aboutira presque toujours à la puissance du plus fort dictant le droit au plus faible. L'origine du droit dans la force, au moyen de cet empire exercé par la force sur elle-même, présente un intérêt historique, et hautement philosophique. C'est une erreur, à mon sens, d'appliquer au passé nos conceptions morales actuelles : il a fallu le travail de plusieurs siècles pour nous les apporter telles que nous les possédons. Il en a fallu autant pour créer notre conception du rapport entre la force et le droit. Nous sommes, certes, forcés de reconnaître que ce rapport de fait, si indéniable à nos yeux, n'a pas toujours existé; mais nous oublions de nous demander, si le rapport, extérieurement différent au temps passé, ne répondait pas à une conception interne différente; nous ne pouvons nous figurer que ce qui nous paraît aujourd'hui indiscutable, évident, ait jamais pu apparaître à l'homme sous un jour différent. On admet bien qu'il n'ait pas toujours entrevu la vérité dans toute sa clarté, mais on pense qu'il en a toujours eu une idée imparfaite, un sentiment obscur. L'*idée* du droit, croit-on, avait déjà commencé son œuvre, et si nombreux qu'aient pu être les obstacles auxquels elle s'est heurtée dans sa réalisation historique, c'était toujours elle cependant qui poussait l'homme en avant. Le droit n'a pas changé, il a progressé graduellement. L'homme a toujours entrevu l'opposition entre la force et le droit; il a toujours reconnu que la force devait céder devant le droit : son sentiment juridique inné le lui imposait. Et si, dans le cours de l'histoire, le droit a primé la force, c'est en définitive que l'âme humaine a subi l'influence de la toute puissance de l'idée du droit.

Cette conception généralement répandue du développement du droit est fausse. Elle tend à faire application au passé des idées modernes. — L'histoire nous montre un autre tableau. Ce n'est pas à sa valeur morale, à sa majesté, que le droit est redevable de la place qu'il occupe dans la civilisation actuelle. Sa suprématie est le résultat final d'un long développement; elle n'en est pas le début. Au début, nous ne rencontrons qu'égoïsme pur. Les âges qui se succèdent amènent l'idée morale, le sentiment moral. Nous verrons, en traitant de la moralité (chap. IX), comment ce dernier a pu procéder de l'égoïsme. Nous avons seulement à démontrer en ce moment que l'égoïsme a pu aboutir au droit sans l'aide de ce sentiment.

Le travail de l'égoïsme consiste à concilier les deux éléments qui forment la notion du droit : la norme et la force. Deux voies lui sont ouvertes à cet effet : *la norme aboutissant à la force — la force aboutissant à la norme.*

J'exposerai plus tard cette première opération, d'une manière plus détaillée. L'intérêt de tous à l'établissement de l'ordre crée la norme, et la prépondérance des forces de tous sur celles de chacun, assure à la norme établie l'autorité nécessaire pour vaincre la résistance individuelle. Tel est le rapport dans la société du droit privé. La société, c'est la réunion d'être égaux, unis dans un but commun, dont la sauvegarde est assurée contre l'intérêt particulier de l'individu isolé. En droit public, le même rapport est réalisé dans la *République*. Dans l'un comme dans l'autre cas, la force n'a pas une existence a priori; la norme apparaît d'abord, la force ne vient qu'en second lieu. Dans l'autre opération, que nous expliquerons plus tard, l'ordre des termes est renversé : la force d'abord, la norme ensuite. Le droit naît de la puissance du plus fort, qui, guidé par son propre intérêt, restreint par la norme sa propre puissance.

C'est par cette double voie que l'égoïsme, sous sa propre impulsion, aboutit au droit. Ce sont, parmi bien d'autres, deux des voies qui conduisent de l'égoïsme à la moralité. Ici, comme ailleurs, l'égoïsme travaille sans le savoir ni le vouloir, à l'établissement de l'ordre moral; il bâtit l'édifice du droit au sein duquel son œuvre s'accomplit, et ce n'est qu'ensuite que l'esprit moral vient y asseoir son empire. Il ne peut rien faire si l'égoïsme ne lui ouvre la voie. L'esprit moral n'apparaît jamais qu'au second rang; au premier, où il s'agit d'établir le gros œuvre, domine partout l'égoïsme — lui seul est capable de l'exécuter.

C'est l'égoïsme, qui, dans le second cas, comme nous l'avons vu, conduit la force au droit. Elle aboutit à celui-ci, non comme à quelque chose qu'elle doit emprunter du dehors au sentiment juridique, non comme à une conception supérieure que le sentiment de sa propre infériorité lui impose; elle l'engendre spontanément, comme sa propre loi. Le droit est la *politique de la force*. La force reste; elle ne disparaît pas devant le droit; elle conserve sa place, mais elle s'annexe le droit comme élément accessoire : elle devient la *force juste*. Elle est l'opposé de ce que nous appelons aujourd'hui l'*empire du droit*, où la force forme l'élément accessoire du droit. Mais, même à cette période du développement du droit, le rapport parfois se renverse, la force entre en conflit avec le droit, et dicte elle-même un droit nouveau; et l'on se trouve en présence des coups d'état du pouvoir public, qui sont des révolutions d'en haut, formant le pendant de celles d'en bas. Dans celles-ci, c'est la force inorganisée, dans celles-là, c'est la force organisée, qui s'insurgent contre le droit existant. La théorie juridique a beau jeu de condamner ces perturbations; ce renversement même du rapport normal devrait nous apprendre à discerner enfin son vrai caractère. Le droit n'est pas le principe supérieur qui régit le monde; il n'est pas un but en soi; il n'est que le moyen de réaliser un but, qui est le maintien de la société humaine. Si la société ne peut se maintenir dans l'état juridique actuel, si le droit ne peut l'y aider, la force vient remédier à la situation. Ce sont les grandes crises de la vie des peuples et des États, où le droit est suspendu, pour les nations comme pour les individus. Cette situation, le droit lui-même la consacre pour les individus[61], comme il l'a consacrée dans maintes constitutions pour l'État lui-même. En temps de crise, les Romains nommaient un dictateur ; les garanties de la liberté civile étaient suspendues, la force militaire prenait la place du droit. Aujourd'hui, les gouvernements proclament l'état de siège, édictent des lois provisoires sans le concours des pouvoirs publics. Ce sont des soupapes de sûreté, au moyen desquelles l'autorité pare aux nécessités du moment sous une apparence juridique. Mais les coups d'état et les révolutions ne se font plus sur le terrain du droit : le droit se contredirait lui-même en les autorisant, et au point de vue juridique, l'anathème est absolu. S'il fallait s'en tenir là, tout serait dit. Mais au dessus du droit, il y a la vie, et lorsque la situation est réellement telle que nous la supposons, lorsque la crise politique place la société devant cette alternative : le respect du droit, ou le maintien de l'existence, il n'y a pas à hésiter : la force doit sacrifier le droit, et sauver l'existence de la nation. Ce sont les *faits sauveurs* du pouvoir public. A ce moment, son action répand la terreur et l'épouvante, les hommes du droit la stigmatisent comme un attentat contre la sainteté du droit ; mais il ne faut souvent que quelques années, quand le calme est rétabli, pour que le résultat vienne justifier le moyen, et changer les malédictions en actions de grâce. Le jugement sur l'entreprise dépend du succès ; ses auteurs, qui ont violé le droit, en appellent au tribunal de l'histoire, et son verdict l'a toujours emporté.

Nous avons ainsi marqué le point où le droit déborde dans

---

(61) Code pénal allemand, art. 54 : Il n'y a pas d'acte punissable, même en dehors du cas de légitime défense, si le fait a été commis sous l'empire d'une nécessité non coupable, et ne pouvant être écartée d'une autre manière, de se sauver d'un péril actuel pour le corps ou la vie de l'auteur ou de l'un des siens.

la politique et dans l'histoire, et où le jugement de l'homme
d'État, de l'historien, doit prévaloir sur celui du juriste; car
le droit positif, que seul connaît ce dernier, ne règle que les
rapports normaux auxquels il est emprunté, mais ne saurait
s'appliquer à des situations extraordinaires pour lesquelles
il n'a pas été établi, et ne pouvait l'être. C'est le droit d'exception de l'histoire (si le mot *droit* est ici à sa place), l'apparition sporadique de la force, dans sa fonction originelle de
fondatrice de l'ordre et créatrice du droit.

En ce sens, il ne m'en coûte pas de rendre hommage à la
force, et de rejeter la conception traditionnelle du droit et
de la philosophie. L'un et l'autre oublient le rôle, et je
dirai le rôle nécessaire, de la force dans le monde. L'un et
l'autre, dans le rapport entre le droit et la force, mettent
le droit sur le premier rang, et ne font de la force que son
humble servante, forcée de lui obéir aveuglément. C'est mal
envisager les choses. La force n'est pas cet être inerte ; elle
se rend compte de son importance, elle exige du droit les
mêmes égards que ceux qu'elle lui rend; l'un n'est pas le
maître, et l'autre n'est pas la servante : ce sont des con-
joints; pour vivre en paix, ils se doivent des égards mutuels.

La force peut au besoin vivre sans le droit: elle l'a prouvé.
Le droit sans la force est un mot vide de sens : la force
seule réalise les normes du droit, et fait de celui-ci ce qu'il
est et doit être. Si la force n'avait pas régné avant le droit,
si, d'une main de fer, elle n'avait brisé les résistances de la
volonté individuelle, et habitué l'homme à la discipline et
à l'obéissance, je me demande comment le droit eût pu
fonder son empire. Il eût bâti sur du sable. Les maîtres
inhumains qui ont châtié les peuples avec des verges de fer,
ont autant fait pour l'éducation juridique de l'humanité, que
les législateurs les plus sages, qui ont écrit les tables du
droit. Les premiers ont dû exister pour que les seconds
pussent apparaître. La mission de la force, même la plus

brutale, aux temps reculés de la barbarie, fut d'habituer la volonté individuelle à la soumission, et de l'obliger à reconnaître un pouvoir supérieur. Cette discipline établie, le droit put établir son empire : auparavant il eût échoué. Les peuples ont eu la vision nette de cet état de fait. Ils n'avaient pas, pour la force, les mêmes yeux que nous; elle ne leur apparaissait ni monstrueuse ni haïssable ; ils ne lui lançaient aucun anathème : elle leur paraissait nécessaire et inévitable. Ils subissaient son joug : ils comprenaient son pouvoir. Aussi exaltèrent-ils toujours la violence, souvent impitoyable, de leurs gouvernants. C'est qu'ils se rendaient instinctivement compte, qu'en des temps barbares, une main de fer devait ployer les volontés toujours en révolte, pour les amener à concourir à un but commun; que des lions seuls pouvaient dompter des loups; et ils trouvaient tout naturel que les lions mangeassent les moutons et les brebis. Plaçons à cette période de l'humanité des peuples ayant dans le cœur notre sentiment du droit et de la fraternité humaine, et nous ne comprendrons plus les atrocités que l'histoire enregistre au compte de leurs despotes. Mais les choses s'expliquent, parce que la conscience de ces horreurs, que nous leur supposons gratuitement, leur échappait, et qu'ainsi tout l'odieux s'en effaçait. L'homme n'y voyait que l'action des forces naturelles; il n'en ressentait que le mal physique qu'elles causaient, sans éprouver le déchirement moral qui nous rend si effrayant le récit de ces cruautés.

En fait, donc, la force a joué, dans la fondation de l'ordre social, un rôle autre que celui qu'elle remplit dans l'état de droit organisé, et sa mission aussi, alors, était autre. Et les peuples eux-mêmes l'ont jugée à un point de vue tout différent. J'insiste sur ce point : il est d'une vérité générale pour l'histoire de la moralité dans le monde. Il combat victorieusement l'erreur historique dans laquelle tombent tous ceux qui professent une opinion opposée;

mieux encore, il lave la Providence du reproche d'abandon *moral* que lui impute cette opinion. L'humanité a dû subir la force, celle-ci seule pouvait atteindre le but alors en vue : briser la révolte de la volonté individuelle, façonner son éducation pour la vie sociale. Elle a eu l'intelligence de son époque, comme nous avons celle de la nôtre. Notre conception actuelle de la force, notre aversion pour elle, auraient paru incompréhensibles à l'homme des temps anciens; il n'y aurait vu que faiblesse et lâcheté; mais s'il n'aurait pu nous comprendre, lui, il est en notre pouvoir, et de notre devoir, de nous rendre compte de sa manière de voir. Il s'en faut que nous ayons cette science; on l'a bien vu par ce qui précède. La conception régnante du droit s'attache trop exclusivement à son contenu idéal, elle a le tort de mettre trop en oubli l'élément réel de l'énergie personnelle. J'ai déjà combattu plus d'une fois ce défaut de jugement [62]. Pour elle, l'idéal du droit est représenté par une horloge marchant son cours réglé, et qu'aucune main ne vient déranger. Il s'en faut de beaucoup, on l'a vu, que la réalité historique réponde à cette image. Le droit a besoin du concours de la force effective. Il en a besoin pour sa *réalisation* concrète — lorsque les institutions protectrices restent en défaut, l'ayant droit doit combattre avec ses propres forces (légitime défense, cas autorisés de justice privée, guerre). Il en a besoin pour sa *formation* abstraite — le droit ne *se reconnait* pas comme la vérité, il s'établit par la *lutte des intérêts*, non par la vertu de raisonnements et de déductions,

---

(62) D'abord à l'occasion de l'histoire du développement du droit romain, dans mon *Esprit du D. R.*, Tome I § 10 (Fondation des droits par l'énergie personnelle) et à d'autres endroits du même ouvrage p. ex. T. II § 29, 40, puis dans ma *Lutte pour le droit* (Trad. fr. PARIS, 1890). C'est au droit romain que je dois, pour ma part, l'intelligence de l'importance et de la légitimité de l'énergie effective en droit; aucun autre droit ne la montre aussi invinciblement que ce droit du peuple le plus énergique du monde.

mais par l'action et l'énergie du vouloir général. Avec le temps, la force effective peut bien revêtir, de plus en plus, des formes qui s'harmonisent avec l'ordre juridique; mais même dans l'état du droit organisé, il peut se présenter des circonstances où elle se refuse à obéir au droit. Elle agit alors comme force nue, soit du pouvoir public (coup d'état), soit du peuple (révolutions), et elle accomplit alors la même œuvre qu'au début de la formation des sociétés : elle *dicte le droit*.

Nous allons maintenant suivre la force dans cette édifica-tion des assises primordiales de l'ordre social. L'histoire ne nous apprend rien sur ces premières origines; elle ne peut nous servir de guide, et nous nous baserons uniquement sur la notion de finalité. Nous montrerons que les buts de l'exis-tence humaine ne se réalisent que grâce à la force. Nous supposons donc l'homme livré tout d'abord à sa seule énergie personnelle, nous le mettons en présence des buts de son existence individuelle, à mesure que ceux-ci se révèlent. Nous constaterons l'impuissance de la force individuelle non réglée, et nous nous élèverons enfin à la conception de la force organisée sous la forme de l'Etat. Nous remonte-rons ainsi de l'individu vers l'État et le Droit.

3. La contrainte propulsive du droit — la personne, le patrimoine.

Sommaire : 119. Défense légitime de la personnalité. — 120. Défense légitime du patrimoine.

119. Défense légitime de la personnalité. — Dans la per-sonnalité, se révèle la première application de la force nécessitée par le but de l'existence humaine. Menacé dans son existence, dans son corps, dans sa vie, par une attaque du dehors, l'individu se met en état de défense, il repousse la force par la force (contrainte propulsive). La nature, qui a créé l'homme, qui l'a doué de l'instinct de la conservation, a voulu elle-même cette lutte ; tout être créé par elle, doit se maintenir par sa propre énergie, l'animal aussi bien que l'homme. Pur fait physique chez l'animal, cet acte revêt pour l'homme un caractère moral. L'homme non-seulement se défend, mais il sent qu'il peut et doit se défendre. C'est la *légitime défense*. Elle constitue un droit et un devoir : elle est un droit en tant que le sujet existe pour lui-même, elle est un devoir en tant qu'il existe pour le monde. C'est pourquoi la notion de la légitime défense ne s'applique qu'à l'homme, l'animal n'ayant pas conscience de son existence pour lui-même et pour le monde. Refuser à l'homme le droit de légitime défense, y mettre des entraves, c'est le ravaler au dessous de l'animal [63].

120. Défense légitime du patrimoine. — Cette protection que l'individu se doit à lui-même, ne vise pas seulement ce qu'il *est*, mais aussi ce qu'il *a* ; car avoir, c'est être plus complètement (p. 48). Légitime défense *de soi* est une expression juste. En protégeant son avoir, l'individu se protège lui-même : il défend son *moi*, élargi dans la sphère de ses biens.

L'avoir, se présente, en droit, sous deux aspects : l'avoir de fait (possession), et l'avoir de droit (propriété). La force aussi prend deux formes quand elle s'applique à la défense de l'avoir : elle est *défensive* quand elle veut maintenir l'état de fait de la détention des choses, *offensive* quand elle tend à recouvrer la chose perdue de fait. Le droit de la période civilisée ne reconnaît la légitimité de l'emploi de la force que dans le premier cas. Dans le second, elle renvoie l'ayant droit aux voies judiciaires, et punit sévèrement toute violence privée (*justice privée* par opposition à la *légitime*

---

(63) Et cependant on l'a fait. V. ma *Lutte pour le droit* (trad. fr.) p. 105 ss. Les Romains, avec leur sens droit, enseignent que *vim vi defendere omnes leges omniaque jura permittunt.* L. 45 § 4, ad Leg. Aq. (9.2).

défense). Cette distinction n'existe pas encore pour l'homme
tel que nous le supposons ici, c'est-à-dire, réduit à ses
propres forces, et ne jouissant pas encore de l'aide de
l'État. La contrainte propulsive est son droit dans l'un
comme dans l'autre cas [64]. Que je repousse celui qui veut
s'emparer de ma chose, ou que j'arrache celle-ci à celui qui
s'en est rendu maître, le but de la force sera toujours de
nature propulsive; elle suppose une attitude passive de
l'adversaire par rapport à ce qui est ma chose.

Dira-t-on que pour le droit positif cette extension de la
notion de force est sans importance? Je le concède pour le
droit actuel. Mais au point de vue du développement historique du droit, il n'en est plus de même. Pour ce qui me
concerne, l'analyse logiquement poursuivie de la notion de
la contrainte propulsive, m'a seule donné la perception
claire d'un phénomène de l'ancien droit romain, qu'on
néglige communément, alors qu'il concorde complètement
avec la notion large qui sert de base à la force propulsive.
D'après la théorie moderne, toute appropriation par l'ayant
droit d'une chose possédée par autrui, constituerait un acte
de justice privée. L'ancien peuple romain en jugeait autrement. Cet acte n'avait rien d'anormal pour lui, il lui
paraissait tout naturel; et l'idée qui le guidait, était précisément celle de la force propulsive dont la conséquence
directe était la légitimité juridique de l'acte. C'est ainsi
que s'explique le caractère de la protection de la possession
et de la propriété dans l'ancien droit romain. Le possesseur
est autorisé à employer la force, tant contre celui auquel il
a momentanément consenti la possession juridique ou de
fait, que contre celui qui l'en a privé malgré lui. Pour
les Romains, et c'est là le point décisif, ce n'était pas là
recouvrer une possession perdue, mais maintenir une pos-

---

[64] Démontré pour l'ancien droit romain dans mon *Esprit du D. R.*,
I, § 10.

session existante(65). L'ancienne procédure de revendication autorisait également le demandeur qui obtenait gain de cause à s'emparer de force de l'objet du litige. Le jugement n'y visait pas, comme dans la procédure postérieure, une prestation imposée au défendeur, mais il reconnaissait l'existence du droit de propriété du demandeur. La conséquence pratique s'imposait : le demandeur récupérait son droit en expulsant le défendeur. Ce dernier n'avait pas à bouger : son absence ou sa mort n'empêchaient pas l'effet du jugement de revendication, tandis qu'il en était autrement dans la réalisation d'un droit personnel, puisqu'il fallait dans ce cas un acte de la part du condamné.

4. La contrainte compulsive : la famille.

121. Défense de la famille. — Dans la personnalité, le sujet apparaît encore concentré en lui-même; avec la propriété, il sort de lui-même et embrasse aussi la chose; aux deux rapports, la force propulsive suffit. Dans la famille et dans le contrat, le sujet noue un rapport de relation avec la personne, permanent dans celle-là, passager dans celui-ci. Ce progrès implique un perfectionnement des moyens de défense; de propulsive, la force devient compulsive. Le chef de maison, qui fonde la famille, doit avoir l'autorité dans sa maison, pour que celle-ci continue. La nature elle-même a tracé les grandes lignes de sa situation. Vis-à-vis de

---

(65) En termes de droit : les *interdicta uti possidetis* et *utrubi* étaient des *interdicta* RETINENDÆ *possessionis*. La fonction récupératoire de ces interdits était une simple conséquence de l'idée de contrainte propulsive comme force tendant à la défense de la chose propre. Les *interdicta unde vi et de precario*, au contraire, étaient des formes de contrainte *compulsive*; ils tendaient à : *restituas*, c'est-à-dire à une prestation positive du défendeur, tandis que tous les interdits tendant à : *vim fieri velo, quo minus*... reposaient sur l'idée de la contrainte propulsive, c'est-à-dire, n'imposaient rien au défendeur, mais interdisaient toute résistance à la justice privée du demandeur.

la femme, sa force physique, et le travail plus ardu qui lui incombe, assurent sa prépondérance ; elle est maintenue à l'égard de ses enfants par leur faiblesse, et par la dépendance sous laquelle ils se trouvent pendant des années, laquelle continue, même dans leur âge plus avancé, à exercer son influence sur les relations établies pendant cette période.

La nature a donc fait elle-même, du lien de famille, un rapport de domination et de subordination. En y soumettant tous les hommes, elle a veillé à ce que nul n'entre dans la société sans avoir appris à connaître cette domination et cette subordination, qui sont la sauvegarde de l'existence de l'État. Pour tout homme, la famille est l'école qui prépare son entrée dans l'Etat ; et chez bien des peuples même, elle a fourni le modèle de l'État (État patriarcal).

Je ne m'étendrai pas plus longuement sur les relations de famille : je n'ai à les examiner ici qu'au point de vue de la force compulsive. La notion du devoir (chap. X), celle de l'amour (chap. XI) nous y ramèneront.

5. La contrainte compulsive : le contrat.

Sommaire : 122. Le contrat. — 123. Force obligatoire de la promesse. — 124. Critique du droit naturel. — 125. Histoire de l'obligation romaine. — 126. Id. Premier degré : l'acte réel bilatéral. — 127. Id. Deuxième degré : l'acte réel unilatéral effectif. — 128. Id. Troisième degré : l'acte réel unilatéral fictif. — 129. Id. Quatrième degré : la promesse bilatérale. — 130. Id. Cinquième degré : la promesse unilatérale (à titre gratuit). — 131. 1. Prestation réelle à titre gratuit. Donation. — 132. 2. Exigibilité de la promesse à titre gratuit. — 133. Influence du christianisme. — 134. *Votum* et *pollicitatio* dans l'antiquité. — 135. Promesse de dot.

122. Le contrat. — La contrainte compulsive n'est pas appelée à sanctionner tous les contrats. Elle ne s'applique ni à la vente ni à l'échange, opérations qui s'accomplissent sur l'heure et qui ne laissent rien à contraindre. On pourrait objecter que l'acheteur doit être protégé dans la possession de la chose, et le vendeur dans la possession du prix. Mais point n'est besoin pour cela de la contrainte compulsive ; la contrainte propulsive suffit. Si les relations du commerce juridique étaient restreintes à cette forme la plus simple de l'échange : l'exécution trait pour trait, la contrainte compulsive serait superflue. Mais tous les contrats ne s'exécutent pas ainsi. Ainsi le prêt, où le prêteur doit exécuter la prestation avant que se fasse la contre-prestation : la restitution du prêt, qui ne s'effectue que postérieurement. Ainsi encore le contrat de louage : que le loyer soit payé avant ou après l'usage fait de la chose, l'une des deux parties doit effectuer sa prestation avant celle de l'autre partie. Il y a donc des contrats qui impliquent nécessairement l'ajournement d'une prestation, par conséquent une promesse.

123. Force obligatoire de la promesse. — La promesse constitue un progrès immense sur la forme primitive du contrat que nous venons de citer. Substituant la simple parole à la prestation immédiate, elle permet aux contractants d'escompter l'avenir. La promesse dégage le contrat des liens du présent ; elle tire sur le futur dans le but de pourvoir au présent.

Mais pour que la promesse remplace la prestation, il faut la certitude que celle-ci sera effectuée, et que la parole sera dégagée. Ce sera l'exécution de la promesse — la parole tenue, la prestation devient réalité. C'est la contrainte qui garantit cette exécution. Le créancier n'accepte la promesse du débiteur qu'à la condition d'être autorisé à exercer la contrainte. L'intérêt de tous les deux y est engagé, car sans cette faculté le créancier ne conclurait pas le contrat, et pour en avoir les avantages, les débiteurs eux-mêmes devraient être les premiers à consentir à l'exigibilité de leurs promesses [67].

---

(67) Il y a ici la même raison législative que celle que fait valoir la L. 24 § 1 de Minor. (4.4) pour les mineurs ; *ne magno incommodo.. afficiantur nemine cum his contrahente et quodammodo commercio eis interdicitur (interdicto?)*

Cette efficacité de la promesse trouve son expression juridique dans la force obligatoire des contrats. Le contrat *lie* le débiteur, celui-ci est *lié* par sa parole, lorsqu'il peut être contraint à y faire honneur, c'est-à-dire, lorsque l'exécution peut rencontrer une sanction dans la force extérieure. L'image sous laquelle, dans la langue latine, se présente la promesse, est celle d'un lien par lequel le créancier tient le débiteur. Le lien est noué (*contrahitur* = *contractus*), dénoué (*solvitur* = *solutio*), le débiteur est lié (*obligation* = être lié au profit d'un autre, de *ob*, c'est-à-dire envers, et *ligare*, lier, et *nexum*, de *nectere* : lier, enchaîner).

La force obligatoire de la promesse n'est pas un élément qui vient s'ajouter à celle-ci, elle résulte de sa fonction pratique même. Si la promesse n'était pas obligatoire, le prêt disparaîtrait du monde des affaires; on ne prêterait plus d'argent qu'à ses amis; disparaîtraient aussi de la liste des contrats, le louage de services et le bail. Quel serait l'insensé qui presterait ses services, ou octroyerait à autrui l'usage de sa chose, s'il n'était assuré de recevoir en retour un salaire ou un loyer? Qui paierait le loyer d'avance, s'il devait s'attendre à ce que la contre-prestation promise vînt à faire défaut? Seuls, l'échange et la vente resteraient possibles, sous la forme gênante de l'exécution immédiate et réciproque.

124. Critique du droit naturel. — Ce caractère pratiquement indispensable de la force obligatoire des contrats laisse à se demander comment la doctrine du droit naturel a pu voir là un problème difficile, que les uns se sont évertués à résoudre, et dont les autres ont désespéré de trouver la solution. Si la question a tourné au problème, c'est que le but : la fonction pratique de la promesse, a été perdu de vue. On a cherché la raison des choses dans la nature de la volonté, non de la volonté qui veut atteindre un but dans le monde, et se sert des moyens propres à y parvenir, en se soumettant aux conséquences de son propre vouloir, mais d'une volonté inconsciente de son vouloir, qui, le contrat conclu, oublie aussitôt que le succès réside dans la permanence de ce vouloir. A n'envisager que la simple action de la volonté de l'individu, on ne peut comprendre, en effet, pourquoi le même homme, qui a voulu aujourd'hui ceci, ne puisse vouloir le contraire demain. Mais cette considération purement psychologique ne s'applique pas à notre question, qui est d'intérêt juridique et pratique. Il ne s'agit pas de savoir ce que la volonté peut en soi, mais ce qu'elle doit vouloir pour atteindre le but auquel elle tend. *Ce but* ne comprend pas indifféremment tout ce qu'elle peut se proposer ; son objectif doit se concilier avec celui des autres volontés se mouvant sur le même terrain social. La question est toute d'opportunité historique. Le moyen-âge admettait la validité de contrats que nous condamnons absolument. Aujourd'hui, et il en sera toujours ainsi, la formule abstraite dans laquelle on voudrait prétendre exprimer toute la théorie de la force obligatoire des contrats, est aussi introuvable que celle de la meilleure des constitutions. Le droit des contrats et les constitutions sont des faits qui relèvent de l'histoire, et dont on ne saisit la signification qu'en les rapprochant de l'histoire, c'est-à-dire, des circonstances et des besoins de l'époque qui les ont vu naître. En abandonnant le terrain solide de l'histoire, pour chercher la solution de la question dans la nature de la volonté subjective, indépendante de la société et de l'histoire, la doctrine du droit naturel s'est fermé tout espoir de trouver la clef de l'énigme : qu'elle affirme, ou qu'elle nie la force obligatoire des contrats, elle est également dans le faux, parce qu'elle se met en contradiction manifeste avec le monde réel. Celui-ci, en effet, ne peut, en cette matière, rien affirmer ni nier absolument : tout dépend des buts en vue au moment présent.

Le droit romain est, je pense, le seul droit qui donne à cette assertion un caractère absolu de vérité. Guidé par le but, le contrat, dans ce droit, s'élève de degré en degré, passant de la forme la plus élémentaire à la forme la plus parfaite, sans sauter aucun degré intermédiaire. On assiste, non plus à un développement historique, mais comme à un épanouissement théorique de la notion du contrat, tant les progrès s'enchaînent. Ceci m'amène à intercaler à cette place l'histoire du développement de l'obligation romaine. Ce sera exposer sous une autre forme ce que j'ai promis d'étudier : la progression théorique interne de la contrainte compulsive dans le contrat. Nous assisterons à la marche parallèle de la théorie et de l'histoire.

125. Histoire de l'obligation romaine. — D'après la conception de l'ancien droit romain, la simple promesse *(pactum nudum)* n'engendre aucune action [68] ; l'idée de la force obligatoire de la promesse est étrangère à l'époque ancienne. L'exigibilité juridique de la promesse, c'est-à-dire l'action, suppose que le créancier ait presté, donné, quelque chose au débiteur. La base de l'obligation du promettant repose sur la prestation *(res)* faite par l'autre partie. Nul ne promet si ce n'est pour obtenir lui-même. Toute promesse contient donc l'engagement de fournir une prestation ultérieure en retour d'une prestation antérieure obtenue, ou juridiquement considérée comme telle. La parole sans la *res* est dépourvue d'efficacité, elle n'oblige pas. Elle n'acquiert force obligatoire que par l'élément substantiel de la *res* possédée en propre.

Telle est l'antique conception romaine. Pendant des siècles, elle a dirigé le développement de l'obligation romaine,

---

(68) L. 7 § 4 de pact. (**2.14**).. *Nuda pactio obligationem non parit.* L. 7 § 5 ib... *regula : ne ex pacto actio nascatur.* PAUL. Sent. Rec. II. 14.1 : .. *ex nudo pacto inter cives Romanos actio non nascitur.*

comme, dès le début, l'atteste le langage. L'étymologie, qui est la conservatrice des idées populaires primitives, nous dépeint ainsi l'obligation romaine.

Le débiteur (*debitor*) est celui qui a quelque chose appartenant à autrui (*de* — *habere* = *debere, debitor*). Le créancier (*creditor*) est celui qui a donné quelque chose (*duere* = *dare, creduere, creditor*). La dette, c'est l'argent donné au débiteur (*aes alienum*). Ces trois notions : débiteur, créancier, dette, d'après leur constitution linguistique, évoquent donc toutes les trois l'idée d'avoir quelque chose venant d'autrui.

A partir de cette conception réaliste, l'obligation romaine se développe, en se dégageant de plus en plus de l'élément substantiel de la *res*, jusqu'à le rejeter complètement et mettre au jour enfin le simple contrat comme tel.

Pour l'intelligence du tableau que je vais tracer des contrats romains, en les rangeant dans leur ordre de succession théorique et historique, je fais la remarque suivante sur les désignations que j'ai adoptées.

J'appelle *contrat réel bilatéral*, celui qui s'accomplit par prestation réciproque et immédiate; *contrat réel unilatéral*, celui où l'une des parties prend les devants pour effectuer sa prestation, et où la contre-prestation n'a pas lieu immédiatement, mais reste à l'état de promesse. J'appelle *contrat promissoire bilatéral*, celui dans lequel aucune des parties n'accomplit immédiatement sa prestation, où elles s'en tiennent de part et d'autre à une simple promesse, et *contrat promissoire unilatéral*, celui dans lequel une partie seulement promet sans que l'autre promette ou effectue une contre-prestation. J'ajoute encore que le contrat réel unilatéral se présente en droit romain sous une double forme : avec prestation antérieure, effective, ou fictive (supposée juridiquement). Nous avons ainsi le tableau des actes obligatoires, qui représente à mes yeux l'échelle historique du développement de l'obligation romaine.

126. Premier degré. — **L'acte réel bilatéral.** — Le contrat d'échange ou de vente, avec exécution immédiate (donnant donnant), représente, tant au point de vue économique que juridique, la forme la plus simple du contrat. L'ancien droit romain ne signale en cette matière que la vente solennelle (la *mancipatio*). L'échange n'y possède pas de forme particulière qui lui soit propre ; la phase de l'échange apparaît déjà terminée dans le droit des contrats.

127. Deuxième degré. — **L'acte réel unilatéral effectif.** — Le prêt solennel, sous forme de *nexum*, est le premier cas avéré d'une obligation tendant à une prestation future. Il est caractérisé par l'exécution personnelle immédiate qui s'y rattache. Nous pourions l'appeler une lettre de change du débiteur, tracée sur lui-même. La force obligatoire du mot que doit prononcer ici, comme partout dans l'ancien droit, celui qui entend faire résulter un droit de l'acte conclu, repose sur le fait d'une prestation préalable de sa part.

A cette forme solennelle du prêt, se rattachent ensuite le prêt sans formes, et dans le cours ultérieur du développement, les autres contrats réels, nommés et innommés. Tous s'en tiennent à l'antique conception romaine, que la parole seule, soit la sienne, soit celle d'autrui, n'oblige pas le débiteur. Il n'est lié que lorsque la parole et la prestation marchent de pair. C'est pourquoi, dans les contrats réels innommés, celui-là seul qui s'est exécuté peut exercer une action ; jusqu'au moment de cette exécution le contrat n'oblige aucune des parties. La prestation réelle peut seule rendre la parole juridiquement efficace.

128. Troisième degré. — **L'acte réel unilatéral fictif.** — Partie de cette base, l'obligation se développe. Elle s'en tient extérieurement à la forme primitive ; en réalité elle s'en dégage. Le *nexum* en offre le premier exemple. L'ancien paiement effectif (pesage), ne devient plus qu'un simple acte apparent. Celui qui en réalité n'avait rien reçu, créait une dette d'argent au moyen d'un prêt fictif, où la dation se bornait à la remise d'une simple pièce d'airain. Le contrat littéral suivit : une somme d'argent y était, de part et d'autre, portée en compte comme *donnée* et *reçue*, sans qu'il fallût de dation réelle. Dans le *nexum*, l'acte réel était remplacé par un acte fictif; ici, c'était une simple reconnaissance qui en tenait lieu. Le même procédé se retrouve dans l'histoire de la lettre de change, où le payement réel est remplacé par la clause de valeur en compte (valeur reçue). Un dernier pas dans cette voie fut accompli par la stipulation. Dans la forme, elle ne manifeste plus aucune apparence d'une prestation antérieure fournie; l'idée semble en être complètement éliminée. Au point de vue juridique, cependant, la prestation exécutée en formait la base. La stipulation est devenue une quittance de valeur reçue, avec promesse d'une prestation personnelle ultérieure. Elle est le dernier vestige de l'ancienne notion de l'obligation romaine, que l'analyse scientifique laisse encore découvrir. L'idée originaire : qu'une obligation de prester ne peut naître qu'à la suite d'une contre-prestation préalable, s'est évanouie si bien qu'elle apparaît comme l'incarnation de la force obligatoire abstraite de la volonté.

129. Quatrième degré. — La promesse bilatérale. — Seuls, les quatre contrats consensuels du droit romain : la vente, le louage, la société, et le mandat, reconnaissent la force obligatoire de la promesse comme telle, sans qu'aucun autre acte matériel, effectif (ou supposé, comme c'était historiquement le cas pour la stipulation), les rattache à une prestation antérieure. Les trois premiers seuls appartiennent à la catégorie des actes promissoires bilatéraux; le mandat est rangé dans celle des promesses unilatérales (v. ci-après). A l'égard des autres formes d'obligations du droit romain, ils forment des cas d'exception, fort limités, empruntés au droit international privé (*jus gentium*). Ils ne permettent donc pas d'affirmer que le principe de la conception antique y ait été vaincu ou éliminé. Le peuple romain, ni la jurisprudence romaine, ne se sont jamais élevés à l'idée que dans le consentement, comme tel, puisse résider une force immanente juridiquement obligatoire. La jurisprudence ne fournit même pas la plus légère indication dont on puisse inférer qu'elle considère cette idée comme répondant réellement à la nature des choses. Loin même d'essayer d'étendre ces quatre cas d'exception, elle les maintient jalousement dans leurs anciennes limites ; les transgresser lui paraît un danger, et elle en donne l'avertissement formel[68].

130. Cinquième degré. — La promesse unilatérale (à titre gratuit). — Nous rencontrons ici le dernier effort, et le plus intéressant peut-être, que le droit romain ait accompli au point de vue de l'exigibilité de la promesse. Jusque là, l'obligation n'a eu comme objectif que les buts de la vie des affaires, c'est-à-dire de l'égoïsme réciproque. Ici, elle se dégage de ce point de vue. Elle s'élève jusqu'à l'idée de la bienveillance et de l'abnégation. En d'autres termes : des contrats à titre onéreux, elle transporte l'exigibilité jusqu'aux contrats libéraux ou de complaisance.

Ceux-ci peuvent, comme les contrats onéreux, revêtir une double forme : prestation immédiate ou promesse. Sous l'un comme sous l'autre aspect, leur objet peut être l'abandon définitif d'une valeur patrimoniale (donation, aumônes), ou la prestation passagère des services d'une chose ou d'une personne.

Nous possédons ainsi le tableau de tous les cas et de toutes les formes des contrats à titre gratuit, et, en même temps, la règle que nous devons appliquer à tout droit

---

(68) L. 7 § 5 de pact. (2.14).. *hoc non valebit,* NE EX PACTO ACTIO NASCATUR, phrase qui se répète quatre fois dans le même texte.

positif. Si je l'applique au droit romain, c'est que je dois pousser jusqu'au bout le développement de la notion de promesse que j'ai esquissée ci-dessus. Mais de plus, il s'agit ici, pour moi, moins du droit romain, que du progrès de la connaissance du droit en général. Je ne m'arrêterai donc pas à la seule promesse à titre gratuit; j'y rattache un examen de la prestation réelle à titre gratuit. Celle-ci mettra celle-là en pleine lumière.

131. Prestation réelle à titre gratuit. — Donation. — La prestation de services à titre gratuit n'a pas d'effets au point de vue juridique ; *comme telle,* elle ne soulève aucune question de droit, et c'est pourquoi la science, avec raison, ne la considère pas comme un principe juridique [69].

Au contraire, l'abandon gratuit de l'usage d'une chose présente un intérêt juridique, en ce sens, qu'il implique l'obligation de restituer. Pour faire valoir celle-ci, le droit romain accorde l'interdit *de precario,* la *condictio certi* dans le prêt sans intérêts, et l'*actio commodati.*

La donation de choses se manifeste en droit par le transfert de la propriété. Ce résultat lui est commun avec l'acte onéreux translatif de propriété; et pour l'expliquer, le juriste n'a pas besoin d'évoquer la notion de donation. En termes de droit : la donation de choses n'appelle l'attention qu'en tant que motif d'un transfert de propriété. La différence entre le transfert de propriété à titre onéreux et à titre gratuit n'est pas d'ordre juridique ; elle est de nature économique. La notion de la donation se confond dans la notion du transfert de propriété. Le droit romain le reconnaît pleinement par rapport à la tradition. La théorie de la tradition ne distingue pas entre l'acte onéreux et l'acte à

---

[69] Il ne peut s'y rattacher des questions de droit que par la survenance de circonstances particulières, par exemple le dol, l'erreur, L. 26 § 12 de cond. ind. (12.6), la *negotiorum gestio.*

titre gratuit. Il en est tout autrement de la *mancipatio* des *res mancipi*, seule forme existante, dans l'ancien droit, pour le transfert de la propriété romaine, c'est-à-dire de la propriété poursuivable par *vindicatio* [70]. La vente seule pouvait, à cette époque, déterminer le propriétaire à transférer sa propriété. Pour l'abandon à titre gratuit d'une *res mancipi*, toute forme faisait défaut dans le droit ancien. L'idée d'une donation n'y trouvait pas son expression juridique. L'ancien Romain ne donnait pas [71]. Celui qui voulait donner, cependant, n'y réussissait qu'en revêtant la donation de la forme d'une *mancipatio* (vente apparente). Celui-là seul pourrait méconnaître l'importance de ce fait, qui ne verrait dans les formes du droit qu'un pur formalisme, et non l'expression d'idées fondamentales. Mais pour celui qui partage mon opinion, la *mancipatio* atteste que le plus ancien droit romain ignore le transfert de propriété à titre gratuit, et ne connaît que le transfert à titre onéreux.

Le droit lui-même contraignit ainsi la donation à se déguiser sous la forme d'un autre acte, à paraître ce qu'elle n'était pas en réalité. Le même fait se représente pour d'autres droits dans la phase primitive de leur développement [72], et cette circonstance donne l'explication du phénomène. La raison n'en réside pas dans l'étroitesse de la forme

---

(70) Je dois réserver la preuve de cette assertion pour un autre endroit (la 2e section de la 3e partie de mon Esprit du D. R.). L'effet de la propriété *romaine* (*dominium ex jure quiritium*) consistait dans la *vindicatio*; celle-ci n'a été transportée aux *res nec mancipi* que plus tard; à l'époque ancienne, la protection de ces dernières se bornait à l'*actio furti*, mais celle-ci s'intentait non-seulement contre le voleur, mais aussi contre le receleur (GAÏUS, III, 186 : *furtum conceptum*).

(71) Ce sont les termes mêmes de POLYBE, Lib. 32.12.9, lorsqu'il rapporte la générosité de P. Scipion envers sa mère : fait inouï à Rome, car dans cette ville nul ne donne librement du sien à autrui.

(72) Par exemple, dans le droit lombard, qui établissait en principe qu'une donation, spécialement une donation pour cause de mort, n'était valable que lorsque le donataire avait remis au donateur un *laungeld*

établie pour le cas le plus important du transfert de la propriété, mais dans l'étroitesse de l'esprit d'égoïsme, qui n'avait pu s'élever à la hauteur de la notion de donation.

Cette antique conception nationale de la donation a influé pendant des siècles sur l'attitude de la législation et de la jurisprudence. En forme de loi, elle se manifeste dans les dispositions restrictives de la *lex Cincia*, et dans la nécessité de l'insinuation, sous l'Empire. Dans la théorie juridique, elle imprime des traces que je mentionnerai plus loin. Même à l'époque classique de la jurisprudence romaine, nous rencontrons une conception de la donation qui révèle l'égoïsme le plus étroit : la donation y apparaît comme une espèce d'échange, où l'on donne pour recevoir un autre don en retour [73]. Pour le testament seul, l'idée de libéralité se fait jour dans le droit. N'en exagérons cependant pas la valeur. La libéralité par acte de dernière volonté est essentiellement différente de la donation entre vifs. Celui qui donne, sacrifie une partie de son avoir, il s'en prive lui-même; le bien qu'il donne par testament, il ne le donne que faute de pouvoir le garder lui-même, ou plus exactement, il ne le donne pas, il le délaisse, c'est-à-dire le laisse après lui, ne pouvant faire autrement. S'il n'en dispose pas, le bien revient

---

(lohngeld = salaire). STOBBE, *Reurecht und Vertragsschluss nach älterm deutschen Recht*. Leipzig, 1876, II, p. 16. Deux autres preuves, que je dois à une communication de M. le professeur EHRENBERG, sont la *manumissio per denarium*, d'après le droit franc, dans laquelle l'esclave à affranchir offrait, pour sa liberté, un denier que le maître (pour attester le caractère purement fictif du paiement) lui arrachait de la main; et l'établissement d'un rapport de dépendance (soit en pleine propriété, soit en dépendance moins étendue, par exemple le vasselage) au moyen d'une contre-prestation apparente (qualifiée de *pretium* dans les sources). D'après le droit turc, la donation, abstraction faite des rapports de parenté, ne devient irrévocable que par contre-donation. v. VON TORNAUW *Das moslemitische Recht*. Leipz., 1855, p. 145.

(73) L. 25 § 11. de her. pet. (5.3)... *ad remunerandum sibi aliquem naturaliter obligaverunt,... velut genus quoddam hoc esse permutationis.*

sans sa coopération à ses héritiers légaux ; le testament lui permet seulement de substituer d'autres personnes à ceux-ci. Pareille générosité n'a qu'une valeur relative. Parfois, la chose n'est pas rare, un Harpagon fieffé, qui de sa vie n'a fait un acte de charité, n'est venu à l'aide d'un parent ni d'un ami, inscrit dans son testament les legs les plus plantureux, et institue les fondations les plus brillantes. Précieuses pour les gratifiés et pour la société, ces largesses n'ont pas la valeur morale d'une donation. Le don que fait la main glacée n'atténue pas la sécheresse du cœur ; le testateur ne paie point de sa propre bourse, il est prodigue de l'argent des héritiers légaux [74]. La main vivante seule communique sa chaleur à la libéralité.

Telle est la libéralité testamentaire dans sa véritable acception. Mais ce chétif vestige de libéralité occupait encore une place trop grande aux yeux des Romains. Elle ne trouvait dans le droit aucune forme propre qui lui permît de se manifester comme telle : elle devait emprunter les formes usuelles des affaires courantes. Aux héritiers, la forme de la *mancipatio*; l'institution d'héritier prit celle d'une vente de la succession ; l'héritier, ou à sa place, un intermédiaire (*familiæ emtor*), achète la succession. — Aux légataires, la forme du legs *per damnationem*, c'est-à-dire la forme rigoureuse des dettes d'argent, de la dette du *nexum*. En résumé : le droit ancien de Rome ne possédait pas une seule forme s'adaptant à la libéralité tant entre vifs que par testament ; pour les faire être, il recourt aux formes habituelles des relations ; pour la donation de choses, il renvoie à la *mancipatio*, pour la promesse de donation, à la *stipulatio* (V. plus loin), pour l'institution d'héritier, à la *mancipatio*, pour le legs, au *nexum*.

132. Exigibilité de la promesse à titre gratuit. —

(74) L. 1 pr. de don. mort. c. (**39**.6) .. *habere se vult, quam eum, cui donat; magisque eum, cui donat, quam heredem suum.*

L'exigibilité de la promesse à titre gratuit n'est pas sur la même ligne que celle de la promesse onéreuse. Celle-ci est une nécessité du commerce juridique, l'autre lui est indifférente. Le législateur peut accueillir ou repousser cette dernière sans que le cours des affaires s'en ressente. Le formalisme juridique, qui s'en tient à la notion abstraite de la promesse, peut seul trouver contradictoire, que le même législateur, qui accorde l'exigibilité à la promesse onéreuse, la refuse à la promesse d'une libéralité.

Le droit romain confirme cette distinction nécessaire entre la promesse à titre gratuit et la promesse onéreuse. Les formes étaient nombreuses, au moyen desquelles il consacrait la première; elles faisaient défaut pour la seconde. La promesse de services gratuits *(mandatum)*[75] offre le premier exemple d'une promesse à titre gratuit revêtue d'effets juridiques. La constatation de la diversité entre les deux promesses s'y montre à toute évidence, diversité voulue en dépit de la notion abstraite de la promesse. Celui qui loue ses services est lié par le contrat; le mandataire qui les preste gratuitement peut, sous certaines conditions, renoncer à sa mission[76]; sa responsabilité est moins rigoureuse par le fait même qu'il accomplit un acte de complaisance. Mais un caractère spécial s'attache à cette complaisance; elle intéresse, par certain côté, la vie des affaires, et c'est précisément cet intérêt d'affaires qui, pour moi, rend l'exigibilité nécessaire

---

(75) Au plus tôt au VII⁰ siècle de Rome (V. De la faute en droit privé. Études compl. de l'Esp. du D. R., I trad. fr..p. 38-39). Un cas tout spécial était contenu dans la **promesse** gratuite de services de la part d'un esclave affranchi, au moment de l'affranchissement par serment; l'exigibilité de celle-ci reposait sur le point de vue de la contre-prestation : la liberté, L. 1 pr. de bon. lib. **(38.1)**. *ad* REMUNERANDUM *tam grande beneficium.* L. 26 § 12 de cond. ind. **(12.6)**.. *natura* DEBET.

(76) § 11 Inst. Mand. **(3.27)**, L. 22 § ult., L. 23-25 Mand. **(17.1)**. De même le séquestre, L. 5 § 2 Dep. **(16.3)** et l'arbitre, L. 9 § 4.5, L. 10. L. 11 pr. L. 15, L. 16 pr. de recept. **(4.8)**.

en cette matière. Même dans les relations purement d'affaires, entretenues, non par un motif de bienveillance mais de simple égoïsme, on peut, par intérêt personnel, pour la continuation des bons rapports, consentir à accepter un mandat à titre gratuit. Ce n'est pas là un service d'ami proprement dit, et celui qui le rend prend dans le monde des affaires, en Allemagne, le nom d'*ami d'affaires* (Geschäftsfreund) ou correspondant. Quand les services à rendre présentaient une importance sérieuse, le Romain donnait ou réclamait un honoraire, et la jurisprudence était si éloignée d'y voir une faute contre l'essence du rapport, qu'en cas de stipulation préalable, elle admettait même la recevabilité de l'*actio mandati* (77).

Je suis d'avis que la promesse de l'abandon temporaire, à titre gratuit, d'une chose ou d'un capital, n'emportait aucune force obligatoire, même lorsqu'elle avait été conclue sous forme de stipulation (78). La promesse de donation seule

---

(77) L. 6 pr. Mand. (**17.**1). *Si remunerandi causa honor intervenit erit mandati actio.* Le caractère d'affaire du mandat, ne saurait être exprimé plus clairement. Un ami ne stipule pas d'honoraires pour un service, et un contrat à titre essentiellement gratuit ne peut donner lieu à une action pour une contre-prestation. Il faut avoir une conception très inexacte des procureurs romains pour croire que c'était par pure bienveillance qu'ils se soumettaient à toutes les peines et difficultés de leurs fonctions. La L. 10 § 7 Mand. (**17.**1) signale expressément l'opposition entre le procureur et l'ami : *qui non* ANIMO PROCURATORIS *intervenit, sed* AFFECTIONEM AMICALEM *promisit.. mandati* NON *teneri*; à comparer la distinction de la L. 42 de neg. gest. (**3.**5) ROGATU.. MANDATU, et pour l'*act. mandati contraria*, dans la L. 1 § 14 Dep. (**16.**3).. SUASERIS.. MANDASTI et L. 2 de prox. (**50.**14) MONSTRAT *magis nomen quam* MANDAT.

(78) Le juge romain ne pouvait condamner à une prestation réelle, mais seulement à des intérêts; en pareil cas cependant il aurait difficilement admis l'*honesta causa* (L. 76 § 1 de furt. **47.**2) et je pourrais ici appliquer la décision de la L. 3 § 4 de usur. (**22.**2) : *non sine rubore desiderabitur.* V. aussi les termes de la L. 14 de prec. (**43.**26) .. *nullo eo nomine actio civilis est, magis enim ad donationes et beneficii causam, quam ad negotii contracti spectat precarii conditio,* et la manière dont, dans la L. 27 de donat. (**39.**5), le juriste maintient debout la concession gratuite d'une habitation dans

avait force obligatoire en droit romain, mais il fallait qu'elle fût conclue sous forme de stipulation; c'est ainsi aussi que la donation de choses, pour les *res mancipi*, devait se faire par *mancipatio*. La forme propre faisait défaut, par la raison que l'acte même était contraire à l'esprit romain. La preuve s'en trouve dans l'exception accordée, dans les deux cas, par la *lex Cincia*, contre un acte à l'abri de toute critique de forme. Nous en concluons que le droit ancien ne connaissait, pour les donations, aucune forme spéciale.

Ce fut sous JUSTINIEN que la promesse de donation fut soustraite à l'accomplissement de toute forme quelconque : la stipulation même y fut délaissée. Il en fit un contrat simple, sans formes *(pactum)*, où la donation se présentait franchement avec son caractère propre. Ainsi, pendant plus de mille ans, le droit romain avait refusé de reconnaître le caractère juridique de la promesse de donation en tant que promesse. Cela démontre bien quelle était sa conception de la donation. Comment JUSTINIEN a-t-il pu rompre avec celle-ci?

133. Influence du christianisme. — Je crois en trouver l'explication dans l'influence des idées chrétiennes[79]. Quelle que soit l'opinion que l'on professe sur l'influence rénovatrice que le christianisme a pu exercer sur le monde romano-byzantin, à l'heure de sa déchéance, il suffit d'un seul regard jeté sur le nombre des fondations pieuses, mentionnées dans les constitutions des Empereurs chrétiens, pour se rendre compte de la profondeur de l'effet moral

---

ce cas particulier : *officium* quadam MERCEDE *remuneratum Regulum*. Du précaire, nous savons que la convention d'une durée déterminée ne devenait pas valable, même par l'exécution, et que le défendeur n'avait aucune exception contre un congé prématuré. L. 12 de prec. **(43.26)** *sed nulla vis est hujus conventionis, ut rem alienam invito domino possidere liceat.*

(79) La constitution dans laquelle il prend cette disposition, rappelle expressément les institutions religieuses. L. 35 § 5 Cod. de donat. **(8.54)** .. *piis actibus vel religiosis personis.*

exercé par la religion nouvelle. Elle a poussé le monde dans la voie de la charité et de la bienfaisance. C'est le christianisme qui a élevé la charité au rang d'un facteur social et important. Elle reçut la belle mission d'adoucir les misères des classes déshéritées — mission sociale à laquelle avait failli le commerce juridique, guidé par le seul égoïsme. La charité fut appelée aussi à aider à la fondation de l'église chrétienne, en fournissant à cet effet les moyens économiques nécessaires. Pour atteindre ce but, le christianisme devait vaincre l'égoïsme dans le droit romain. Et à sa gloire, il l'a vaincu. Grâce à lui, la bienfaisance et l'amour ont reçu droit de cité dans la législation.

134. Votum et pollicitatio dans l'antiquité. — L'antiquité n'a jamais reconnu de force obligatoire à la promesse à titre gratuit, que dans deux cas : celui du *votum*, et celui de la *pollicitatio*, servant l'un et l'autre à la consécration[80] aux Dieux et à la Commune. Mais, même ici, dans sa générosité envers ce qu'il reconnaissait de plus élevé : la divinité et la patrie, le Romain reste fidèle à son égoïsme, et il lui fait sa part. Pour lui, le *votum* n'est autre chose qu'une espèce de contrat réel innommé, conclu avec la divinité; ce n'est pas une pure promesse désintéressée de donation, mais une prestation sous la condition d'une contre-prestation, et sa force obligatoire s'étaie également sur la *res*[81]. La *pollicitatio*, non plus, n'oblige pas à titre de libéralité pure[82]; elle doit être basée sur une *juste cause*, soit que la Commune, de son côté ait accordé, ou doive accorder, quelque

---

(80) Libéralité en faveur d'un *but*, par opposition à celle en faveur d'une *personne* : la donation.

(81) D'après la formule : *do, ut facias* : aidez moi, je vous donnerai ! Cela, à la vérité, n'est dit nulle part expressément, mais résulte avec certitude des nombreuses formules de Brissonius, *de vocibus ac formulis* Lib. I, c. 159 s.; tous les *vota* sont conçus au conditionnel.

(82) L. 1 § 5 de poll. (**50**.12) *qui non ex causa reipublicæ pecuniam pollicentur, liberalitatem perficere non coguntur.*

chose (83), soit qu'un désastre l'ait frappée, soit encore que la promesse, grâce à un commencement d'exécution, ait passé de la simple parole à un état de fait réel.

135. Promesse de dot. — A ces deux cas, j'en ajoute un troisième, mais c'est encore pour reconnaître immédiatement qu'il ne présente qu'une libéralité apparente. Il s'agit de la promesse de dot. Jusque bien avant dans l'époque impériale, la dot se constituait sous la forme d'une *stipulatio*, forme usitée dans les affaires. La dot, par opposition à la donation, est toujours restée une affaire pour les jurisconsultes romains, même quand il s'agit du mari qui la reçoit. Ils justifient cette appréciation, en disant que le mari doit supporter les charges du mariage, et que la dot n'a d'autre but que de lui fournir la part de la femme au paiement de ces charges (84). A côté, il y avait encore, pour certains cas, la promesse unilatérale de dot (*dotis dictio*), c'est-à-dire la même forme que dans les cas du *votum* et de la *pollicitatio*. Mais ici de nouveau, le côté d'affaire vient mettre l'élément de libéralité à l'arrière plan : la *dotis dictio* supposait toujours une dette préexistante (85); c'était encore une fois la *res* qui servait de base à la promesse. L'exigibilité ne fut attachée

---

(83) L. 1 § 1 de poll. (**50**.12) *Si quidam ob honorem promiserit decretum sibi vel decernendum vel ob aliam justam causam, tenebitur ex pollicitatione.* Dans la formation de l'expression *pollicitatio*, le langage a eu en vue les cas de prestation préalable de la part de la commune. *Polliceri* vient de *pole* (puissant, fort), *liceri* (offrir, renchérir); le *pollicitator* est celui qui a fait l'offre la plus élévée à une commune pour une chose (l'honneur) dont elle dispose; c'est donc encore un contrat réel ; *do, ut facias.* L'obligation assumée par l'enchérisseur est même franchement qualifiée comme *aes alienum* par la L. 6 pr. ibid., et comme *quasi debitum* par la L. 3 pr.

(84) De préférence à tous les autres textes, je cite seulement la L. 19 de O. et A. (**44**.7) où la *lucrativa causa* de la dot est expressément repoussée, et le point de vue de la contre-prestation mis en avant.

(85) La *dotis dictio* peut être faite par la femme, son débiteur, son père ULP., VI, 2, c'est-à-dire par des personnes qui sont déjà obligées *civiliter* ou *naturaliter*, et qui partant ne donnent pas.

à la simple promesse de dot, comme telle, qu'à l'époque chrétienne, sous Théodose et Valentinien.

Revenons sur nos pas. Nous avions quitté la voie que nous suivions, pour établir que l'existence de la contrainte compulsive est un fait historique. Nous venons de voir que le mobile de l'obligation n'est pas l'idée abstraite de la volonté, mais le but pratique. Or l'idée de but est toute relative ; sa valeur pratique en droit ne dépend pas de la conception d'un individu isolé, mais de celle de tout un état social existant. Amener la réalisation des buts de la société, est de l'intérêt de tous ; c'est assurer l'existence de tous ; le droit, en leur accordant la forme de l'obligation, ne fait qu'assurer l'existence de la société entière.

Mais nous n'en sommes pas encore à la notion du droit ; nous nous trouvons dans la phase qui précéda son avènement : celle de la contrainte individuelle, nécessaire pour la réalisation et la garantie du maintien des conditions de l'existence sociale. Tout nous mène cependant vers le droit ; il projette son ombre sur tous les buts sociaux, que l'individu, réduit à lui-même, devrait réaliser par ses propres efforts. Chaque but qu'il veut réaliser comme condition de l'existence sociale, ne peut se réaliser que grâce à la contrainte. Celle-ci à son tour appelle le droit pour qu'il l'organise.

6. La régularisation spontanée de la contrainte. — La société.

Sommaire : 136. Organisation sociale de la contrainte. — 137. Comparaison du mécanisme de la société avec celui de l'État.

136. Organisation sociale de la contrainte. — Nous avons essayé jusqu'ici de remonter jusqu'à la raison première de l'existence de la contrainte dans la société civile. Quelle que soit la forme dont l'État la revêt, et quelle que soit la mesure dans laquelle il s'en sert pour réaliser ses buts propres, le premier germe de la contrainte, en tant qu'institution sociale, la première nécessité de son organisation gisent dans l'individu ; — le but d'existence de l'individu ne peut être obtenu sur la terre sans la contrainte. En elle se trouve la racine même du droit : la *force juste*.

A savoir que la contrainte est une nécessité, nous ne sommes guère plus instruits. Ce qu'il nous importe de connaître, c'est l'efficacité de son *résultat*. Que sert au propriétaire ou au créancier, la faculté de réaliser leur droit au moyen de la contrainte, si la force est du côté de leur adversaire? Dans ce cas, ils possèdent une arme à deux tranchants, qui peut les blesser eux-mêmes. L'organisation sociale de la contrainte est toute entière dans cette question : *mettre la prépondérance de la force du côté du droit.*

Il est facile d'esquiver la difficulté, en disant que l'État a accompli cette tâche, et qu'il n'y a plus lieu de rechercher comment. Je ne veux pas troubler la quiétude de ceux qui se contentent de cette explication, mais elle ne peut me satisfaire, si je veux mener ma démonstration jusqu'au bout, et montrer le développement uniforme et continu de la notion de contrainte, dans la société civile, depuis son origine dans l'individu jusqu'à son aboutissement final dans l'État et le Droit. Celui qui, de lui-même, ne se juge pas assez fort pour protéger son droit contre la violence, cherchera un secours étranger, soit au moment même où son droit est en danger, soit dès l'acquisition de ce droit. Les relations internationales nous en fournissent des exemples journaliers, dans l'*alliance* pour le premier cas, dans la *garantie* pour le second. Si ces deux formes rudimentaires, datant des premières origines du droit, se sont conservées dans la vie des peuples, c'est que l'idée du droit n'a reçu dans cette dernière qu'un développement incomplet. Partout

ailleurs où le droit a reçu une organisation parfaite, elles
sont devenues superflues et ont disparu. Elles réalisent le
premier problème du droit : assurer la prépondérance du
droit sur la force. Formes insuffisantes, à la vérité, car
leur résultat est toujours incertain. Celui qui est menacé
cherche des alliés, mais celui qui menace peut en faire
autant. Celui qui rassemblera le plus grand nombre de
partisans sera le plus fort, et ce n'est plus le droit, ce
sera le hasard qui fera le victorieux. La *garantie* vaut
déjà mieux, sans présenter cependant plus de certitude;
l'histoire des peuples l'atteste. Car quelles garanties trouver
contre le garant? Tant que son intérêt marche d'accord avec
celui du garanti, tout danger se trouve écarté; mais quand
les intérêts entrent en lutte, la garantie traverse une épreuve
où trop souvent elle succombe.

Il semblerait que le droit peut trouver là une indication
qui lui permettrait de mettre la force de son côté : ce serait
d'asseoir la garantie sur l'intérêt propre, au moyen de la
réciprocité. L'*alliance offensive et défensive* réaliserait ce but.
Mais ce moyen peut encore manquer son effet, car celui qui
menace peut y recourir de son côté, et ce sera de nouveau
le hasard, non le droit, qui aura le dernier mot : le plus
fort l'emportera.

Telle est la situation pour les dangers du dehors, mais il
en va tout autrement quand il s'agit de l'intérieur. Nous
touchons ici, enfin, au point saillant de l'organisation du
droit. Il réside dans la suprématie de l'intérêt général sur
les intérêts particuliers de l'individu. Quand les intérêts
communs sont menacés, tous les citoyens entrent en lice;
quand il s'agit d'un intérêt particulier, l'individu seul se
lève. A forces égales, la communauté prime l'individu, et elle
sera d'autant plus puissante qu'elle sera plus nombreuse.

**137. Comparaison du mécanisme de la société avec celui
de l'État.** — Ce que nous venons de dire nous dessine

l'organisation sociale de la contrainte : suprématie de la force protégeant les intérêts généraux, sur celle mise au service de l'individu dans son intérêt particulier ; la toute puissance est du côté de la généralité.

En droit privé, la réunion de plusieurs en vue de la poursuite d'un intérêt commun est figurée par la *société*. Quelles que soient du reste les différences qui séparent l'État et la société, la régularisation de la force par l'intérêt est la même pour tous deux. La société contient le prototype de l'État ; elle le reproduit dans tous ses linéaments. En principe, et d'après l'histoire, c'est l'association qui ménage la transition entre la forme non réglée de la force chez l'individu, et la régularisation de la force par l'État. Et cela, non-seulement en ce sens, qu'elle offre le spectacle de la réunion de plusieurs unis dans un but commun, dont la réalisation échapperait à un effort individuel — point dont nous avons déjà constaté l'importance sociale — mais à ce point de vue plus élevé, qu'elle résoud le problème de mettre la prépondérance de la puissance du côté du droit. Elle y réussit, en substituant à la lutte de deux intérêts particuliers, se combattant sans perspective assurée de triomphe pour le droit, l'opposition entre l'intérêt général et l'intérêt particulier[86], ce qui tranche la question. Dans la société, tous les associés se liguent contre celui qui voudrait faire prévaloir ses intérêts accessoires contre l'intérêt commun fixé par le contrat, ou qui se refuserait à l'exécution des obligations qu'il a assumées en vertu de celui-ci ; ils réunissent toutes leurs forces contre celui-là seul. La prépondérance de la puissance se jette *du côté du droit*, et c'est ainsi que l'on peut dire que la société est le mécanisme de *la force se régularisant elle-même, dans la mesure du droit*.

---

(86) *Quod* PRIVATIM *interest* UNIUS *ex sociis... et quod* SOCIETATI *expedit*. L. 65 § 5 pr. soc. (**17**.2).

A ce raisonnement, on pourrait objecter que l'associé isolé pourrait avoir, en certains cas, plus de puissance que tous les autres ensemble; qu'une majorité pourrait se former en vue de poursuivre des intérêts particuliers aux dépens des intérêts sociaux. Mais je réponds que mon raisonnement vise le fonctionnement normal de la société, tel que le tracent son but et sa destination. Dans cet état normal, la société se comporte de la façon que je vante : elle met la puissance au service de l'intérêt commun. Des circonstances anormales peuvent certainement amener les dangers en question. Elle peut obvier au premier par elle-même, en accroissant le nombre de ses membres. Dans une société de dix membres, chaque associé en a neuf contre lui; s'il y a cent membres, ils sont 99 contre un; dans la société de l'État, ils sont des millions qui forment la puissance publique.

Le mot du problème que nous venons d'examiner gît donc dans le fait que l'association est plus puissante que l'individu, et que, partant, lorsqu'elle en arrive à devoir user de cette puissance pour maintenir son droit contre l'individu, la suprématie est toujours à elle, c'est-à-dire au droit.

Ce que je viens d'exposer s'applique à la société du droit privé comme à la société du droit public ou à l'État. Elles sont identiques, en effet, et leurs traits fondamentaux sont les mêmes :

1. La communauté du but.

2. L'existence de normes qui règlent la poursuite de ce but, soit sous forme de contrat, *lex privata*, soit sous forme de loi, *lex publica*.

3. Objet de ces normes : la situation juridique de la communauté et des individus, leurs droits et leurs devoirs.

4. Réalisation de ces normes, malgré la résistance de l'individu, au moyen de la contrainte.

5. Administration, c'est-à-dire, libre poursuite du but par

les moyens mis au service de la société, dans les limites tracées par les normes et tout ce qui s'y rattache : nécessité d'un organe spécial à cet effet, lorsqu'il y a un grand nombre de membres (— conseil d'administration — gouvernement). Distinction entre ceux *par qui* et *pour qui* se fait l'administration (préposés, fonctionnaires — actionnaires, concitoyens, sujets); danger qui peut en résulter dans l'emploi des forces de la société contrairement aux intérêts de celle-ci, et dans l'intérêt personnel des administrateurs, danger aussi redoutable dans la société publique que dans la société privée; et enfin, moyen de protection dans le contrôle exercé sur les administrateurs par la société même (Assemblée générale — Chambres des Représentants). La transition de la société du droit privé à l'État s'opère, en théorie, au moyen d'une formation intermédiaire : la société publique.

7. La société publique.

Sommaire : 138. Sociétés et associations. — 139. Formations mixtes. — 140. L'État.

138. Sociétés et associations. — On appelle public (*populicum, publicum*), ce qui est destiné à tous, au peuple, ce qui est ouvert à tous [87]. L'antithèse de *publicum* est *privatum, proprium (quod proprio est*, c'est-à-dire ce qui est destiné à l'homme privé), ce que chacun a pour soi seul et dont il exclut les autres. Toute l'antithèse se meut autour de la communauté ou de l'exclusivisme du rapport. Elle est la base du droit public et du droit privé. Elle porte même plus loin encore : l'opposition entre une maison privée et un local public ne touche pas au droit; l'une comme l'autre sont dans la propriété privée; mais leur emploi économique

---

[87] L. 1 de loco publ. **(43.7)** .. *ad usum* OMNIUM *pertinet,* L. 1 § 6 de susp. tut. **(26.**10) *quasi* PUBLICAM *esse .. hoc est omnibus* PATERE, § 2 J. de inut. stip. **3.**19 .. *usibus* POPULI.

est différent. L'une sert exclusivement à son propriétaire, l'autre est à la disposition du public.

L'antithèse se représente quant aux sociétés et aux associations. Leur distinction juridique, au point de vue de leur structure, est sans importance quant au but que nous poursuivons. Nous n'avons à les examiner que sous le rapport de la diversité de leur but, qui rend celles-ci accessibles au plus grand nombre, et fait de celles-là des cercles fermés.

La société partage, avec tous les autres rapports du droit privé, le caractère fondamental d'être exclusivement destinée pour ceux qui ont créé le rapport juridique (*Principe d'exclusion*). Comme tout co-propriétaire, chacun des associés possède sa part déterminée dans l'avoir social. Cette part peut être représentée sous forme de fraction. Chacun d'eux est *participant*, et dans la mesure où il l'est, sa part est aussi exclusivement protégée que l'est la propriété entière reposant sur un ayant-droit exclusif. Chaque part constitue en quelque sorte une cellule juridique indépendante. Il en résulte que la démission ou la mort ne font pas perdre à l'associé la part qui lui revient dans la gestion qui a précédé l'un ou l'autre de ces événements.

Dans les associations, la situation est toute autre. La position juridique des membres ne peut s'y traduire sous la forme d'une part déterminée; ils ne sont pas *participants,* ils sont *membres*. Il en résulte qu'au cas de démission ou de décès, ils ont perdu tout droit à la quotité du patrimoine commun qui leur reviendrait d'après le nombre actuel de ceux qui font partie de l'association. L'opposition dans la manière dont la société et l'association profitent à leurs membres, est la reproduction exacte de la distinction existant entre *frui* et *uti*. Le *frui* est divisible, l'*uti* est indivisible. Dans le *frui*, le concours de plusieurs apparaît sous la forme de quote-parts déterminées; chaque part nouvelle rend les autres plus petites, chaque part qui disparaît les rend plus grandes. L'*uti*, au contraire, est exercé en entier par chacun des intéressés. Si les choses s'y prêtent, les chemins publics, par exemple, des milliers d'individus peuvent y participer, sans que l'*uti* d'un seul en soit restreint. *Frui* exprime le rapport de société, *uti* celui de l'association. Lorsque onze sociétaires doivent se partager les fruits ou les revenus d'une chose, là où ils n'étaient auparavant que dix, chacun des dix voit sa part diminuée. Au contraire, de nouvelles affiliations ne diminuent en rien les avantages que l'association offre à ses membres ; loin de là, il en résulte régulièrement plutôt une augmentation, une grande association pouvant procurer plus de satisfactions à ses membres. C'est pourquoi l'association accueille volontiers de nouveaux adeptes ; elle les recherche même, et doit les rechercher, que son but soit limité aux intérêts des divers membres (association d'intérêt particulier) ou qu'il ait en vue la poursuite d'intérêts généraux (association d'intérêt général). En effet, tout recrutement nouveau augmente la richesse et renforce l'élément moral de l'association, ses membres sentent accroître leur foi dans son utilité, sa vitalité, son avenir. Leur esprit de corps se développe en flattant leur vanité, et aiguillonne leur zèle et leur intérêt. Aussi toutes les associations prévoient-elles, dans leurs statuts, l'entrée de membres nouveaux. S'y refuser, serait se condamner à périr. Dans toute association, l'accès reste large ouvert ; on y bat le rappel de nouveaux adhérents : c'est le moyen de gagner en puissance, en considération, en influence. L'*exclusion* est de l'essence de la société, l'*expansion* est la caractéristique de l'association, depuis la plus importante jusqu'à la plus insignifiante [88] : elle est commune à l'État et à

---

(88) Et précisément chez celles qui, dépourvues de buts sérieux, vivent de nullités : de noms, drapeaux, couleurs, présidences, cortèges, réunions, vanité, jalousie, cette tendance produit souvent les résultats les plus

l'Église, aux associations politiques, religieuses, scientifiques, mondaines. — L'État conquiert, l'Église fait du prosélytisme, les associations font de la propagande — les noms diffèrent, les choses restent.

139. Formations mixtes. — Mais il est des associations, et autrefois elles étaient nombreuses, qui, conçues originairement comme associations, et destinées comme telles à s'étendre, se sont transformées en une sorte d'organisme amphibie, tenant le milieu entre l'association et la société. Telles sont les sociétés qui, pour l'exprimer brièvement et juridiquement, donnent à leurs membres, à côté de l'*uti*, un *frui*; par exemple, dans les rapports communaux, certaines parts dans les terres, bois, etc. de la commune. Aussi longtemps que les biens qui font l'objet de cette jouissance sont assez considérables pour que les parts des communistes existants ne soient pas diminuées par la participation de nouveaux arrivants, les premiers n'ont pas de raison de se plaindre. Mais quand les choses viennent à changer, le danger surgit. L'égoïsme alors trouve le biais pour sauver la situation : les anciens membres conservent exclusivement le *frui* pour eux, et n'accordent aux derniers venus que la participation à la jouissance de l'*uti*. De là, dans la même association, deux classes de membres, avec des droits différents, les uns jouissant du droit plein, les autres ne possédant qu'un droit restreint. Le rapport ainsi organisé est humiliant et irritant pour ces derniers. Aussi a-t-il, à toute époque, soulevé les luttes les plus âpres, depuis le temps où le Patricien romain avait exclu le Plébéien de l'*ager*

amusants. Il y a dans l'homme un côté de folie, une *mania sine delirio* qui s'accorde parfaitement avec la santé intellectuelle pour tout le reste : la folie sociétaire ; elle donne des jouets aux grands enfants. En Angleterre, où la tendance à l'association s'est déployée le plus abondamment et le plus sainement, elle semble avoir en même temps produit en grande masse ces réjouissantes excroissances, comme l'atteste le charmant persiflage de Dickens, dans son *Pickwick*.

publicus, jusqu'à nos jours. Il contient du reste une contradiction intrinsèque, et constitue un ambigu de société et d'association. Or, l'opposition entre les deux est irréductible, et les deux institutions doivent se combattre sans trève, jusqu'à ce qu'enfin l'association l'emporte.

140. L'État. — Avec l'association, nous atteignons au niveau de l'État. Dans sa forme, l'État reste placé sur la même ligne que toutes les autres associations, quelles que soient au surplus, et abstraction faite de l'Église, la supériorité de sa destination sociale et la richesse croissante de son développement. Lorsque, ajoutant aux éléments que déjà la société partage avec l'État, l'association y comprend encore celui de la publicité, c'est-à-dire d'être accessible à tous, la dernière différence entre elle et l'État s'efface : l'institution est parfaite, et capable de poursuivre tous les buts de la vie sociale. L'association traduit d'une façon absolue *la forme de l'organisation sociale*. De tous les buts de la vie sociale, il n'en est pas un auquel elle ne puisse s'appliquer, et l'histoire ne nous en découvre pas un qui n'ait été réalisé grâce à elle, à la suite des efforts de l'individu. Si les buts particuliers de l'individu ne peuvent être réalisés qu'au moyen du droit privé, les intérêts sociaux ne sauraient l'être que par l'association. Les rapports juridiques qui concernent l'individu, sont nécessairement exclusifs, concentrés en lui-même, et fermés à tous autres; ceux de la communauté sociale sont ouverts de toutes parts, et accessibles à tous les individus capables de coopérer à la réalisation des buts sociaux.

L'association appartient au droit public, ou, pour parler plus exactement, celui-ci s'y adapte entièrement, comme le droit privé s'adapte à l'individu. C'est chose arbitraire, à mon sens, de restreindre la notion du droit public à l'État et à l'Église. L'un et l'autre, il est vrai, embrassent à tel point toutes les contingences de la vie, que toute autre association semble un infiniment petit dans l'organisation sociale. Mais il n'en reste pas moins vrai que l'État et l'Église ne sont, au fond, que des associations d'intérêt général. La différence des unes et des autres ne réside pas dans leur construction, leur mécanisme juridique, ou leur forme, mais dans leur fonction, leur but, ou leur contenu. Que l'État — et j'entends ici aussi la Commune — ait, en se développant, absorbé peu à peu presque tout ce qui constitue la vie sociale, il reste vrai, non-seulement qu'à l'aurore de l'histoire, sa mission était relativement modeste, et se limitait au fond au maintien de la sûreté intérieure et de la paix extérieure, mais en outre, que de nouveaux buts, étrangers à l'État, surgissent chaque jour, et se poursuivent par l'association, jusqu'à ce que, devenus mûrs pour la vie sociale, ils viennent s'amalgamer et se fondre dans le grand réservoir de l'État. Affaire privée autrefois, d'association ensuite, l'enseignement, aujourd'hui, est devenu institution d'État. Telle fut aussi, et telle est devenue, la bienfaisance publique. *Individu, Association, État,* telle est la gradation historique par où s'élèvent les institutions sociales. L'individu démèle d'abord le but social, l'association le reprend, l'État s'en empare quand il a acquis toute sa matûrité. S'il est permis de conclure du passé à l'avenir, il viendra un moment où l'État aura absorbé tous les buts sociaux. L'association est l'avant-coureur de l'État; toutes les associations d'intérêt général se fondent finalement dans l'État; ce n'est qu'une question de temps.

8. L'État. Séparation avec la société.

Sommaire : 141. Organisation sociale de la contrainte.

141. Organisation sociale de la contrainte. — Après bien des circuits, nous avons enfin rencontré la dernière forme de l'emploi de la force pour les buts humains, l'organisation sociale de la contrainte, en un mot l'État. Nous aurions pu nous faciliter la tâche, en nous emparant de suite de l'idée de la contrainte sociale réalisée dans l'État. Mais il nous fallait démontrer que le droit ne peut accomplir sa mission tant qu'il ne repose pas sur l'État. C'est dans l'État seulement que le droit trouve la condition de son existence : la suprématie sur la force. Mais ce n'est qu'à l'intérieur de l'État, que le droit atteint ce but. A l'extérieur, dans le conflit des États entre eux, la force se dresse devant lui en ennemie aussi puissante qu'avant son apparition historique dans les relations d'individu à individu. Dans cette région, la question du droit devient, en fait, une question de supériorité de forces.

A la question du début : comment la Société accomplit-elle sa mission, j'ai répondu au chap. VII : au moyen du *salaire* d'abord, et j'ai ajouté, au chap. VIII : par la *contrainte*, ensuite. L'organisation sociale de la contrainte constitue l'avènement de l'État et du Droit. L'État, c'est la Société devenue détentrice de la force réglée et disciplinée de la contrainte. Le Droit est l'ensemble des principes qui forment cette discipline. Cette formule ne donne pas l'essence toute entière du droit. Je l'ai constaté, en montrant comment, dans le cours de son développement, l'État adopte sans cesse des buts nouveaux et qui lui étaient étrangers auparavant. Mais si divers et si nombreux que soient les buts que l'État s'est chargé, et se chargera encore, de réaliser, il en est un qui domine tous les autres, que l'État a toujours eu en vue, auquel même il doit d'être, et qui s'imposera toujours à lui. C'est le *but juridique :* former le droit, assurer son empire, cette mission de l'État met tout le reste de son œuvre à l'arrière plan. Ses diverses autres tâches ne surgissent que lorsque celle-ci est accomplie, et il ne peut les entreprendre qu'alors. L'administration du droit est la fonction primordiale de l'État.

Ceci nous ramène au rapport existant entre l'État et la Société. Je crois ne pouvoir mieux l'exprimer qu'en ces termes : l'État, c'est la Société qui use de son pouvoir de contrainte; pour exercer ce pouvoir, elle prend la forme de l'État. L'État est donc la forme de l'exercice réglé et assuré de la force de contrainte sociale, bref : c'est *l'organisation de la contrainte sociale*. A première vue, il semble résulter de là que l'État et la Société doivent se confondre, et de même que celle-ci embrasse l'humanité entière, l'État devrait aussi régir l'univers entier. Mais son empire est plus restreint. La Société est universelle. Le territoire circonscrit géographiquement l'action de l'État; sa souveraineté ne passe pas la frontière.

L'établissement de la contrainte sociale marque le point où l'État et la Société se séparent. L'État cède le pas à la Société qui, elle, ne connaît pas de bornes sur la terre. Mais, comme s'il avait là l'intuition d'une espèce d'infériorité, l'État tend sans cesse à étendre ses limites. L'histoire nous l'apprend: la communauté la plus puissante absorbe toujours la plus faible, et lorsque les plus petites ont disparu pour ne laisser place qu'aux plus grandes, celles-ci se livrent bataille jusqu'à ce qu'à leur tour elles se soient fondues en des États plus puissants. Ainsi, le format de l'État s'accroît toujours; de l'in-12 des petites communes de l'antiquité classique, il s'élève à l'in-8°, pour atteindre ensuite l'in-4°, et finir par l'in-folio. Chaque accroissement raie de la carte autant de communautés auparavant indépendantes. C'est un reproche qu'on peut adresser à l'histoire : dans la vie des peuples, elle ne veut pas tolérer l'existence des petits; ceux-ci doivent faire place aux grands, s'ils ne savent pas devenir grands eux-mêmes. Certes, on peut s'apitoyer sur le sort des générations destinées à subir de pareilles catastrophes — mais l'histoire a conscience des revers qu'elle leur inflige; elle soigne pour que le malheur d'une génération profite aux générations suivantes, et souvent, déjà, la bénédiction du petit-fils efface la malédiction de l'aïeul.

La tendance des États vers leur expansion, c'est-à-dire la conquête, est la protestation de la Société contre les bornes territoriales qui lui sont imposées par l'organisation de la contrainte sociale. L'humanité ne nous présente aucune époque, où un peuple, dans la plénitude de sa vigueur, n'ait sacrifié à cette tendance. L'avenir la détruira-t-elle? Qui oserait en répondre? Si le court passé de l'humanité — il est court, eût-il cent mille années d'existence — si ce court passé permet de conclure à l'éternité ouverte devant elle, l'avenir semble réserver à la race humaine de voir l'État se rapprocher de plus en plus de l'image de la Société. Ajoutons cependant que l'idée d'un État universel, embrassant l'univers entier, sous la forme d'un pouvoir unique absorbant et régissant, comme des provinces, tous les États particuliers, ne nous apparaît que comme une utopie de philosophe. Le penseur peut mener ses idées jusque dans leurs dernières conséquences. L'humanité l'a moins aisé à pousser les faits aussi loin.

L'organisation de la contrainte sociale se présente sous deux faces : l'établissement du mécanisme extérieur de la force, et celui des principes qui en règlent l'usage. Le *pouvoir public* accomplit l'un, le *droit* l'autre. Ces deux notions se complètent l'une l'autre; le pouvoir public doit recourir au droit, le droit a besoin de l'assistance du pouvoir public.

9. Le pouvoir public.

142. Nécessité de la suprématie du pouvoir public. — De par le but même de l'État, il est de nécessité absolue que le pouvoir public détienne la puissance suprême, et que

nul autre pouvoir ne soit placé au dessus de lui. Il doit tout
dominer, l'individu et les masses. La *souveraineté* doit être
l'apanage de l'État; il doit être *au dessus* de tout *(supra,
supranus, sovrano)*. Il possède l'autorité, et commande la
soumission *(subditus,* sujétion). L'impuissance, la faiblesse
du pouvoir public, sont la négation de l'État même, car un
pouvoir public sans *pouvoir* est chose qui ne se comprend pas.
Toutes les tyrannies du pouvoir, les peuples les ont suppor-
tées : ils se sont courbés sous les fléaux d'Attila, comme sous
les folies des Césars romains; ils se sont agenouillés devant
des despotes, en chantant leurs louanges, et les proclamant
des héros, comme aveuglés par la majesté de leur force
brutale, qui, comme la tempête, renversait tout devant elle;
et ils ont oublié, et pardonné, qu'ils étaient eux-mêmes
les victimes de ces fureurs (p. 171). Mais le despotisme le
plus effréné donne encore l'image d'un État; il est encore
un mécanisme de la force sociale. L'*anarchie*, non ! car cela
c'est l'impuissance du pouvoir public, c'est un état antisocial,
la décomposition, la dissolution de la Société. Qui y met
fin, n'importe comment, par le fer ou le feu, n'importe
qui : usurpateur ou conquérant, a bien mérité de la Société;
il en est le sauveur, le bienfaiteur; car toute forme
d'État, si détestable qu'elle puisse être, est encore préférable à l'absence complète d'organisation sociale. Quand
l'état social a été bouleversé et désorganisé, il faut une
main de fer pour ramener dans le peuple l'habitude de
la discipline et de l'obéissance. C'est le despotisme qui
opère la transition, en opposant à l'arbitraire de l'anarchie, l'arbitraire du pouvoir public. Lorsque, dans la
tourmente des guerres civiles, eut sombré la discipline
romaine, alors, pour réinstaurer le pouvoir public, et
lui rendre ses droits, apparurent les Césars romains, et
avec eux le terrorisme monta sur le trône. Les atrocités
qu'ils commirent, c'était la sanglante orgie du pouvoir

public célébrant son triomphe; elle ne cessa que lorsque l'ordre fut rétabli.

Une *révolution* n'est pas l'anarchie. Comme celle-ci, elle constitue bien un trouble de l'ordre public, mais ce qui l'en différencie foncièrement, c'est qu'elle en veut, non à l'ordre *en général,* mais seulement à l'ordre des choses *existant.* Si elle réussit, c'est une *révolution;* si elle échoue, c'est une *révolte,* une *insurrection.* Le succès, c'est la condamnation du pouvoir public, la défaite, c'est la condamnation du mouvement lui-même.

Ces explications ont établi la nécessité de la suprématie de la puissance publique dans l'État. Mais elles ne découvrent pas comment cette suprématie s'établit. C'est ce que nous allons tâcher maintenant d'élucider. A première vue, il paraîtrait qu'il suffit d'invoquer le principe énoncé ci-dessus : que le pouvoir de la généralité est plus puissant que le pouvoir de l'individu. C'est sur ce principe que s'appuie, dans les réunions d'associés, la garantie de l'intérêt commun placé en regard de l'intérêt individuel. Dans l'État, même opposition des intérêts et des forces qui les servent : le but de l'État, d'un côté (ce sont les intérêts de la généralité), et pour sa défense, le pouvoir public (la puissance de tous); de l'autre côté, l'intérêt particulier trouvant son appui dans la force privée. Mais la logique de cette opposition entre la puissance de tous et la force individuelle, n'est juste que lorsque c'est un individu ou une minorité qui fait échec à la puissance de tous; elle ne l'est plus lorsque c'est une majorité qui se dresse à l'encontre de la puissance publique. Dans ce dernier cas, en effet, si le nombre seul décidait du pouvoir dans l'État, la suprématie serait nécessairement de son côté, et le pouvoir public serait à jamais impuissant devant toute majorité. Mais l'expérience de tous les temps nous apprend que le pouvoir public peut avoir raison de l'opposition de toute une population. Le nombre seul, donc, n'est pas tout, sinon la force de l'État devrait toujours résider dans la majorité du moment, et le pouvoir public serait dans un état de perpétuelle indécision. Grâce à Dieu, il n'en est pas ainsi. Deux autres facteurs assurent la stabilité de la puissance de l'État contre les vicissitudes du nombre; ce sont : l'organisation de la force entre les mains du pouvoir public, et la puissance morale de l'idée d'État.

143. Organisation de la force entre les mains du pouvoir public. — Le pouvoir public, dans son essence, n'est autre chose qu'un quantum de la puissance physique, intellectuelle, économique, de la généralité, mise au service de certains buts sociaux. Pas n'est besoin de dire que cette puissance est toujours moindre que celle qui réside dans la masse. Quantitativement donc, le détenteur naturel de la force, le peuple, est toujours supérieur au détenteur conventionnel, l'État. Mais le rapport est essentiellement renversé par ce fait, que la force ne réside qu'en substance dans le peuple, tandis que dans l'État elle est organisée. La supériorité de l'homme prêt au combat, armé seulement d'un glaive, mais celui-ci bien affilé, sur l'adversaire qui a des armes nombreuses, mais émoussées ou dispersées, et dont il ignore le maniement, donne l'image de la suprématie de la force organisée de l'État sur la force brute des masses.

Le rôle de l'État se trouve ainsi tracé de lui-même : il consiste à organiser ses forces d'une manière aussi parfaite que possible, et à empêcher une organisation menaçante de la force populaire. Cette faculté d'organisation, qui est l'art de l'État, a sa technique comme tout autre art, et comporte même de la virtuosité, selon que l'État a plus ou moins perfectionné la technique de son art. Cette technique a cependant en dessus d'elle le but auquel elle doit servir. Rien ne saurait mieux mettre sa valeur en relief, que l'histoire de Rome, ainsi que l'étude comparée de l'ancien Empire germanique et de l'un des États allemands modernes qui, mieux que tout autre, a su compenser la faiblesse de sa puissance par une organisation modèle : j'ai nommé la Prusse.

Tel est le côté positif du problème. Le côté négatif consiste dans l'empêchement d'une organisation d'éléments ennemis, constituant une menace pour l'État; or, cette organisation se traduit sous forme d'associations. L'État aura donc à veiller à la constitution, et à régler soigneusement la surveillance administrative, du régime des associations. Les moyens d'action des associations sont les mêmes que ceux de l'État; leur accumulation est illimitée. L'association peut être plus riche que l'État, et si elle s'étend au-delà des limites du territoire, elle peut compter plus de membres. Si l'on y ajoute que l'association, pour réaliser ses buts, a recours au même mécanisme que l'État, il en résulte qu'elle n'est que plus menaçante pour lui. Si elle prend le parti de l'État, elle concourra puissamment à la réalisation des buts sociaux; si elle veut le combattre, elle devient son plus dangereux ennemi.

144. Le droit de contrainte, monopole absolu de l'État.— Le droit de contrainte sociale repose entre les mains de l'État seul; il est son monopole absolu. Toute association qui veut poursuivre ses droits contre ses membres au moyen de la force, doit faire appel à l'État, et celui-ci fixe les conditions auxquelles il prête son concours. En d'autres termes: l'État est la source unique du droit, car les normes qui ne peuvent être imposées par celui qui les établit ne sont pas des *règles de droit*. Il n'y a donc pas de droit d'association en dehors de l'autorité de l'État, mais seulement un droit d'association dérivé de l'État. L'État possède ainsi, comme le veut le principe de la puissance souveraine, la suprématie sur toutes les associations de son territoire, et cela s'applique même à l'Église. S'il leur reconnaît, dans la limite de leur sphère d'action, un droit de contrainte, cette concession est un précaire de droit public, qu'il est toujours libre de révoquer, malgré toutes les assurances contraires. Pareils contrats, en effet, sont nuls, et de nulle valeur, comme contraires à l'essence de l'État[88]. L'idée que la seule volonté de l'individu peut conférer à un tiers (particulier ou association), un droit de contrainte sur sa personne, ne mérite pas d'être réfutée. Si elle avait le moindre fondement, le créancier pourrait se faire octroyer le droit de Shylock, l'association pourrait stipuler la confiscation de la fortune du membre dissident, et l'État ne serait que l'exécuteur de pareilles conventions. L'autonomie des individus, comme celle des associations, trouve sa limite dans la surveillance de l'État, guidée par la considération du bien de la Société. Disposant du droit de contrainte, c'est à lui d'apprécier pour quels buts il entend le faire servir.

Comme *deuxième* élément sur lequel repose la suprématie de l'État sur la puissance brute du peuple, j'ai indiqué plus haut (p. 212), la puissance morale de l'idée d'État. J'entends par là tous les motifs psychologiques qui militent en faveur de l'État, lorsque la lutte s'établit entre lui et le peuple : l'intelligence de la nécessité du maintien de l'ordre social, la conscience du droit et de la loi, la crainte du péril pour la personne et la propriété qu'inspire tout trouble de l'ordre, l'effroi de la peine.

Ici se termine notre examen du côté extérieur de l'organisation de la contrainte sociale. Nous allons en étudier le côté intérieur : le droit.

---

(88) On peut en dire ce que le juriste romain, dans la L. 12 de prec. (43.26), disait de la nullité de pareils contrats vis-à-vis de la propriété : *Nulla vis est hujus conventionis, ut rem alienam domino invito possidere liceat.*

10. Le droit. — Nécessité de la contrainte.

Sommaire : 145. L'État seul détenteur du pouvoir de contraindre, et source unique du droit. — **146.** Manque d'organisation de la contrainte : 1° en droit international. — **147.** Id. 2° à l'égard du souverain.

145. L'État seul détenteur du pouvoir de contraindre, et source unique du droit. — Le droit peut, à mon avis, se définir exactement : l'ensemble des normes en vertu desquelles, dans un État, s'exerce la contrainte. Cette définition renferme deux éléments : la *norme*, et la réalisation de celle-ci par la *contrainte*. Les statuts sociaux sanctionnés par la contrainte publique, constituent seuls le droit. Or, nous l'avons vu, l'État est le souverain détenteur de cette contrainte. Les prescriptions revêtues par lui de cette sanction, sont donc seules des normes juridiques. En d'autres termes, *l'État est l'unique source du droit.*

L'autonomie exercée de fait par beaucoup d'associations, à côté de l'État, ne contredit pas à cette assertion. Cette autonomie trouve sa base juridique dans une concession expresse, ou dans la tolérance tacite, de l'État. Elle n'existe pas par elle-même, elle dérive de l'État. C'est là une vérité qui s'applique même à l'Église chrétienne. Celle-ci peut avoir une conception particulière à cet égard, le moyen-âge peut l'avoir reconnue, le *jus canonicum* peut avoir été, pendant mille ans, considéré comme l'unique source du droit, ces considérations, pour la science moderne, n'ont pas plus de valeur, que n'en a, pour l'astronomie, la doctrine de l'Église sur le mouvement solaire, car la science d'aujourd'hui s'est convaincue de l'incompatibilité de cette conception sacerdotale avec l'essence de l'État et du droit.

L'Église cependant, sans faire appel à la puissance extérieure de l'État, peut, par l'ascendant moral du sentiment religieux, soumettre ses fidèles à ses commandements,

Dépourvus de contrainte extérieure, ceux-ci, pour n'être pas, par conséquent, des normes juridiques, n'en font pas moins, pratiquement, la fonction. Mais, à se baser sur ce fait, pour envisager ces commandements comme *droit*, rien n'empêcherait d'en faire autant pour tous règlements d'autres associations, même de celles prohibées par l'État : autant vaudrait parler d'un droit régissant une bande de brigands. Pour le juriste soucieux de rester sur un terrain solide, le seul criterium du droit réside dans la sanction du pouvoir public. Un éducateur éclairé peut être en mesure de remplacer la verge par l'action morale, la louange et la réprimande, mais de ce chef, celles-ci ne deviennent pas des verges. Si la soumission de fait, par tous, à certaines règles des actions humaines, suffisait pour imprimer à ces règles le caractère de droit — et c'est ainsi que l'on a tenté récemment de venir en aide au droit de l'Église — ce même caractère s'attacherait à la morale et aux mœurs. Car tout homme a conscience de la morale et de ses commandements, tout homme se soumet aux mœurs ; et ainsi viendrait à disparaître toute distinction entre le droit, la morale, et les bonnes mœurs. La contrainte exercée par l'État constitue le criterium absolu du droit ; une règle de droit dépourvue de contrainte juridique est un non sens ; c'est un feu qui ne brûle pas, un flambeau qui n'éclaire pas [89]. Et il importe peu que cette contrainte soit exercée par le juge (civil ou criminel), ou par l'autorité administrative. Sont *droit* toutes les normes réalisées de cette façon ;

---

(89) Un de nos juristes les plus connus n'a pas reculé, cependant, devant l'idée monstrueuse d'une règle de droit sans contrainte de droit. PUCHTA (Pandectes § 11 note g) croit : que lorsque la législation abolit le droit coutumier comme source du droit, cela n'a d'autre effet que « de lui enlever son action sur le juge » ; d'après lui, donc, il n'en demeure pas moins comme droit, seulement le juge ne l'applique point ! On pourrait dire tout aussi bien : lorsque le feu est éteint par l'eau, c'est encore du feu, seulement il ne brûle plus. Brûler n'est pas plus essentiel pour le

toutes les autres, rencontrassent-elles, en fait, une obéissance universelle, ne le sont point. Elles ne le deviennent que lorsque l'élément extérieur de la contrainte publique vient s'y ajouter.

146. Manque d'organisation de la contrainte en droit international. — On a souvent objecté que le criterium de l'organisation de la contrainte, aux fins de la réalisation du droit, fait complètement défaut quand il s'agit du *droit international*, et qu'il ne trouve pas d'application à cette autre partie du *droit public,* qui, dans la monarchie absolue ou constitutionnelle, concerne les devoirs du souverain — les limites de ses pouvoirs, comme les devoirs que la constitution lui impose, échappant à toute contrainte.

A ces faits, que répondra la théorie? Devant l'impossibilité de toute contrainte assurée en ces matières, elle peut tout d'abord refuser absolument au droit international et aux dispositions du droit public, le caractère de *règles du droit,* et n'y reconnaître que des commandements et des devoirs moraux. Plusieurs auteurs ont effectivement soutenu cette thèse. Elle est fausse, à mon avis. Elle contredit au *langage* universel, qui range ces normes dans le droit; elle méconnaît leur *essence* qui, dans la langue de tous les peuples, a été parfaitement saisie. Leur violation constitue, non pas une *action immorale* seulement, mais une *violation du droit*, au même titre que toutes les autres prescriptions légales. Méconnues, elles provoquent, comme réaction de fait, la guerre et la révolution. Celles-ci sont les formes de la *justice privée* dans le domaine du *droit public.* Elle rétablit

---

feu, que pour le droit la contrainte de son observation par le juge. Ce qui induisait Puchta en erreur, c'est la possibilité, signalée ci-dessus, de l'observation volontaire de normes dans un certain milieu; si elle était suffisante pour conférer à ces normes le caractère de règles du droit, les règles d'une association prohibée devraient aussi être des normes du droit.

le droit des peuples, dénué de protection, comme elle le faisait, à l'époque primitive, pour le droit des individus, alors, lui aussi, sans protection. Au point de vue du caractère juridique du droit international, il faut, de plus, prendre en considération, que souvent ce sont des puissances tierces qui garantissent, sans y être parties, les conventions de peuple à peuple; ce qui serait un non sens, s'il ne s'agissait que de devoirs moraux; et de plus, que souvent aussi la décision des difficultés internationales est déférée à l'arbitrage d'une tierce puissance; — or le *juge*, et même l'*arbitre*, supposent un *litige juridique*, et l'existence d'un *droit* à appliquer. Le caractère juridique du droit international, aussi bien que des dispositions constitutionnelles concernant le souverain, ne peut faire l'objet d'un doute.

Tandis que cette opinion, pour sauver l'élément de la contrainte attachée à la notion du droit, dénie entièrement le caractère de normes juridiques aux dispositions dont nous parlons, une autre opinion, soucieuse de leur maintenir ce caractère, sacrifie l'élément de la contrainte. Nous avons vu où pareil système peut conduire. Il sacrifie le trait caractéristique des normes du droit, celui qui les différencie des préceptes de la morale et des bonnes mœurs, et envisageant les uns et les autres sous l'aspect général de dispositions universellement acceptées et suivies de fait, il confond le tout en une masse confuse et en un amalgame sans consistance.

Il est une troisième manière de voir que je tiens pour la seule juste. Elle consiste à s'en tenir à la contrainte comme condition essentielle du droit, mais à reconnaître en même temps que, dans le droit international, comme dans les devoirs du souverain, l'*organisation* du droit se heurte à des obstacles invincibles. La contrainte ne s'y adapte plus à la norme juridique; celle-ci, en principe, conserve son caractère;

pratiquement, elle oblige de même, mais la contrainte ne peut la suivre. Lorsqu'elle cherche à réaliser le droit dans la pratique, elle est forcée de s'en tenir à la forme imparfaite qu'elle avait à l'origine : celle de la force brutale et déréglée. Organisée dans les autres matières, en celles-ci, elle en est restée à son point de départ. Mais c'est précisement ici, dans cette justice privée des peuples combattant pour le maintien de leurs droits, que s'affirme l'homogénéité des deux éléments du droit, l'un interne : la norme, l'autre externe : la contrainte. Et celui qui, avec moi, n'hésite pas à faire dater l'existence du droit de ces temps que tous les peuples ont dû traverser : les temps de la défense privée et du *Faustrecht* (90), saura se rendre compte du phénomène dont il s'agit. Dans ces cas, le droit est dans l'impuissance absolue d'organiser la contrainte, son postulat suprême. Pour le droit international, cette organisation exigerait la création d'un tribunal d'appel placé au-dessus des peuples, qui leur dicterait leur droit, possédant le pouvoir et la volonté d'exécuter ses décisions, au besoin par la force. La conception même de la chose en démontre l'impossibilité. Quels États rempliraient cette fonction qui les constituerait les juges de l'univers? Ce fait seul ruinerait l'institution. Et comment faire si les juges eux-mêmes entraient en conflit? Où résiderait le pouvoir central? Il croulerait de lui-même.

147. Manque d'organisation de la contrainte à l'égard du souverain. — Il n'en va pas autrement en droit public. Le détenteur souverain du pouvoir, qui doit contraindre tous ceux qui ont autorité sous lui, ne peut avoir personne au-dessus de lui qui le contraigne. A un moment quelconque du fonctionnement de la contrainte publique, l'état de contrainte doit prendre fin, pour ne laisser place qu'au

---

(90) Point établi pour le droit romain ancien, dans mon *Esprit du D. R.*, T. I §.11.

droit de contrainte[91], comme il faut, d'un autre côté, qu'à un moment donné, le droit de contrainte trouve son terme, et que l'état de contrainte seul reste en scène. Pour tous les autres organes du pouvoir public, l'état de contrainte et le droit de contrainte coïncident. L'impulsion leur est donnée d'en haut, elle se continue en bas, comme dans une horloge, où les rouages s'actionnent les uns les autres. Mais l'horloge ne peut se remonter elle-même ; la main de l'homme doit intervenir. Cette main, dans la constitution monarchique, c'est le souverain; il imprime le mouvement à tout le mécanisme ; seul dans l'État, il use de contrainte, sans pouvoir être contraint lui-même. La constitution a beau restreindre son pouvoir (contreseing et responsabilité des ministres, serment constitutionnel des fonctionnaires, etc.), elle a beau chercher à le lier à l'observation des lois, par la garantie morale du serment de fidélité à la constitution, il est impossible de le soumettre à une *contrainte juridique positive*. Sa place dans l'État est celle du général en chef sur le champ de bataille. Celui-ci ne serait plus le chef, si un autre avait pouvoir sur lui. Le poste le plus élevé n'en comporte pas d'autre au dessus de lui, de même qu'il n'y a plus de degré au dessous du degré inférieur.

Cette impossibilité de contraindre le souverain à l'observance de ses devoirs de droit public, qui imprime son caractère à sa position, se présente du reste pour d'autres fonctions encore, pour celle des jurés, par exemple, qui ont pour devoir de juger selon leur conscience. La conviction, la conscience, échappent à tout contrôle, partant à toute contrainte. La seule garantie de l'accomplissement du devoir du

---

(91) Reconnu exactement par le sens pratique des Romains. Contre les détenteurs du pouvoir public, les magistrats, ils n'autorisaient, tant qu'ils étaient en fonctions, aucune contrainte judiciaire. GELL., XIII, 13 : *Neque vocari, neque. si venire nollet, capi atque prendi salva ipsius magistratus majestate posse.* L. 2 de in jus voc. (2.4). *In jus vocari non oportet .. magistratus, qui* IMPERIUM *habent, qui coercere aliquem possunt et jubere in carcerem duci.*

juré consiste dans le serment. Serait-on autorisé d'en induire qu'il n'y a là qu'une obligation morale? L'institution du jury est une institution juridique au premier chef; l'idée fondamentale en est le *but juridique*, et toutes les autres dispositions qui tendent à réaliser ce but, portent indubitablement le caractère de règles du droit. Le devoir du juré relève donc du droit; il résume l'institution toute entière, au même titre que le devoir du souverain dans la monarchie constitutionnelle, et comme ce dernier, il renferme la conclusion suprême de l'idée de finalité dans cette institution. Seulement, ici aussi, la contrainte n'a pas marché d'accord avec l'idée juridique; non qu'elle fût interdite, mais parce qu'elle s'est trouvée dans l'impuissance de la suivre.

Nous aboutissons ainsi à ce résultat, que dans l'ordre juridique, il est des matières où la contrainte cesse. Si néanmoins, aux normes que la législation leur trace, nous reconnaissons le caractère de *règles du droit*, de *lois*, c'est que l'institution toute entière, dont elles ne forment qu'une faible partie, est de nature *juridique*, et qu'ensuite, d'après l'*intention de la législation*, elles réclament la même soumission sans réserves, que celle assurée à toutes les autres normes par le moyen de la contrainte. Le prince qui viole la constitution, le juré qui condamne ou absout contrairement à sa conscience violent, non la *morale*, mais le *droit;* seulement le droit ne peut les atteindre.

11. Le droit. — La norme.

Sommaire : 148. Définition **:** Impératif abstrait. **— 149.** Normes du droit. **— 150.** Criterium des normes du droit. **— 151.** Leur force obligatoire, immédiate pour l'autorité, médiate pour la personne privée.

148. Définition de la norme : Impératif abstrait. — La norme représente le deuxième élément de la notion du droit (p. 215). Elle contient le côté interne du droit, dont la contrainte est le côté externe.

La norme contient une disposition de nature *pratique,* c'est-à-dire, qui commande aux actions humaines. C'est une *règle* d'après laquelle l'homme doit diriger sa conduite. On peut en dire autant des règles de la grammaire, sauf que celles-ci n'ont pas en vue les *actes* de la vie humaine. Certaines règles de conduite sont aussi fournies par les *maximes* dictées par l'expérience, et qui nous instruisent sur l'opportunité de nos actions. Les normes s'en distinguent, en ce qu'elles sont de nature obligatoire (92). Les maximes nous indiquent la voie à suivre lorsqu'il s'agit d'actes que nous sommes libres d'accomplir ; leur observation dépend de notre libre arbitre. Il en est autrement de la norme. Celle-ci impose à la volonté d'autrui la direction qu'elle doit suivre. Toute norme est un *impératif :* elle ordonne ou défend. Or, un impératif n'a de sens que dans la bouche de celui qui a le pouvoir d'imposer sa volonté à la volonté d'autrui, et de lui tracer sa ligne de conduite. L'impératif suppose une double *volonté;* la nature ne connaît pas d'impératifs. L'impératif peut tracer une façon d'agir dans un cas déterminé, ou prescrire un type d'action pour tous les cas d'une certaine espèce. C'est ce qui nous fait distinguer les impératifs *concrets* et *abstraits.* Ceux-ci sont identiques à la norme. La norme est donc *l'impératif abstrait des actions humaines.*

L'ordre moral du monde est régi par trois espèces d'impératifs abstraits de ce genre : ceux du droit, ceux de la morale, ceux des bonnes mœurs. Le but social constitue leur caractère commun; ils visent tous la Société, non l'individu. Je les appelle, pour cette raison, les *impératifs sociaux.* Pour la morale et les bonnes mœurs, c'est la

---

(92) Le langage les caractérise par l'idée de *lier.* En allemand : *verbindlichkeit,* en latin *obligatio* (de *ligare* = lier), *nexum* dans l'ancien droit romain (de *nectere* = lier), *contrahere* (nouer le lien), *solvere* (le dénouer) *jus* (= ce qui lie, de la racine sanscrite *ju* = lier); V. *Esprit du D. R.,* I, p. 219, 3ᵉ éd.

Société qui les établit et les réalise. Quant à ceux du droit, c'est régulièrement (93) *l'État* qui les établit, et c'est lui seul qui les réalise. Ces derniers possèdent en plus que les autres l'élément de la contrainte extérieure, que le pouvoir public y rattache et qu'il exerce.

149. Normes du droit. — Toute contrainte suppose deux parties : celle qui contraint, celle qui est contrainte. Quelle est celle que contraint la norme de l'État? La question a été surtout soulevée par les criminalistes, au point de vue des lois pénales. Elle a rencontré une triple solution (94) : la contrainte visant le *peuple, le juge, l'État.*

La dernière opinion supposerait qu'il soit possible de s'imposer un impératif à soi-même, ce qui est inconciliable avec la notion qui exige deux volontés opposées, l'une qui domine, l'autre qui se soumet. L'idée qui y a donné lieu trouve son explication dans le devoir incombant à l'État, et reconnu par lui, de poursuivre et de punir le délit. Néanmoins la conception est fausse dans la forme. On peut prendre la ferme résolution d'agir dans tel sens et l'exécuter rigoureusement; on peut s'y obliger même vis-à-vis d'un tiers, sans qu'il y ait lieu de parler d'impératif; — les impératifs à soi-même sont une *contradictio in adjecto.*

Restent donc le peuple et le juge, ou disons l'autorité publique, puisque nous avons en vue le droit entier, y compris le droit administratif et de police. A qui d'entre eux s'adressent les impératifs du droit? Serait-ce peut-être à tous les deux?

Il est bien évident, tout d'abord, que certains impératifs visent exclusivement l'autorité. Les dispositions qui règlent l'organisation, les fonctions, et la compétence des diverses

---

(93) Modification par le droit coutumier en tant que son empire ne soit pas exclu par la législation.

(94) V. pour le surplus : BINDING, *Die Normen und ihre Uebertretung,* T. I, p. 6 et s. Leipzig, 1872.

autorités, ne regardent en rien la personne privée ; et s'il en
est dont l'inobservation peut donner lieu à une réclamation
privée ou à un recours, il en est d'autres dont l'observation
est assurée par la haute surveillance et l'intervention de
l'autorité seule. La contrainte publique, pour réaliser tous
ces impératifs établis par la législation ou par le pouvoir
public (lois, ordonnances), reste confinée à l'intérieur du
mécanisme de l'État. C'est un travail tout interne, sans
action au dehors.

A ces normes purement *internes*, comme je les appelle,
s'opposent les normes *externes*. L'efficacité de celles-ci frappe
la personne privée. L'individu est forcé de les observer,
sous la menace de la contrainte ou d'une peine ; et c'est un
autre individu, ou le pouvoir public, qui le rappellent à
l'ordre. Ces normes externes trouvent donc incontestablement leur fin pratique dans la personne privée ; c'est celle-ci
qui leur obéit, en agissant ou en s'abstenant. Et c'est en ce
sens que nous pouvons dire que ces impératifs s'adressent
au *peuple*.

Il est certain néanmoins, qu'il est maintes dispositions
légales qui, non-seulement dans la forme, mais aussi dans
la réalité des choses[95], n'adressent aucun impératif à la
personne privée, alors cependant que le juge doit les lui
appliquer. Par exemple : en droit civil, les règles contenant
le développement des principes du droit -- les dispositions
relatives à la majorité — celles relatives à l'influence de
l'erreur dans les actes juridiques — à l'interprétation des
lois et des actes juridiques ; — en droit criminel : les dispositions sur l'imputabilité, la légitime défense. Où découvrir
ici la contrainte, ce criterium de toutes les normes du

---

(95) Par cette remarque je vise la possibilité de dépouiller les impératifs de cette forme en les élevant en principes de droit. V. *Esprit du
D. R.*, T. III, § 46.

droit ? Nous sommes ici, semble-t-il, forcés de reconnaître qu'il est des règles du droit qui ne sont pas des impératifs; ce qui ruinerait toute notre définition de la norme du droit, identifiant celle-ci avec un impératif exercé par le pouvoir public.

Mais l'impératif subsiste dans ces cas; il s'adresse au juge, chargé de poursuivre l'application de toutes ces normes. Majorité, minorité, lui disent : traitez le majeur autrement que le mineur, contraignez le majeur à remplir les engagements pris par lui, dispensez-en le mineur; ces mots : erreur, non-imputabilité, signifient : pas de contrainte pour l'exécution du contrat ou de la peine; interprétation signifie : prenez les mots douteux dans tel sens; les règles contenant le développement d'un principe du droit imposent au juge de reconnaître ou de ne pas reconnaître l'existence du contrat ou du délit, et partant de condamner et d'exécuter le jugement selon que les éléments du principe se rencontrent ou font défaut.

Avec le juge, ou plus exactement l'autorité, qui met à exécution les impératifs publics, la contrainte dévoile son absolue vérité pour le droit, et son empire inéluctable.

150. Criterium des normes du droit. — Le criterium de toutes les normes juridiques est leur réalisation par voie de contrainte exercée par l'autorité publique, dont c'est la mission, soit qu'une autorité supérieure contraigne l'autorité inférieure, qu'elle est elle-même contrainte de contraindre, soit que le juge ou l'autorité administrative contraigne la personne privée, soit que, comme dans la monarchie, le souverain seul contraigne, sans être lui-même contraint. A ce point de vue, le droit tout entier apparaît comme le système de la contrainte réalisé par l'État, le mécanisme de la contrainte organisé et mis en œuvre par le pouvoir public. Toutes les normes sans exception rentrent dans cette conception, même celles qui concernent le souverain et les jurés; pour ces derniers eux-mêmes, il est vrai, la contrainte cesse, mais elle reparaît aussitôt qu'il s'agit de l'action qu'ils exercent sur les tiers.

A qui donc s'adressent les impératifs publics? La réponse ne peut être que celle-ci : aux organes du pouvoir auxquels est dévolu l'exercice de la contrainte, depuis le souverain et les plus hautes magistratures, jusqu'aux agents les plus subalternes. — Chaque règle du droit, chaque impératif public, est ainsi caractérisé, qu'un détenteur quelconque du pouvoir public a la charge de le réaliser en pratique. La contrainte à l'égard de la personne privée est un élément secondaire qui ne forme qu'un criterium incertain du droit ; celle qu'exerce une autorité publique quelconque donne seule la vraie caractéristique du droit, en tant que l'impératif réponde aux conditions établies par la constitution.

Tous les commandements de ce genre, concrets ou abstraits, sont *juridiquement* obligatoires pour celui auquel ils s'adressent. S'il ne les observe pas, il viole le droit. Au contraire, toutes les ordonnances du pouvoir public, qu'il soustrait lui-même à cette coercition de la part des autorités, ne sont pas des impératifs de nature juridique. Ce sont de simples déclarations, des avis, des invitations, des vœux, des prières, émanés du pouvoir public, même si elles apparaissent sous une forme abstraite dans la législation, au milieu d'autres dispositions de loi. Dans les codes de l'Orient, par exemple, les prescriptions de nature religieuse ou morale ne sont pas des normes du droit. La circonstance que le pouvoir public édicte une disposition ne donne pas à celle-ci le caractère de norme du droit. Pour qu'il en soit ainsi, il faut que le pouvoir oblige ses organes à les exécuter et les arme de la contrainte extérieure. Ainsi, n'auraient pas ce caractère : un code de morale formulé par l'État, un catéchisme, un programme d'étules élaboré par une commission d'examens, un manuel quelconque publié, sans caractère obligatoire, par un ministre des cultes. Est seule une norme du droit : la disposition dont le pouvoir public a confié la réalisation à ses organes, armés par lui de la contrainte.

Nous pouvons conclure : le caractère distinctif d'une norme du droit ne consiste pas dans l'action *externe* qu'elle exerce sur le peuple, mais dans son autorité *interne* sur les pouvoirs publics, bien autrement importante. A exprimer en termes juridiques la notion de la norme du droit, nous resterons exacts en la définissant, du côté de la forme, en ces termes : elle contient un impératif abstrait adressé aux organes du pouvoir public, et l'effet externe, c'est-à-dire son observation par le peuple, doit, à ce point de vue *purement formel* (non au point de vue *téléologique*), n'être considéré que comme un élément secondaire.

151. Leur force obligatoire, immédiate pour l'autorité, médiate pour la personne privée. — Tous les commandements législatifs sans exception sont adressés *en première ligne* à l'autorité : le code civil, le code pénal, toutes les lois et ordonnances militaires, fiscales, de police, etc., ne font que régler l'exercice du pouvoir public de contrainte. Mais en tant que la personne privée peut, en vue de ses intérêts, réclamer le concours *actif* de ce dernier, ou qu'elle peut *passivement* subir son action, tous ces commandements étendent leur efficacité à la personne privée également : ils l'*autorisent*, l'*obligent*, ils la *lient*. Eu égard à leur but, ces règles du droit regardent la personne privée; il n'en reste pas moins vrai que, *dans la forme*, elles s'adressent exclusivement aux organes du pouvoir public.

Mais tous les impératifs juridiques du pouvoir public ne sont pas des normes du droit. Il y a à distinguer entre les impératifs concrets et abstraits; ces derniers seuls sont des normes du droit. Et parmi ceux-ci, nous devons même encore constater une différenciation qui est capitale pour la réalisation complète de l'idée du droit dans la société. Elle réside dans la valeur obligatoire *unilatérale* ou *bilatérale* de la norme du droit. L'intention du pouvoir public, en formulant la norme, peut n'être que de lier, non lui-même, mais uniquement celui à qui elle s'adresse. Le pouvoir alors se réserve toute liberté d'action. Mais il peut aussi édicter sa disposition avec l'intention de s'y conformer lui-même. Sous cette forme, et sous cette forme seule, le droit acquiert toute sa perfection : une fois établie, la norme est assurée d'une inévitable réalisation.

Nous allons exposer ces trois phases de la gradation de l'impératif public au rang de forme parfaite de la norme du droit.

Première phase.

Le commandement individuel.

Sommaire : 152. Distinction entre les commandements individuels et la loi individuelle. — 153. Privilèges administratifs et législatifs.

152. Distinction entre les commandements individuels et la loi individuelle. — Le commandement, dans sa forme la plus simple, s'adresse à l'individu. La nécessité immédiate, l'impulsion du moment, le provoquent; il apparaît pour disparaître aussitôt; son action porte toute entière sur un cas particulier, s'épuise, et ne laisse pas d'autre trace. Le pouvoir que nous nous imaginons ne disposer que de cette forme du commandement, doit commencer toujours par vouloir lui-même pour mettre en mouvement la volonté d'autrui; celle-ci est comme un instrument inanimé, qui ne vibre que lorsqu'on en joue. Dans cette phase primaire de l'impératif public, le pouvoir est en perpétuel mouvement, exclusivement occupé du moment actuel, et obtenant ce qu'il exige par voie de commandement.

Il n'est pas indispensable que le commandement individuel ne soit adressé qu'à un seul individu. L'appel des miliciens est un commandement individuel, son action est toute momentanée; il ne vaut plus pour l'année suivante. Il importe peu, en principe, que tous ceux qui doivent marcher soient individuellement convoqués, ou soient appelés en masse par la désignation de leur catégorie. Mais il ne suffit pas non plus que le commandement s'adresse à un seul pour en faire un commandement individuel. Le commandement judiciaire ordonnant un paiement, le mandat d'amener, visent une seule personne, mais ce ne sont point des commandements individuels, car ceux-ci n'ont pas leur source dans une volonté *libre, spontanée*, du pouvoir public, provoquée uniquement par le cas qui les motive, mais dans le vouloir *antérieur* et *abstrait* de ce même pouvoir, apparaissant ici dans sa forme concrète : la *loi*. Ce n'est pas la volonté du juge, c'est celle de la loi qui oblige le débiteur à payer, qui envoie le délinquant en prison. Le juge ne fait que remplir le blanc-seing préparé par le législateur; son commandement est *concret*, il n'est pas *individuel*. Le concret trouve son corrélatif dans l'abstrait, l'individuel est son contraire. Conçu dans sa généralité, le concret s'appelle abstrait; réalisé, l'abstrait devient concret. Celui qui use de l'expression : *concret*, entend qu'à la chose isolée ainsi désignée, correspond quelque chose de général qui ne fait qu'apparaître en cette chose; au contraire l'expression : *abstrait* implique l'idée que la chose générale qu'on a en vue peut devenir réelle dans un cas isolé. Mais si l'on désigne une chose comme ayant un caractère individuel, on entend par là, qu'elle n'est point la simple répétition d'un type abstrait, mais qu'elle s'en écarte, au contraire, en quelque point qui lui est propre. Lors donc qu'on applique ce terme aux commandements du pouvoir public, il ne faut considérer comme individuels que ceux qui, dans un cas déterminé, établissent un ordre de choses non prévu abstraitement et rendu nécessaire par la loi, mais reposant sur le vouloir libre et spontané du pouvoir. Il faut donc mettre sur la même ligne les commandements individuels du pouvoir public et les commandements abstraits. Ils trouvent, les uns et les autres, leur source et leur condition dans la même force impulsive du pouvoir public. Il n'y a de différent que leur champ d'application : là, c'est un cas isolé, ici, c'est un rapport permanent, là, le commandement est *individualisé*, ici, il est *généralisé*(96). Le latin a, de bonne heure, su faire la distinction(97), qu'il avait parfaitement conçue.

Lorsque l'État est ainsi constitué que des mains différentes détiennent le pouvoir législatif et le gouvernement, comme dans la république et dans la monarchie constitutionnelle, à l'inverse de ce qui a lieu dans la monarchie absolue, une disposition contraire aux lois existantes ne peut être établie que sous forme de loi. La mesure nouvelle se heurte à un obstacle légal que seul le pouvoir législatif peut écarter.

C'est de là que dérivent la notion de la *loi individuelle*, et la nécessité de celle-ci en droit public. Elle a la même autorité, la même efficacité, que les autres dispositions prises par le gouvernement dans la sphère de ses attribu-

---

(96) Le juriste romain emploie cette dernière expression dans la L. 8 de leg. (1.3) : *Jura non in singulas personas, sed* GENERALITER *constituuntur.*

(97) Déjà à l'époque des XII tables, nous rencontrons l'antithèse des *leges*, par lesquelles le peuple romain édicte une disposition abstraite, et des *privilegia* (*leges in privum hominem latæ*), par lesquels il édicte une disposition individuelle pour ou contre un individu, comme c'était le cas pour les *testamenta in comitiis calatis* et les arrogations. Dans les édits du Préteur, l'antithèse se reproduit sous la forme des *edicta perpetuæ juris dictionis causa proposita* et des *edicta prout res incidit proposita.* Parmi les constitutions impériales, leur division en *constitutiones generales* et *personales* présente au moins une grande analogie.

tions, seulement elle exige l'intervention du pouvoir législatif; c'est bien une loi aussi, non une loi abstraite, mais une loi individuelle, et elle n'est nécessaire que si la mesure proposée est contraire au droit existant. La loi individuelle est édictée CONTRA *legem*, les actes individuels sont SECUNDUM *legem*.

153. Privilèges administratifs et législatifs.— La théorie du droit tient trop peu compte de cette distinction entre la loi individuelle et la disposition individuelle. Bien comprise, elle ne permettrait plus d'affirmer que les privilèges individuels (par ex. les concessions, les droits corporatifs etc.) sont des *lois* individuelles ; ils ne le sont que lorsqu'ils sont *contraires* au droit existant, par exemple, lorsque, dans un cas déterminé, l'ordre de la succession au trône est modifié, ou lorsqu'on prolonge le délai légal de la validité du droit d'auteur ; sinon ils ne le sont pas. Les premiers sont des privilèges *administratifs*, les autres des privilèges *législatifs*; dans une monarchie constitutionnelle, le pouvoir public peut octroyer ceux-là de sa propre autorité, ceux-ci ne peuvent être concédés qu'avec le concours des Chambres. L'expropriation, dans les divers États, se poursuit sous l'une ou l'autre forme. Là où la législation a établi des principes déterminés auxquels le pouvoir public doit se conformer en cette matière (intervention de l'autorité administrative seule, ou concours du juge), l'expropriation n'est qu'un acte isolé d'application de la loi ; il n'y a *loi d'expropriation* qu'en dehors de ces cas.

Le seul intérêt qu'offre pour notre matière le commandement individuel, c'est qu'il représente la phase initiale de la norme. C'est la forme la plus rudimentaire dont s'aide, à son origine, le pouvoir public pour fonder l'ordre. Les Romains y rattachent l'origine de leur communauté [98], et

---

(98) V. par exemple la description du juriste POMPONIUS dans la L. 2

tel est le sens de l'*imperium* romain. C'est le pouvoir public érigé en maître libre et absolu, la personnalité du magistrat mise en opposition avec le pouvoir législatif du peuple — le peuple édicte les commandements abstraits, le détenteur de l'*imperium* édicte les commandements individuels [99]. A cette opposition se lie en grande partie l'histoire du développement politique de Rome; le domaine de l'*imperium* se restreint à mesure que la souveraineté de la *lex* s'agrandit, et ce n'est plus que lorsque la République est menacée que l'*imperium* renaît sous forme de dictature.

DEUXIÈME PHASE.

Norme unilatéralement obligatoire.

Sommaire : 154. Norme abstraite. — 155. Mécanisme interne de la norme. — 156. La norme dans l'état despotique. — 157. L'ordre sous le despotisme. — 158. L'égalité sous le despotisme. — 159. Le droit subjectif sous le despotisme. — 160. Incertitude de la réalisation du droit sous le despotisme.

154. Norme abstraite. — Le commandement individuel nous montre le pouvoir constamment en action; le commandement abstrait ou la norme, nous le montre au repos. Une seule norme remplace des milliers de commandements individuels. Seule la nécessité de veiller à l'observation du commandement reste la même.

---

§ 1 de O. J. (1.2) : *Et quidem initio civitatis nostræ populus sine lege certa, sine jure certo primum agere instituit, omniaque* MANU *a regibus gubernabantur.* V. aussi TACITE, Ann., III, 26.. *nobis Romulus* UT LIBITUM *imperitavit,* et appliqué à tous les peuples, JUSTINUS I, 1 : *populus nullis legibus tenebatur,* ARBITRIA *principum pro legibus erant.*

(99) Telle est aussi l'opposition originaire entre les *judicia legitima* c'est-à-dire les *legis actiones* et les *judicia imperio continentia,* c'est-à-dire la juridiction internationale reposant sur une instruction (*formula*) *individuelle* du Préteur, le prototype de la procédure formulaire du droit nouveau.

La substitution de la norme au commandement individuel ménage les forces du pouvoir et facilite son action. Cet avantage était tel que le changement s'imposait. Dans son propre intérêt, le pouvoir public devait recourir à la forme plus parfaite de l'impératif abstrait — l'égoïsme conduit insensiblement la force dans les voies du droit. Les notions que nous avons à examiner ici sont celles de la *norme*, de la *loi*, et du *droit*.

155. Mécanisme interne de la norme. — Toute norme contient un impératif conditionnel; elle se compose toujours de deux parties intégrantes : un état de fait et un ordre. Elle se traduit dans cette formule : si ... dans ce cas. La première proposition contient le motif et la justification de la seconde. *Si* a toujours le sens de *puisque*; il donne la raison de la disposition prise par le législateur. La règle : si un fils de famille a contracté un emprunt, il n'est pas tenu en vertu de ce contrat, veut dire, dans la pensée du législateur : il y a, dans la condition particulière du fils de famille, une raison d'exclure sa responsabilité à raison de l'emprunt qu'il contracte. La norme s'adresse toujours et sans exception à l'autorité chargée de l'appliquer. Celle-ci doit examiner si les conditions prévues pour son application existent dans l'espèce soumise (question de preuve), et mettre ensuite l'impératif à exécution. Une norme adressée à la seule personne privée, non à l'autorité, est un non sens. Le criterium absolu de toute règle de droit, c'est qu'en fin de compte, elle rencontre toujours une autorité chargée de l'imposer, au besoin par la voie de contrainte. La norme, comme telle, lie celui auquel elle est intimée, mais elle ne lie pas en même temps son auteur. Celui qui édicte la norme, peut aussi l'abolir. Sous ce rapport, c'est-à-dire au point de vue de son autorité abstraite, la norme dépend toujours de la volonté de son auteur; il n'y a pas de loi immuable. Mais la situation de cet auteur est autre vis-à-vis de la norme existante, c'est à-dire par rapport à sa réalisation concrète. Son intention peut être de la maintenir sans y porter atteinte, de la respecter. Dans ce cas la norme est *bilatéralement* obligatoire. C'est la physionomie qu'elle revêt dans l'état juridique bien ordonné : *la souveraineté de la loi.* Si le promoteur de la norme n'a pas voulu l'assurer ainsi contre les fluctuations de sa propre volonté, s'il n'a entendu lier que ceux auquels il l'a imposée, la norme est *unilatéralement* obligatoire.

156. La norme dans l'État despotique. — Tel est l'état du droit dans la période du *despotisme.* Le despote (c'est-à-dire le maître des esclaves, de πoτ, *potestas,* et δέω lier, donc le maître de ceux qui sont liés) n'entend pas se lier lui-même par les normes qu'il promulgue, il se réserve de n'y avoir aucun égard toutes les fois qu'elles viendront à le gêner. Sous un pareil régime, peut-on déjà parler d'un droit? Sans doute, si par droit l'on entend simplement un ensemble de règles imposées par contrainte; non, si l'on considère ce que le droit peut et doit être : l'ordre assuré de la société civile. Mais même dans un pareil état de choses, le droit existe en germe; non pas dans sa forme extérieure : la norme, mais dans sa substance même : les buts qu'il a à réaliser.

157. L'ordre sous le despotisme. — Tel se présente tout d'abord l'*ordre,* c'est-à-dire l'uniformité de l'action sociale. Des actes arbitraires peuvent à tout instant venir à le troubler, mais aussi longtemps que ce trouble n'a pas été causé, l'ordre règne, l'action sociale est soumise à des règles uniformes sanctionnées par la crainte du pouvoir.

158. L'égalité sous le despotisme. — L'*égalité* constitue un autre élément du droit. Elle est en principe contenue dans la norme comme telle, car toute règle abstraite repose sur l'égalité de son application concrète, et si arbitrairement que la loi du despote puisse établir les catégories isolées en vue desquelles il édicte ses dispositions, dans chacune de celles-ci il proclame virtuellement le principe de l'égalité. Il peut violer ce principe dans l'application, mais il n'en reste pas moins vrai, qu'il l'a lui-même proclamé. La norme qu'il foule aux pieds, le condamne lui-même. Là, pour la première fois, apparaît l'élément moral de la norme juridique : la répugnance à se contredire ouvertement, à se condamner soi-même, et l'idée du respect dû à la loi pour elle-même. Du moment où le pouvoir étaie ses commandements sur la loi, il en appelle au droit et dès ce moment la loi s'impose au pouvoir lui-même. L'ordre et l'égalité sont en effet les compagnons inséparables de la loi. D'abord cendrillon du pouvoir, la loi finit par lui parler en maître.

159. Le droit subjectif sous le despotisme. — La notion du droit dans le sens subjectif constitue le troisième et dernier élément réalisé, sinon d'une façon absolue, du moins jusqu'à un certain point, par la norme unilatéralement obligatoire.

L'état de despotisme comporte-t-il pareil droit? Il faut distinguer entre la possibilité de son existence en principe, et sa réalisation pratique, et sous le premier rapport, il y a lieu de considérer, d'un côté, le droit public, et le droit privé de l'autre. En vertu de son principe même, le despotisme exclut la participation du sujet au pouvoir public, tout autant que l'esclavage exclut celle de l'esclave au pouvoir du maître. — Le despotisme ignore le *droit des citoyens*. Mais il peut parfaitement protéger les rapports juridiques des sujets entre eux, et cette protection lui est même commandée par l'intérêt qu'il a lui-même à l'établissement et au maintien d'un certain ordre. Le droit privé est théoriquement conciliable avec le système du despotisme. Il s'en va là comme avec le maître, qui est intéressé à prescrire l'ordre que ses esclaves ont à observer entre eux.

160. Incertitude de la réalisation effective du droit sous le despotisme. — Mais c'est ici précisément que nous touchons du doigt le défaut de la situation. Imposé dans le seul intérêt du maître, cet ordre, dans son observation même, dépend toujours de lui. L'esclave qui réclame contre l'injustice qu'il a subie, n'obtient la reconnaissance de son droit que pour autant que le maître n'ait pas un intérêt contraire. En ce sens donc, il n'y a pas de droit privé sous un régime despotique, sa réalisation manque de garantie : elle dépend uniquement du caprice, de la partialité, de l'avidité du détenteur du pouvoir.

L'extension du domaine de l'État, en rendant plus difficiles et plus rares les contacts entre le détenteur du pouvoir et ceux qui lui sont soumis, devrait, semble-t-il, éloigner ce danger; la grandeur de l'empire, l'éloignement du trône, devraient accroître la sûreté du droit. Les choses se passeraient ainsi si, du trône, l'arbitraire ne descendait aussi sur le siège du juge. Tel est le maître, tel est le serviteur. La seule différence entre eux, c'est que le premier s'attaque surtout aux grands, et que le second opprime surtout les petits. Le premier épargne les faibles parce qu'il les dédaigne, le second ménage les grands parce qu'il en a peur. Aussi les puissants sont-ils relativement mieux loin du trône, tandis que les faibles ont plus d'intérêt à vivre dans son voisinage. La sûreté sous le despotisme consiste à ne pas attirer l'attention, à éviter le contact du pouvoir : sécurité du gibier qui se cache du chasseur.

Sous un pareil régime, le développement du sentiment juridique devient une impossibilité. L'essence du sentiment juridique n'est pas seulement de *savoir* que le droit existe, mais de le *vouloir*; c'est l'action énergique de la personnalité sachant qu'elle est elle-même un but, visant à s'affirmer elle-même, sentant que cette affirmation est devenue pour elle un irrésistible besoin, et comme une loi de sa vie. Mais l'acquisition de cette force est une question de fait. Ni l'individu ni le temps ne sauraient par eux seuls y parvenir; il y faut l'énergie de toute la nation, poursuivie à travers toute son histoire. La chose ne saurait donc se réaliser sous un système de despotisme, pas plus que le chêne ne saurait croître sur la roche nue : le sol fait défaut. Des individus isolés, par leur contact avec l'étranger, leur connaissance de sa littérature, peuvent se rendre compte de ce fait, mais cela ne leur sert de rien, si ce n'est à les dégoûter de leur milieu s'ils s'en tiennent à un savoir théorique, et à en faire des martyrs s'ils veulent traduire leur science en fait. Gagner les masses à ces idées est une tentative aussi illusoire que de planter un gland de chêne sur une roche nue, ou de vouloir acclimater le palmier sous un ciel du nord; il y vivra sous la serre, en plein air il périra. La masse, sous le régime despotique, ne connaît que la dépendance, la soumission, la sujétion; l'obéissance passive satisfait à sa philosophie politique : elle n'a point de force de résistance contre ce qu'elle croit l'inévitable; elle s'endort dans l'apathie. Cette disposition, formulée en dogme, devient le *fatalisme :* tout ce qui arrive doit nécessairement arriver, non en vertu d'une loi toujours logique avec elle-même, et qui s'imposant à qui la connait et l'observe, lui laisse son indépendance et sa sécurité, mais par la fatalité du hasard, contre lequel rien ne protège, et qui ne laisse place devant lui qu'à la soumission sans protestation. Sur le terrain du droit, cette situation que domine, non la loi, mais le hasard, s'appelle l'*arbitraire,* et le mot proclame la condamnation morale de la chose. N'oublions pas cependant qu'il ne saurait être question d'appliquer ce jugement à la phase dont nous nous occupons ici (p. 172). L'aveugle-né ne peut concevoir l'ombre, celui qui ignore le droit ne peut connaître l'arbitraire. — L'intelligence de l'arbitraire implique celle du droit.

TROISIÈME PHASE.

Force bilatéralement obligatoire de la norme.

Sommaire : 161. Empire du droit. — 162. Définition de l'arbitraire. — 163. Définition de la justice. — 164. Rapport entre la
justice et l'égalité. — 165. Intérêt pratique de l'égalité : Idée
de l'équilibre en droit.

161. Empire du droit. — Nous avons adopté (n° 145) la
définition courante du droit, qui le désigne comme l'ensemble
des normes obligatoires en vigueur dans un État. Mais les
développements précédents nous ont appris combien les
deux éléments de la contrainte publique et de la norme sont
insuffisants pour créer ce que nous appelons l'*état juridique*.
Ce qui fait encore défaut, c'est l'élément que nous avons
signalé sous le nom de norme bilatéralement obligatoire, en
vertu de laquelle l'État s'incline lui-même devant les règles
édictées par lui, et leur accorde en fait, tant qu'elles existent,
l'empire qu'il leur a attribué en principe. Ainsi, le hasard
disparaît dans l'application des normes, et l'arbitraire fait
place à l'uniformité, à la sûreté, à la visibilité de la loi.
C'est ce que nous appelons l'*ordre juridique*, et ce que nous
avons sous les yeux en parlant de la *souveraineté* du droit
et de la loi. Voilà ce que doit nous donner le droit, s'il
veut répondre à ce que nous attendons de lui. C'est la tâche
de l'*État selon le droit*.

Le droit donc, dans cette acceptation large, implique la
force bilatéralement obligatoire de la loi, la soumission de
l'État lui-même aux lois portées par lui.

162. Définition de l'arbitraire. — Le langage a traduit
cette idée d'une façon plus expressive encore dans les
notions : *arbitraire* et *justice*. Déterminer le sens qu'il y
attache, ce sera exposer le sentiment populaire dont elles
émanent.

Celui qui agit selon le droit agit *légalement;* il agit *illégalement,* il commet une *injustice* (100), s'il agit en dehors du droit. Tous ces termes s'appliquent à l'Etat aussi bien qu'aux sujets. L'État aussi peut commettre un acte illégal, un injustice. Vis-à-vis du droit, cependant, l'État est autrement placé que le sujet. Ayant mission et pouvoir de *réaliser* le droit, il peut et doit contraindre à l'observer ceux qui veulent s'en écarter. La seule obligation du sujet c'est de se soumettre au droit. L'État régit les actes d'autrui, le sujet dirige les siens propres. L'État commande, le sujet obéit. Cette situation différente, attache à l'injustice commise par l'État, comparée à celle commise par le sujet, un caractère particulier. Le langage l'a bien compris en désignant l'injustice de l'État sous le nom d'*arbitraire.* Le sujet qui contrevient à la loi agit *illégalement,* non pas *arbitrairement.* L'arbitraire est l'injustice du supérieur; elle se distingue de celle de l'inférieur en ce que le premier a le pouvoir *pour* lui, que le second l'a *contre* lui. Si ce dernier méconnaît, non la norme abstraite, mais le commandement *concret* du supérieur, il commet une *rébellion,* une *désobéissance.* Ces termes ne peuvent s'appliquer au pouvoir; celui d'*arbitraire,* et comme nous le verrons, celui de *justice,* ne peuvent s'appliquer aux actes de l'inférieur.

L'arbitraire (*willkür,* en allemand, de kürt, kür, kur = choix) est la volonté qui se guide d'après son propre choix, ce qui, essentiellement, suppose l'existence d'une loi. La puissance de volonté qui n'est pas régie par une loi, n'est pas de l'arbitraire, c'est de la simple puissance. C'est pourquoi il ne peut encore être question d'arbitraire dans l'histoire du droit, à la phase historique de la force unilatéralement obligatoire de la norme juridique, et c'est aussi pourquoi nous ne pouvions en parler qu'ici.

---

(100) Expressions latines correspondantes : *justum, injustum, injuria* dérivées de *jus, legitimum* dérivé de *lex.*

L'ombre n'a pas précédé la lumière, l'arbitraire n'a pu exister avant le droit. Notion purement négative, l'arbitraire suppose, comme antithèse, le droit dont il est la négation; point d'arbitraire si déjà le peuple n'a reconnu la force bilatéralement obligatoire des normes publiques. A ce point de vue, la situation ci-dessus décrite pourrait, à la phase initiale du droit, nous apparaître régie par l'arbitraire pur, mais il ne faut pas perdre de vue que nous y introduisons ici un élément qui lui était étranger. Le nègre vendu comme esclave par son chef de tribu ou marqué pour servir d'holocauste à l'occasion d'une fête, ne se sent pas victime de l'arbitraire; il tombe sous le coup d'un pur fait ; la force qui l'immole apparaît à ses yeux comme apparaissent aux nôtres la foudre et la tempête. Celui-là seul ressent l'arbitraire en qui est vivant le sentiment du droit, et dans la mesure seulement de l'énergie de ce sentiment. Le poids de l'arbitraire ne fait souffrir qu'en raison du développement de la force morale du sentiment juridique.

Je n'ai appliqué jusqu'ici ce mot *arbitaire* qu'à la violation de la loi commise par l'État. Sa signification s'étend au-delà. Notre langage en effet y attache un double sens; l'expression peut être prise en bonne ou en mauvaise part. Dans la première acception, elle indiquera l'acte que la loi *permet*, dans la seconde l'acte qu'elle *défend*. Dans l'ordre matériel, nous appelons mouvement arbitraire celui qui ne procède pas de la nature, mais qui émane de notre propre résolution; nous opposons ainsi notre libre arbitre à notre dépendance des lois naturelles; et l'arbitraire à ce point de vue, est donc la liberté que nous conservons à côté de la loi naturelle. Au sens juridique, la langue allemande appelait autrefois : *willküren*, les actes volontaires des communes, corporations, etc., sur les choses soumises à leur pouvoir de disposition. Ce mot signifiait ainsi la liberté en coexistence avec la loi. Cette notion s'identifie avec celle connue aujourd'hui sous le nom d'*autonomie* qui, étymologiquement, présente le même sens (αὐτὸς νόμος = loi de soi-même). Toutes deux procèdent de la même idée ; l'arbitraire pris en bonne part, et l'autonomie représentent la volonté ayant libre jeu *à côté* de la loi.

Dans le sens péjoratif, l'arbitraire doit se définir : l'action de la volonté *contrairement* à la loi ; avec cette restriction toutefois, qu'il s'agit de la volonté de celui qui commande, et auquel le pouvoir qu'il possède laisse une certaine liberté d'action en dehors de la loi. Une volonté se manifestant *à côté* de la loi, tel est donc le caractère commun aux deux significations de l'expression. C'est ce que le langage avait en vue, lorsque malgré leur acception bien différente, il a réuni sous un même vocable les deux cas d'application.

En ce dernier sens, comme on le sait, l'expression s'applique non-seulement à l'État, mais à tout être qui doit commander, c'est-à-dire, qui a mission et pouvoir d'établir l'ordre. Ainsi, elle s'applique au père par rapport à ses enfants. Nous accusons le père d'arbitraire lorsqu'il favorise l'un enfant au détriment de l'autre ; lorsqu'il châtie sans raison. Il en est ainsi du maître par rapport à l'esclave, du professeur vis-à-vis de l'élève.

On m'objectera que le père qui agit de cette façon ne viole aucune loi, car aucune loi ne le lui défend. Cela prouve précisément qu'en parlant de loi, nous devons étendre ce terme de la loi juridique à la loi morale. La fonction morale du père lui trace, comme détenteur de puissance, certaines normes, auxquelles le sentiment moral lui commande d'obéir ; s'il les foule aux pieds, ce dédain des normes morales portera le nom d'arbitraire, au même titre que la violation des normes juridiques par le détenteur de la puissance publique.

Les rapports publics, auxquels nous revenons maintenant, justifient la nécessité de cette conception plus étendue de la norme. Nous parlons, non-seulement de décisions arbitraires du juge, d'actes arbitraires du gouvernement, en prenant pour norme le droit positif, mais aussi de lois arbitraires. Or, le pouvoir législatif ne se trouve pas, comme le juge, comme le gouvernement, placé *sous* la loi, il est *au-dessus* de la loi. Chaque loi qu'il proclame, quelle que soit sa teneur, est, en droit, un acte parfaitement légal. Dans le sens juridique, donc, le législateur ne peut jamais commettre d'arbitraire ; le soutenir, ce serait dire qu'il n'aurait pas le droit de changer les lois existantes ; ce serait mettre le pouvoir législatif en contradiction avec lui-même. Mais de même que le père doit, sinon juridiquement, du moins moralement, user de sa puissance en conformité avec le but de l'autorité paternelle, le législateur, de son côté, est tenu d'employer le pouvoir qui lui incombe dans l'intérêt de la société. Son droit, comme celui du père, est en même temps un devoir ; de par sa mission même, il est des exigences auxquelles il doit donner satisfaction, des normes qu'il doit respecter. Il peut donc, lui aussi, abuser du pouvoir qui lui est confié.

Mais tout abus ne sera pas de l'arbitraire. Pour être mauvaise, manquée, une loi n'est pas arbitraire. Nous n'employons cette qualification que dans deux cas. Nous appelons ainsi les dispositions de loi positives qui sont arbitraires par leur nature même, c'est-à-dire, qui règlementent une matière qui échappe à des principes généraux, par exemple, la fixation des délais de la prescription. L'arbitraire est pris ici en bonne part ; la volonté du législateur n'est pas liée par des principes qui, dans notre opinion, doivent guider ses actes. Nous rattachons, au contraire, cette expression, dans un sens défavorable, aux dispositions légales dans lesquelles, à notre avis, le législateur s'est écarté des principes généraux du droit ; nous lui reprochons ainsi d'avoir mis en oubli les normes auxquelles nous estimons qu'il doit se soumettre. Nous nous servons dans le même sens du mot *injuste*. La catégorie des dispositions légales arbitraires comprend donc deux espèces entièrement différentes : les dispositions *positives* dépourvues de tout élément obligatoire selon notre système, et les dispositions *injustes*, où cet élément est délibérément sacrifié.

163. Définition de la justice. — Avec cette expression *injuste*, évitée à dessein jusqu'ici, nous introduisons une notion qui se lie intimement à la notion de l'arbitraire : celle de *justice*. Etymologiquement : est *justice* ce qui est *conforme au droit*. Si nous entendons par droit, le droit positif en vigueur, le terme *juste* serait l'équivalent de *légal* ou *conforme au droit*. Mais le mot, chacun le sent, présente un sens plus étroit. Du sujet qui observe la loi, nul ne dit qu'il agit justement, de celui qui l'enfreint, qu'il agit injustement ; celui qui est tenu à l'obéissance ne peut agir ni justement ni arbitrairement. Seul, le peut, celui qui commande, c'est-à-dire qui a pouvoir et mission de créer l'ordre : pour l'ordre de l'État : le législateur et le juge ; pour l'ordre de la famille : le père ; pour l'ordre de l'école : le maître ; bref tout supérieur, dans son rapport avec ses inférieurs. Le latin a exactement moulé cette idée dans le mot *justitia* (c'est-à-dire le pouvoir ou la volonté *qui jus sistit*, qui établit le droit, l'ordre). Justice et arbitraire seraient donc des notions corrélatives ; la première indiquerait que celui qui a mission et pouvoir d'établir l'ordre dans le cercle de ses inférieurs, s'est conformé aux normes auxquelles nous le tenons pour lié ; la seconde, qu'il s'en est départi. Nous avons vu que cette obligation peut être *juridique* ou *morale*. Juridique pour le juge, elle ne constitue qu'une obligation morale pour le législateur. La loi domine le juge, le législateur est placé au dessus d'elle. Celui-là a pour consigne juridique d'appliquer la loi, et il agit justement quand il fait cette application rigoureusement ; les injustices de la loi ne peuvent lui être imputées à faute, elles restent au compte du législateur. Pour celui-ci, qui doit créer la loi, la mesure de la justice ne se rencontre pas dans la loi même; il doit découvrir la justice pour l'introduire dans la loi.

Justice *formelle*, et justice *matérielle*, sont les termes les mieux appropriés pour exprimer ce double aspect de la notion de justice. Nous n'avons à nous occuper que de la première, car nous n'avons pas à chercher, en ce moment, la source des normes établies par l'État. Notre tâche est seulement d'expliquer qu'il doit lui-même observer celles qu'il a établies. Toutefois, comme il faut connaître le genre pour arriver à la compréhension de l'espèce, force nous est de définir ici la notion de *justice*. Nous nous bornerons aux développements indispensables.

164. Rapport entre la justice et l'égalité. — Etablir *l'égalité*, tel est le but pratique de la justice. La justice matérielle établit l'égalité *interne*, c'est-à-dire, la juste proportion entre les mérites et le salaire, entre la peine et la faute; la justice formelle donne l'égalité *externe*, c'est-à-dire, assure l'application *uniforme*, à tous les cas, de la norme une fois établie. Au législateur à accomplir la première de ces tâches. Mais lorsque les circonstances le permettent et l'exigent, il peut donner au juge la mission de réaliser lui-même cet équilibre interne. Le juge .t appelé à accomplir la seconde tâche (administration de la justice) et nous verrons plus loin pourquoi il est *seul* préposé à cet office, à l'exclusion de tous les autres organes chargés de l'exécution des lois (administration).

Lorsque la décision du juge est conforme à la loi, elle est dite *juste*; dans le même cas, la disposition de *l'autorité administrative* apparaît, non pas comme juste, mais comme *légale*; si l'une ou l'autre viole la loi, elle sera *arbitraire*. Il résulte de là que l'arbitraire et la justice ne sont pas des notions corrélatives dans le sens absolu du mot. La notion de justice se restreint aux pouvoirs chargés de réaliser l'idée de l'*égalité* en *droit* : le législateur et le juge. Celle d'arbitraire, au contraire, se rattache à toutes les autorités de l'État, à toute autorité administrative, même au gouvernement. Celui-ci agit *arbitrairement*, par exemple, lorsqu'il entrave le cours de la justice, mais n'ayant point de part à l'administration de la justice, il ne peut agir *justement*. Par contre, nous rapportons à Dieu l'idée de justice : celle d'arbitraire est inconciliable avec son essence. Nous avons donc là : arbitraire sans possibilité de justice, ici : justice sans possibilité d'arbitraire; les deux notions ne correspondent pas.

Sommes-nous dans le vrai en cherchant la notion de la justice dans le principe de l'*égalité* en droit? L'égalité est-elle chose si élevée qu'elle doive donner la mesure de la plus haute notion du droit, — car telle est bien la justice? Pourquoi le droit doit-il tendre à établir l'égalité lorsque la nature entière y contredit? Et que vaut l'égalité comme telle? Elle peut être aussi bien l'égalité dans la misère. Le criminel se sentira-t-il consolé pour savoir que la peine qui l'a frappé atteindra tout autre criminel comme lui? L'amour de l'égalité semble plutôt avoir sa source profonde dans les plus honteux replis du cœur humain : la malveillance et l'envie. Que personne ne soit plus heureux que moi, et si je suis misérable, que tous les autres le soient comme moi!

Mais si nous voulons l'égalité en droit, ce n'est point qu'elle soit chose si désirable en soi : elle est loin d'avoir ce prix, et les choses s'arrangent de telle sorte, qu'à côté de toute égalité du droit surgissent mille inégalités. Nous la voulons parce qu'elle est la condition du *bien* de la société. Lorsque les charges sont inégalement réparties entre les membres de la communauté, ce n'est pas celui qui est trop grevé qui pâtit seul, toute la société souffre, l'axe social est déplacé, son équilibre détruit, et la lutte pour les rétablir est imminente — lutte pleine de menaces pour l'ordre social existant.

LEIBNITZ découvre l'essence de la justice dans l'idée de la symétrie (*relatio quaedam convenientiae*), et la compare avec l'*egregium opus architectonecticum* [101]. Mais la symétrie qu'il a en vue, semble viser, moins le but pratique du parfait équilibre social, qu'un certain sentiment esthétique d'une harmonie générale de la société. Mais dans un ordre d'idées qui n'a aucun rapport avec le beau, et ne s'attache qu'à la réalisation de buts pratiques, c'est ce côté pratique, et non le point de vue esthétique, qui seul est décisif; et la poursuite de l'égalité ne peut se justifier que si elle est commandée par la nature de ces buts. Nous devons donc montrer que la société ne peut remplir sa mission qu'à la condition de réaliser l'égalité. La *societas* romaine va nous répondre.

165. Intérêt pratique de l'égalité: idée de l'équilibre en droit. — Les juristes romains envisagent expressément le principe de l'égalité comme le principe fondamental de la *societas*, entendant par là, non pas cette égalité *extérieure*, *absolue*, *mathématique*, qui donne à l'un la même part qu'à l'autre, mais une égalité *interne*, *relative*, *géométrique*, mesurant la part de chacun d'après son apport [102]. Ils ne s'attardaient pas à l'idée de l'égalité abstraite des individus isolés, mais s'attachaient à celle de l'équilibre entre l'apport et les bénéfices. C'est l'idée d'*équivalence* (p. 91) appliquée à la société. Une société, pour prospérer, doit pouvoir compter sur le dévouement absolu de chacun de ses membres. Pour

---

(101) J'emprunte la citation (LEIBN. Theod., I, § 73) à STAHL, *Rechts philos.*, II, 1, 2ᵉ édit., p. 263. La thèse de STAHL lui-même est, à mon avis, tout-à-fait fausse.

(102) L. 6, 78, 80 pro soc. (17.2). Établir l'égalité en ce sens est la mission du *boni viri arbitrium*. L. 6 cit. Cela résulte de la nature du *bonæ fidei judicium*, L. 78 cit.

obtenir ce concours, elle doit le leur payer aussi largement que possible ; si elle ne le fait, elle compromet le but de son institution. Le zèle de celui qui se voit lésé se refroidira, son activité se ralentira, la machine aura perdu l'un de ses rouages, et sa marche sera compromise. L'inégalité dans la répartition des avantages sociaux, le préjudice qui en résulte pour l'individu, sont des causes de ruine pour la société elle-même.

C'est donc l'intérêt pratique de l'existence et de la prospérité de la société qui la soumet au principe de l'égalité, et non l'impératif catégorique *a priori* d'une égalité à imposer à tous les rapports humains. Si l'expérience venait à démontrer que la société aurait avantage à faire prévaloir un système d'inégalité, elle devrait nécessairement l'adopter. Dans la société civile, les choses ne vont pas autrement, tant en ce qui concerne l'*espèce* d'égalité que la loi doit y introduire, qu'en ce qui regarde son *intérêt pratique*. Ce qui compte, ici, ce n'est pas l'individu, c'est la société elle-même. A ne considérer que celui-là, on aboutit à une égalité extérieure, mécanique, mettant tout le monde au même niveau, petits et grands, riches et pauvres, enfants et hommes faits, sages et fous, et qui, appliquant un traitement égal aux êtres les plus inégalement constitués, crée en réalité la plus flagrante inégalité (*summum jus summa injuria*). A pareil régime, la société ne saurait résister ; il constituerait, en fait, la négation des différences qui y apparaissent et doivent y apparaître partout. Le corps humain ne saurait exister si tous ses membres étaient façonnés de même. De même pour le corps social. L'égalité qui doit régner dans son sein ne peut être que relative ; il doit y avoir proportion entre la capacité et le service rendu, entre la tâche imposée et les moyens employés pour la mener à bien, entre les mérites et le salaire, entre la faute et la peine. La société a pour devise : *suum cuique* — *suum,* en rapport avec la condition particulière de chaque individu. Voilà la base de la notion de la justice vraie. L'égalité qu'elle poursuit est celle de la loi : concordance entre les dispositions de la loi et leurs conditions d'application. Juste, à notre avis, sera la loi qui consacrera cet équilibre, injuste, celle qui le méconnaitra. Est injuste, la loi qui impose au pauvre les mêmes charges qu'au riche, car elle ne tient pas compte de la différence de capacité; injuste encore, celle qui frappe d'une même peine le délit léger et le crime, car elle oublie que la peine doit être proportionnée à la faute; injuste aussi, celle qui met sur le même pied l'individu responsable, et celui dont la responsabilité est abolie, car elle méconnaît l'élément de faute.

On peut admettre cette théorie, et néanmoins contester l'importance pratique, pour la société, de la justice ainsi entendue. Si l'éthique ne la nie pas, ce n'est pas qu'elle la reconnaisse tacitement; elle n'y songe même pas : elle n'envisage la justice qu'au point de vue moral, elle n'y voit qu'un impératif absolu du sentiment moral, base de tout son système de la moralité en général. Je m'en expliquerai en exposant la théorie de la moralité (chap. IX), dont je chercherai la base dans le bien pratique de la société. La conclusion sera décisive. Mais ici, déjà, nous entendons affirmer le côté pratique de la justice. Nous n'approfondirons pas en ce moment cette question; elle ne présente qu'un intérêt secondaire pour notre sujet; mais nous voulons éveiller les réflexions du lecteur.

Pour voir clair au sujet du côté pratique de la justice, on n'a qu'à retourner la proposition, et se demander quelle est, dans la société, l'influence des lois injustes sous le rapport politique, économique et moral. Bien vite l'on constatera leurs effets néfastes sous les trois rapports, et non moins promptement l'on reconnaîtra à quel point la force, le bien et la prospérité de la communauté dépendent de la justice.

Je prends un seul exemple, non qu'il ait une importance

particulière, mais parce qu'il établira mieux le véritable état des choses. J'examine le côté économique de la justice criminelle. Je néglige le côté moral, et me place au seul point de vue utilitaire.

La peine, aux mains de l'État, est une arme à deux tranchants; maniée à contre-temps, elle se retourne contre lui-même, et le blesse en même temps qu'elle blesse le délinquant. En ôtant la vie au criminel, l'État se prive de l'un de ses membres; en l'emprisonnant, elle paralyse en lui une force ouvrière. Il est de la plus haute importance que le droit criminel sache la valeur de la vie et de la force humaines. Si BECCARIA, dans son immortel ouvrage : *Des délits et des peines* (1764), n'avait protesté contre l'excès des pénalités, ADAM SMITH aurait dû le faire, en traitant des *Causes de la richesse nationale* (1776). Il aurait démontré que la société, en sacrifiant sans nécessité absolue la vie ou le travail de l'un de ses membres au but pénal, se fait tort, tout aussi bien que le propriétaire qui maltraite son animal et l'estropie. Aux premiers âges du monde, la reconnaissance de la valeur de la vie et de la force humaines fut le premier pas vers l'humanité; leur appréciation amena le vainqueur à faire grâce de la vie à son ennemi prisonnier (n° 116). La même considération peut et doit guider la société dans sa conduite à l'égard de son ennemi intérieur; il est de son propre intérêt bien entendu de peser avec soin les peines qu'elle commine. Pas de prison où la peine pécuniaire suffit; pas de peine de mort, si la prison suffit. La peine pécuniaire frappe le coupable seul, la société n'en souffre aucun dommage; avec la prison et la peine de mort, elle paie elle-même pour le mal qu'elle inflige, et subit une perte personnelle. Tout excès rejaillit sur elle.

Ce qui précède avait pour but de fixer d'une manière plus précise les notions que nous a fait découvrir la définition de la norme bilatérale : arbitraire, égalité, justice, et de séparer leur application, quant au législateur, de celle qui les rattache au juge, dont seul nous avons à nous occuper.

166. Subordination de l'État sous la loi. — Nous revenons maintenant à la norme bilatérale. Elle consiste, avons-nous dit, dans la *subordination* de l'État aux lois que lui-même a établies. Qu'est-ce que la subordination ? Comment l'État, que sa notion même place *au-dessus* de tout autre pouvoir, peut-il se subordonner ? Ou, si la subordination consiste seulement à restreindre son propre pouvoir, qui fera respecter cette abdication partielle ? Comment l'État en est-il arrivé à cette conception de s'imposer une restriction à l'usage de son pouvoir ? Cette conception est-elle heureuse ? Est-elle applicable dans toutes les directions ? N'y a-t-il pas une sphère où se justifie entièrement le caractère unilatéralement obligatoire de la loi, et même le commandement purement individuel ?

Ce sont là toutes questions sur lesquelles nous devons nous éclairer. Nous aurons à nous placer aux trois points de vue suivants :

1. Le *motif*,
2. Les *garanties*,
3. Les *limites* de la subordination de l'État sous la loi.

167. Motif de la subordination de l'État. — Le motif qui détermine le pouvoir à s'incliner sous la loi, est le même qui suffit à décider l'individu à se dominer soi-même : l'intérêt propre. La domination de soi trouve en elle-même sa récompense. Pour le savoir, il faut l'expérience et l'intelligence. Pour l'homme inintelligent, l'expérience est muette ; elle ne profite qu'à l'être intelligent, doué de force morale pour suivre ses leçons. Cela admis : le pouvoir doué d'intelligence et de force morale, le problème est résolu. La puissance publique recourt au droit parce qu'elle y découvre son propre intérêt bien entendu(103). Le jardinier soigne l'arbre qu'il a planté; elle, veille au maintien du droit; non pour l'arbre en lui-même, mais tous deux reconnaissent que, pour porter des fruits, l'arbre réclame soin et protection, et que les fruits récompensent cette sollicitude. L'ordre n'est véritablement garanti que là où l'État respecte celui qu'il a lui-même établi. Là règne le droit, et là seulement prospère le bien-être national, là florissent le commerce, l'industrie, là, et là seulement, la force intellectuelle et morale de la nation acquiert son complet épanouissement. Le *droit est la politique bien comprise du pouvoir* — non la politique étroite, ne s'inspirant que de l'intérêt du jour, mais la politique à larges vues et plongeant dans l'avenir.

Une pareille politique exige l'empire *sur soi-même*. Mais comme l'individu, l'État n'acquiert cet empire que par une pratique constante. Des siècles s'écoulent avant que l'État, après bien des tâtonnements, tantôt l'éloignant, tantôt le rapprochant de sa ligne de conduite originaire, abandonne le point de départ, par nous admis, de la force illimitée, et se range à l'inviolable observation du droit.

168. 2. Garanties de la subordination de l'État sous le droit. Garantie interne : sentiment national du droit. — Des garanties assurant la soumission de l'État au droit, il en est deux : l'une interne, qui gît dans le *sentiment* du droit, l'autre externe, qui s'incarne dans l'*administration* du droit.

Le sens de l'ordre ne peut naître chez le serviteur si le maître lui-même rend, de fait, l'ordre impossible ; de même, le sens du droit restera étranger au sujet de l'État, si celui-ci lui-même foule aux pieds ses propres lois. Le respect du

---

(103) Un aveu remarquable de l'absolutisme est la décision de la L. 4 Cod. de leg. (1.14) de Theodose II et Valentinien III (429) : *digna vox est majestate regnantis legibus alligatum se principem profiteri, adeo de* AUCTORI-TATE JURIS NOSTRA PENDET AUCTORITAS.

droit doit régner en haut pour qu'il descende dans les couches inférieures. Le sentiment du droit ne se vivifie que par l'application du droit; il s'éteint, lorsque le monde extérieur résiste à cette application. Ainsi s'en va-t-il du sens du Beau, qui ne se développe que par la représentation objective de la beauté. Objectif et subjectif, intérieur et extérieur, se répondent mutuellement, et se réclament l'un l'autre. Dans le Beau, et par le Beau, triomphe le sens du Beau; dans le droit, et par le droit, s'agrandit le sentiment du droit.

C'est dans le droit privé que le sentiment du droit trouve son point de départ. Il suffit d'un coup d'œil pour embrasser tout le domaine des intérêts du droit privé; et ce n'est qu'un jeu pour l'intelligence la plus simple, encore restreinte à la sphère du moi propre, de s'élever à l'*abstraction du droit dans le sens subjectif*. C'est sous cet aspect, qu'à l'origine, l'égoïsme comprend et peut comprendre l'ordre juridique. *Le* droit, il ne s'en préoccupe point; ce qui l'intéresse, c'est *son* droit, et son droit, c'est ce qui le touche directement.

Mais l'égoïsme apprend à se discipliner. Une première expérience lui apprend que l'atteinte portée au droit d'autrui compromet son propre droit, et qu'en défendant celui-là, il défend son propre droit. Le droit privé, le premier, a révélé son importance pratique pour le bien commun; c'est en lui que tout d'abord le sentiment du droit s'est réalisé en fait.

Ce progrès ne s'est réalisé que bien plus tard sur le terrain du droit public, et, chose étrange, le droit criminel a éprouvé le même retard. Le premier fait se comprend, le second est plus surprenant. Mais la sûreté du droit privé n'est rien si le pouvoir de punir de l'Etat n'est pas strictement délimité. En l'exerçant arbitrairement, l'État peut rendre vain le droit privé tout entier, et comme sur ce terrain il maintient son absolutisme avec bien plus d'âpreté, il doit se passer plus de temps avant que le sentiment juridique en vienne à réaliser sur tous les terrains à la fois la sûreté du droit. Tôt ou tard cependant, une fois bien éveillée dans le domaine du droit privé, la logique de lui-même l'entraîne toujours plus loin, jusqu'à ce qu'enfin il ait réalisé dans toute son étendue l'inviolabilité nécessaire du droit.

Tel est le dernier terme de ce développement : le droit objectif, et le sentiment subjectif lu droit, se réalisant en fait, marchant de pair, s'appuyant et se réclamant l'un l'autre. En dernière analyse, le droit trouve sa garantie assurée dans la puissance morale qu'exerce dans la nation le sentiment du droit. Nulle constitution, si parfaite qu'on se l'imagine, ne saurait, en fait, empêcher le pouvoir public de violer la loi (p. 220). Nul serment ne lui servira de sauvegarde : car, que de serments rompus ! L'auréole même de sainteté et d'inviolabilité dont la théorie couronne la loi n'en impose pas à l'arbitraire. Ce qui lui en impose, c'est uniquement la force réelle qui est derrière la loi, c'est-à-dire le peuple, le peuple qui reconnaît le droit comme la condition de son existence, le peuple qui, dans la violence faite au droit, ressent une violence faite à lui-même, le peuple prêt à prendre les armes, s'il le faut, pour le maintien de son droit. Je ne dis pas que la crainte seule et la peur doivent porter le pouvoir public à observer les lois ; il doit obéir à un mobile plus noble : celui du respect de la loi pour la loi elle-même ; mais à défaut de ce dernier, les deux premiers ont certes leur influence. En haut comme en bas, le respect de la loi doit remplacer la crainte de la loi. Mais à défaut de ce respect, il reste toujours la crainte : c'est dans ce sens que je dis que la crainte qu'inspire au pouvoir public la réaction du sentiment juridique de la nation, constitue la suprême garantie de la sûreté du droit. Il n'en reste pas moins vrai de dire, que le sentiment du droit, une fois arrivé à toute sa force dans le peuple, exerce aussi, même sur le pouvoir public, une influence purement morale.

L'énergie du sentiment juridique de la nation se trouve donc, en fin de compte, être la seule garantie de la sûreté du droit. La force et le prestige des lois marchent partout de pair avec la force morale du sentiment du droit — ce sentiment est-il paralysé, le droit est incertain; le sentiment national est-il sain et vigoureux, l'empire du droit est assuré. L'inviolabilité du droit est partout l'œuvre propre et la gloire du peuple, c'est un bien qu'il doit conquérir au prix de pénibles labeurs, et parfois de flots de sang.

Je n'ai pas besoin de vanter l'importance de la sûreté du droit; elle est évidente pour ce qui concerne l'ordre extérieur de la vie, particulièrement pour le commerce et les relations en général. Faut-il, en effet, démontrer que la valeur des choses ne dépend pas uniquement de leur utilité réelle, celle du sol de sa fertilité, celle des biens, des créances etc. de leur montant, mais bien essentiellement de la sûreté de droit et de fait de leur possession? S'il en était autrement, la propriété foncière, en Turquie, devrait valoir comme chez nous, mais le Turc, plutôt que de rester lui-même propriétaire de son immeuble, sait fort bien pourquoi il lui est plus avantageux de l'abandonner à la mosquée, et de le prendre en fief (*vakouf*), moyennant une redevance en argent (canon annuel). En Turquie, la mosquée seule a son droit garanti. On sait qu'au moyen-âge les choses se passaient ainsi fréquemment chez nous. Dans les derniers temps de l'Empire romain, c'était un motif identique qui provoquait la cession des créances litigieuses à des personnages haut placés (104).

---

(104) Cod. **11**.14. *Ne liceat potentioribus patrocinium litigantibus præstare vel actiones in se transferre*. Au moyen-âge, cession à l'Église, c. 2 X de alien. (**1.**41). En Turquie, plus des trois quarts de la propriété foncière ont été ainsi mis entre les mains des mosquées.

Je ne m'étendrai pas plus longuement sur la valeur *économique* de la sûreté du droit. Reste sa valeur *morale*.

Elle consiste, d'après moi, dans le développement du *caractère* national. C'est un phénomène caractéristique que partout où règne le despotisme, il y a défaut de caractères. Toutes les tyrannies du monde, durant des milliers d'années, n'ont pas fourni autant de caractères que Rome, si peu étendue à son époque la plus glorieuse, au cours d'un siècle. Faut-il en chercher la raison dans le caractère du peuple? Il ne se forme lui-même qu'avec le temps; pourquoi le caractère du peuple de Rome s'est-il développé d'une manière si complètement différente qu'en Turquie? Il n'y a qu'une seule réponse : c'est que le peuple romain a su de bonne heure conquérir la sûreté du droit. Que l'on n'allègue pas que c'est là tourner dans un cercle vicieux, que c'est faire du droit la condition du caractère du peuple, et de celui-ci la condition du droit. Ici, comme dans l'art, il y a réciprocité d'action (p. 252); le peuple fait l'art, mais à son tour, l'art fait le peuple ; le peuple fait le droit, et à son tour aussi le droit fait le peuple.

Là où manque la garantie objective du droit, le sentiment subjectif de sa sûreté fait défaut, et l'absence de celui-ci fait obstacle au développement du caractère. Ce qui constitue le caractère, c'est le sentiment intime et tenace de la personnalité ; celle-ci ne parvient à se développer que pour autant qu'elle rencontre des circonstances favorables dans le monde extérieur. Les caractères ne peuvent se former là où la morale populaire est de se soumettre, de se plier, de pratiquer une politique de ruse, d'astuce et de basse soumission. Sur un pareil sol, il ne peut naître que des esclaves et des domestiques; et ceux qui lèvent la tête ne sont que des valets déguisés, arrogants et brutaux pour les humbles, lâches et rampants devant les puissants. Pour que leur caractère puisse se développer, les hommes doivent posséder de bonne heure le sentiment de l'inviolabilité de leur droit. Mais ce sentiment subjectif réclame une garantie extérieure objective dans la société, et celle-là, c'est le droit qui la donne à l'homme. Comme le croyant dans sa foi en la divinité, l'homme du droit a une foi inébranlable dans le droit; l'un et l'autre, non-seulement se reposent sur quelque chose de placé en dehors d'eux, mais ils sentent vivre en eux-mêmes leur Dieu et leur droit, ils en font la base solide de leur existence; Dieu et droit font partie d'eux-mêmes; nulle puissance au monde ne les leur retranchera, elle ne pourra que les anéantir en eux et avec eux. Là réside la force du croyant et de l'homme du droit. L'angoisse qui étreint l'atôme animé, livré à lui-même, disparaît avec le sentiment de cette force qu'il sent en lui et qui le couvre comme un rempart. A sa détresse, a succédé un sentiment d'inébranlable sécurité. Confiance invincible, telle est pour moi l'expression exacte du sentiment qu'inspirent à l'homme le droit et la religion : le droit dans ses rapports avec ses semblables, la religion dans ses rapports avec Dieu.

La sûreté que donnent l'un et l'autre implique aussi une dépendance. Il n'y a là nulle contradiction, car la sûreté n'est pas indépendance — il n'y en a pas pour les hommes — mais dépendance *légale*. La sûreté est l'envers de la médaille, la dépendance en est le revers. C'est pourquoi je ne puis approuver la définition de SCHLEIERMACHER : la religion est le *sentiment de dépendance envers Dieu*, car elle met en avant ce qui ne mérite que la seconde place. Le mot pourrait être vrai pour cette phase du sentiment religieux qui correspond à celle du despotisme dans l'histoire du droit; alors en effet la dépendance est la caractéristique exacte du rapport; mais il ne convient plus pour désigner la conclusion finale du mouvement. A ce moment, pour la religion comme pour le droit, le sentiment de sûreté triomphe du sentiment de dépendance. A ce point de vue psychologique, on peut définir le droit : la foi en l'État; la religion : la foi en Dieu.

169. Garantie externe : Organisation de la justice. — Au sentiment juridique, comme garantie interne du maintien assuré du droit, j'ai opposé, comme garantie externe, l'administration de la justice. Deux éléments donnent à l'administration de la justice, mise en regard de toutes les autres branches de l'activité de l'État, son caractère spécial : la particularité *intrinsèque* du but qu'elle poursuit, d'abord, et ensuite, la particularité *extrinsèque* de ses formes et de ses moyens d'action. Sous le premier rapport, ce qui distingue l'administration de la justice des autres branches d'activité de l'État, c'est qu'elle doit réaliser *exclusivement* le droit. — *Le droit, et rien que le droit,* telle est sa devise. Les autorités administratives de l'État doivent bien également, aussi loin que s'étend le droit, en faire l'application, mais pour elles, à côté du droit vient se placer un deuxième facteur, l'*opportunité.* Les autorités auxquelles est confiée l'administration de la justice, les autorités *judiciaires,* n'ont, elles, à considérer autre chose que le droit. Le juge est en quelque sorte la loi vivante; elle parle par sa bouche. Si, descendue du ciel, la justice pouvait venir graver le droit d'une manière si précise, si exacte, si détaillée, que son application ne fût plus qu'une simple question d'adaptation à une espèce, son règne serait assuré sur la terre. L'administration de la justice aurait atteint la dernière perfection, car l'égalité absolue et sa conséquence : la conformité obligée de la sentence judiciaire, sont si peu incompatibles avec l'idée de justice, qu'elles en sont au contraire le but suprême. L'idée d'opportunité, au contraire, répugne à tel point à cet assujettissement à une norme tracée d'avance jusqu'au moindre détail, que pour elle, l'affranchissement de toute règle quelconque serait encore préférable à un devoir d'absolue soumission. Ce serait paralyser l'action de l'État que de transporter dans toutes les branches de son activité l'idée de soumission qui domine dans l'administration de la justice.

170. Séparation des pouvoirs. — C'est l'opposition de ces deux idées : la *justice immuable* par son essence, et l'*opportunité libre* en vertu de son principe même, qui crée la distinction entre l'administration de la justice et l'administration proprement dite.

A cette différence intime, ou de but, de la justice et de l'administration, correspond la différence de leur organisation extérieure. Chez tous les peuples civilisés, à une certaine phase de développement du droit, se reproduit le divorce entre la justice et les autres branches de l'activité de l'État. Partout se dresse la figure du juge. Rien n'empêche cependant un cumul de fonctions judiciaires et de fonctions administratives, exercées par une seule et même personne : il suffit que les deux sphères restent séparées absolument, c'est-à-dire que les principes qui leur sont tracés soient différents. Mais l'expérience a appris que la distinction absolue des deux fonctions est mieux assurée, lorsqu'à leur séparation interne se joint la séparation externe quant aux personnes qui les exercent (séparation de la justice et de l'administration). L'intelligence humaine résiste, en effet, à se créer deux conceptions, à se tracer deux lignes de conduite différentes, pour les appliquer, tantôt l'une, tantôt l'autre, selon la diversité des circonstances, sans que l'une fasse tort à l'autre. La séparation des pouvoirs, pour atteindre son but, exige la séparation des personnes et l'indépendance des autorités.

Comme raison de cette nécessité, on ne saurait se contenter d'invoquer la loi de division du travail, en faisant valoir que le droit, à cause de son étendue, et des difficultés qu'il présente, réclame son ouvrier spécial. Sans doute, l'administration n'échappe pas au principe de la loi de division du travail. La police des constructions ne se fait pas par celui qui surveille les monnaies; les forêts ont d'autres administrateurs que les mines; pour tous ces buts différents, l'État institue des autorités particulières. Mais la séparation de la justice et de l'administration s'est historiquement accomplie à une époque où le droit était loin d'avoir acquis la perfection que suppose l'application de la loi de division. A Rome, par exemple, le *judex*, en Allemagne l'Échevin (*Schöffe*), ont précédé, et de longtemps, cette étape progressive du droit, et la nécessité d'un savoir juridique spécial reste complètement étrangère à notre jury moderne.

La séparation de la justice et de l'administration ne peut donc être rattachée à la loi de division du travail, et l'on doit chercher autre part la raison de leur distinction. Elle réside dans la mission particulière du droit, mise en regard de celle des autres branches de l'activité de l'État. Faire de l'administration de la justice une branche séparée de l'activité de l'État, c'est concentrer le droit en lui-même, le renfermer dans sa mission, et assurer ainsi le parfait accomplissement de cette dernière.

Le simple fait de la séparation extérieure de la justice et de l'administration, est, à ce point de vue, d'une importance capitale, sans tenir compte encore de leurs divers organes et des garanties dont nous allons avoir à nous occuper. En établissant cette ligne de démarcation autour de la justice, le pouvoir public reconnaît en principe que le droit a une mission toute spéciale, à laquelle s'appliquent des considérations autres que celles qui s'attachent à ses autres branches d'activité. Par l'investiture qu'il donne au juge, le pouvoir déclare au peuple qu'il renonce à exercer lui-même les fonctions judiciaires. En créant le juge, il limite sa propre puissance sur cette partie du droit dont il confie la réalisation au juge, il donne à celui-ci le soin de dire le droit d'après sa propre conviction, en dehors de toute action gouvernementale; il garantit l'exécution de la sentence judiciaire. Dans les limites qu'il trace au pouvoir du juge, qu'elles soient larges ou étroites, il assure l'indépendance du magistrat. S'il empiète sur ces limites, il commet un déni du droit, il viole la justice; le pouvoir public qui porte atteinte à l'ordre juridique que lui-même a établi, prononce sa propre déchéance.

Il résulte de ce qui précède que la simple séparation de fait de la justice et de l'administration constitue déjà pour le droit un progrès des plus marquants; elle émancipe l'administration de la justice en lui donnant une organisation séparée; et la justice suivant désormais sa propre voie, sans lisières, si le pouvoir public veut s'attaquer à elle, il est forcé de le faire ouvertement, tandis qu'aussi long-temps qu'il la tenait sous sa main, il pouvait l'étrangler tout doucement, et sans attirer l'attention.

171. Institutions judiciaires. — Examinons de plus près l'organisation de la justice, et étudions ses institutions. Elle comprend quatre parties intégrantes :

Le droit matériel (1) dont l'application est *exclusivement attribuée au juge* (2), application qui se fait à deux *par- ties litigantes* (3) et sous la forme d'une *procédure* fixée d'avance (4).

Le premier de ces éléments ne contient rien qui soit particulier à l'administration de la justice; il lui est commun avec l'administration. Il ne se présente que cette seule diffé- rence que le juge doit *exclusivement* se guider d'après le droit (p. 257). Le droit doit donc être fixe et précis. Le désir de soumettre le juge aussi strictement que possible à la loi, a donné lieu à la création d'une institution qui apparaît souvent dans l'histoire du droit, et dans les circonstances les plus diverses. Elle consiste dans l'obligation de citer le texte de la loi, imposée soit à la partie qui fait appel au juge (procédure romaine des *legis actiones*, acte d'accusation de la procédure criminelle moderne), soit au juge lui-même dans le prononcé de sa sentence (procédure criminelle moderne); on pourrait la nommer le système du *légalisme en matière de procédure*. Cette prescription fait de la conformité de l'acte du juge au droit matériel une *condition de procédure* de cet acte : l'acte de procédure doit porter en lui-même sa légitimation légale. Cette institution a pour but de prévenir l'arbitraire du juge, en lui rappelant que la loi met des bornes à son pouvoir. En revanche, elle rend très difficile le progrès du droit par la pratique, en dehors du cadre de la loi, et le réserve presque exclusivement au législateur. Ce résultat peut sembler favorable pour le droit criminel, comme garantie de l'application adéquate de la loi, mais il est plutôt à regretter au point de vue du droit civil. Pour celui-ci, l'obligation imposée au juge de motiver sa décision réalise la même idée d'une façon bien plus opportune; elle oblige le juge à justifier objectivement son jugement, sans être astreint à suivre la lettre de la loi.

Il y a un autre mode d'organisation du droit qui tend au même but, mais qui le poursuit d'une manière plus imparfaite encore. C'est la forme *casuistique*, qui, au lieu de donner au juge des principes généraux dont l'application adéquate est abandonnée à sa propre intelligence, ne lui fournit que des dispositions de détail pour chaque cas particulier, des recettes juridiques prévoyant toutes les espèces possibles d'affaires juridiques, en le dispensant de toute recherche ultérieure. Pareille organisation est condamnée d'avance. Comment, en effet, prévoir la variété infinie des cas particuliers qui peuvent se présenter? C'est vouloir rendre l'application de la loi purement mécanique, et rendre inutile la pensée du juge. On songe involontairement au canard de Vaucanson qui digérait automatiquement : on glisse l'espèce à décider dans la machine à juger, elle en sort sous forme de jugement. L'expérience a fait justice de ce système. Le législateur ne peut suppléer à l'intelligence du juge; dans cette voie il ne réussit qu'à l'endormir.

172. Procédure; administration de la justice. — Je passe aux trois autres conditions nécessaires à l'administration de la justice. Elles lui sont spéciales. Pour trouver son application sous forme judiciaire, le droit doit se discuter *entre deux parties litigantes* — conformément à une *procédure* tracée d'avance — devant les *juges*. C'est le *litige* qui met toute la justice en mouvement.

Un litige suppose *deux parties litigantes*. En matière civile, ce sont le demandeur et le défendeur; en matière criminelle, elles sont représentées par le ministère public et le prévenu. Le litige doit être tranché par un tiers non intéressé à la solution. C'est la fonction du juge. Le pouvoir public doit lui assigner une position qui le mette à même de remplir sa tâche. L'ancienne procédure criminelle donnait au juge, à côté de son rôle comme tel, celui de partie au débat, celui du ministère public poursuivant le délinquant, ce qui devait contrarier le devoir d'impartialité qui lui était imposé. — On ne peut être à la fois juge et partie.

Le rapport des parties avec le juge consiste dans la *subordination* juridique ; entre elles, leur rapport est caractérisé par *l'égalité* juridique. L'État lui-même, intervenant dans une instance civile ou dans un procès criminel, se soumet juridiquement au juge; il est sur la même ligne que la personne privée, il est une partie comme une autre. Dans les cas où cette position deviendrait choquante, il doit légalement s'abstenir de saisir le juge, et décider lui-même; mais s'il a fait appel au juge, il doit se soumettre aux conséquences de cette attitude, et se soumettre, comme toute autre partie, au juge et aux règles de la procédure.

Le rapport des parties entre elles est caractérisé par

l'égalité juridique. Elles doivent combattre à armes égales; l'ombre et la lumière doivent leur être également distribuées. C'est là la première exigence que doit réaliser l'organisation de la procédure, celle de la *justice en procédure.* Celle-ci, une fois de plus, vient cadrer avec l'égalité (n° 164). Toutes les autres conditions ne viennent qu'en seconde ligne, elles ne visent que l'*opportunité.*

Parties, juge, procédure, sont donc les trois éléments caractéristiques de l'administration de la justice. Il suit de là que le droit de la guerre ne ressort pas de l'administration de la justice. En faisant la guerre, l'État ne *cherche* pas le droit devant un juge supérieur, il *le dit lui-même.* Le *conseil de guerre* qu'il établit n'a d'un tribunal que le nom; en réalité, il fonctionne comme une autorité administrative. *Le conseil de guerre,* c'est l'État lui-même. La question de savoir jusqu'où l'État doit étendre l'administration de la justice, dans le vrai sens du mot, est toute politique. Jusqu'en des temps récents, l'État n'avait organisé que la justice civile et pénale; on ne connaissait que le juge civil et le juge criminel, la procédure civile et la procédure criminelle. Mais les progrès du droit public ont étendu le domaine de la justice (justice administrative), et l'étendront probablement encore.

173. Fonctions du juge. — Si précis que soit le texte de la loi, si clairement tracée que soit la procédure, tout le succès de l'administration de la justice repose en fin de compte sur deux conditions, qui doivent se rencontrer dans la personne du juge, et qui doivent faire le souci principal de la législation. La première est toute intellectuelle : elle porte sur la science requise et le discernement nécessaire pour l'application du droit; le juge doit connaître à fond la théorie et la pratique du droit. Les institutions qui aujourd'hui aident à réaliser cette condition sont connues : l'étude du droit, les examens d'État, le stage. La seconde condition est toute *morale*, c'est une question de caractère. Par ce mot, il faut entendre la fermeté de volonté, le courage moral, nécessaires pour faire prévaloir le droit, sans se laisser égarer par des considérations quelconques, amitié ou haine, respect humain ou pitié ; c'est la justice dans le sens subjectif : *constans ac perpetua voluntas suum cuique tribuendi* (L. 10 pr. de J. et J. 1.1). De considérations de personnes, le vrai juge n'en connaît pas. Les parties qui comparaissent devant lui ne sont pas pour lui *ces* individus déterminés, ce sont des abstractions sous le masque du demandeur et du défendeur. Il ne voit que le masque, il ignore l'individu qu'il cache. Rejeter tout hors-d'œuvre concret, élever le cas d'espèce à la hauteur de la situation abstraite prévue par la loi, le résoudre comme une opération mathématique, dans laquelle peu importe ce que représentent les nombres, onces ou livres, francs ou centimes, telle est la mission vraie du juge.

Le savoir peut s'imposer, le caractère échappe à toute réglementation ; il n'est pas d'institution qui rende la partialité du juge impossible.

Mais les moyens d'obvier à ce danger ne manquent pas. La législation en a deux à sa disposition. Elle peut viser à étouffer la partialité dans son germe, en écartant autant que possible toutes les occasions où elle pourrait chercher à se manifester (*moyen prophylactique*). Elle peut la combattre directement, soit en lui opposant un contrepoids psychologique, soit en atténuant dans les limites du possible, les conséquences de sa manifestation (*moyen répressif*).

Pour prémunir le juge contre toute tentation de partialité, la loi lui impose, comme contrepoids psychologique, le serment. Le *serment judiciaire* trouve sa consécration chez toutes les nations civilisées, et nos *jurés* modernes lui ont emprunté leur nom. Mais le serment ne vaut que ce que vaut la conscience du juge; il manque son but si le juge est dépourvu de moralité. Celui-ci, alors, ne peut plus être retenu que par la crainte des suites que la loi attache à la violation du devoir professionnel (poursuites disciplinaires, responsabilité civile, répression criminelle). Mais cette menace, non plus, n'agit que dans une certaine mesure, elle n'atteint que les violations graves qui se décèlent ouvertement et la partialité s'y soustrait en se couvrant du manteau de l'indépendance des convictions individuelles.

Par contre, la législation est armée pour atténuer jusqu'à un certain point les conséquences de la partialité, et ces armes sont, d'un côté, l'organisation judiciaire, d'un autre, la procédure. La première y pourvoit par l'érection des tribunaux en collèges. Là, où la magistrature est animée du sentiment du devoir, l'organisation collégiale des tribunaux, grâce à la loi du nombre, présente cette garantie que le juge consciencieux s'y rencontre en majorité; le travail en commun maintient les autres dans le devoir. Là, au contraire, où fonctionne le juge unique, tout est livré au hasard : le juge dépourvu de conscience reste seul et privé du contrôle bienfaisant de ses collègues ; tout au plus lui reste-t-il, comme frein, la perspective de l'instance supérieure. Aussi, cette dernière, dans l'institution du juge unique, constitue-t-elle une garantie doublement précieuse. Avec des tribunaux organisés en collèges, une seconde instance est à peine nécessaire ; elle s'impose là où siège le juge unique. La mesure du montant du litige, qui fixe généralement la recevabilité d'une instance supérieure, ne peut guère se justifier — l'intérêt de la justice ne se pèse pas seulement d'après la *valeur* de l'*objet* en litige, mais bien aussi d'après la *valeur idéale* du droit, et pour ma part, je craindrais moins de soumettre au jugement définitif d'un tribunal érigé en collège, la question la plus importante que de confier à un juge unique, la décision du plus insignifiant litige.

A côté de la voie répressive dont nous venons de parler, le législateur dispose encore de moyens de préservation pour écarter le mieux possible du juge, les occasions ou les tentations de partialité. Ces moyens ne sont évidemment que d'une efficacité restreinte. Celui qui manie le glaive de la justice, doit avoir le courage moral d'atteindre le coupable, de s'exposer à sa colère, à sa haine, à son ressentiment. A ces dangers, on ne peut le soustraire; aussi peut-on dire que le vrai juge doit faire abnégation de soi-même.

Mais la législation peut et doit veiller à ce que cet oubli de soi-même ne dépasse pas ce qui est indispensable : on ne doit pas exiger que le juge fasse le sacrifice de son existence. Les annales de la justice rapportent des exemples éclatants et glorieux d'intrépidité, de fermeté, d'héroïsme moral, chez certains juges, mais la société est intéressée à ne pas exagérer la dose de force morale qu'elle exige du juge ; l'héroïsme, l'esprit de martyre, ne doivent pas être érigés en conditions des fonctions judiciaires, et l'on peut se contenter des forces moyennes de l'humaine nature. Il faut éviter au père la torture de devoir condamner ses propres enfants au supplice, comme Brutus; le juge ne doit pas être appelé à statuer sur le sort de sa femme, de son fils; s'il le voulait même, la loi doit le lui interdire, et elle le lui interdit. Nul ne peut être juge en sa propre cause; on ne doit pas l'être dans celle d'un ennemi, d'un ami ou d'un proche parent; en de pareilles conjonctures, le juge doit se récuser, et la partie peut demander sa récusation. Le droit doit soustraire le juge à toutes tentations, à toutes séductions possibles, dans son intérêt autant que dans celui de la société.

174. Organisation judiciaire. — A ce point de vue, l'organisation de collèges de juges — et c'est là leur autre supériorité sur le juge unique — est des plus précieuses.

La décision du juge unique est *sa* décision : il en assume

la responsabilité, et doit prendre à son compte la haine, la colère, la rancune de celui qui se croit lésé. Le jugement d'une juridiction érigée en collège, laisse ignorer la part d'intervention de chacun de ses membres, et si le devoir légal du secret professionnel est respecté, quant au vote, celui-ci reste ignoré du public. Nul ne peut d'une façon certaine en faire remonter la responsabilité à tel membre isolé, et cette incertitude, ce voile, que la justice étend sur la part de chacun, rend à l'esprit timoré le même service que le secret du vote électoral [105]. C'est pour cela que la législation devrait ériger l'observation du secret professionnel par rapport à l'œuvre intérieure des collèges judiciaires, en un devoir des plus strict, dont toute violation serait sévèrement punie; le secret professionnel est une des garanties les plus efficaces de l'indépendance du juge.

L'un des plus grands dangers qui menacent l'impartialité du juge (et je ne parle ici que du juge de carrière), réside dans l'influence du pouvoir public qui lui a conféré ses fonctions. Ces fonctions constituent généralement la base économique de son existence entière. Si l'État peut les lui enlever à son gré, l'État pourra, s'il attend de lui un jugement déterminé qui lui soit favorable, le placer dans l'alternative d'obéir ou de sacrifier sa charge et son traitement.

La garantie de la sûreté du droit, l'assurance que le pouvoir public respecte sérieusement l'indépendance de la justice, exigent que le juge soit affranchi du simple bon vouloir de l'État, que la loi protège sa position, et ne

---

(105) Dans les derniers temps, Rome adopta cette forme de vote (*per tabellas*), dans les tribunaux populaires et par jurés (*quaestiones perpetuæ*), ainsi que cela se faisait dans les élections. L'homme assez faible pour craindre de se laisser influencer, trouve dans le secret du vote une garantie d'indépendance. Il vaut encore mieux atteindre ainsi un résultat, en somme supportable, que de poursuivre inutilement la chimère de trouver partout une force d'âme, trop souvent absente.

permette sa révocation que pour des raisons déterminées. A l'irrévocabilité du juge, notre époque a souvent ajouté son inamovibilité, et, il faut en convenir, celle-ci est un précieux corollaire de celle-là.

Mais il ne suffit pas, pour assurer l'indépendance du juge, qu'il soit garanti contre la perte de ses fonctions; il faut encore que celles-ci lui donnent l'indépendance matérielle. Une bonne organisation de la justice exige, comme première condition, que les fonctions judiciaires soient convenablement rémunérées (n° 201). Ici, toute économie dans le ménage public constitue un faux calcul. Les chambres législatives allemandes ont souvent témoigné d'une grande étroitesse d'intelligence politique en opposant, sous ce rapport, une impardonnable résistance aux propositions du gouvernement, au lieu de prendre elles-mêmes l'initiative de mettre les traitements judiciaires plus en rapport avec les exigences de la vie, au-dessous desquelles, si injustement, et depuis si longtemps, ils sont maintenus. L'exemple de certains pays aurait pu leur apprendre à quel prix le peuple, sous forme de corruption, rachète ce genre d'économies de l'État.

L'irrévocabilité, le secret du vote, la juste mesure du traitement, suffisent pour assurer, tant vis-à-vis de l'État que des particuliers, l'indépendance du juge. Celui qui jouit de ces trois privilèges est hors d'atteinte. Cependant il peut encore être tenté. Si l'intimidation manque à celui qui veut assaillir sa conscience, encore pourra-t-il, État ou particulier, y réussir par une voie obscure. Le danger vient particulièrement de l'État; non seulement parce qu'il dispose de moyens plus puissants que l'homme privé (avancement, honneurs), mais pour une autre raison encore. Celui qui tente de corrompre un juge affiche l'illégalité de sa démarche; son offre seule le trahit et le démasque. L'État, lui, n'a que faire d'offrir, d'étaler aux yeux du juge vénal, le prix qu'il met à sa complaisance : ce prix, il le détient, et cela suffit. Le servilisme et l'ambition devinent son désir et lui épargnent la peine de faire le premier pas.

Contre ce danger, nulle garantie. La loi ne peut enlever à l'État ces moyens de corruption, à moins de l'obliger à appliquer le principe de l'ancienneté à l'avancement, au rang, aux honneurs, et l'on ne peut si bien serrer le bandeau sur les yeux de la justice qu'elle ne puisse par dessous lorgner quelque faveur. Mais une magistrature toute entière fidèle à son devoir, obéissante à sa conscience — et comme nous le verrons, la profession même avive ces vertus — souffre moins du servilisme et de l'absence de caractère de quelques-uns de ses membres. Le danger ne serait grand que si le pouvoir public avait le moyen de choisir des juges pour un cas isolé, ou de composer un tribunal pour le jugement d'une seule cause : les complices ne lui feraient pas défaut, et l'arbitraire a toujours su recourir à ce moyen. La chambre étoilée de Henri VII, et la haute commission d'Elisabeth, en Angleterre, la commission centrale d'instruction, organisée à Mayence, en 1819, par la confédération germanique, pour la répression des menées révolutionnaires et démagogiques, la commission centrale d'instruction instituée à Francfort, en 1833, dans le même but, sont des exemples terrifiants et inoubliables, de ce que peuvent attendre les peuples, lorsque le despotisme et l'arbitraire absolutiste choisissent leurs propres juges. Mais ces expériences aussi ont fait que les constitutions nouvelles ont dorénavant proscrit toutes les mesures de ce genre. C'est là qu'apparaît la portée politique supérieure de la doctrine du ressort et de la *compétence* des tribunaux, que le juriste perd trop facilement de vue lorsqu'il s'en tient à la théorie pure.

Mais l'institution trouve son côté vulnérable dans la composition des tribunaux par les soins du pouvoir public. Celui-ci, il est vrai, ne peut faire choix d'un tribunal, mais il crée les juges qui le composent : la libre sélection administrative quant au choix des *personnes*, permet à l'État d'éluder sa subordination vis à vis du *tribunal*; il lui suffit de remplacer les juges peu souples par des magistrats plus complaisants, et il arrive ainsi à avoir un tribunal soumis à sa volonté.

Rien, à mon avis, qui puisse éloigner ce danger. Le pouvoir public offre une promotion au juge incommode, et celui-ci laisse sa place vacante. L'inamovibilité du juge n'est qu'un palliatif; il ne peut être déplacé contre son gré, c'est vrai, mais s'il consent à faire place à celui que le pouvoir désire?... On ne peut cependant contester au pouvoir public son entière liberté d'appréciation dans le choix des juges. Tous les moyens que l'on pourrait imaginer, pour empêcher la mauvaise foi du gouvernement, sont d'avance frappés de stérilité; si bien qu'il faut finir par reconnaître que le pouvoir peut trouver le moyen d'influencer la justice. Aucune loi ne peut y mettre obstacle : l'opinion publique, la conscience des gouvernants, peuvent seuls conjurer le péril. Lorsqu'un gouvernement compose ainsi un tribunal dans des vues déterminées, il exécute une manœuvre si insolite et si apparente, que le jugement du peuple n'hésite pas à y voir une violation ouverte du droit. Reste à savoir si le résultat en vaut la peine. Il ne faut pas remonter bien haut dans l'histoire pour trouver la confirmation de ce que je viens de dire.

175. Jury. — Je n'ai parlé jusqu'ici que du *juge de carrière*, c'est-à-dire du juge permanent, instruit, rétribué; j'ai constaté qu'il ne pouvait être indépendant d'une manière absolue, du pouvoir public. Mais il est une forme de tribunal qui réalise cette indépendance de la façon la plus complète, et c'est le jury. Le juré n'a rien à craindre et n'a rien à espérer du gouvernement; sa fonction est trop soudaine, trop imprévue, trop tôt épuisée, pour que le pouvoir puisse songer à exercer une pression; le temps et les lieux s'y opposent. Si l'affranchissement de toute pression gouvernementale faisait le juge idéal, le jury serait une institution parfaite. Mais d'autres liens que ceux du pouvoir menacent l'indépendance du juge. Qu'il cède à des préventions politiques et religieuses, qu'il hésite devant l'opinion publique ou celle de la presse, qu'il soit attentif à la critique ou à la louange de son entourage, qu'il se laisse entraîner par son co-juré, ou qu'il s'incline devant les désirs du gouvernement, où est la différence? Ni dans un cas, ni dans l'autre, il ne peut être question d'indépendance réelle, dans tous, le juge cesse d'être ce qu'il doit être.

La supériorité relative du juge et du juré dépendra donc de la question de savoir lequel jouit de la plus grande somme d'indépendance, et par qui la loi sera le plus sûrement réalisée. La décision à mon avis, ne saurait être douteuse. Soumission à la loi, telle est la première vertu du juge; mais cette soumission exige une éducation préalable, tout comme l'obéissance du soldat. La discipline, pour l'ancien militaire, devient, grâce à la durée du service, une habitude, une seconde nature, à tel point que l'insubordination et l'indiscipline lui sont insupportables. Il en est de même pour le juge, au regard de sa soumission à la loi. Tout exercice continué d'une certaine vertu, produit cet heureux résultat qu'il la rend facile, nécessaire même, au point que l'homme ne la peut oublier, sans avoir conscience de sa propre déchéance. La chose devient plus vraie encore, lorsque cette vertu se trouve être la base de la profession et le devoir de toute une classe. Les habitudes d'une classe, le pouvoir des mœurs qui en résulte, c'est-à-dire la moralité particulière, l'honneur professionnel, la disposition d'esprit qui en est la conséquence, deviennent, dans la classe même, si puissants, si impérieux, qu'aucun de ses membres ne peut leur rompre en visière sans se déconsidérer lui-même; l'accomplissement du devoir professionnel devient une *question d'honneur*, c'est-à-dire, la condition du respect des autres et de l'estime de soi-même. L'esprit de la caste est seul capable de faire naître les qualités nécessaires à la profession qui s'y exerce, et il les développe si bien, qu'avant même d'avoir acquis, par expérience individuelle, la conviction de leur nécessité, le novice qui s'enrôle en est déjà tout imprégné, et se sent pénétré du sentiment de l'honneur professionnel qui lui trace la voie à suivre. Chaque nouvel arrivé reçoit ainsi, sans le vouloir, sans le savoir, sa part d'un trésor d'expériences et de manières de voir particulières, insensiblement accumulées, qu'il conserve et transmet à son tour. C'est la loi de vie non écrite de la classe dans laquelle il s'enrôle, développée sous forme d'esprit de caste.

C'est sur ces deux éléments : sur l'exercice continu d'une vertu érigée en devoir et sur l'influence morale de la tradition que repose la supériorité du juge de carrière sur le juge d'occasion : le juré. Il n'y a pas là qu'une simple supériorité *technique*, celle de l'homme du métier sur l'amateur, des connaissances plus étendues, d'une habileté plus grande, de l'habitude de juger, mais aussi une prévalence *morale* : l'habitude d'obéir à la loi, l'exercice de la force de *volonté* pour un but déterminé. C'est à la rude école de la discipline militaire, que le soldat, tout d'abord, apprend la subordination ; c'est dans l'exercice de la justice que le juge apprend à se soumettre à la loi. *L'exercice de la judicature est l'école de la justice.* Ce qui fait le juge est la première notion à acquérir : c'est d'obéir strictement à la loi, d'écarter toute considération de personnes, de tenir la balance égale entre le riche et le pauvre, le coquin et l'honnête homme, entre l'usurier et sa victime, de fermer l'oreille aux lamentations du misérable, aux gémissements des parents dont la sentence judiciaire va frapper l'époux et le père. Ce n'est pas le *mauvais* homme qu'il faut dépouiller, c'est à des instincts généreux qu'il faut imposer silence, et c'est là l'épreuve la plus grave qu'impose le service de la justice; elle peut se comparer à celle du soldat commandé pour fusiller son camarade. Ce sont, en effet, la pitié, l'humanité, la compassion, tous les plus nobles sentiments, qui se dressent contre la loi. Et pour combler la mesure, ajoutez le cas où le juge, alors que la culpabilité de fait paraît douteuse, doit appliquer une loi qui heurte son propre sentiment juridique, celle qui commine la peine de mort, par exemple, et l'on comprendra toute la portée de ce mot : l'obéissance à la loi. Et pareille tâche serait confiée à quelque novice qui s'assied sur le banc des jurés aujourd'hui, et le quitte demain pour toujours? Autant vaut espérer du garde civique la même discipline que du soldat régulier. Entre eux, il n'y a pas plus de différence qu'entre le juge de carrière et le juré. Celui-là est le soldat de profession au service du droit, qui s'est fait, de l'exercice de la justice, une habitude, une seconde nature, qui y a son honneur engagé; celui-ci est le garde civique, pour lequel l'uniforme et le fusil sont choses de rencontre, et qui, appelé par hasard à jouer au soldat, se sent, non pas soldat, mais citoyen; il a beau porter sur lui tout le harnais militaire, ce qui fait le vrai soldat : l'esprit de discipline et de subordination, lui échappe.

L'expérience peut démontrer si je juge le juré avec une trop grande sévérité. Elle nous fournit mille exemples où la matérialité du crime était démontrée claire comme le jour, et où néanmoins les jurés ont absous le criminel, méprisant ouvertement la loi, lui refusant obéissance, parce qu'elle contrariait leur opinion.

Si l'on estime que le juré doit avoir le droit de mesurer la faute du criminel, non d'après la loi, mais comme le conçoit son sentiment subjectif, comme à Rome, dans les comices criminels du peuple, eh bien ! que la constitution lui reconnaisse ce droit ! Mais tant qu'elle le lui dénie, tant que le jury n'a pas pour mission de juger la loi, au lieu de juger l'accusé, tout verdict de ce genre est un acte misérable et arbitraire, une révolte contre l'ordre, une insurrection contre la loi. Que ce soit le pouvoir ou un jury qui violent la loi, que ce soit pour frapper un innocent ou pour épargner un coupable, peu importe, la loi est méconnue. Et non pas seulement telle loi isolée, que le sentiment public peut même réprouver, bien que cette réprobation elle-même ne puisse excuser une illégalité, — mais, dans cette disposition isolée, la majesté de la loi en général est blessée, sa puissance est discutée, la foi en son inviolabilité est ébranlée. La sûreté du droit, c'est-à-dire la certitude que la loi sera toujours et uniformément appliquée, disparaît; à la place de la loi égale pour tous, se met le sentiment individuel, incertain et variable des jurés, c'est-à-dire, l'arbitraire, le hasard. Tel accusé sera absous, tel autre, pour le même crime, sera condamné; celui-là s'en ira libre, celui-ci montera à l'échafaud.

Et qui oserait répondre, qu'un tribunal qui se place au-dessus de la loi pour absoudre un coupable, n'en agira pas un jour de même pour condamner un innocent? Quand on abandonne la voie droite de la loi, il n'y a plus de raison de prendre à droite plutôt qu'à gauche; quand le torrent rompt ses digues, qui prédira son cours? L'on restera livré au caprice de la masse, à son opinion du moment. Aujourd'hui, ce seront les royalistes qui condamneront les républicains; demain, les républicains prendront leur revanche sur les royalistes; aujourd'hui, les conservateurs frapperont les libéraux, qui à leur tour, demain, emprisonneront les conservateurs. Permettre aux jurés de corriger la loi, c'est leur mettre à la main une épée à deux tranchants, dont ils frapperont, selon les circonstances, partout ailleurs peut-être que ne le veulent les partisans du jury.

Je résume mon opinion sur le jury. Abstraction faite de leur indépendance vis-à-vis du gouvernement, les jurés ont, à tous égards, les qualités que le *juge* ne doit *pas* avoir. Ignorants du droit, que l'étude seule enseigne ; dépourvus du sens de la légalité, que seule donne la profession ; privés du sentiment de la responsabilité, que seule donne la *fonction*, de l'indépendance du jugement, que seule peut former la pratique ; — dépourvus de toutes ces qualités, ils arrivent à leur banc, partageant déjà, peut-être, l'opinion du public ou celle de la presse ; — faciles à émouvoir, se laissant éblouir par l'art du défenseur, qui sait où appuyer son levier : sur leur cœur, leur humanité, leurs préjugés, leurs intérêts, leur opinion politique ; — accessibles, lors du vote, à toute l'influence d'une opinion contraire à la leur, mais présentée avec autorité, et que néanmoins, abandonnés à eux-mêmes, ils eussent repoussée, et rejetant sur elle la responsabilité du résultat, — « au demeurant, les meilleurs fils du monde », mais pour le dire encore, les gardes civiques de la justice, dont tout un peloton ne vaut pas un seul vrai soldat.

Et l'on trouverait une compensation à toutes ces infériorités dans l'*unique* élément de leur indépendance vis-à-vis du pouvoir ? On se demande avec stupeur comment une institution aussi défectueuse a pu trouver tant dé crédit, et s'implanter partout. Evidemment les raisons ont dû en être impérieuses. Le jury a délivré notre administration de la justice d'une double charge bien pesante jusqu'alors : l'absolutisme d'un côté, la théorie des preuves du moyen-âge, d'un autre. Il fallait, sous l'un et l'autre rapport, rompre décidément avec le passé ; l'institution du jury répondait parfaitement à ce double but. A la place du juge de carrière, dépendant du pouvoir public, elle mit, pour la partie de l'administration de la justice où l'ingérence du pouvoir était le plus redoutable, c'est-à-dire la justice criminelle, le juré, sans attache aucune avec ce pouvoir. Elle arrachait ainsi au despotisme son moyen d'oppression le plus efficace ; à l'incertitude du droit elle faisait succéder sa sûreté, et rendait possible le progrès légal. Archimède avait trouvé le point où appuyer son levier pour soulever le monde ; toutes les conquêtes qui caractérisent notre état juridique actuel, à l'intérieur et à l'extérieur, résultent de cet effort. *A l'intérieur :* le renforcement du sentiment national du droit, — l'abandon de cette soumission hébétée, avec laquelle, au siècle passé, le peuple a laissé commettre contre lui les actes les plus brutaux d'arbitraire souverain, — le droit devenu le palladium respecté et sacré de la société civile, la puissance devant laquelle les plus puissants comme les plus humbles n'ont plus qu'à s'incliner, le joyau qui excite tous les courages à le défendre et à le conserver, et que nul pouvoir n'oserait plus entamer. *A l'extérieur :* l'indépendance de la justice assurée vis-à-vis de l'arbitraire du gouvernement, et devenue le dogme constitutionnel qui couvre les fonctions judiciaires (inamovibilité du juge — interdiction de la justice secrète). Le jury opéra la réforme de tout notre état juridique. Il était aux yeux du peuple la question posée aux gouvernements : droit ou arbitraire ? Et déjà avant d'exister chez nous, nous apparaissait-il chez d'autres peuples comme un Évangile nouveau, et exerçait-il cette influence lointaine que les institutions juridiques d'une nation exercent sur tout le reste du monde civilisé.

Le jury représente donc le passage de l'absolutisme à l'état de droit, service inoubliable qui rachète tous les défauts qui l'entachent. Mais, autre chose est le mérite passager d'une institution, autre chose son mérite permanent. Le premier, je l'accorde volontiers au jury ; le second, je le lui conteste. Il viendra un temps, j'en suis couvaincu, où le droit, inébranlablement assis, criera aux jurés : le nègre a accompli son œuvre, il peut s'en aller. Car nègre il est, et nègre il restera, malgré tous les efforts de ses partisans pour le blanchir. Il est vrai qu'il faudra bien du savon encore, avant que tous soient persuadés.

Le deuxième bienfait que nous a apporté le jury : l'abolition de la théorie des preuves, qui régnait au moyen-âge, présente également un caractère transitoire. Il serait inutile de le contester en affirmant que l'institution du jury n'était pas nécessaire à cet effet, et qu'il eût suffi de l'abolition légale, pour le juge instruit, de la théorie des preuves. L'affirmation est fausse, à mon avis. Rien ne sert de verser du vin nouveau dans de vieilles futailles. Le juge laïque avait plus facile à répudier l'ancienne théorie des preuves, que le juge clerc, pour lequel son application était devenue une seconde nature. Il ne s'agissait pas seulement d'abolir la *théorie*, il fallait aussi rompre avec l'*accoutumance*. Or, là encore, il n'y a aucune raison de conserver le nègre quand son œuvre est accomplie.

Je ne base pas ce jugement défavorable au jury, sur ce que le juge y est régulièrement un particulier. Je n'oppose pas le particulier au juriste. Mais ma raison décisive se trouve dans l'antithèse du juge d'occasion et du juge permanent. J'accepte, à côté du juriste, le juré permanent, c'est-à-dire l'échevin, et je crois même que, sous cette forme, l'accession de l'homme du peuple à l'administration de la justice a chance de succès dans l'avenir. Mais je crois aussi que ce succès dépend de deux conditions qui doivent accompagner l'organisation de l'échevinat : d'abord, la fonction de l'échevin doit durer assez pour qu'il s'imprègne de l'influence éducatrice de la pratique judiciaire; ensuite, la loi doit veiller, lors des changements parmi les membres de l'échevinat, à en conserver toujours un certain nombre, pour maintenir la tradition, et transmettre aux nouveaux venus le sens de la justice. En un mot, l'institution doit présenter les deux avantages primordiaux de la magistrature permanente : l'enseignement continu de l'observation de la loi, et l'esprit moral qui en découle, avec la discipline du corps qu'il inspire. Dans ce système, l'échevinat résoudrait le problème vainement poursuivi pour le juge de profession rétribué, en établissant un juge permanent entièrement indépendant du gouvernement. L'expérience doit apprendre si la condition essentielle de l'institution pourra se réaliser partout : celle de rencontrer des particuliers intelligents, assez nombreux, et en position de se consacrer gratuitement, et d'une manière permanente, au service de la justice.

176. 3. Limites de la soumission du pouvoir public à la loi. — C'est par la loi que le pouvoir public limite sa propre action. Jusqu'à quel point doit-il ainsi se lier ? Doit-il se lier d'une manière absolue ? Dans cette dernière hypothèse, il ne resterait à chacun qu'à se soumettre à la loi ; le pouvoir public ne pourrait ordonner ou défendre rien qui ne fût écrit dans la loi ; la loi de l'État serait sur la même ligne que la loi de nature. Comme dans la nature, la loi de l'État constituerait, elle aussi, la seule force imprimant le mouvement à toute l'activité sociale ; le hasard, l'arbitraire disparaîtraient, et la mécanique de l'État ressemblerait à une horloge marchant avec une imperturbable régularité.

Qui ne verrait là l'idéal de l'état juridique? Il ne lui manquerait qu'une seule qualité : la *viabilité*. Un État pareil ne durerait pas un mois. Pour subsister, il devrait être ce que précisément il n'est pas : une horloge. Sous l'empire exclusif de la loi, la Société devrait renoncer à sa liberté d'action ; privée de cette liberté, elle devrait se courber partout et toujours sous la nécessité légale, même dans les circonstances où la loi est muette ou incomplète. Il en résulte que l'État ne peut restreindre, par la loi, la liberté et la spontanéité de son action, que dans la mesure indispensable, et encore ne doit-il pas même aller jusqu'à la limite extrême. C'est une erreur de croire que la sûreté du droit et la liberté politique ne s'accommodent que d'un pouvoir peu fort; elle puise sa source dans cette idée étrange que la force est un mal que l'on doit combattre le plus possible. La force est bienfaisante au contraire, mais comme de tant d'autres biens, il est possible d'en abuser [106]. Le seul moyen de prévenir les abus n'est pas d'enchaîner la force; il y en a un autre tout aussi efficace : il réside dans la responsabilité personnelle. Les Romains anciens y ont eu recours. Ils revêtaient sans crainte leurs magistrats d'une plénitude de puissance qui avoisinait la monarchie absolue, mais ils exigaient d'eux, au sortir de leurs fonctions, des comptes rigoureux [107].

177. Droit de légitime défense de la Société. — Si étendu du reste que soit le champ que la loi donne à la liberté, des circonstances extraordinaires peuvent toujours surgir, où le pouvoir public devra opter entre la loi et le bien de la Société; lequel sacrifiera-t-il? On connaît la maxime : *fiat justitia, pereat mundus.* Elle sonne comme si le monde existait pour la justice, alors qu'en réalité c'est la justice qui existe pour le monde. Si le monde et la justice se dressaient face contre face, il faudrait dire, en retournant l'aphorisme : *pereat justitia, vivat mundus.* Mais loin de là, la justice et le monde marchent d'un pas égal, et la devise doit être : *vivat justitia ut floreat mundus.*

Mais tout autre est la question de savoir si, la loi une fois établie, le pouvoir public doit toujours et partout la respecter.

Je réponds hardiment, non. Prenons un exemple. Au cours d'un siége, il se trouve que la défense de la place exige la démolition de certains édifices appartenant à des particuliers. La constitution du pays déclare inviolable, d'une

---

(106) Je rappelle le jugement remarquable de Cicéron de legib. III, c. 10 sur le tribunat : *fateor in ipsa ista potestate inesse quiddam mali, sed bonum quod est quaesitum in ea, sine isto malo non haberemus.*

(107) V. *Esprit du D. R.* II § 40.

façon absolue, la propriété privée; elle n'a pas songé aux éventualités de ce genre, et les propriétaires refusent leur consentement à la démolition. Le gouverneur de la ville, pour ne pas s'exposer à porter atteinte à la propriété, devra-t-il sacrifier la place, et avec elle, peut-être, le dernier boulevard de l'indépendance nationale? Ce serait jouer sa tête. La rupture d'une digue, un incendie, toute autre catastrophe de ce genre, amènent des dangers communs, qui ne peuvent être conjurés que par des atteintes à la propriété privée : l'autorité devra-t-elle ici respecter la propriété, et laisser l'élément destructeur accomplir son œuvre?

Chacun peut répondre d'instinct. Comment répond la science? L'acte se justifie par cette considération que le droit n'est pas un but en soi, mais seulement un moyen d'atteindre le but. Le but final de l'État, comme celui du droit, est d'établir et d'assurer les conditions de vie de la Société (V. plus loin n° 12); — le droit existe pour la Société, non la Société pour le droit. Si donc il advient exceptionnellement, comme dans les cas ci-dessus, que le pouvoir public se trouve devant l'alternative de sacrifier, ou le droit, ou la Société, il ne lui est pas seulement loisible, mais il est de son devoir de sacrifier le droit, et de sauver la Société. Au dessus de la loi qu'il viole, est la Société qu'il doit conserver, et cette autre loi, la *lex summa*, comme l'appelle CICÉRON (de legib., III, 3) : *salus populi summa lex esto*. Dans un conflit semblable, quand il s'agit de sa propre vie ou d'une atteinte au droit d'autrui, la personne privée peut sacrifier son existence, bien que la loi ne lui en fasse pas un devoir (droit de légitime défense); elle ne sacrifie qu'elle-même. En agir de même, constituerait pour le pouvoir public une faute capitale, car il doit réaliser le droit, non pour lui-même, mais pour la Société. Lorsque le navire est en danger, la vie de l'équipage menacée, le capitaine jette la cargaison par dessus bord pour sauver tout le monde; le pouvoir public doit, de même, sacrifier la loi, si le salut de la Société est à ce prix. Ce sont là les *faits sauveurs*, comme on les appelle, et ce nom renferme leur théorie toute entière, leur justification et leurs conditions. Des hommes d'Etat sans conscience, ont pu, dans un but criminel, invoquer les faits sauveurs, le bien de l'État a pu servir de manteau à l'arbitraire, soit; mais le principe que le pouvoir public a le droit de les accomplir, ne donne pas plus sujet à contestation que le droit du capitaine de jeter la cargaison à la mer. Le pouvoir exerce dans ce cas le droit de légitime défense, qu'on ne saurait pas plus lui refuser qu'à la personne privée — non-seulement il *peut* l'exercer, mais il le *doit* exercer. Mais l'un est la condition de l'autre : il ne peut y recourir que là où la nécessité lui en fait un *devoir*.

Il n'en est pas moins vrai que la violation ouverte de la loi est toujours un fait déplorable. La législation doit, autant que possible, en épargner la nécessité au pouvoir public. La chose est possible si l'on revêt de la forme légale le droit même de défense, et c'est ainsi qu'ont procédé, ou à peu près, toutes les législations et les constitutions modernes. On pourrait appliquer aux dispositions prises dans ce sens, le nom de *soupapes de sûreté du droit* : elles ouvrent une issue à la nécessité, et préviennent ainsi des explosions violentes (108).

---

(108) Il n'est pas nécessaire d'en faire un examen approfondi, il suffit d'en faire une simple énumération. Ce sont les suivantes : atteintes du pouvoir public à la propriété privée, d'abord à la *posses ion*, par des mesures *de fait*, sans procédure judiciaire préalable (cas de nécessité, par exemple, en cas d'incendie, d'inondation, de guerre, etc.); enlèvement de la propriété par voie juridique, c'est-à-dire *expropriation* : soit sous forme de loi individuelle (p. 231), soit au moyen de l'accomplissement de normes établies d'avance pour ce cas par des autorités judiciaires ou administratives; suspension passagère de certaines dispositions légales (par exemple sur les protêts, en France, lors de la dernière guerre), ou du cours de la justice normale (*justitium* à Rome); proclamation de l'état de guerre ou de siège (à Rome, nomination d'un

La question de savoir si ces violations de la loi réunissent les conditions nécessaires à leur justification est toute de fait, et nous n'avons pas à nous en expliquer ici. Que dans ces cas, le pouvoir public doive indemniser le particulier lésé, c'est là une nécessité dérivant de la nature du rapport social. Celui-ci repose sur le principe de l'égalité (v. ci dessus p. 246), et il est conforme à ce principeque ce qui profite à tous doit aussi être supporté par tous.

178. Droit de grâce. — Le droit de grâce constitue également un cas de non-observation de la loi par le pouvoir public. Dans la forme, il porte atteinte à l'ordre juridique; la menace de la loi est rendue vaine, le criminel est soustrait après coup à la peine prononcée contre lui; en fait, la loi reste inexécutée. Le droit de grâce paraît donc inconciliable avec l'idée de l'administration de la justice. Que devient la loi, si dans un cas, elle est appliquée, si dans un autre, elle reste à l'état de lettre morte? Que devient l'égalité devant la loi, si la peine prononcée est exécutée contre tel criminel, tandis que tel autre échappe à toute répression? Le droit de grâce chasse la loi et le droit de leur siège, il introduit l'arbitraire dans l'administration de la justice criminelle.

Qu'y a-t-il à répondre? Il est *possible* que l'arbitraire prenne la place du droit, mais cela ne doit et ne peut être, car cette place ne lui est pas destinée, elle appartient à la justice: à la justice, qui, dans un cas donné, reconnaît qu'elle

---

dictateur; *Senatusconsultum : videant consules, ne quid detrimenti capiat res publica)*: abolition de droits existants, par la législation (par exemple du servage, des droits banaux ou de contrainte, *novœ tabulœ* à Rome, etc.); atteintes à ces droits par une loi avec effet rétroactif. Toutes ces mesures se rangent sous un seul et même point de vue, et c'est faire preuve de peu d'esprit d'abstraction que d'en admettre quelques-unes en principe, et de repousser les autres, ce qui est arrivé souvent, en doctrine comme en législation, par rapport à la question de l'effet rétroactif des lois, même de la part de l'auteur autrement si radical : F. Lassalle, *System der erworbenen Rechte*, I, p. 3-11.

a dépassé la mesure de la loi, et qui doit pouvoir sauver un innocent de l'erreur qu'elle a commise. En ce sens, la grâce apparaît comme le correctif de la loi reconnue imparfaite, ou comme la justice réparant elle-même sa propre erreur.

179. Lacunes du droit criminel. Remèdes. — Mais l'imperfection du droit criminel peut se trahir, non-seulement là où elle réclame ce correctif du droit de grâce, mais aussi dans un tout autre sens. Il est possible qu'une lacune se manifeste tout-à-coup dans la copieuse liste des faits délictueux qu'une longue expérience a fini par mettre au jour. Une imagination criminelle peut inventer des méfaits non prévus, qui, pour ne pas échapper complètement à la loi pénale, ne rencontrent pas cependant une répression suffisante, étant donnée la gravité du fait [109]. Que faire alors? Lorsqu'un être inhumain menace la Société d'un danger qu'aucune loi ne punit, et fait preuve d'une dépravation qui dépasse celle du criminel ordinaire, la Société doit-elle se déclarer désarmée, parce que le droit établi ne lui fournit aucune peine à appliquer? Oui, répond le juriste. Sa devise est connue : *nulla pœna sine lege*. Mais le sentiment général, auquel je me rallie, exige une punition. Cette proposition qui se présente comme une règle de justice absolue, ne se justifie, en réalité, que d'une manière relative. Elle vise à écarter l'arbitraire, et sous ce rapport, elle a sa raison d'être. Mais le but suprême du droit n'est pas d'empêcher l'arbitraire, mais de réaliser la justice, et l'adage perd sa légitimité là où il met obstacle à cette réalisation. Ce qu'il faut, c'est établir l'accord entre les deux buts. Il s'agit seulement de faire en sorte que l'autorisation donnée au juge de dévier de la loi positive ne profite qu'à la justice, et ne favorise pas l'arbitraire. Il

---

[109] Je citerai comme exemple le cas bien connu de Thomas à Bremershaven : remise d'une caisse garnie d'un appareil explosif, dans le but d'anéantir le navire choisi pour le transport, et avec l'intention de profiter de la prime d'assurance.

faudrait instituer une juridiction suprême, placée au-dessus de la loi, et composée de telle sorte qu'elle écarte à tout jamais le danger de devenir un instrument d'arbitraire dans les mains du pouvoir public.

La chose déjà se trouve réalisée en fait : pareille juridiction existe en Écosse. Mais n'existât-elle nulle part, il faut ici se préoccuper non de ce qui *est*, mais de ce qui *devrait être*, et de ce que comportent le but du droit et l'idée de la justice. Si la vérité est que la loi seule doit régner, en droit criminel comme en droit civil, il faut éliminer le droit de grâce. Admettre celui-ci, et tous les peuples civilisés l'ont inscrit dans leur législation, c'est abandonner le principe de l'empire *exclusif* de la loi dans la justice criminelle, c'est arracher au droit l'aveu qu'il ne peut accomplir sa mission à l'aide de la loi seule, qu'il existe un principe de justice supérieur à la loi, qui le force, dans un cas donné, à mettre la peine en harmonie avec les exigences du sentiment juridique. Cela étant, pourquoi s'arrêter dans la voie des conséquences? La juridiction suprême et extraordinaire dont je propose l'institution, à laquelle nulle législation n'a songé encore, ne serait que le corollaire, en sens inverse, du droit de grâce; la direction seule diffère, le principe est le même. Un progrès de plus à réaliser, serait de confier le droit de grâce à cette cour supérieure, placée au-dessus de la loi, droit qu'elle exercerait au nom du souverain — ou de la charger de soumettre à celui-ci des propositions de grâce. Elle aurait ainsi une mission élevée à remplir : celle de tenir la balance entre le droit écrit et la justice immanente qui lui est supérieure[110]. Et ce serait, en même temps, créer, par la voie de la jurisprudence, un élément de progrès pour l'avancement du droit criminel. Peut-être

---

(110) « *Inter aequitatem jusque interpositam interpretationem* » comme dit CONSTANTIN dans la L. I Cod. de leg. (I. 14).

alors, verrait-on les jurés absoudre moins souvent un criminel, malgré l'évidence du fait matériel. A la place de leurs deux formules de verdict : coupable ou non coupable, ils devraient pouvoir recourir à une troisième forme de jugement : le renvoi à la cour suprême, ou à la *cour de justice* (peu importe le nom). Dans certains cas même, comme dans celui rappelé ci-dessus (THOMAS), le ministère public devrait avoir le droit de requérir une peine non prévue par la loi.

Il ne faut pas confondre un pareil état de choses : au dessus du juge prononçant d'après le droit écrit, un second juge faisant œuvre de législateur, c'est-à-dire corrigeant la loi, il ne faut pas, dis-je, confondre pareil système avec l'exercice du pouvoir de punir, délié de toute loi, tel qu'il était pratiqué par le peuple romain dans les comices par tribu. Loin de moi l'idée de faire l'apologie de ce régime. Certes, il accordait une liberté illimitée d'appréciation de ce qui devait être considéré comme délit, et de ce qui pouvait être appliqué comme peine. Mais cet avantage perdait toute valeur en présence de ce fait, que ce n'était pas une autorité judiciaire qui statuait, et que c'était le peuple souverain qui exerçait le droit de punir, avec ses passions et sans le frein de la loi. Les garanties de la séparation des fonctions judiciaires, et des autres fonctions du pouvoir public (p. 253) faisaient absolument défaut. Je ne prône pas l'invidualisation absolue de la justice criminelle — elle n'appartient qu'au despote qui n'a à s'inquiéter d'aucune loi. Ce que je vante, c'est le pouvoir d'invidualiser, confié à une autorité *judiciaire*. L'idée s'est trouvée réalisée dans la procédure civile du droit nouveau (procédure formulaire). Le juge ordinaire ne pouvait évidemment être revêtu de ce pouvoir, mais le Préteur jouissait de cette prérogative : sa position, son entourage de juristes (*consilium*), garantissaient l'usage qu'il faisait de sa puissance. Placé à la tête de toute la justice civile, il était en même temps législateur. Sa mission, son devoir, lui imposaient de mettre le droit en harmonie avec les progrès du temps. Il obéissait, en instituant par ses édits des principes juridiques nouveaux, et se considérait comme autorisé, et appelé par cela même, à éliminer, dans l'application, tout esles sévérités du droit ancien. Il refusait des actions consenties par l'ancien droit civil, créait des exceptions non prévues par le droit écrit, restaurait des droits perdus (*restitutio in integrum*), bref, pour chaque cas particulier, il exerçait la critique pratique du droit existant; — organe vivant du droit (*viva vox juris civilis*), comme l'appellent les juristes romains, le Préteur était la personnification de l'idée de la justice; il n'était pas le juge lié à la loi, mais le législateur placé au-dessus d'elle, et la réduisant au silence partout où elle paraissait contraire à la justice. Les Romains se sont habitués à voir le Préteur individualiser la justice en s'écartant du droit existant, et la chose leur a paru si peu choquante, que l'institution s'est maintenue pendant des siècles, et s'est encore développée sous l'Empire. Non-seulement les Empereurs eux-mêmes l'adoptèrent (*constitutiones imperiales*), mais ils donnèrent à des juristes jugés dignes de leur confiance, au moyen du *jus respondendi*, l'autorisation de créer le droit dans un cas particulier (*jura condere*)[111].

Notre législation civile ignore cette institution, qui ne s'est maintenue que sous la forme du droit de grâce; dans la justice civile, elle exige la rigoureuse application de la

---

(111) *Auctoritas conscribendarum interpretandarumque legum* L. 1 § 1 Cod. de Vet. jur. (1.17) *Legislatores* L. 2 § 20 Cod. ibid., *Juris conditores* L. 12 Cod. de legib. (1.14). *Quibus permissum est jura condere.* GAIUS I. 6. A cela se rapporte la : *inter aequitatem jusque interposita interpretatio* de la L. 1 Cod. de leg. (1.14) (V. p. 284 note) par laquelle CONSTANTIN abolit l'institution. La nature de celle-ci peut se rendre d'un mot : pouvoir législatif pour le cas particulier (soumis à la justice), justice individualisante en opposition à la justice abstraite par la loi.

loi, sans tenir compte de ses sévérités, et de ses injustices possibles. L'attachement inviolable du juge à la loi nous garantit mieux contre l'arbitraire trop facile des appréciations individuelles.

Je termine ici mes explications sur la forme du droit. Elles ont montré comment :

1. la force s'élève du commandement individuel au commandement abstrait : la *norme*; comment ensuite,

2. la norme *unilatérale* prend la forme supérieure de norme bilatéralement obligatoire : le *droit*, et comment,

3. le droit crée lui-même le *mécanisme* nécessaire à sa réalisation (l'administration de la justice).

Grâce à ces trois éléments réunis, le droit nous apparaît comme un *mécanisme public*, destiné à réaliser *les normes* reconnues par le pouvoir public comme *obligatoires* pour tous, et pour lui-même.

Nous avons étudié la forme du droit; voyons maintenant ce qu'il contient, ou plutôt examinons le *but du droit*, puisque son contenu est uniquement déterminé par le but.

12. Le but du droit. — Les conditions vitales de la société.

Sommaire : 180. Mission du droit. — 181. Notion des conditions de vie de la société. — 182. Caractère relatif des conditions de vie de la société. — 183. Exemples : L'enseignement public. — 184. Id. : Les cultes. — 185. Subjectivité des conditions de vie de la société. — 186. Classification des conditions de vie de la société. — 187. Conditions mixtes. Conservation de la vie. — 188. Id. Propagation de la vie. — 189. Id. Propagation de la vie. Célibat. — 190. Id. Travail. — 191. Id. Commerce juridique. — 192. Conditions purement juridiques. — 193. Classification des règles du droit d'après le sujet but du droit.

Les deux éléments du droit, la norme et la contrainte, que nous venons d'analyser, sont des éléments de pure forme qui ne nous apprennent rien du *contenu* du droit. Tout ce qu'ils nous disent, c'est que la Société exige de certaines choses de ses membres. Mais pour quelle cause, à quelle fin? Nous ne le distinguons pas. Nous restons en présence de la *forme* extérieure et immuable du droit. Le *contenu* seul du droit nous apprend sa véritable utilité sociale. C'est le sujet que nous abordons.

180. Mission du droit. — C'est un problème insoluble, dira-t-on, de rechercher ce qui constitue le contenu du droit, car il est éternellement changeant; tel il est ici, autre il sera là. C'est un chaos en perpétuelle fusion, s'agitant sans frein ni règle. Ce qui est défendu ici, sera permis plus loin, ce qui est prescrit ici, se trouve prohibé là-bas. Foi et superstition, sauvagerie et civilisation, vengeance et amour, cruauté et humanité, que sais-je encore? le droit a tout accueilli, tout consacré, sans rien consolider. Certes, si la mission du droit était de réaliser le *vrai en soi*, le résultat serait désolant. A lui attribuer pareille mission, il faudrait avouer qu'il est voué à l'erreur perpétuelle. Chaque siècle, en transformant le droit, porterait la condamnation du siècle précédent, qui croyait que son droit consacrait le vrai, et serait à son tour condamné par le siècle suivant. La vérité serait toujours de quelques pas en avance sur le droit, et celui-ci ne pourrait jamais l'atteindre, tel un enfant poursuivant un papillon qui s'envole à son approche.

La science aussi est une éternelle chercheuse. Mais elle ne se borne pas à chercher, elle trouve, et ce qu'elle a trouvé lui reste acquis pour l'éternité. Sa recherche est libre. Dans son domaine, à la différence de celui du droit, nulle puissance n'a le pouvoir de revêtir l'erreur de l'autorité de la vérité. Les décrets de la science peuvent être combattus, ceux du droit ont une valeur positive : celui-là même qui a découvert leur erreur doit s'y soumettre.

Élever ce grief contre le droit, c'est lui appliquer une mesure, celle de la *vérité*, à laquelle il échappe. La vérité est le but de la *connaissance,* mais non celui des *actes.* La vérité est une, et tout ce qui s'en écarte est erreur; il y a antagonisme absolu entre la vérité et l'erreur. Pour les actes, au contraire, ou, ce qui revient au même, pour la volonté, il n'y a pas de mesure absolue. Dans telle situation, dans telle occurrence, la volonté agira différemment que dans telles autres, et sera néanmoins juste et opportune dans les deux cas.

La volonté se juge d'après le *but* qu'elle se propose. C'est le but de la volonté qui caractérise l'acte comme étant *juste* ou *non juste.* La *justesse* est la mesure du *pratique,* c'est-à-dire de l'action, la *vérité* est la mesure du *théorique,* c'est-à-dire de l'aperception. *Justesse,* c'est la concordance de la *volonté* avec ce qui *doit* être, *vérité,* celle de la *conception* avec ce qui *est.* Du médecin qui prescrit un remède contraire à celui indiqué par la maladie, nous ne disons pas qu'il a choisi un remède *faux,* mais nous disons qu'il n'a pas vu *juste.* Ce n'est que lorsque la découverte de la vérité est conçue comme tâche *pratique,* exigeant la recherche, l'effort, bref une application de la *force de volonté,* que nous appliquons également l'expression *juste* à ce travail de volonté vers la vérité. Lorsque nous disons de l'écolier qu'il a fait un calcul juste, du médecin qu'il a vu juste dans l'état du patient, nous n'envisageons pas la vérité elle-même du calcul, ou du diagnostic, nous avons simplement en vue le sujet qui recherche cette vérité, qui s'est donné pour *but* de la découvrir, et de ce point de vue subjectif, nous désignons comme *juste* le but atteint.

Le droit n'exprime pas la vérité absolue; sa vérité n'est que relative, et se mesure d'après son but. Aussi le droit non-seulement *peut*-il, mais *doit*-il être infiniment divers. Le médecin ne prescrit pas le même remède à tous les malades, il adapte le remède à la maladie. Le droit non plus n'édicte pas partout les mêmes dispositions, il les adapte à l'état du peuple, à son degré de civilisation, aux besoins de l'époque. S'imaginer que le droit doit être partout le même, est une conception aussi fausse que celle de soumettre tous les malades au même traitement. Un droit universel pour tous les peuples, pour tous les temps, répond à la panacée universelle pour toutes les maladies. C'est la pierre philosophale, toujours introuvée, et que les allemands appellent la pierre des sages (*Stein der Weisen*), mais que les fous seuls s'occupent de chercher.

L'idée est fondamentalement fausse; elle rattache au *vouloir* ce qui n'appartient qu'à la *connaissance*, et contredit ainsi toute l'histoire. Elle contient cependant une apparence de vérité. Il est des règles de droit admises par toutes les nations. Tous les peuples défendent le meurtre et le brigandage, tous admettent l'État et la propriété, la famille et le contrat[112]. Voilà donc, dira-t-on, la vérité : ce sont là des *vérités juridiques absolues*, sur lesquelles l'histoire n'a pas de pouvoir. De même, pourrait-on qualifier de vérités les institutions fondamentales de la civilisation humaine : les maisons, les rues, le vêtement, l'usage du feu et de la lumière. Elles ne sont que les résultats de l'expérience appliquée à la réalisation assurée de certains buts humains. Assurer la sécurité des voies publiques contre les méfaits des voleurs, constitue un but, au même titre que de les prémunir, au moyen de digues, contre les inondations. Ce qui est opportun ne perd pas ce caractère pour être mis hors de contestation, et avoir, à ce titre, pris rang de vérité.

Une science, comme le droit, qui a pour objet l'opportunité, peut distinguer entre les institutions que l'histoire a

---

(112) La notion du *jus gentium* romain. *Quod vero naturalis ratio inter omnes homines constituit, id apud omnes perœque custoditur vocaturque jus gentium, quasi quo jure omnes gentes utantur.* L. 9 de J. et J. (1.1). *Ex hoc jure gentium introducta bellae, discreta gentes, regna condita, dominia distincta, agris termini positi, aedificia collocata, commercium, emtiones venditiones, locationes conductiones, obligationes institutae,* L. 5 ibid.

ainsi consacrées, et celles qui n'ont pour elle qu'une opportunité conditionnelle (de temps ou de lieu), elle peut les classer à part, comme firent les Romains, en opposant le *jus gentium* et la *naturalis ratio*, au *jus civile* et à la *civilis ratio*; mais elle ne doit pas perdre de vue qu'ici encore il s'agit, non de vérité, mais d'opportunité. J'aurai occasion de montrer, dans la 2ᵉ partie de cet ouvrage, combien elle l'a oublié. Le *légal*, qu'elle met en opposition, comme le vrai proprement dit, parce qu'il est permanent dans le droit, à l'*opportun*, qui n'a qu'un caractère passager et transitoire, nous apparaîtra alors comme une modalité de ce dernier : un précipité fixé et condensé, par opposition à la matière flottante et mobile. C'est l'opportun qui a subi l'épreuve des siècles; il est le sédiment inférieur, supportant toutes les autres couches, et dont le maintien est, par cela même, à jamais assuré. Mais la formation de cette couche profonde a suivi la même marche que celle des plus récentes; c'est de l'opportunité déposée, consolidée par l'expérience, et mise à l'abri de toute dispute.

Dans le domaine du droit, rien n'existe que par le but, et en vue du but; le droit tout entier n'est qu'une unique création du but; seulement, la plupart des actes créateurs isolés remontent à un passé si lointain que l'humanité a perdu leur souvenir. Comme pour la formation du globe terrestre, c'est affaire à la science de faire revivre dans l'histoire de la formation du droit les événements qui y ont concouru; le but lui en fournit les moyens. L'homme qui pense, qui médite, trouvera toujours, dans le domaine du droit, le but de chacune de ses institutions. La recherche de ce but constitue l'objectif le plus élevé de la science juridique, tant au point de vue de la dogmatique du droit, que de son histoire.

Quel est donc le but du droit? Nous avons vu (p. 5) que le but des actes de l'être animé réside dans la réalisation de ses conditions d'existence. Reprenant cette définition, nous pouvons dire que le droit représente la forme de la *garantie des conditions de vie de la Société*, assurée par le pouvoir de contrainte de l'État.

181. Notion des conditions de vie de la Société. — Pour le justifier, il faut que nous nous entendions sur la notion des *conditions de vie*.

Cette notion est toute relative; elle se détermine d'après ce qui constitue la vie. Si nous envisageons la vie au point de vue de l'existence purement physique, ces conditions se restreignent aux nécessités matérielles de la vie: le manger, le boire, le vêtement, l'habitation. Mais sous ce rapport même, la notion reste toute relative, car elle se détermine de manière différente selon les besoins de l'individu : tel exige plus, tel a besoin d'autre chose.

Mais la vie ne se borne pas à l'existence purement physique : le plus humble, le plus déshérité ne se contente pas de sa simple conservation; il ne lui suffit pas d'*être*, il aspire au *bien-être*. Et quelle que soit la conception qu'il se fasse de l'existence — car l'un ne commence à vivre que là où l'autre croit que la vie a dit son dernier mot — l'image idéale qu'il s'en forme contient pour chacun la mesure du prix qu'il attache à sa vie réelle. Réaliser cet idéal, forme le but de tous ses efforts, le mobile de son vouloir.

J'appelle *conditions de vie*, les conditions subjectives qui la régissent. Sont conditions de vie, non-seulement celles dont dépend l'existence physique, mais aussi tous les biens, les jouissances qui, au sentiment du sujet, donnent seules du prix à son existence. L'honneur n'est pas une condition de la vie physique, et cependant, pour l'homme d'honneur, que vaudrait l'existence si l'honneur est perdu? Pour le garder, il expose volontiers sa vie. La liberté, la nationalité, ne sont pas des conditions de la vie physique; mais pas de peuple amoureux de liberté qui n'ait préféré la mort à la servitude. Celui qui se tue par mépris de la vie, peut cependant réunir en lui toutes les conditions extérieurement nécessaires à l'existence. En un mot, les biens et les jouissances dont l'homme sent le besoin pour vivre, n'ont pas seulement un caractère matériel, ils ont aussi une valeur immatérielle, idéale; ils embrassent tout ce qui fait l'objet des luttes de l'humanité : l'honneur, l'amour, l'éducation, la religion, les arts, la science. La question des conditions de la vie, de celle de l'individu comme de celle de la Société, est une question d'éducation nationale et individuelle.

Prenant cette notion des conditions de vie pour base de ma définition du droit, je vais prouver qu'elle est *juste*, d'abord, qu'elle est aussi, pour la science, *féconde* en résultats. Il sera prouvé qu'elle est juste, si toutes les règles quelconques du droit tombent sous son application. Il sera démontré qu'elle est scientifiquement féconde, si elle élargit notre conception du droit. Un aperçu qui n'est que juste, ressemble à un étui dans lequel on glisse, et d'où l'on retire, un objet : l'objet reste le même, et sa connaissance intime n'a pas avancé d'un pas. L'aperçu n'acquiert une valeur scientifique qu'à la condition d'être fécond, c'est-à-dire de développer la connaissance de l'objet qu'il embrasse, d'en dévoiler les côtés restés obscurs. Voyons si notre notion subira la double épreuve.

182. Caractère relatif des conditions de vie de la Société. — Qu'elle soit juste, cela peut prêter à discussion, et je veux prévenir les objections. Si le droit a pour objet les conditions de vie de la Société, comment peut-il se contredire au point de défendre, ici, ce que là, il autorise ou ordonne? Il semble donner lui-même la preuve que le fait susceptible d'une appréciation si différente n'appartenait pas aux conditions de vie de la Société, que celle-ci, au contraire, peut le traiter comme il lui semble bon,

L'objection perd une chose de vue : c'est que l'opportunité est toujours chose relative. Le médecin ne se contredit pas, lorsque, d'après l'état différent du patient, il ordonne aujourd'hui ce qu'il défendait hier. Le législateur non plus ne se contredit pas : les conditions de vie varient pour la Société, comme elles diffèrent pour l'individu; le superflu de l'un devient le nécessaire de l'autre, ce qui profite à l'un nuit à l'autre.

183. Exemple : L'enseignement public. — Deux exemples vont montrer l'attitude différente de la législation dans une seule et même question.

Le premier concerne l'enseignement. L'État, chez nous, aujourd'hui, a rendu obligatoire l'enseignement élémentaire; il l'abandonnait autrefois à l'initiative privée, se bornant à ériger des établissements pouvant procurer à chacun les connaissances élémentaires. Il n'en faisait pas même autant dans des temps antérieurs. Dans quelques états à esclaves de l'Amérique du Nord, jusqu'à l'époque de la guerre civile, c'était crime capital que d'apprendre à lire et à écrire aux nègres. Nous nous trouvons là devant une quadruple attitude du pouvoir public, dans une seule et même question : Contrainte assurant la réalisation du but. — Réalisation du même but par les moyens fournis par l'État, mais absence de contrainte. — Indifférence complète de l'État. — Interdiction sous peine de mort de la poursuite du but pour certaines classes de la Société. Appliquons notre notion des conditions de vie à ces quatre situations. Pour les États à esclaves, la situation se résume en ces termes : un État pareil ne peut tolérer l'éducation des esclaves; l'esclave qui sait lire et écrire cesse d'être une bête de somme; c'est un homme, il fait valoir ses droits d'homme, et menace ainsi l'organisation sociale fondée sur l'esclavage. Là où l'obscurité est une condition de vie, c'est un crime capital d'introduire la lumière. Dans l'antiquité, on ne redoutait pas ce danger, la foi en la légitimité de l'esclavage était encore entière. Le premier état des choses (indifférence de l'État quant à l'enseignement) proclamait, pour ce temps, que l'éducation scolaire n'appartient pas aux conditions de vie de la Société; le deuxième (encouragement de l'État), reconnaissait qu'elle était désirable; le troisième (contrainte scolaire), l'admet comme nécessaire. De ces conceptions diverses, quelle est celle qui est juste? Justes, elles l'étaient toutes les quatre, eu égard à chaque époque.

184. Exemple : Les cultes. — Le second exemple est relatif à l'attitude de la législation envers la religion. Lorsque le christianisme parut, l'État païen le poursuivit par le fer et le feu. C'est qu'il voyait en lui un danger pour sa propre existence; il le persécutait, parce qu'il voyait en lui une menace contre une de ses conditions de vie : la religion de l'État. Quelques siècles plus tard, le même État qui, sous peine de mort autrefois, interdisait de professer la foi chrétienne, l'imposa par les moyens les plus cruels. A l'idée qu'il ne pouvait subsister avec elle, s'était substituée la conviction contraire, qu'il ne pouvait plus vivre sans elle. Au cri de : mort aux chrétiens, s'était substitué celui de : mort aux hérétiques! Les cachots étaient restés ouverts, les bûchers allumés : seules les victimes qu'on y jetait avaient changé. Il fallut des siècles de luttes atroces et sanglantes, avant que le pouvoir public en arrivât à croire que, non seulement l'existence de la Société est compatible avec la liberté de conscience, mais que même elle est impossible sans elle. Laquelle de ces conceptions était la vraie? Toutes, encore une fois, selon leur temps.

185. Subjectivité des conditions de vie de la Société. — Une deuxième objection consiste à dire, qu'il est si peu exact que le droit sert toujours les conditions de vie de la Société, que souvent il est en opposition manifeste avec les vrais intérêts de la Société.

Je le concède volontiers, mais je réponds par la comparaison du médecin : *objectivement*, on peut souvent en dire autant de ses prescriptions ; mais cela n'empêche pas que *subjectivement*, elles tendent toujours au but, qui est de préserver la vie. Le médecin peut se tromper dans le choix des remèdes. Le législateur peut errer dans le choix des moyens. Il peut obéir à des préjugés de toute nature, mais dans tous les cas, il croit assurer ou aider l'existence de la Société. A Rome, la loi des XII tables défendait, sous peine de mort, d'attirer, par magie, sur son terrain, les semailles d'autrui (*segetem pellicere*), de jeter des sorts sur les récoltes (*fruges excantare*); elle mettait ces faits sur le même rang que le vol nocturne de récoltes, et le déplacement des bornes. Pourquoi cette sévérité? Le paysan romain croyait que ces dangers, réels ou imaginaires, compromettaient la sûreté de sa propriété; et la sécurité de la propriété foncière et agricole constituait pour lui une condition de vie de la Société. On punissait de mort celui qui y portait atteinte.

Il en était de même au moyen-âge à l'égard des sorcières et des magiciens. La Société toute entière tremblait devant le diable, qui passait pour leur allié, et ils lui inspiraient une épouvante plus profonde que les brigands et les meurtriers. L'Église s'inspirait en outre du motif religieux, qu'elle puisait dans la mission reçue par elle de protéger le royaume de Dieu contre les entreprises du démon. La Société comme l'Église étaient intimement convaincues que les sorcières et les magiciens menaçaient les bases mêmes de leur existence. On a beau leur reprocher d'avoir accepté de pareilles croyances, le fait de les avoir eues n'en subsiste pas moins. Le motif qui armait *subjectivement* leur bras, était la garantie des conditions de vie de la Société, et c'est en ce sens seulement qu'il faut entendre la notion que j'ai établie; elle n'implique pas qu'une chose *est* condition objective de vie, elle établit qu'une chose est *tenue* subjectivement pour telle.

Mais, même dans cette acception subjective, notre notion ne paraît pas, pour la Société, d'une exactitude absolue. L'expérience a démontré que le pouvoir de l'État n'est pas toujours exclusivement au service des intérêts généraux de toute la population, et que souvent il ne se préoccupe que de ceux d'une classe privilégiée. La notion des conditions de vie de la Société, auxquelles se substituent ainsi les intérêts d'une classe, semble dans ce cas, recevoir un démenti complet. Je passe provisoirement sur cette objection pour y répondre plus loin (n° 14).

Il en est une autre à laquelle je dois m'attendre. La définition établie pour tout le droit, doit s'adapter à chacune de ses parties; elle doit être exacte pour chaque loi, pour chaque ordonnance. Ainsi, devra-t-on considérer comme condition de vie de la Société, une loi sur le timbre, une loi sur l'accise de la bière, les dispositions sur la forme des déclarations fiscales, sur les mesures de contrôle du fisc dans la distillerie des alcools, de la bière etc., sur l'empreinte des monnaies, et leur dénomination.

Pareille objection n'est pas beaucoup plus sérieuse que l'argument par lequel on prétendrait énerver l'affirmation de la nécessité de l'alimentation en vue de conserver la vie humaine, en prouvant que l'alimentation, telle qu'elle est pratiquée par l'individu, ne se fait pas dans la forme *précise* que requiert son but. On répondrait, que l'alimentation est nécessaire, mais que sa forme est libre. Que l'individu consomme tel mets ou telle boisson, qu'il en prenne telle quantité, et à tel moment, c'est, dira-t-on, une question de détermination personnelle, mais qu'il doive prendre des aliments et des boissons, c'est la loi inéluctable de la nature. L'État a le choix des moyens pour se procurer les ressources financières qui lui sont indispensables. Qu'il organise l'impôt du timbre et des accises, ou qu'il établisse le monopole du tabac et du sel, peu importe : mais ce qui est une nécessité absolue de son existence, et par conséquent une condition de la vie sociale, c'est qu'il se procure des ressources financières. Le choix fait d'une assiette de l'impôt, toutes les mesures qu'il prend pour en assurer ou en faciliter la perception, ne sont que les conséquences nécessaires de son choix; qui veut la fin veut les moyens. Il n'y a pas de disposition de loi, si minutieuse fût-elle, qui ne réponde à la notion des conditions de vie. Monnaies, poids, mesures, — création et entretien des voies publiques — assainissement des cloaques — entretien des pompes à incendie — taxes de tous genres — inscription des domestiques et des étrangers dans les registres d'hôtel — les prescriptions de police les plus vexatoires de l'ancien régime, comme par exemple le visa des passeports — tout tend, d'après son but, à assurer les conditions de vie de la Société, quelles que soient du reste les critiques qui puissent être dirigées contre le choix des moyens mis en œuvre.

186. Classification des conditions de vie de la Société. — Si nous envisageons l'ensemble des conditions auxquelles est attachée l'existence de la Société, elles se divisent en trois classes selon que le droit les gouverne : elles sont *extrajuridiques, mixtes,* ou *juridiques.* Les premières sont imposées par la nature, soit qu'elle les fournisse spontanément, soit que l'homme doive lutter pour les lui arracher. Le droit y reste étranger : le droit ne régit que les hommes, il est sans pouvoir sur la nature. Celles-là donc, en tant que conditions de vie extra-juridique, sortent du cadre de l'exposé qui va suivre.

187. Conditions mixtes : conservation de la vie. — L'autre partie ne concerne que les hommes. De nouveau, l'on voit surgir ici l'opposition des conditions librement acquises, et de celles qu'il faut conquérir. Quand son intérêt est en accord avec celui de la Société, l'homme, volontiers, se met au service de celle-ci. La chose se produit généralement quand il s'agit d'une des quatre conditions absolument fondamentales intéressant l'existence de la Société : la *conservation* et la *propagation* de la vie, le *travail*, et les *relations* sociales. L'homme, alors, est stimulé par trois mobiles puissants : l'instinct de la conservation, l'instinct sexuel, l'amour du gain. La Société peut, sous ce rapport, se fier à la consolante affirmation de SCHILLER (Poésies. Trad. Müller. Paris, 1858, Les Philosophes, p. 338).

« En attendant que la philosophie soutienne l'édifice du monde, elle
« en conserve les rouages par la faim et par l'amour. »

L'instinct de conservation, l'instinct sexuel, l'amour du gain, sont les trois grands alliés de l'ordre social; les services qu'ils rendent dispensent de toute contrainte.

Exceptionnellement, cependant, ces trois moteurs cessent de fonctionner. Tel est le cas pour celui qui se suicide; tel encore celui du célibataire; le mendiant et le vagabond fournissent le troisième. Les suicidés, les célibataires, les mendiants, contreviennent aux lois fondamentales de la Société humaine, au même titre que les meurtriers, les brigands, les voleurs. Pour s'en convaincre, il suffit de les soumettre à la règle de généralisation appliquée par KANT à l'action individuelle : si tous agissaient comme eux, le monde finirait.

La chose ne saurait faire doute en ce qui concerne la préservation individuelle de la vie, basée sur l'instinct de la conservation. S'il était possible d'admettre la sombre conception d'un philosophe moderne[113] : « qu'au point de « vue du moi ou de l'individu, la négation de la volonté, « l'adieu au monde, la répudiation de la vie, est la seule « conduite raisonnable », si « l'aspiration vers la suppres-« sion absolue de la douleur, vers le rien, le Nirwana », pouvait descendre de la région glacée où habite un penseur

---

(113) E. VON HARTMANN. *Philosophie de l'inconscient*, trad. D. NOLEN, Paris, 1877.

désespérant de la solution du problème du monde, dans les plaines verdoyantes où la vie foisonne, où la foule même, malgré sa lutte incessante pour l'existence, rit à la vie, si l'on pouvait prévoir un temps « où non plus un être isolé, « mais l'humanité toute entière invoquerait le néant, aspire-« rait à l'anéantissement », la société courrait le plus formidable danger qui l'ait jamais menacée. Heureusement, l'instinct de la conservation lui garantit pour longtemps encore la préservation de la vie, et le suicide n'offre pour son maintien qu'un danger insignifiant.

188. Propagation de la vie. — Mais le péril grandit quand il s'agit de la *propagation* de la vie, favorisée par l'instinct sexuel. Celui-ci, à qui la nature en a confié le soin, ne suffit pas à l'assurer, lui seul. L'homme peut tromper la nature, il peut restreindre les naissances, la mère peut détruire le germe de la vie, supprimer l'enfant nouveau-né, les parents peuvent l'exposer, le mutiler. L'État se trouve en face d'un danger qu'il doit conjurer, et dont il s'est rendu compte ; témoins : les peines contre l'avortement, l'infanticide, l'exposition des enfants, et leur mutilation, qu'on retrouve dans le droit pénal de tous les peuples civilisés. Ce n'est pas l'intérêt seul de l'enfant, et le souci de préserver son existence, qui ont fait édicter ces pénalités : c'est là un point de vue religieux, que je ne conteste pas, mais qu'il n'est nullement nécessaire d'invoquer, pour justifier les dispositions dont je parle. Elles se justifient largement par la seule considération, purement profane, des conditions de vie de la Société : si la reproduction est menacée, la Société est en péril.

Le droit moderne n'offre que des dispositions négatives contre les actes menaçant la reproduction : la législation a cependant cherché parfois à la favoriser par des réglementations positives. Tel était le but de la Lex Julia et Papia Poppœa d'Auguste. Elle fut amenée par la décroissance de la population libre, à la suite des guerres civiles et du dévergondage des mœurs romaines. Elle combattait le célibat, et punissait l'absence de descendants, en annulant, en totalité ou en partie, les dispositions testamentaires faites au profit des célibataires et des gens sans enfants, ou en leur substituant des personnes mariées et ayant des enfants[114]. Louis XIV poussa même les choses plus loin : au Canada, il contraignit, par la force, les célibataires à se marier, en vue d'une plus rapide augmentation de la population[115].

189. Célibat. — De cette même Rome qui, sous Auguste, mena une campagne législative contre le célibat et l'absence de progéniture, partit plus tard le commandement de l'Église, interdisant le mariage à ses prêtres. La raison de politique religieuse qui introduisit le célibat a son poids; je comprends cette morale idéale qui proclame le renoncement plus haut que certaines satisfactions. Mais autre chose est que d'aucuns, pour des raisons que nous pouvons comprendre, peut-être même admirer, s'abstiennent librement du mariage, autre chose d'ériger cette abstention en *institution*. Je n'examine pas si, telle qu'elle est conçue, celle-ci est pratiquement réalisable, ni de quel prix la paie celui qui s'y soumet; je ne m'érige pas en porte parole du prêtre catholique, pour revendiquer en son nom un droit qui

---

(114) Une explication de la mesure d'Auguste se trouve dans la comparaison faite par TACITE, Germ. c. 19, entre les mœurs romaines et germaniques : *Numerum liberorum finire aut quemquam ex agnatis necare flagitium habetur, plusque ibi boni mores valent quam alibi bonae leges.*

(115) D'après PARKMANN, *Frankreich und England in Nordamerika,* il établit l'âge nubile pour les hommes de 18 à 19 ans, et pour les femmes de 14 à 15 ans. Tout père qui n'avait pas marié ses enfants au plus tard à 20 ou à 16 ans était puni. Quand les bateaux venaient avec des femmes volontaires de France, tous les jeunes gens devaient être pourvus dans les 14 jours. Celui qui s'y soustrayait, se voyait enlever le peu de joies et d'avantages de la vie canadienne; il ne pouvait plus ni chasser, ni pêcher, ni aller dans la forêt, ni faire le commerce avec les Indiens; on alla même jusqu'à leur faire porter des marques déshonorantes.

appartient à tout homme; je me place exclusivement au
point de vue de la Société. Et alors, à mon avis, le jugement s'impose : c'est que le célibat, dans son principe, est
une institution antisociale. Restreint à une seule classe
d'hommes, la Société peut le tolérer; généralisé, il doit la
faire périr elle-même. En Russie, la secte des vieux Russes
prêche l'abstention sexuelle, non pas moralement, au moyen
de vœux seulement, mais physiquement, à l'aide de l'émas-
culation. Ils ont le mérite d'une logique devant laquelle
l'Église romaine a reculé, mais le gouvernement russe a
cet autre mérite de ne pas s'être arrêté devant le voile de
conviction religieuse dont se couvre la secte, et il l'a
énergiquement poursuivie.

190. Le travail. — Le travail est la troisième des conditions fondamentales mentionnées ci-dessus. J'entends par
travailleurs, tous ceux qui agissent pour réaliser les buts
de la Société. Si jamais tous se décidaient à se croiser les
bras, la dernière heure de la Société aurait bientôt sonné.
A ce danger aussi, il a été paré. Pas plus que la conservation
de soi, et la propagation de soi, l'obéissance à la loi du
travail n'est assurée par aucune disposition de loi : le désir
du gain suffit à la garantir. Dans une certaine mesure cependant, le pouvoir public peut intervenir : par une action
permanente, en vue de réprimer la mendicité et le vagabon-
dage, par une intervention transitoire, dans les cas de grèves.
L'ingérence de l'État, dans aucun de ces trois cas, ne saurait
se justifier au point de vue abstrait de la liberté individuelle. Mais les faits sont là pour démontrer que cette idée
absolue ne saurait être réalisée dans la pratique, et à l'individu qui en appellerait à sa liberté, la Société opposerait
la nécessité de sa propre conservation.

191. Le commerce juridique. — Le commerce des échanges est soumis aux mêmes lois que le travail. Il est une des
conditions de vie de la Société, mais celle-ci n'a que faire

de l'ériger en loi. L'intérêt individuel suffit à déterminer le paysan à amener son bétail et son grain au marché, le marchand à mettre ses produits en vente. Seul l'abus, la fraude pratiquée en vue de forcer la hausse des prix, peuvent donner à l'État l'occasion d'intervenir. J'ai établi plus haut la nécessité et la légitimité de cette intervention. Dans cet ordre d'idées, l'accaparement des blés constituait, au temps passé, un vrai danger, que la législation combattait par des peines rigoureuses. Les télégraphes, les chemins de fer, ont fait rayer cette espèce de délit de nos codes. J'y vois la preuve que le motif péremptoire de la loi pénale ne réside pas dans l'immoralité subjective de l'accapareur, mais dans le danger objectif du fait au point de vue de la Société.

192. Conditions purement juridiques. — Les quatre conditions fondamentales d'existence de la Société que nous venons d'analyser : la conservation de soi, la propagation de l'espèce, le travail, le commerce juridique, sont les conditions juridiques *mixtes* de la vie sociale. Leur garantie n'a pas pour première assise le droit; elles reposent sur la nature et sur la force des trois mobiles naturels que nous avons cités; le droit n'y supplée qu'exceptionnellement, et à leur défaut. A celles-là, j'oppose les conditions *purement juridiques*. Ce sont celles pour lesquelles la Société, dans le but de les assurer, doit exclusivement faire appel au droit. Pour se convaincre de la différence fondamentale existant entre ces deux classes de conditions de l'existence sociale, il suffit d'examiner les commandements qu'elles imposent. La législation n'a que faire de traduire en règles de droit les recommandations suivantes : mangez et buvez — défendez votre vie — multipliez — travaillez — vendez — mais les injonctions : vous ne tuerez pas, vous ne volerez pas, vous acquitterez vos dettes, vous obéirez à l'État, lui paierez ses contributions, vous presterez le service militaire, se reproduisent partout. A la vérité, dans ces derniers commandements, l'État ne prescrit rien qui ne soit exigé par l'intérêt bien entendu de ses membres. Il suffit de les supposer inexistants pour en comprendre la nécessité. Sans eux, nulle sûreté pour la vie ni les biens : ce serait la guerre de tous contre tous. Mais en supposant même qu'aucun principe moral ne guide la Société, qu'elle soit composée de purs égoïstes ou de criminels—tel un bagne — ou de bandits — telle une bande de brigands — on verrait aussitôt l'égoïsme élever la voix, et exiger, entre les associés, l'observation rigoureuse des mêmes principes, à peu près, que l'État impose sous forme de lois, et en réprimer la violation avec autant de rigueur, ou plutôt, avec infiniment plus de dureté et de cruauté que n'en déploie l'État avec son droit pénal [116]. L'expérience atteste que la justice *populaire* est plus inexorable que la justice *publique;* celle là pend simplement le voleur de moutons, surpris; celle-ci se contente de le mettre en prison pour un temps. L'organisation du droit pénal par l'État, est un bienfait pour le criminel autant que pour la Société. Pour lui, la justice est même, de nos jours, trop clémente, et les ménagements qu'elle lui réserve oublient trop souvent les droits de la Société.

Comment donc se fait-il que l'égoïsme contrevienne à la loi qu'il a pour auxiliaire? Il n'y songerait pas, s'il devait s'attendre à ce que tout le monde fît de même; mais il compte précisément que cela n'arrivera pas. En d'autres termes, il s'aide de la loi, en tant qu'elle restreint l'action des autres,

---

(116) Une preuve intéressante de ce fait, est fournie par les cas de justice pénale secrète des individus engagés au service militaire, ou embarqués sur les vaisseaux de guerre. Lorsque tous les hommes doivent pâtir pour la faute d'un seul, que l'on ne peut découvrir, ils finissent, en cas de récidive, par le juger eux-mêmes, et leur justice est si efficace qu'il n'y a plus d'autre récidive à craindre; dans les casernes, cela se passe dans l'obscurité des chambrées; sur les vaisseaux de guerre, l'exécution se fait pendant le repas des officiers, sur les canons de l'entre-pont — il arrive toujours que les sous-officiers sont sur le pont; de l'entre-pont n'arrivent jusqu'à eux que les chants joyeux et bruyants de l'équipage.

dans *son* intérêt, mais la combat quand elle le restreint lui-même dans l'intérêt des autres ; il veut les bénéfices de la loi, mais repousse ses restrictions.

C'est ainsi que se manifeste l'opposition entre l'égoïsme *social*, et l'égoïsme *individuel*. Le premier accepte et veut la loi, et si l'État n'est pas assez fort pour la réaliser, il se fait justice à lui-même (loi de Lynch); le second tend à violer la loi. L'égoïsme social est l'allié de la loi, l'égoïsme indivi-duel est son adversaire ; celui-là vise l'intérêt *commun*, celui-ci n'entrevoit que l'intérêt *particulier*. Si l'un de ces intérêts devait, d'une façon absolue, exclure l'autre; si l'individu n'avait que le choix entre son intérêt propre et celui de la Société, son choix serait bientôt fait. Mais la réalisation du droit par l'État, c'est-à-dire l'ordre juridique, donne à l'égoïsme le moyen de concilier ces intérêts; en contreve-nant à la loi, il n'a que lui-même en vue, mais il ne cesse pas pour cela de vouloir, en outre, le bien de la société.

193. Classification des règles du droit d'après le sujet-but du droit. — En posant en principe que toutes les règles du droit ont pour but d'assurer les conditions de vie de la Société, on affirme en même temps que celle-ci est le *sujet final* de ces conditions. Singulier sujet, dira-t-on, une pure abstrac-tion! le vrai sujet final est l'homme, l'individu; c'est lui seul en définitive qui recueille le bénéfice de toutes les règles du droit. L'observation est exacte. Toutes les règles du droit ont l'homme pour *but* [117], qu'elles appartiennent au droit privé, au droit criminel, ou au droit public. Mais la vie sociale, par la permanence des buts communs, groupe les hommes en des formations plus élevées, et élargit par cela même le cadre de l'existence humaine. A l'individu, être isolé, se joint l'homme social, l'homme faisant partie d'unités

---

(117) Un juriste romain transporte activement à la nature l'idée de finalité; la nature a tout fait pour les hommes, *omnes fructus natura homi-num causa comparavit* L. 28 § 1 de usur. (**22.**1).

supérieures. Lorsque, au lieu de lui, ce sont ces dernières elles-mêmes (État, Église, Associations) que nous érigeons en sujets finaux des règles de droit qui s'y rapportent (personnes juridiques), il est certain, et nous le savons bien, qu'elles n'en recueillent les bénéfices que pour les transmettre à la personne *naturelle*, à l'homme. Le but du droit, en effet, se réalise pour l'homme d'une manière *immédiate* ou *médiate*, et dans ce dernier cas, le juriste ne peut se passer de l'interposition d'un sujet de droit supérieur, placé au dessus des individus pris isolément. Jusqu'où peut-il pousser l'application de ce point de vue? C'est là une question de technique juridique, que nous n'avons pas à aborder ici[118], et qui reste étrangère à la politique sociale. Celle-ci laisse au juriste toute liberté d'appliquer, dans son domaine, la notion du sujet du droit; mais elle peut, et doit, de son côté, revendiquer le droit d'user de la notion du *sujet final* en droit, comme le comportent les problèmes qu'elle a elle-même à résoudre.

C'est à ce point de vue sociologique que j'ai désigné la Société comme étant le sujet final du droit, en assignant à celui-ci la mission d'assurer les conditions de la vie sociale. Mais dans la Société elle-même, en comprenant cette expression dans le sens large, nous pouvons de nouveau distinguer des sujets-buts spéciaux. Nous en avons nommé quatre : l'individu, l'État, l'Église, les associations. Tous sont en même temps *sujets du droit* dans le sens du juriste : porteurs de droits, personnes. Mais ils n'épuisent pas le contenu du droit; il reste des règles du droit qui ne se rapportent à aucun d'eux, et lorsque, pour celles-ci, nous soulevons la question du sujet-but, — et il faut le faire pour toutes les règles du droit, — force nous est de nommer le nombre

---

(118) J'ai traité cette question dans mon *Esprit du D. R.* (éd. fr.) IV, p. 339 s. (3ᵉ édit.).

indéterminé, la masse, la Société enfin, prise dans le sens étroit du mot. Ces règles et ces institutions du droit, nous les désignerons désormais comme des règles et des institutions *sociales*.

Le droit tout entier se rapporte à ces cinq sujets-buts. Ce sont les centres personnels de tout le droit, autour desquels se groupent toutes les institutions et toutes les règles juridiques. Ils résument toute la vie sociale, ils donnent le cadre invariable de la finalité dans le droit[119].

Dans ce qui suit, j'examinerai et justifierai la classification du droit, que j'ai établie d'après le sujet-but, dans trois de ses notions fondamentales. Je négligerai néanmoins l'Église et les associations, auxquelles s'applique sans difficulté ce que je dirai de l'État et de l'individu. Ma démonstration comprendra donc trois catégories : Individu, État, Société.

I. LE RAPPORT JURIDIQUE DES CHOSES.

Sommaire : 194. La propriété. — 195. Choses publiques. — 196. Fondations. — 197. Les servitudes.

194. La propriété. — Quant au rapport économique de la destination des choses en vue des besoins humains, le droit romain distingue ce que nous pouvons considérer comme des rapports de destination *primaires* et *secondaires*. Le premier, dans sa forme normale, est la propriété; le second est le *jus in re*.

---

(119) La division capitale du droit romain, en *jus privatum* et *jus publicum*, basée sur la différence du sujet-but (L. 1 § 2 de J. et J. 1.1) comprend sous cette dernière catégorie (*Quod ad statum rei Romanæ spectat*) l'État et l'Église (*in sacris, sacerdotibus, magistratibus consistit*); la place systématique des associations (*collegia, corpora* D. **47**.22) n'est pas précisée. Je montrerai plus loin en quelle mesure la notion de la Société, dans le sens pris ici pour base, était déjà connue et familière aux Romains.

195. Choses publiques. — A un point de vue cependant, le premier rapport sort du cadre de la propriété : c'est lorsqu'il s'agit des *res publicae*. Pour celles-ci, le sujet-but primaire n'est évidemment pas l'État, la Ville, la Commune, en tant que personnes juridiques, mais la collectivité indéterminée des individus qui en ont l'usage, c'est-à-dire : la masse, le peuple. C'est un sujet-but auquel la notion de la propriété, comme la conçoivent les juristes romains : le droit exclusif d'une personne *déterminée* (physique ou juridique), ne peut en rien s'appliquer. Les Romains le catégorisent sous le point de vue de l'usage commun (*usus publicus*). Ce n'est point un simple rapport de fait, mais un rapport juridiquement protégé (par des *actions populares)*, un rapport juridique sur une chose, se présentant avec une configuration particulière ; nous l'appellerons un *droit collectif* [120].

Nous nous trouvons ainsi en présence de trois sujets-buts différents ; les choses, en tant que directement destinées aux besoins humains, nous apparaissent sous trois aspects divers :

a) la propriété individuelle (sujet-but : la personne physique) ;

b) la propriété de l'État (sujet-but : l'État ; éventuellement l'Église ou la Corporation) ;

c) le droit collectif (sujet-but : la Société dans le sens étroit) [121].

Dans le langage courant de la vie, au nom de « propriété » s'attache bien souvent un sens qui n'est point juridique.

---

(120) V. *Esprit du D. R.* (éd. fr.) IV p. 348 (3e édit.).

(121) Les Romains transportent cette opposition dans la *chose*, et distinguent : a. *Res singulorum, propriæ, familiares, res quæ in bonis alicujus sunt, res sua, suum, privatum, etc.;* l'expression aujourd'hui généralement courante : *res privatae*, ne se rencontre, que je sache, que dans Gaius, L. 1 pr. de R. D. (1.8). b. *Pecunia, patrimonium populi, res fisci, fiscales c. Res publicæ, res quæ in usu publico habentur, publicis usibus in perpetuum relictæ, publico usui destinatæ, communia civitatum, res universitatis.*

C'est ainsi que l'emploient aussi les économistes. Dans cette acception, le droit collectif pourrait être désigné comme *propriété sociale* ou *populaire*. Cette même acception se représente quand il s'agit de l'Église et des associations, relativement aux choses livrées à l'usage commun (*usus publicus*) de leurs membres (usage de l'église, du lieu d'assemblée de l'association, des publications qui y sont déposées, etc.), par opposition à leurs biens (*bona, patrimonium universitatis*).

Les trois formes citées de la disposition sur les choses, ont toutes pour but d'assurer les conditions de la vie économique de la Société dans le sens étendu qu'elle comporte. Aucune ne saurait être absente. La *propriété individuelle :* nous avons montré (p. 43 et s.) comment la légitime défense de la personnalité physique comprend de toute nécessité la défense économique, c'est-à-dire la propriété privée. La *propriété de l'État :* pour être à même de réaliser à tout moment ses buts, il doit toujours avoir tout prêts tous les moyens économiques nécessaires, et c'est en cela précisément que consiste la fonction de la propriété. Le *droit collectif :* sans la communauté des voies publiques, des places, des fleuves, les relations entre les citoyens ne seraient pas possibles; l'empire exclusif de la propriété privée empêcherait toute communication d'une place vers une autre.

C'est la police, aujourd'hui, qui assure cet intérêt. Les Romains, en plus, eurent l'intelligence de permettre au public lui-même de veiller à ses propres intérêts, en reconnaissant à chaque citoyen le droit d'intenter une action (*actio popularis*)(122) contre quiconque, n'importe par quel fait illicite, apportait une entrave à l'usage des *res publicæ*.

196. Fondations. — La caractéristique des *res publicae*,

---

(122) Les Byzantins ont très exactement désigné le droit qui fait la base de cette action, comme *droit populaire* (δίκαιον δημοτικόν).

ou l'affectation finale d'une chose aux besoins d'une généralité indéterminée (propriété sociale, dans le sens indiqué
tout à l'heure), se retrouve également dans les *fondations
d'intérêt général*. La personnification de la fondation (*universitas bonorum*) constitue leur expression juridique. Je n'en
conteste pas la nécessité pratique. L'on ne saurait du reste
se tromper sur la portée exacte de l'expression. La propriété
de l'être purement imaginaire qu'est la personne juridique,
ne répond à aucune idée précise. Cette personne n'en retire
aucun bénéfice; celui-ci est acquis aux individus qui, d'après
les statuts de la fondation, doivent jouir des avantages qu'elle
procure (*destinataires, bénéficiaires*). Cette propriété n'est
qu'un simple appareil de construction, destiné à faciliter la
réalisation juridique de ce but, mais elle n'a aucune réalité
pratique pour le sujet. Celui-ci est simplement *détenteur du
droit* dans l'intérêt d'autrui, il n'est pas *sujet-but*. Le sujet-
but, ce sont les bénéficiaires, et le droit romain l'a reconnu
en leur accordant une *actio popularis* comme dans le cas des
res publicae[123]. Abstraction faite de la forme juridique, et ne
prenant en considération que le seul sujet-but, je conclus :
que les fondations d'intérêt général, quant à leur destination
économique sociale, et les *res publicae*, doivent être placées
sur la même ligne.

L'assimilation, il est vrai, n'est pas complète; elle ne
signifie pas que, comme pour les *res publicae*, l'usage des
fondations dont il s'agit soit absolument concédé à tous. Il
en est pour lesquelles il peut en être ainsi : les galeries
publiques de tableaux, par exemple, érigées sous forme de

---

(123) L. 46 § 6 C. de episc. (1.3)... *cogere pium opus aut piam liberalitatem
omnimodo impleri et cuicumque civium idem etiam facere licentia erit; cum
sit enim* COMMUNIS *pietatis ratio* (but d'intérêt général), COMMUNES ET POPU-
LARES *debet etiam affectiones constitui harum rerum executionis, habituro*
UNOQUOQUE *licentiam ex nostra hac lege movere ex lege condictitia et postulare
relicta impleri.*

fondations, et que chacun peut visiter à son gré, tout comme il peut user des voies et des eaux publiques. Il en est d'autres, au contraire, où la participation à leurs avantages est soumise à des conditions indépendantes du bénéficiaire lui-même; par exemple, l'admission dans un hospice de veuves, la concession d'un subside. Malgré cette différence, et à ne garder en vue que le sujet-but, c'est toujours la Société, entendue dans le sens ci-dessus, qui en est le sujet-but. L'intérêt que les fondations présentent pour la Société mérite que j'analyse ici leurs éléments essentiels.

Les *fondations*, dans le sens qu'on attache généralement à ce mot, sont la consécration de choses ou de capitaux en faveur de personnes *indéterminées*, non dans un but passager, mais pour une destination *permanente*. L'*indétermination* du destinataire est l'élément qui met la fondation à part de la dation à titre gratuit à une personne *déterminée* (entre vifs : donation; par testament : institution d'héritier, legs). La durée, ou plutôt la continuité du but, sa réalisation réitérée, au moyen des revenus du capital de la fondation, sont l'élément qui la distingue des concessions isolées, octroyées à un groupe de personnes indéterminées, des *largesses* publiques, comme on pourrait les nommer[124], et qui s'accomplissent d'un coup. Dans les unes comme dans les autres, la bienveillance, ce sentiment de générosité

---

(124) Les Allemands les désignent sous le nom de *Spenden*, du latin *spendere* (*expendere* = distribuer, *expensa*, *spensa* = dépenses, aliments, auxquels correspondent les mots allemands : *speise*, *spîse*, *spîza*). A Rome, pareilles largesses (*largitiones*) ou libéralités au peuple (grains, viande, vin, huile etc.) se distribuaient, comme on le sait, très souvent. Sur leur importance sociale, v. *Esprit du D. R.* II, p. 247-250. La distribution de soupes, de bois à brûler, etc. en cas de famine, par des associations spéciales (autrefois par les couvents, dont la suppression a amené une lacune sensible pour la bienfaisance), sont les formes modernes de ces largesses. A cette catégorie, appartient aussi la notion juridique romaine du *jactus missilium*.

individuelle, que font naître des relations ou des qualités personnelles (amitié, pauvreté, p. 71), s'élève d'un coup d'aile à la hauteur de la conception de la générosité abstraite. Ce n'est plus à la personne isolée que la libéralité s'adresse : c'est la généralité qui est favorisée, qu'elle soit univer- selle, ou ne constitue qu'une *catégorie* (*pauvres* en général — indigents de la localité — nécessiteux appartenant à un culte déterminé; *veuves* — veuves en général, d'employés de l'État, d'employés d'une catégorie déterminée — *étudiants :* étudiants de l'université du pays, d'une certaine branche); et nous nous trouvons en présence de véritables *libéralités sociales*, que nous pouvons opposer aux actes de *libéralité individuelle.*

La portée des fondations est plus vaste infiniment que celle des largesses. Celles-ci ne sont autre chose que des secours donnés à des nécessiteux, des *aumônes* publiques; comme toute aumône, elles contiennent l'aveu de la misère de celui qui les reçoit; par cela même, elles présentent un côté humiliant et dégradant (p. 71). Les fondations, au contraire, visent tous les besoins de la vie humaine, ceux de la vie physique (nourriture, vêtement, habitation, secours médicaux : instituts de pauvres, hospices de veuves, orphe- linats, hôpitaux) [125] et ceux de la vie intellectuelle (éduca- tion, ou jouissances artistiques et scientifiques : bibliothè- ques, maisons d'art, bourses).

Sous le rapport de la forme juridique, le juriste distingue entre les fondations revêtues d'une personnalité propre (*universitates bonorum*), et celles qui en sont dépourvues. Dans

---

(125) Les *piae causæ, pia corpora* du droit romain postérieur. La plus antique est la *tabula alimentaria* de Trajan; la plupart datent de l'époque chrétienne. Exemples dans L. 19 cod. de sacros. eccl. (1.2) : *xenodochium, orphanotrophium, plochotrophium, gerontocomium, brephotrophium.* Les noms grecs attestent leur origine récente; ils contiennent une nouvelle preuve de l'influence déjà signalée (p. 193) du christianisme sur le progrès de l'esprit de bienfaisance,

ces dernières, le patrimoine affecté au but est assigné à une personnalité déjà existante (État, Commune, Église, Université, etc.), avec charge de distribution permanente des revenus, conformément à l'acte de fondation. C'est aujourd'hui la forme régulière des bourses d'études. On peut ainsi distinguer les fondations *indépendantes,* et les fondations *non indépendantes.* Pour les unes comme pour les autres, le patrimoine consacré à la fondation est la propriété d'une personne, savoir : dans le premier cas, la fondation elle-même, dans le second, le fiduciaire [126]. Cette deuxième catégorie de fondations comprend aussi, au sens juridique, celles qui consistent dans l'érection de *res publicae.* Peu fréquentes de nos jours, elles étaient très répandues à l'époque romaine ; par exemple, érection de fontaines publiques, de théâtres, de statues, etc. Le droit musulman leur a même consacré une notion toute spéciale [127].

Quant à la *forme* de l'érection des fondations, je n'en ferai mention que pour mettre dans son vrai jour une notion du droit romain qui se rapporte à la fondation : la *pollicitatio* (p. 194). Le juriste n'y remarque en général que l'élément formel de la force obligatoire d'une promesse unilatérale. Il passe sous silence l'importance sociale de la *pollicitatio.* Elle consiste dans ce fait que la *pollicitatio* est la forme de la *fondation entre vifs*; elle forme le pendant de la fondation *testamentaire.* Au point de vue de la *libéralité sociale,* elles se

---

(126) Pour le lecteur non juriste je fais remarquer que le fiduciaire est celui auquel un droit est concédé, non pour qu'il en jouisse lui-même, mais pour qu'il en applique le bénéfice à des tiers ; il est détenteur du droit non dans son intérêt propre, mais uniquement comme représentant (*porteur du droit,* v. *Esprit du D. R.,* IV, p. 215 s., 3ᵉ éd.).

(127) Wäkf'om = consécration au bien public ou à des buts sacrés. Une deuxième espèce de Wäkf est celle en faveur des descendants (Wäkf ewlod). Nous l'appellerions fidéicommis de famille. Le droit musulman signale expressément l'élément de permanence et de moralité du but ; il défend par exemple de disposer au profit des incroyants ; v. von Tornauw *Das moslemitische Recht,* Leipz., 1855, p. 155-159.

confondent[128]. L'antique juridicité romaine n'a jamais reconnu comme notion indépendante la libéralité faite *entre vifs* à l'*individu* (donation) (p. 188) ; mais elle a de bonne heure accepté la libéralité *sociale* entre vifs, et elle a ainsi esquivé le scrupule technique que la théorie des contrats opposait à la *pollicitatio*, dans la nécessité du consentement mutuel. Pour l'individu, le Romain ne fait aucun sacrifice, il ne s'y décide qu'au profit de la communauté. Le droit s'incline, et refuse dans l'un cas, la forme qu'il accorde dans l'autre.

Jamais le droit romain n'a reconnu une forme indépendante de la fondation testamentaire (érection d'une fondation comme objet unique d'un testament) ; la chose ne pouvait se réaliser que par la voie détournée de l'institution d'un héritier chargé de créer la fondation. Lorsque, dans les derniers temps chrétiens, se relâchèrent les formes rigoureuses attachées à la confection des testaments, et que l'on vit surgir des dispositions de dernière volonté ouvertement dirigées vers ce but (par exemple, l'institution d'héritier des *captivi*, *pauperes*, etc.), Justinien dut prendre un détour (substitution de l'Église, de la Commune, comme héritières chargées de l'exécution de la disposition) pour apaiser les scrupules juridiques qui s'opposaient à leur validité légale. Après bien des luttes, la théorie moderne a fini par reconnaître le fondement juridique de l'érection testamentaire directe d'une fondation, et la notion juridique de la libéralité sociale, dont la *pollicitatio* n'avait été, en droit romain, que la première reconnaissance partielle, parvint ainsi à son complet épanouissement. La théorie ne peut méconnaître ce fait : elle doit accepter comme règle que dans toute libéralité, le sujet-but peut être, non seulement une personne, dans le sens du

---

(128) *Liberalitates in civitates collatæ.* L. 3 § 1 de poll. (**50**.12). *Donationes, quæ in rem publicam fiunt.* L 1 § 1 ibid.

droit (*persona certa* — physique, juridique), mais aussi la Société elle-même (*persona incerta*); que les biens ainsi dévolus à celle-ci, quelle que soit du reste la forme que la technique juridique exige pour la validité de l'institution — sont, au point de vue économique et social, un *patrimoine social*, une *propriété sociale*.

197. Les servitudes. — Pour ce qui concerne la destination secondaire des choses, l'opposition entre nos trois sujets-buts se reproduit dans la *servitude :*

a) eu égard à l'individu : servitudes personnelles et prédiales;

b) eu égard à l'État : servitude publique [129];

c) eu égard à la Société : usage commun des terres privées, juridiquement protégé [130].

II. L'OBLIGATION.

Sommaire : 198. Les trois sujets-buts de l'obligation.

198. Les trois sujets-buts de l'obligation. — Je suppose connue la notion de l'obligation. Je me borne à démontrer la différence d'aspect sous lequel elle se présente, selon qu'il s'agit de l'un ou de l'autre de nos trois sujets-buts.

---

[129] D'après le droit romain, les personnes juridiques, — donc aussi l'État — peuvent jouir d'une servitude personnelle ordinaire. Cette idée est peu heureuse, et certainement peu digne d'être maintenue par les législations modernes. Son non-sens apparaît déjà en ce que l'on ne pouvait pas, ici, concéder la durée de la servitude jusqu'à l'extinction de l'ayant droit. Cela résulte de la notion même de la servitude personnelle. L'on fut obligé de la restreindre par disposition positive à un maximum (cent ans). L. 56 de usufr. (**7.**1).

[130] La base juridique peut être double : Loi et concession par le propriétaire; la première par exemple : chemin de halage. L. 5 de R. D. (**1** 8), L. 30 § 1 de A. R. D. (**41.**1); la seconde, par exemple : passage public au travers de fermes et terres. L. 1 ; 2 de his. qui eff. (**9.**3)... *locus privatus, per quem vulgo iter fit*. L. 31 ad L. Aquil. (**9.**2). Le pendant de cette chose privée dans l'usage public est la chose publique dans l'usage privé : *tabernae publicae, quarum usus ad privatos pertinet*. L. 32 de contr. emt. (**18.**1).

Le sujet-but peut être :

a) L'INDIVIDU.

Dans ce cas, le rapport relève du droit privé. Le moyen de le faire valoir consiste dans la poursuite du droit par voie de procédure civile. L'expression juridique spécifique est l'*obligation;* elle est spéciale à l'obligation du droit privé; elle ne s'applique pas aux obligations du droit public, ni aux obligations sociales.

b) L'ÉTAT.

Le pouvoir public peut, lui aussi, conclure les contrats ordinaires du droit privé. Il est dans ce cas régi, activement et passivement, par les principes de ce droit. L'État (fisc) agit en justice comme demandeur ou comme défendeur. Mais il n'en est plus de même lorsque l'obligation prend sa source dans le but et la mission propre de l'État, par exemple dans le paiement des impôts, des contributions (activement), des traitements (passivement). Ici, elle est soumise aux règles du droit public. La poursuite ne se fait plus par voie de procédure civile; des formes spéciales sont établies à cet effet.

c) LA SOCIÉTÉ.

La loi nous impose maintes obligations qui n'ont pour bénéficiaire ni un particulier déterminé, ni l'État (Commune, Église), mais la généralité, la Société. Ce sont celles qui ont en vue le bien général, la sûreté publique, par exemple : l'entretien des voies de communication devant notre propriété, celui des digues, etc. C'est la police qui, aujourd'hui, veille régulièrement à l'exécution de ces obligations. Pour les Romains, il y avait là des intérêts de la généralité (*populus*), des obligations sociales, qui trouvaient leur expression de procédure dans l'*actio popularis*, compétant à tout citoyen comme représentant du peuple (131). Au point de vue des idées modernes, on peut désigner cette troisième classe d'obligations comme obligations de *police,* en opposition avec celles du droit *privé* et du droit *public.*

III. LE DÉLIT.

Sommaire : 199. Définition. — 200. Fondement du droit de punir — 201. Nécessité relative de la peine. — 202. Injustice civile. et dol criminel. — 203. Gradation des peines. — 204. Conditions législatives de la peine : valeur objective du bien lésé et danger subjectif de la lésion. — 205. Classification des délits d'après le sujet menacé et ses conditions de vie (physiques, économiques, idéales). - 206. *a)* L'individu — 207 *b)* L'État. — 208. *c)* La Société. — 209. Preuves fournies par le droit romain. — 210. Id. Censeurs. — 211. Id. Édiles.

199. Définition. — Le délit (et nous comprenons sous cette dénomination générale, les crimes, les délits et les contraventions), le délit, tel qu'on l'a défini, est un acte contraire à la loi pénale, et menacé d'une peine publique (132). La définition est exacte, elle donne le critère extérieur auquel on reconnaît le délit; mais elle ne s'attache qu'à la forme. Elle nous met à même de classer les actions de l'homme d'après un droit positif déterminé, et de reconnaître si elles constituent, ou non, des infractions punissables. Mais elle est muette sur le point capital, de savoir ce que c'est que l'infraction, et pourquoi la loi la frappe d'une peine — bref, elle nous apprend le *trait distinctif extérieur* de l'infraction, et nous laisse dans l'ignorance de son essence interne.

(131) La L. 1 de pop. act. (**47.**22) désigne directement le *jus populi* comme leur base. Exemple : l'*actio de posito et suspenso* contre celui qui, en plaçant ou suspendant des objets à sa maison, compromet le passage public.

(132) Étymologiquement, le délit (*de-linquere, linquere*) est l'écart des voies prescrites par la loi; l'*infraction*, terme plus général, est la rupture de l'ordre établi.

200. Fondement du droit de punir. — D'autres définitions ont essayé, mais vainement à mon avis, de combler cette lacune. D'aucunes découvrent l'essence du délit : soit dans la violation de droits subjectifs (de l'individu ou de l'État). Mais les infractions aux lois morales, le parjure, le blasphème, etc., ne lèsent aucun droit subjectif; soit dans l'atteinte portée à la *liberté* assurée par l'État. Mais les infractions que nous venons de citer ne touchent pas à la liberté; soit dans l'atteinte portée à l'*ordre juridique*. Mais l'ordre juridique embrasse aussi le droit privé, et celui-ci n'est pas sanctionné par des peines; tout acte illégal n'est pas une infraction. Autant vaut une autre définition, qui caractérise le délit comme la révolte de l'individu contre la *volonté générale*. Car, dans les limites où cette volonté générale revêt une forme juridique — condition indispensable pour qu'elle ait force *juridiquement* obligatoire, elle coïncide avec l'ordre juridique. Cette définition dit la même chose que les précédentes, mais plus mal et en termes plus vagues. Telle qu'elle est conçue, que l'on en tente l'application, et tout manquement à la mode du jour, tout écart dans la vie domestique devient un délit; que l'on supplée même l'élément qui lui manque : *juridiquement*, et l'on en arrive à qualifier de révoltes contre la volonté générale toutes les injustices privées. La volonté générale veut que le débiteur paie sa dette — s'il ne le fait, il se révolte contre elle.

201. Nécessité relative de la peine. — La vérité est, que le but de la loi pénale n'est autre que celui de toute loi quelconque : assurer les conditions de vie de la Société. Seulement, pour atteindre ce but, elle se sert d'un moyen particulier : la peine. Pourquoi la peine?

Serait-ce parce que toute inobservation d'une loi implique une révolte contre l'autorité de l'État, et mérite d'être punie? Mais alors toute injustice devrait l'être, le refus du vendeur d'exécuter le contrat, du débiteur de rembourser le prêt, etc. etc. Et comme conséquence, il ne devrait plus y avoir qu'un seul délit : la résistance aux commandements ou aux défenses de l'État, et qu'une peine : celle prononcée contre l'inobservation de la loi.

Pourquoi la loi frappe-t-elle de peine certains actes qui lui sont contraires, pourquoi en laisse-t-elle d'autres indemnes? Les uns comme les autres constituent des violations du droit, et si celui-ci est l'ensemble des conditions de vie de la Société, les uns et les autres leur portent atteinte. Si les contrats de vente ne sont pas exécutés, si les prêts ne sont pas remboursés, la Société est aussi menacée que si les citoyens s'assassinaient ou se pillaient entre eux. Pourquoi des peines dans ce dernier cas, et l'impunité dans l'autre?

202. Injustice civile et dol criminel. — La préservation de la vie humaine, la propagation de l'espèce, le travail sont aussi des conditions de vie de la Société : pourquoi ne les assure-t-elle pas au moyen de lois? C'est qu'elle a reconnu la chose inutile. La Société recourt à la loi quand elle reconnaît qu'elle a besoin de son aide. Cette considération générale est aussi son guide quand il s'agit de l'établissement de la loi pénale. L'application d'une peine ne saurait se justifier, lorsque le droit peut se réaliser grâce à d'autres moyens ; la Société serait la première à en pâtir (p. 249). Reconnaître les cas pour lesquels la législation doit établir des peines, est une pure question de politique sociale. Et par politique sociale, je n'entends pas seulement celle qui a en vue les seuls biens matériels, mais bien la politique dans sa plus complète acception, qui prévoit et assure la réalisation de toutes les conditions du bien social, sans en excepter les conditions morales. Le droit romain a cru sage d'apporter des limites aux générosités entre époux, dans leur propre intérêt autant que dans celui de leurs enfants. Nulle peine cependant ne frappe l'inobservation de cette disposition : le but est atteint par la nullité de la donation ainsi faite. Une peine eût été sans objet. Il en va de même des cas où le vendeur se refuse à exécuter le contrat de vente, le débiteur à rembourser le prêt; la contrainte à l'exécution garantit la fidélité à la loi des conventions, et la peine est inutile. Dans chacun de ces cas, l'inobservation de la loi, l'insurrection de la volonté particulière contre la volonté générale, aboutissent à l'*impuissance* de la volonté individuelle, à une vaine *tentative*. Ce résultat facile à prévoir suffit, dans le cours régulier des choses, pour étouffer dans son germe toute tentative de ce genre : pour un révolté, il est des milliers de soumis. En règle générale, dans une nation où l'état juridique est bien ordonné, la résistance à la loi ne se produit que lorsque le fait, ou son appréciation en droit, peut donner lieu à contestation.

Mais vienne une autre situation, que le droit civil, sous certains rapports, par exemple, ceux relatifs à l'exactitude du poids, au bon aloi de la marchandise, s'engage dans une voie qui compromette à l'étranger le bon renom de la probité nationale, quel sera le devoir du législateur? Pourra-t-il se croiser les bras, et se retrancher doctrinairement derrière ce prétexte qu'il s'agit d'une injustice civile, et non d'une injustice criminelle?

Mais entre l'injustice civile et le dol criminel, c'est le législateur lui-même qui établit la différence, c'est lui qui fixe la limite. Ces limites, ces différences, il ne les puise pas dans la théorie; c'est la théorie qui lui demande de les fixer. Le droit criminel commence là où les intérêts de la Société réclament l'établissement d'une peine, et celle-ci devient indispensable lorsque la bonne foi et la probité dans les transactions ne peuvent plus être sauvegardées d'une autre manière.

Telle est notre situation, aujourd'hui, en Allemagne. Trop longtemps, notre législation a vu, d'un œil impassible, la mauvaise foi, l'improbité, la fraude, prendre audacieusement leurs coudées franches dans les relations contractuelles, et amener une situation qu'un homme d'honneur ne peut envisager qu'avec dégoût. Pour toutes choses, et non pas uniquement en ce qui concerne les denrées alimentaires, le mot « vrai » a perdu presque toute signification en Allemagne; presque tout ce que nous touchons est adultéré, sophistiqué, falsifié; grâce à ses toiles, l'Allemagne autrefois exerçait un trafic considérable avec l'étranger — aujourd'hui, pour cette branche d'industrie, les marchés étrangers lui sont presque tous fermés — et à bon droit. Les milliers de francs dont ont bénéficié des tisserands et des fabricants malhonnêtes, par le frauduleux mélange de coton, ont coûté des millions à la nation allemande, sans parler du dommage causé à son bon renom. Si la prison avait, à temps, menacé ces falsificateurs, nous serions en meilleure posture vis-à-vis de l'étranger. Sous ce rapport, nos ancêtres des villes libres impériales, simples artisans et marchands, ignorant les distinctions entre le droit civil et le droit criminel, se rendaient autrement compte des véritables nécessités, et bien mieux que nous, avec toute notre science théorique; ils n'hésitaient pas à frapper de peines la rupture des contrats, et parfois même de peines sévères, telles que le bannissement et le pilori [133]. Ils avaient su trouver des mesures de toute espèce pour obtenir du bon travail, pour assurer la qualité des denrées alimentaires, et maintenir la loyauté du commerce et des affaires. Nous aurons à subir encore, peut-être, de pénibles épreuves avant d'acquérir leur clairvoyance, et de secouer le préjugé doctrinaire que le champ des contrats est une arène privilégiée pour l'injustice civile, où la peine n'a point d'accès.

---

(133) V. d'abondants matériaux dans W. SICKEL, *Die Bestrafung des Vertragsbruchs und analoger Rechtsverletzungen in Deutschland*, Halle, 1876.

Encore une fois donc, l'établissement de la peine par voie législative est une pure question de politique sociale. Elle se résume dans cet aphorisme, que la peine est légitime partout où la Société ne peut s'en passer. Or, c'est là un fait expérimental, résultat des conditions de vie et de la moralité des divers peuples, aux diverses époques de leur existence. De là suit que le champ où s'exerce la peine, c'est-à-dire celui où apparaît le délit, comparé à celui où règne le droit civil, est aussi variable dans l'histoire que celui du droit lui-même dans son rapport avec la moralité. Il fut un temps, à Rome, où aucune protection juridique n'était donnée à certains rapports contractuels, par exemple, la *fiducia*, le mandat. Ils restaient abandonnés à la sauvegarde exclusive des mœurs (infamie). Ce ne fut que plus tard que le droit civil (*actio fiduciæ, mandati*), et puis enfin le droit criminel (*crimen stellionatus*), les prirent sous leur protection.

La zone d'extension du délit est donc variable; mais sa notion reste toujours la même. Partout, le délinquant est celui qui porte atteinte aux conditions de vie de la Société; partout, la Société proclame, en édictant la peine, qu'elle est son seul moyen de défense contre le délinquant — *le délit est la mise en danger des conditions de vie de la Société, que le législateur constate ne pouvoir écarter que par la peine.*

Cette appréciation du législateur n'est pas dictée par le danger *concret* de l'acte isolé, mais par le péril *abstrait* de toute une catégorie d'actions. La punition de l'acte isolé n'est que la suite nécessaire de la menace de peine; cette menace serait vaine si la répression ne suivait. Il est parfaitement indifférent qu'un acte isolé compromette, ou non, la Société, et il n'est pas d'erreur plus funeste en droit criminel que de substituer, au point de vue de la *menace*, celui de *l'effet de la peine.*

L'injustice civile aussi, porte atteinte aux conditions de vie de la Société, mais elle n'est que la tentative d'un plus faible contre un plus puissant, qui le terrasse. Les moyens du droit civil (action en justice et nullité) protègent suffisamment la Société contre des attaques dont l'inanité rend toute peine superflue.

203. Gradation des peines. — Le droit criminel établit partout une gradation des peines en raison de la nature des infractions. Une définition du délit expliquant ce fait, et donnant en même temps la mesure de la gravité des peines mérite, on en conviendra, la préférence sur toute autre qui n'offre pas ce double avantage, que je crois pouvoir attribuer à la mienne. Dans la mise en danger des conditions de vie de la Société, deux choses peuvent varier d'importance, et doivent par cela même être prises en considération pour la mesure législative de la peine : les *conditions de vie* — les unes né sont pas aussi urgentes que les autres, il en est qui sont essentielles, d'autres le sont moins ; — le *péril* — toute lésion ne crée pas pour la Société un même danger.

204. Conditions législatives de la peine : valeur objective du bien lésé, et danger subjectif de la lésion. — Plus un bien nous est cher, plus grand est notre soin pour le conserver. La Société en agit de même quand il s'agit de protéger juridiquement ses conditions de vie, qui constituent les biens sociaux. Plus le bien est précieux, et plus la peine est grave. *Le tarif des pénalités est la mesure de la valeur des biens sociaux.* La peine, en droit criminel, équivaut au prix dans les relations. A placer d'un côté les biens sociaux, de l'autre les peines, on possède l'échelle des valeurs de la Société, et en procédant de la sorte pour les différents peuples et leurs périodes diverses, on découvre que le droit criminel, par rapport aux biens sociaux tarifés selon les peines, présente des fluctuations analogues à celles que les relations, en matière économique, font subir aux prix des choses. — La vie, l'honneur, la religion, la moralité, la discipline militaire, etc., n'ont pas été toujours et partout cotés de même [134] : nous négligeons certaines conditions de vie, qui autrefois étaient de haute valeur, et l'appréciation de la Société varie sur le plus ou moins d'urgence de celles qu'elle reconnaît. A ce point de vue, les dispositions des anciens droits germaniques sur les lésions corporelles et le meurtre, témoignent naïvement de ces différences dans l'appréciation pénale de l'importance des biens lésés. Toutes les parties du corps humain, le nez, les oreilles, les dents, les yeux, les pieds, les mains, les doigts avaient leur prix fixe, leur valeur exactement déterminée ; c'était, comme on l'a dit, un véritable prix-courant criminel [135]. La vie du noble, celle de l'homme libre, celle de l'esclave avaient chacune leur rubrique. Pareille tarification étendue à toute la Société, voilà le droit criminel. Que valent la vie humaine, l'honneur, la liberté, la propriété, le mariage, la moralité, la sûreté de l'État, la discipline militaire? Ouvrez le code pénal, il vous répondra.

Dans les relations de la vie d'affaires, le système des monnaies, c'est-à-dire la différence du titre de l'or, de l'argent, du cuivre, du nickel, et la divisibilité des métaux, permet de fixer les plus minimes écarts de valeur. Le droit

---

(134) V. des exemples dans ma *Lutte pour le droit*, p. 37. Je reproduis le passage : La théocratie fait du sacrilège et de l'idolâtrie un crime capital, tandis qu'elle ne voit, dans le déplacement des bornes, qu'un simple délit (droit mosaïque). L'État agricole, au contraire, poursuivra ce délit avec la dernière rigueur, tandis qu'il ne punira les blasphémateurs que de la peine la plus légère (droit antique de Rome). L'État commerçant mettra en première ligne la falsification des monnaies et le faux en général; l'État militaire y mettra l'insubordination, les fautes de discipline, etc.; l'État absolu y mettra les crimes de lèse majesté, et la République les prétentions à la royauté. Tous montreront, à cette première place, une rigueur qui forme un contraste heurté avec la manière dont ils poursuivent les autres délits. Bref, la réaction du sentiment juridique des États et des individus atteint la plus grande vivacité là où ils se sentent immédiatement menacés, dans les conditions particulières de leur existence.

(135) WILDA, *Strafrecht der Germanen*, Halle, 1842, p. 729.

pénal résoud le même problème, tant par la *différence* des peines (peines frappant la vie, l'honneur, la liberté, les biens), que par leur *divisibilité* (peines de liberté et d'argent, privation permanente ou passagère des *droits* civils — l'*honneur* ne peut s'enlever passagèrement). Entre les plus minimes peines, affectant l'argent ou la liberté, et la peine de mort, la marge est grande, assez grande pour laisser place à toutes les nuances de la pénalité, à toutes les gradations de l'individualisation la plus subtile.

A l'élément objectif du *bien* menacé du côté de la Société, s'ajoute, pour le délinquant, l'élément *subjectif* du péril qu'il constitue pour la Société, à raison de sa volonté de méfaire, et du procédé qu'il a choisi pour exécuter son délit. Tous les délinquants coupables du même fait, ne compromettent pas la Société au même degré. Elle a plus à redouter du récidiviste, du malfaiteur habituel, que de celui qui débute dans la voie du crime; les complots, les réunions de bandes, la menacent plus dangereusement que l'individu isolé; la ruse, la menace, la préméditation, la troublent plus que l'emportement ou la négligence.

205. Classification des délits d'après le sujet menacé et ses conditions de vie (physiques, économiques, idéales). — J'aborde la classification des délits eu égard à la différence du sujet auquel ils s'attaquent[136]. Pour abréger, je

---

(136) Hugo Meyer. *Lehrbuch des deutschen Strafrechts*, 2e édit., 1877, § 84, aboutit en substance à la même division tripartite des délits. Les deux premières classes sont comme chez moi : les délits contre l'individu et contre l'État, la troisième, il la caractérise comme délits contre les *biens généraux*, par lesquels il entend ceux que je désigne comme délits contre la Société. L'auteur abandonne ainsi la raison de diviser à laquelle il a emprunté les deux premiers membres : la personne contre laquelle le délit se dirige, et en substitue une autre, celle du *bien*; sa classification manque ainsi d'unité, du *fundamentum dividendi;* sans compter qu'on ne peut commettre un délit contre un bien; le délit s'attaque toujours au détenteur du bien, c'est dans son intérêt et non

parlerai de *sujet-but* à propos du délit. Il serait peut-être plus exact de dire : sujet-but par rapport à la *prohibition* du délit, mais aucune méprise n'est possible.

Le sujet-but en matière de délit peut être :

206. a) L'individu. — La théorie criminelle a, depuis longtemps, réuni sous la seule notion de *délits privés*, ceux dirigés contre l'individu. J'en distingue trois classes, selon qu'ils s'attaquent aux conditions de vie *physiques, économiques* ou *idéales* de l'individu.

Les conditions de vie *physiques* sont menacées, dans leur totalité (vie), par le meurtre, l'homicide, l'exposition de personnes sans défense (v. plus loin ce que je dirai de l'avortement et du duel); *partiellement*, par les lésions corporelles (coups et blessures, atteintes à la santé, à la raison).

Les conditions *économiques*, c'est-à-dire les biens, sont mises en péril par le brigandage, le vol, l'escroquerie, la destruction des choses, le déplacement des bornes, l'extorsion, la fraude, la tromperie.

Par les conditions *idéales*, j'entends tous les biens qui ne tombent pas sous les sens extérieurs, mais relèvent du

---

dans celui du bien même, que sa lésion ou sa mise en péril est défendue. Si l'on devait faire appel au point de vue objectif du bien, les deux premières catégories devraient également être déterminées comme lésions des biens de l'individu et de l'État. L'élément décisif de la classification établie par moi : sa réduction au point de vue du sujet-but, n'est donc pas saisie par Meyer, malgré l'égalité substantielle des trois catégories, et j'attache, de mon côté, d'autant plus de valeur à ce point de vue, que l'emploi du sujet-but pour la classification des délits, n'est qu'un cas d'application particulier de cette thèse établie et expliquée par moi in extenso, non-seulement pour le monde du droit, mais pour tout l'ordre moral du monde (C'est l'objet du tome II). Ma classification a de la valeur à mes yeux, non comme telle, mais seulement parce qu'elle constate l'exactitude et la praticabilité de l'idée absolument générale trouvée par moi par d'autres voies. On ne saurait l'adopter pour le droit criminel, et s'en écarter dans les autres matières, sentiment intime de l'homme, et sans la garantie desquels toute l'existence morale de l'individu est rendue impossible, d'après les idées de la Société. Ces biens sont : la *liberté* (que menacent l'enlèvement des personnes, le rapt, le viol, les attentats à la liberté personnelle, la détention illégale, la contrainte, la violation du domicile), l'*honneur* (auquel portent atteinte l'injure, la calomnie ou diffamation, la violation des secrets d'autrui, la séduction), la *famille* (que troublent l'adultère, la bigamie, les délits contre l'état des personnes, en particulier la supposition d'enfant).

207. *b)* L'État. — Les délits dirigés contre l'État ne sont pas seulement ceux que la théorie criminelle qualifie de *délits d'état*. Ils comprennent tous les actes quelconques qui peuvent constituer une menace contre les conditions de vie de l'État. Je ne crois pas pouvoir les appeler des délits publics. Le mot *public,* tout comme le terme latin : *publicus* (*publica utilitas, publice interest*), trouve aussi son emploi quand il s'agit de la Société (délits contre la sûreté publique ; v. plus loin). Je les appellerai donc des délits *politiques,* pour les distinguer des délits sociaux.

Le caractère du délit politique, c'est de porter atteinte aux conditions de vie de l'État. Celles-ci sont-elles susceptibles de classification? Dans l'affirmative, nous aurions, du coup, une classification des délits politiques.

L'on songe tout d'abord à appliquer ici la division que nous venons d'établir pour l'individu, et qui s'adapte aussi, comme nous le verrons, à la Société. La seule objection, c'est que l'État n'a point d'existence physique, dans le sens propre du mot. Physiquement, l'État n'est que la réunion des individus qui le composent. Mais l'État *existe,* et rien n'empêche de mettre les conditions indispensables de cette existence sur la même ligne que celles de l'individu, en établissant, comme pour ce dernier, une distinction entre les conditions économiques et les conditions physiques, bien que pour l'État, comme pour l'individu, la vie physique sans les moyens économiques de la conserver, soit une impossibilité.

La notion de l'État comporte, de nécessité absolue, comme condition *physique* de vie, comme élément essentiel : la possession propre d'un *territoire*. L'État doit ensuite être investi du *pouvoir suprême*, ce qui comprend ; l'organisation de la force publique (la constitution), les fonctionnaires, y compris le Souverain, qui est le plus éminent fonctionnaire héréditaire de l'État, l'armée. Tout acte tendant à détruire ou à saper ce pouvoir nécessaire à l'*existence* de l'État, doit être considéré comme mettant en péril les conditions physiques de vie de l'État : la trahison, la lèse majesté, la rébellion, l'émeute, les actes d'hostilité envers des États amis. Présentent la même importance : les délits des fonctionnaires, car sur la fidélité à leurs devoirs repose toute la puissance de l'État ; les délits militaires, quant au service (réfractaires, déserteurs), et à l'obéissance (insubordination, mutinerie) dûs par les soldats.

Le refus de paiement des impôts, les fraudes, le détournement des deniers publics, ébranlent les conditions de vie *économiques* de l'État.

J'ai cité comme conditions *idéales* de vie pour l'individu, la liberté, l'honneur, la famille. On peut également parler d'un délit contre l'honneur de l'État (injure envers le Souverain, envers les fonctionnaires). Sous la dénomination de délits contre la *liberté* de l'État, je range ceux qui entravent l'*action de sa volonté*, c'est-à-dire l'accomplissement régulier des fonctions attribuées aux organes de l'État et aux citoyens. Sont tels : la résistance à l'autorité, le refus de service de la part des jurés et témoins, les délits concernant l'exercice de droits civiques etc.

Je ne me dissimule point qu'en essayant ainsi d'adapter à l'État ce qui, pour les conditions de vie physiques, économiques et idéales, s'applique plus exactement à l'individu et à la Société, j'ai quelque peu forcé la nature des choses. Je serais moi-même heureux de rencontrer ailleurs une division qui fût plus en harmonie avec le caractère propre de l'État.

Enfin, le sujet-but en matière de délit peut être :

208. *c*) **La Société.** — J'entends parler ici de ce que j'appelle les délits *sociaux*. Ce sont ceux qui constituent une menace, non pour l'individu, ni pour l'État, mais pour la masse, pour la collectivité (actions qui présentent un danger général).

Les conditions *physiques* de vie de la Société, c'est-à-dire celles concernant la *sûreté extérieure de son existence*, sont mises en péril par l'incendie, l'inondation, la rupture des digues, la destruction des remparts, des chemins de fer, et aussi par la violation de la paix publique. L'auteur du mal ne choisit pas pour victime tel individu déterminé, ou s'il le fait, ce n'est pas un individu déterminé qui est frappé, c'est la généralité, la masse.

Les conditions *économiques* de vie de la Société, c'est-à-dire celles concernant *la sûreté des relations*, sont mises en péril par la falsification des monnaies et l'adultération des titres. C'est une erreur, à mon avis, de ranger le premier fait parmi les délits contre l'État. Il ne cause aucun préjudice à l'État, même comme détenteur du droit régalien de battre monnaie. Les fausses monnaies ne causent aucun dommage à l'État. Le droit de battre monnaie ne concerne en rien l'essence de l'État, c'est-à-dire son pouvoir. Des banques privées pourraient être autorisées à frapper des monnaies en son lieu et place. N'émettent-elles pas déjà des billets, dont la falsification est et doit être réprimée, dans l'intérêt du public, au même titre que celle du papier et des monnaies de l'État? La Société seule souffre un préjudice par suite de l'émission des monnaies fausses; ce n'est pas même le particulier qui les a reçues, car l'argent faux va d'une main dans l'autre. Elles jettent la perturbation dans toutes les relations, la confiance publique est ébranlée. Les faux titres causent le même mal. Les relations sociales deviennent impossibles si l'on doit se mettre tout d'abord à vérifier le bon aloi de chaque monnaie et l'authenticité de chaque titre.

Les conditions *idéales* de vie de la Société sont menacées dans leurs bases morales et religieuses, par exemple, par le parjure, par les délits contraires à la moralité et à la religion. Un délit contre la religion, contre la moralité, ne se conçoit que dans un sens analogue à celui du délit contre la propriété ou l'honneur. Ce délit ne frappe pas sur ces notions mêmes — autant vaudrait parler de délit contre l'air que l'on contamine, ou l'eau que l'on empoisonne — il n'atteint jamais que la personne. En cas de délit contre l'honneur ou la propriété, c'est l'individu qui est lésé : la victime, ici, c'est la Société. Ce n'est pas la divinité qui subit le mal, comme on l'admettait autrefois pour les délits religieux et le parjure — on ne lèse pas Dieu. — La considération que le délit contient un mépris des commandements de Dieu, c'est-à-dire un péché, s'applique non-seulement à certains délits, mais à tous. Ces délits ne menacent pas même l'État, car son pouvoir n'en est pas ébranlé.

La plupart des contraventions de police peuvent également être rangées dans la catégorie des *délits sociaux* dans le sens large. La police, dans la vérité des choses, représente les intérêts de la Société, celle-ci prise au sens étroit du mot.

J'ai passé sous silence deux délits dont le caractère est douteux; disons en quelques mots.

Prenons le *duel* d'abord. Il peut être envisagé comme une atteinte au pouvoir de justice de l'État. En effet, les duellistes tranchent eux-mêmes, en se battant, un différend dont les tribunaux seuls devraient décider. Si, au lieu de recourir à des armes pouvant amener mort d'homme, les adversaires se servaient de bâtons, de seringues, s'ils se défiaient à la course, il n'y aurait point de fait punissable. C'est l'emploi des armes pouvant occasionner la mort, c'est le péril mortel auquel s'exposent les deux adversaires, qui impriment au duel son caractère délictueux. Aussi le duel n'est-il pas un délit politique, mais un délit privé (menaces réciproques contre la vie).

Un mot maintenant sur l'*avortement*. Qui est ici le sujet-but? Le futur enfant n'existe pas encore comme personne : comme le dit fort exactement le droit romain, il fait encore partie de la mère. Ce n'est donc pas l'enfant qui est le sujet-but en matière d'avortement, c'est la Société. Le caractère criminel de l'avortement consiste dans la menace qu'il entraîne pour la propagation de l'espèce, laquelle est une des conditions de vie de la Société (p. 300).

Peut-être pourrait-on classer encore dans d'autres catégories les délits que je viens d'énumérer; je les ai mis au rang qu'indiquait le point de vue que tout ce livre a pour objet d'établir.

La classification des délits d'après le sujet-but, que j'ai adoptée, n'a pas la prétention de règlementer la systématique du droit criminel; elle n'a d'autre but que de justifier l'idée de finalité dans la répression du délit. J'espère y avoir réussi Le criminaliste peut rejeter cette division comme pratiquement sans valeur pour lui, tout comme le civiliste peut et doit répudier ma conception sur les fondations. On peut se placer à des points de vue différents, et chacun trouve sa justification dans le progrès qu'il imprime à la matière traitée. C'est un mérite que l'on ne contestera pas à celui que j'ai fait valoir.

209. Preuves fournies par le droit romain. — Je termine ici mes explications sur le sujet-but en droit. Il m'importe peu que ma théorie soit favorablement accueillie dans tous ses détails. C'est l'idée fondamentale qui me tient à cœur : le sujet-but, au point de vue de la philosophie du droit, contient pour celui-ci le principe de classification le plus élevé, et à côté de l'individu, de l'État (Église, Association), la Société doit, elle aussi, être reconnue comme sujet-but. Plus le juriste aura de répugnance à ranger ce troisième but dans sa catégorie des *sujets du droit*, et plus suis-je tenu de renforcer le poids de ma démonstration en la mettant sous le couvert du peuple qui fut par excellence le peuple du droit : le peuple romain. Les Romains ont conçu la notion de la Société dans un sens identique à celui que j'ai exposé, et l'ont exprimée dans leur organisation publique avec la clarté, la précision et la logique d'un problème théorique, comme s'il se fût agi d'une définition abstraite, systématiquement correcte et à l'abri de toute restriction puisée dans la pratique.

210. Censeurs. — La Société, dans le sens ci-dessus, faisait l'objet de l'attention vigilante des Censeurs et des Édiles. Aux premiers, incombait la tâche de se tenir au courant de la situation de la Société romaine, et de se rendre compte des ressources qu'elle pouvait mettre au service de l'État. Ils devaient le renseigner sur le mouvement de la population, faire le dénombrement des hommes sous les armes, s'informer de l'état de leur équipement, évaluer les capitaux existants, bref, ils avaient à établir la *statistique des forces nationales*, dans l'intérêt de l'administration de la République. De ce travail de statistique, par un progrès naturel, naquit le jugement des mœurs. Un citoyen avait-il perdu sa fortune depuis le dernier recensement, le devoir naturel et urgent s'imposait au Censeur de s'enquérir des causes de cet événement, et si l'homme ne pouvait se justifier, de lui infliger un avertissement en lui rappelant ses devoirs envers la Société. En cas de récidive, l'avertissement se changeait en blâme et en censure publique (*nota* *censoria*). La mauvaise administration du patrimoine, la négligence apportée à la culture des terres, appelaient la note du Censeur. — La Société ne pouvait prospérer que grâce à l'accomplissement de tous les devoirs économiques des citoyens. Le célibat, l'absence de progéniture, entraînaient les mêmes conséquences ; le maintien de la Société exigeait l'augmentation de la famille. Aussi, celui dont la femme ne lui avait pas donné d'enfants, était-il tenu de s'en séparer à la suite des représentations du Censeur, et de contracter une autre union. Ainsi apparaissent deux des conditions mixtes de vie de la Société : le travail, et l'accroissement de la famille (p. 299), comme objets de la surveillance du Censeur, mais dépourvues de contrainte juridique. Le droit ne consacrait pas les exigences du Censeur, il n'édictait aucune peine à défaut de soumission [137]. Le seul moyen de contrainte dont le Censeur pouvait user, consistait dans la réprobation dont la Société appuyait la condamnation morale qu'il avait prononcée comme représentant de l'opinion publique. Le Censeur était la personnification politique de l'opinion publique, du sentiment moral du peuple. Son pouvoir n'était plus étendu que celui de l'opinion publique qu'en ceci, c'est qu'à l'idée de l'exclusion de la communauté, que l'opinion ne pouvait réaliser que sous le rapport des relations sociales, il lui était possible, à lui, d'attacher une conséquence politique, en privant l'indigne de la situation honorifique qu'il occupait dans la République, et qui n'était plus possible sans l'estime de ses concitoyens (exclusion du Sénat, de l'ordre des chevaliers, des tribus). En veillant ainsi aux mœurs publiques, le Censeur n'envisageait pas l'individu, tel qu'un directeur spirituel, un confesseur ; il avait en vue le bien de la Société. La moralité

---

(137) *Esprit du **D. R.**,* II, p. 53, s. (3e éd.). Cic. pro Cluentio c. 42. *Majores nostri (animadversionem et auctoritatem censoriam) nunquam neque* JUDICIUM *nominaverunt neque perinde ut* REM JUDICATAM *observaverunt.*

ne l'intéressait qu'en tant que *valeur sociale pratique*, c'est-à-dire comme condition du maintien de la Société, du progrès de *la force* nationale. En un mot, l'idée dominante était que la moralité de la nation constitue sa *force*.

211. Édiles. — Les fonctions des Édiles n'étaient également exercées qu'en vue de l'intérêt de la Société. De l'État, comme tel, ils n'avaient point à se préoccuper; ils n'avaient à garantir que les intérêts du peuple, de la masse.

C'étaient les suivants : 1. *Conditions physiques :* alimentation publique, régime des grains, eaux, bains, cuisines publiques — sûreté de la voirie, réparation des maisons, des chemins, etc.

2. *Conditions économiques :* commerce et affaires, police des marchés, vérification des monnaies, poids et mesures, l'usure, l'accaparement des grains, les contraventions aux dispositions politiques de la *lex Licinia* sur l'usage de l'*ager publicus*, etc.

3. *Conditions idéales :* moralité (poursuite des délits contre les mœurs — police de la presse, c'est-à-dire destruction des livres immoraux ou dangereux), convenances publiques (conduite publique scandaleuse, mépris du peuple souverain)[138], économie et frugalité (restrictions du luxe, même à l'occasion des funérailles ; observation des lois somptuaires, confiscation des friandises exposées en public), plaisirs du peuple (fêtes et jeux publics).

Cette compétence des Édiles, et nos indications n'en

---

(138) Témoin, l'exemple célèbre de Claudia (GELLIUS **10**.6). Il ne manque pas d'importance, en principe, puisqu'une autorité comme TH. MOMMSEN, *Röm. Staatsrecht*, II, p. 461, a cru pouvoir y trouver un délit dirigé immédiatement contre l'État, ce qui renverserait toutes nos idées sur la compétence des Édiles. Or, CLAUDIA n'avait pas péché contre l'*État* romain, mais bien contre le *peuple* romain (*istam* MULTITUDINEM *perditam eat*). Elle avait, peut-on dire, commis un blasphème contre le peuple.

parcourent pas tout le cercle (139), en fait les patrons de la Société romaine, les administrateurs de la police de la sûreté et du salut publics. Pour l'accomplissement de cette mission, il leur fallait nécessairement l'aide de la contrainte extérieure. Sans relever ici les lacunes qui pourraient être constatées dans cet ordre d'idées, il suffira de faire remarquer que la surveillance des Ediles de Rome s'exerçait sur le maintien des trois formes fondamentales de la société : (p. 308 s. litt. c) la *propriété* sociale — les *obligations* sociales — la protection contre les *délits* menaçant la communauté. Dans certaines circonstances, ils intervenaient activement, par exemple : en cas d'empêchement apporté à la circulation, ils écartaient l'obstacle (140); dans d'autres, ils autorisaient le citoyen à prendre lui-même certaines mesures urgentes : par exemple, la réfection d'un chemin, la réparation d'une maison, sous peine d'une *multa* s'ils rencontraient une résistance (141); dans d'autres encore, ils se constituaient eux-mêmes juges (142). Enfin dans tous les cas d'infractions graves, ils s'adressaient eux-mêmes aux tribus par comices, en leur soumettant la peine pécuniaire à appliquer. Cette proposition n'avait, pas comme celles qui se portaient devant les comices par centuries, le caractère d'une *poursuite criminelle* contre l'auteur du méfait; elle n'était qu'une *compositio*, offrant au délinquant le moyen de se racheter à prix d'argent.

Les amendes que percevaient ainsi les Édiles, en vertu de leurs fonctions sociales, n'entraient pas dans la caisse de

---

(139) V. Th. Mommsen, l. c., p. 461-491.

(140) L. 2-24 ne quid in l. p. (**43**.8); L. 2 de via publica (**43**.10). L'exemple célèbre de la L. 12 et 13 de peric. (**18**.6) : *Lectos emptos, cum in via publica positi essent, ædilis concidit.*

(141) L. 1 § 1 de via publ. (**43**.10)... *Multent eos, quousque firmos fecerint (parietes). § 3 ibid. construat vias publicas unusquisque secundum propriam domum.*

(142) *Actiones ædilitiae*, parmi lesquelles l'action pénale de la L. 40-42 de aed. ed. (**21**.1).

l'État (*aerarium*); elles n'étaient pas perçues par les employés fiscaux, les Questeurs, comme c'était le cas pour ceux dont le délit s'attaquait à l'*État*. Les Édiles eux-mêmes les recueillaient, et les employaient pour le service de la Société, en affectant leur produit aux dépenses occasionnées par les jeux publics, à l'entretien des chemins, aux constructions, aux monuments publics, etc. Ils réparaient ainsi le dommage dont avait souffert la Société.

La Société reste donc, partout et toujours, l'objet de l'institution des Édiles; pas un point où cela ne se vérifie (143). Tous les autres magistrats, à l'exception des Censeurs, n'ont point à s'occuper de la Société. Pour caractériser en peu de mots la mission de droit public de tous les magistrats romains, il faut dire, à notre point de vue : le sujet-but des *Consuls*, c'est l'*État*, dans son rôle politique et militaire; celui des *Questeurs*, c'est encore l'*État*, dans sa mission économique; — la *plebs* constitue le sujet-but des *Tribuns*; celui des *Préteurs*, c'est l'*individu*, en tant qu'il s'agisse de la protection des droits privés (ce qui, dans les idées romaines, comprend les actions pour délits et les actions populaires); les *Censeurs* et les *Édiles* ont pour sujet-but la *Société*. Si les fonctionnaires ne sont pas à la hauteur de leur mission, c'est l'État qui en souffre quand il s'agit des Consuls; l'*aerarium* quand il est question des questeurs; la *plebs* lorsque les Tribuns sont en cause; les individus, en cas d'insuffisance des Préteurs. Lorsque les Censeurs et les Édiles manquent à leurs fonctions, c'est la Société qui en subit les conséquences.

Je termine ici mes explications sur le sujet-but en matière juridique, et j'ai achevé le développement de la notion du

(143) MOMMSEN, l. c., p. 463, n'aperçoit pas, au moins pour la plupart des délits, la corrélation qui existait entre leurs fonctions criminelles et les autres fonctions de leur compétence. Il croit qu'il s'agit là d'une compétence absolument exceptionnelle. Pour ma part, je ne connais aucun cas où ne se vérifie le point de vue que j'ai établi (n° 208).

droit. Nous avons débuté par examiner l'élément formel, c'est-à-dire la forme extérieure du droit, pour passer ensuite à l'élément de contenu ou de but, puisque tout le contenu du droit est déterminé par le but. Nous avons été ainsi amenés à pouvoir formuler une définition qui nous servira de conclusion :

Le droit est l'ensemble des conditions de vie de la Société (ce mot pris dans le sens le plus large) assurées par le pouvoir public au moyen de la contrainte extérieure.

Pour examiner le contenu, ou l'élément téléologique du droit, nous nous sommes placés jusqu'ici, et devions nous placer, au point de vue de la Société. Dorénavant l'individu sera notre objectif. La Société n'est que la masse réunie des individus : si, pour démontrer l'importance du droit comme fragment de l'ordre humain général, nous pouvons faire abstraction de l'individu, et lui substituer la collectivité, c'est cependant en fin de compte pour l'individu que le droit exerce son efficacité; c'est l'individu qui en recueille les bienfaits, c'est lui qui en supporte les charges. Celles-ci sont-elles compensées par ceux-là? La réponse sera fournie dans les explications qui vont suivre; elles établiront le compte de doit et avoir de l'individu et de la Société, par rapport à l'organisation du droit.

Voyons d'abord le prix dont l'individu paie les faveurs du droit. Il forme ce que j'appellerai les *charges du droit pour l'individu.*

13. Charges du droit pour l'individu.

Sommaire : 212. Charges de l'existence en Société. — 213. Caractère social des droits privés. — 214. Id. Droit de famille. — 215. Id. Restrictions de la propriété. — 216. Id. Expropriation du droit privé — 217. Id. Arbitrium de re restituenda. — 218. Id. Usucapion. — 219. Id. Accession. — 220. Id La question des limites du pouvoir de l'État. — W. Von Humboldt. — Stuart Mill.

212. Charges de l'existence en Société. — A mesure qu'ils se développent, l'État et le droit exigent de plus en plus de l'individu. La Société réclame sans cesse de nouveaux sacrifices ; un besoin satisfait engendre un besoin nouveau. Chaque but nouveau, qui vient s'ajouter aux anciens buts sociaux, appelle une force active plus puissante, et des moyens financiers plus étendus, auxquels l'individu doit apporter sa contribution. Ce concours, qu'il consiste en services personnels, ou qu'il soit pécuniaire, doit être assuré par la contrainte. Il exige, par cela même, une tension plus énergique de l'appareil de contrainte dont doit pouvoir user la Société pour réaliser ses buts. La question des finances publiques en apporte la démonstration la plus évidente. Elle a pris de nos jours un développement colossal, et qui n'est pas près de s'arrêter. La raison en est, indépendamment de l'accroissement du prix des choses et du travail, que les buts de la Société se sont multipliés, qu'elle doit pourvoir à des besoins toujours plus nombreux ; chaque heure de la vie lui apporte une tâche nouvelle, et chaque tâche nouvelle de quelque importance s'inscrit en millions au budget de l'État.

Quelle que soit la part contributive de chacun aux charges de l'État, chacun concourt à réaliser les buts de la Société, et, grâce à sa moindre obole, aide l'État dans l'accomplissement de toutes ses tâches ; dans chacune de celles-ci, la participation de chacun peut être exactement calculée, ne fût-elle que d'un millionième de centime. Cela est aussi vrai ici, que pour la tasse de café que l'on boit, ou le cigare que l'on fume (p. 154), et pour lesquels on paie l'ensemble desfrais nécessités pour leur production. L'administration financière, dans l'intérêt des buts de la Société, a résolu le problème de rendre tributaires toutes personnes et toutes choses ; elle met la main dans toutes les poches : personne qui n'ait à payer sa cotisation, sous forme de droit sur les revenus, sur la profession, sur la capitation personnelle ; pas une chose qui parvienne au consommateur, avant que l'État ou la Commune aient déjà prélevé leur part.

Mais, objectera-t-on, quelle relation peut-il y avoir entre l'impôt et le droit? Une bien grande. L'obligation de payer les impôts correspond au devoir civique, incombant à tous, de concourir, chacun pour sa part, à la réalisation de tous les buts de la Société auxquels ils s'appliquent. A côté de chaque article du budget des dépenses chacun peut lire inscrite la règle de droit : tu es juridiquement tenu d'y contribuer. Le budget des dépenses de l'État ou de la Commune se résoud en autant de *règles de droit* qu'il comprend d'*articles*. Chaque chiffre nous crie : payez votre part, vous avez l'obligation d'entretenir l'armée, de mettre la marine en état, de construire des routes, de soigner pour les écoles et les universités, etc. Dans le système de l'administration, chaque nouveau but social qui surgit impose à l'individu une obligation nouvelle; le budget de l'Etat ou de la Commune politique ou religieuse, indique pour quels buts la Société lui tend la main.

Par l'impôt, le particulier sait ce que la Société lui coûte en argent comptant. Mais elle lui réclame en outre des services personnels : le service militaire, qui lui demande le sacrifice de quelques années de son existence, celui de sa vie même en cas de guerre, le service du jury, etc. Viennent alors encore les règlements de police et les lois criminelles, qui lui prescrivent sa voie sous peine d'entrer en conflit avec le pouvoir public.

Après quoi, chacun se dira peut-être : me voilà donc en règle avec la Société? Ce qui me reste est bien à moi seul. Ma vie privée échappe au contrôle de la Société; là est le terme de son autorité, là je suis mon seul maître et je puis lui dire : tu n'iras pas plus loin.

213. Caractère social des droits privés. — Si un droit quelconque, au monde, eût permis pareil langage, c'eût été certes, le droit romain : nul autre n'a eu une conception plus claire du principe de l'indépendance individuelle, nul autre ne l'a plus largement et plus énergiquement appliqué[144]. Voyons ce qu'il répond.

214. Droit de famille. — Au père de famille, il dit : tu exerces sur tes enfants la *patria potestas*, dans une mesure qu'aucun autre peuple n'a jamais connue. « Mais, ajoute-t-il
« aussitôt, tu ne vendras pas tes enfants comme esclaves ; —
« si tu l'essayais, tes enfants resteraient citoyens et libres —
« à la vente en servage même (*mancipium*), je mets des
« bornes ; si tu les dépasses, ton abus te causera la perte
« de ton droit de puissance, car tes enfants n'existent pas
« seulement pour toi, ils existent aussi pour eux-mêmes, ils
« existent pour la communauté, qui n'a que faire de citoyens
« qu'a dégradés l'obéissance servile. »

Ton patrimoine est à toi, disposes-en pendant ta vie comme tu l'entends, ton égoïsme me garantit la conservation de tes biens. Mais si ton insouciance les compromet, je te mettrai sous curatelle comme prodigue (*cura prodigi*), car ton patrimoine est aussi le bien des tiens[145]. Il leur appartient après ta mort ; veux-tu les en priver, le peuple, auquel tu exposeras tes raisons d'agir, jugera de leur valeur[146]. Veux-tu te soumettre toi-même à la puissance paternelle d'autrui, tu procéderas de même ; le peuple doit savoir si son intérêt peut consentir à la perte de ton indépendance.

Le droit moderne a renchéri encore sur ces limites imposées à la liberté de l'individu dans l'intérêt de la Société.

---

(144) V. *Esprit du D. R.*, II p. 134-215 (3ᵉ éd. fr.).

(145) L. 11 de liberis (**28** 2)... *qui etiam vivo patre* QUODAMMODO DOMINI *existimantur*.

(146) *Testamentum in comitiis calatis.* Sur la garantie que cette forme donnait aux enfants pour leur droit héréditaire, v. *Esprit du D. R.*, IV. p. 145 (3ᵉ édit. fr.).

Prenons, par exemple, les rapports entre parents et enfants. Dès avant la naissance de l'enfant, la Société étend sur lui sa main, le protège, le réclame. La loi parle à la mère pour lui dire que l'enfant qu'elle porte dans son sein, ne lui appartient pas à elle seule, mais aussi à la Société ; pour la menacer de châtiment, si elle attente à ses droits (avortement, exposition). La naissance de l'enfant entraîne pour toujours l'obligation alimentaire ; elle impose aux parents le devoir passager de déclarer la naissance de l'enfant, naguères encore celui de le faire baptiser, puis plus tard l'obligation de le faire vacciner, et de l'envoyer à l'école à l'âge requis. La loi restreint le droit de correction, elle met un frein à l'exploitation du travail des enfants dans les fabriques (maximum d'heures, âge) ; le juge supplée le consentement au mariage des parents qui arbitrairement le refusent ; dans les cas nécessaires, elle les contraint même à fournir un trousseau aux filles qui se marient (art. 1620 du Code civil allemand).

Malgré toutes ces restrictions, le droit des parents, par rapport à leurs enfants, est encore aujourd'hui plus étendu que ne le comportent, me semble-t-il, sa nature et notre degré de civilisation. Là se rencontre peut-être le point le plus vulnérable de tout notre droit privé moderne. Je suis convaincu que, dans un avenir plus ou moins lointain, il y sera porté remède, et que l'on saura fermer certaines maisons paternelles qui ne sont que des pépinières de vices et de crimes, où l'enfant se trouve moralement abandonné, pour lui ouvrir la maison d'éducation publique. A quoi sert de combattre le vice et le crime, si on laisse ouverts les foyers qui les développent ? C'est dans la maison familiale même, que ce combat doit avoir lieu, et j'ai pleine confiance qu'on en arrivera à déposer cette fausse honte qui empêche, encore aujourd'hui, d'introduire le pouvoir public dans la maison, et de l'ériger en juge du droit des parents. Il

faudra, hélas! je le crains, bien du temps encore, avant
que s'accomplisse pareille évolution dans la conception
du principe de l'autorité paternelle. En réalité, cette
évolution ne serait pas autrement considérable que celle
qui s'est accomplie depuis la puissance paternelle romaine
jusqu'aux restrictions y introduites par le droit moderne :
celles-ci, pour un ancien Romain, seraient au moins aussi
surprenantes.

215. Restrictions de la propriété. — Si une institution
quelconque du droit privé pouvait consacrer l'idée que le
droit n'existe que pour l'ayant-droit, ce serait assurément
la *propriété*. Aussi est-ce l'opinion vulgaire. La thèse des
juristes, et les idées courantes du monde, s'accordent pour
admettre que le caractère essentiel de la propriété consiste
dans le pouvoir illimité du propriétaire, et que toute
restriction, à cet égard, porte à la propriété une atteinte
inconciliable avec l'esprit de l'institution. J'estime que
c'est là une profonde erreur; la propriété se trouve vis-
à-vis de la Société dans le même rapport que la famille.
Si la main de la Société est si peu visible dans le domaine
de la propriété, c'est par l'unique raison que, de lui-même
déjà, le propriétaire est poussé à faire régulièrement de sa
propriété un usage qui répond à son propre intérêt et à celui
de la Société. Les choses s'arrangent ici comme nous avons
vu qu'elles s'accomplissent à l'occasion des conditions mixtes
de vie de la Société (p. 299). La loi peut rester muette, car
de lui-même l'homme prend la direction vraie, guidé par son
propre intérêt et son inclination naturelle. Mais que de vastes
étendues restent sans culture, que des mauvaises herbes
croissent là où pourrait germer le grain, que des contrées
entières restent abandonnées au seul plaisir de la chasse,
sans que la charrue y trace un sillon, la Société devra-t-elle
rester impassible ? Souvent, dans les derniers temps de
l'Empire romain, écrasés sous le poids des impôts, les pro-

priétaires fonciers laissaient leurs terres incultes. Si la terre n'existait que pour le propriétaire, cette situation eût dû être tolérée comme une conséquence de l'idée de la propriété. Mais la terre existe également pour la Société; celle-ci est intéressée à ce que le sol produise, et c'est pourquoi on réprima ces négligences, en offrant la terre à qui voulait la cultiver, et la faire servir aux intérêts de la Société [147]. Dans une grande ville, un jardin à front de rue se présente comme une anomalie, la place y est destinée à élever des maisons, et non à laisser tracer des jardins. Certaines législations, appréciant sainement ce point de vue, placent le propriétaire dans l'alternative de bâtir lui-même, ou de céder le terrain, moyennant un prix équitable, à celui qui veut se charger de construire. Le droit minier nous fournit un autre exemple : la liberté des fouilles. La Société est intéressée à ce que les trésors enfouis dans le sol voient le jour. Si le propriétaire du terrain n'y pourvoit, un autre obtiendra le droit de fouille et les concessions nécessaires [148].

Jusqu'ici, toutes les restrictions apportées à l'étendue du

---

(147) L. 8 C. de omni agro (11.58). Le reste est étranger à notre matière. Ce titre contient encore une série d'autres dispositions pour assurer la culture des terres. C'est méconnaître complètement le sens de cette constitution que de chercher à l'expliquer par le point de vue de la *derelictio*. Le motif était l'intérêt public : *ad* PRIVATUM *pariter* PUBLICUMQUE COMPENDIUM *excolere*. De la même considération provient l'adjudication de la maison en ruine à celui des propriétaires communs qui, sur le refus des autres, l'a réparée à ses frais. L. 52 § 10 pro socio (17.2). SUÉTONE Vespas. c. 8, rapporte une mesure transitoire ayant la même tendance : *deformis urbs veteribus incendiis ac ruinis erat, vacuas areas occupare et œdificare*, SI POSSESSORES CESSARENT, CUICUMQUE *permisit*. L'agriculteur négligent, à l'époque antique, se voyait rappeler ses devoirs envers la Société par le Censeur. GELLIUS 4.12.

(148) Déjà d'après le droit romain, v. le titre du Code : 11.6 *de metallariis*. Dans la L. 1 ib. on trouve signalé le même point de vue que dans la L. 8 Cod. de la note précédente : SIBI ET REI PUBLICÆ *commoda compararet*.

droit de propriété ne concernent que les choses immobilières. Le droit n'a pas cru devoir régler l'emploi des meubles, au point de vue de l'intérêt social. Les prescriptions relatives aux mauvais traitements exercés sur les animaux ne rentrent pas dans cet ordre d'idées; elles se justifient, non par l'intérêt *économique* de la Société (à ce titre, l'usage abusif d'autres choses devrait également être réprimé), mais par des considérations *morales*. L'abus de la propriété des choses mobilières ne pourrait devenir un danger pour la Société, que dans le seul cas de leur destruction : elles sont alors réellement perdues pour la Société; mais l'intérêt même du propriétaire prévient ce danger. Que le propriétaire dissipe son patrimoine, la chose est indifférente au point de vue de la Société (l'intérêt des proches parents restant question réservée, p. 340); les biens s'en vont dans d'autres mains, mais restent subsister pour elle. On peut concevoir que l'avare, qui n'a jamais rien donné à personne de son vivant, qui ne veut rien donner après sa mort, dise par testament que ses valeurs seront enterrées avec lui, ou seront anéanties. Au point de vue de la conception individualiste de la propriété, pareille disposition devrait être exécutée, mais le sens intime de tout homme protestera; aussi le droit romain n'a-t-il point admis cette clause[149]. Il ne l'admet pas, non parce que le testament n'avait pour but que d'instituer des héritiers et d'assigner des legs, car le testateur peut prendre une foule d'autres dispositions, mais par la seule raison qu'une pareille disposition viole la destination sociale de la propriété. Les biens sont aux vivants : les vers n'y ont aucun droit. C'est pour la même raison que toujours la succession doit s'ouvrir sans empêchement possible, — le droit ne connaît aucune forme pour

---

(149) L. 14 § 5 de relig. (11.7). *Non autem oportet ornamenta cum corporibus condi nec quid aliud hujusmodi, quod homines simpliciores faciunt.*

exclure l'héritier — l'homme mort perd sa propriété, l'homme vivant a le droit de la recueillir[150].

Il n'est donc pas vrai de dire que la propriété, d'après sa conception, implique le pouvoir absolu de disposer des choses. Jamais la Société n'a toléré une propriété ainsi illimitée : la conception de la propriété ne peut contenir rien qui soit en opposition avec celle de la Société[151]. Cette compréhension absolutiste de la propriété est le dernier écho de la théorie vicieuse du droit naturel, qui isolait l'individu de tous les éléments sociaux au milieu desquels il se meut. Il est inutile d'insister sur les conséquences qu'entraînerait le droit donné au propriétaire de se retrancher dans sa propriété, comme dans une forteresse inviolable. L'opposition d'un seul mettrait obstacle à la construction d'une route, d'un chemin de fer, à l'établissement de fortifications, — tous ouvrages dont peut dépendre le bien-être de milliers d'hommes, la prospérité d'une contrée, la sûreté de l'État.

---

(150) Les Romains vont jusqu'à dire que la succession appartient à la *génération existante*. Le testateur doit choisir ses héritiers parmi ceux qui vivent actuellement; il ne peut sauter une génération et accorder son patrimoine à la suivante. C'est pour cela aussi que l'adjonction d'un *dies ex quo* est nulle dans l'institution d'héritier; le testateur ne peut ni enlever ni amoindrir le droit du présent. La seule chose qui lui soit possible, c'est de *choisir* son héritier parmi les individus déjà existants (ou conçus) à l'époque de son décès. Il peut, il est vrai, par l'adjonction de conditions, ajourner l'acquisition de la succession, mais, et ici se vérifie de nouveau l'idée ci-dessus, dès avant l'avènement de la condition, la succession est attribuée provisoirement à l'appelé (*Bonorum possessio secundum tabulas*) – le mort ne peut léser le vivant.

(151) Cette opinion que j'ai déjà brièvement formulée dans l'*Esprit du D. R.*, I, p. 7, en disant qu'il n'y a pas de propriété absolue, c'est-à-dire indépendante de la communauté (comp. les explications du T. II, p. 223 s.), je me réjouis de la rencontrer dans AD. WAGNER, *Allgemeine oder theoretische Volkswirthschaftslehre*, Th. I, Leipz et Heidelb., 1876, p 499 et s. Je ne connais point d'écrit où la conception fondamentale de la destination sociale du droit ait été développée d'une manière aussi profonde, aussi simple, aussi convaincante; l'avenir nous dira si c'es avec succès.

Il lui suffirait de dire : cette maison est à moi, cette terre, ce bétail, ces chevaux m'appartiennent, et la Société devrait contempler, impuissante, les ravages des incendies, les désastres des inondations, les progrès des épizooties ; et la guerre survenant, faute de chevaux, les hommes devraient s'atteler aux canons. Proclamer le principe de l'inviolabilité de la propriété, c'est livrer la Société à l'inintelligence, à l'entêtement, au criminel égoïsme du particulier : — périsse tout, pourvu que me restent ma maison, mon bétail, ma terre ! Te restent-ils seulement, ô homme à courtes vues ? Les dangers qui menacent tout le monde te menacent de même ; l'eau, le feu, l'épidémie, l'ennemi, t'atteindront, toi aussi, et toi aussi, les ruines universelles t'écraseront : les intérêts de la Société sont, en réalité, tes propres intérêts, et lorsqu'à ton droit de propriété, elle apporte quelques restrictions, elle agit pour toi autant que pour elle-même.

216. Expropriation du droit privé. — C'est le droit de défense de la Société, dont il a déjà été question (p. 177), qui exige les restrictions de la propriété que nous venons de signaler. Le juriste sait qu'il en est un grand nombre d'autres qui protègent uniquement des intérêts particuliers. Le concept de la propriété défend-il d'exiger du propriétaire des sacrifices au bénéfice de tiers qui ne lui sont rien ? La solution de cette question écartera le dernier doute qui peut subsister encore sur la théorie de la propriété.

Une avalanche a obstrué le chemin qui mène à ma propriété, l'inondation l'a emporté ; je n'ai plus d'autre accès que par le fonds de mon voisin ; que se passera-t-il ? Le droit romain oblige le voisin à me céder un chemin (passage forcé) moyennant une indemnité.

Un tel bâtit : il emploie, pour les fondations, les pierres d'autrui, qu'il croyait être sa propriété ; la construction achevée, le propriétaire des matériaux les revendique ; que décidera le juge ? S'il fallait logiquement pousser jusqu'au bout l'idée de la propriété, le bâtiment entier devrait être démoli pour permettre de reprendre les pierres, ou bien le défendeur aurait à conclure un arrangement onéreux avec le demandeur. Le droit romain alloue au demandeur le double de la valeur des matériaux (*actio de tigno juncto*); même si les pierres ont été volées, le juge n'en ordonne pas la restitution, mais il fixe une indemnité plus élevée.

Dans ces deux cas, ce n'est pas seulement l'intérêt d'un particulier qui est en jeu, mais aussi celui de la Société. Si le propriétaire n'a plus d'accès à son champ, plus de culture, plus de récolte : le dommage ne l'atteint pas seulement, lui, mais la Société entière; la production nationale est diminuée d'autant. Si la maison est démolie, un travail de valeur est inutilement mis à néant, et l'homme lui-même peut être ruiné. Si la propriété n'existe que dans l'intérêt du propriétaire, la perte encourue par la Société, dans les deux cas ci-dessus, ne justifie aucune restriction du droit. Si elle intéresse également la Société, le droit doit chercher à concilier ces deux intérêts. Il le fait dans tous les cas de ce genre, au moyen de l'expropriation, ou par l'interdiction de l'exercice du droit.

On méconnaît, à mon avis, l'importance de l'expropriation, si l'on veut y voir une *atteinte* portée au droit de propriété, une *anomalie* en contradiction avec la conception de ce droit. Elle ne peut avoir cette signification que pour celui qui conçoit la Société uniquement au point de vue de l'individu (*théorie individualiste de la propriété*).

Ce point de vue est ici tout aussi erroné qu'en matière de contrats[152]. Pour rester dans le vrai, c'est la Société qu'il faut prendre en considération (*théorie sociale de la propriété*). Dès lors, l'expropriation apparaît si peu comme une anomalie, une déviation de l'idée de la propriété,

---

(152) V. les explications sur la force obligatoire des contrats, n° 124

qu'elle se montre, au contraire, comme découlant irrésistiblement de cette dernière. L'expropriation est la solution qui concilie les intérêts de la Société avec ceux du propriétaire; elle seule fait de la propriété une institution pratiquement viable, qui, sans elle, serait un fléau pour la Société. Cela est vrai, non-seulement dans le cas où des nécessités générales se font entendre, mais encore pour celui où, seule, une personne privée est en cause. Le premier nous donne l'expropriation du droit *public*, le second, celle du droit *privé*.

217. Id. Arbitrium de re restituenda. — Cette dernière notion, presque complètement étrangère aux conceptions du droit moderne, est assez clairement indiquée dans le droit romain. Dans sa mise en pratique, les Romains ont fourni la preuve qu'ils se rendaient parfaitement compte du danger qu'entraînerait la réalisation sans réserve de la notion abstraite et formaliste de la propriété (domaine absolu sur la chose). Le droit romain assure une double protection à la propriété : la *réalisation réelle*, et la *condamnation pécuniaire*. La procédure autorisait le juge à prononcer la restitution réelle de la chose, mais il n'avait pas le pouvoir d'y contraindre (*arbitrium de re restituenda*), et si ses injonctions étaient désobéies, il pouvait seulement, dans son jugement définitif (*sententia*), condamner le défendeur au paiement d'une somme d'argent : c'était l'équivalent pratique d'une expropriation de la chose. En opérant ainsi, le droit romain donnait à la réalisation de la propriété une élasticité qui excluait complètement les dangers inévitables de sa conception absolue. Il permettait au juge d'arbitrer équitablement le dommage subi par l'exproprié (fonction d'équivalence de l'argent), et d'apprécier éventuellement une opposition déraisonnable soulevée par l'adversaire (fonction pénale de l'argent). Cette organisation constitue, à mon avis, une des plus géniales idées de la procédure romaine.

L'espèce suivante révélera toute l'importance pratique de la possibilité de cette condamnation pécuniaire. Elle découvrira le résultat néfaste qu'entraînerait une procédure qui tendrait à réaliser la théorie individualiste de la propriété.

Le propriétaire, en bâtissant sa maison, a empiété de quelques lignes sur le terrain de son voisin. Ce dernier, qui, par méchanceté peut-être, a laissé s'achever la bâtisse, intente l'action négatoire. Que décidera le juge? D'après les manuels du droit romain actuel, il ordonnera le reculement du mur, c'est-à-dire la démolition de tout l'édifice! A mon avis, fin était mise au procès par la condamnation du défendeur au paiement de la valeur de la lisière usurpée, c'est-à-dire par l'expropriation de cette lisière. La maison était conservée, et le voisin était indemnisé du terrain perdu. S'il voulait prévenir ce résultat, il devait agir au temps voulu, c'est-à-dire au début des travaux (*operis novi nunciatio*), que dans ce cas le juge ordonnait de stater. C'était bien là la solution la plus intelligente [153].

Le logicien rigoureux me répondra, que dans ce cas le *droit* sera sacrifié au profit de *l'opportunité*. Cette appréciation marque la différence radicale qui sépare la conception juridique qui a cours, de celle dont je suis le protagoniste. Ma théorie fait de l'opportunité la mission unique du droit; celle qu'on lui oppose à titre de raison du droit (*ratio juris*) n'est que la couche inférieure et consolidée qui forme le sédiment du droit (p. 291).

L'*adjudicatio* de la procédure en matière de partage

---

[153] Je suis seul à soutenir qu'elle vaut également pour notre droit actuel (JAHRB., VI, p. 99). Je doute que mes adversaires se soient rendu compte de la conséquence ci-dessus, et qu'ils prendraient sur eux, comme juges, de mettre leur théorie en application; en tout cas, la confiance du peuple dans le droit serait fortement ébranlée par un tel jugement.

constitue le deuxième cas d'application de l'expropriation en droit privé. La formule du Préteur, conférant au juge le droit d'adjuger (*adjudicatio*), lui donnait implicitement celui d'exproprier, et les juristes sont d'accord pour reconnaître qu'ici l'*opportunité* seule doit servir de guide au juge (154).

218. Usucapion. — Mais la thèse que la logique inflexible de l'idée de la propriété individualiste doit céder devant l'intérêt social, ne trouve pas sa justification dans le seul cas de l'expropriation. Elle se vérifie encore dans l'usucapion et l'accession. Les juristes romains eux-mêmes reconnaissent que l'intérêt public doit être seul pris en considération dans la première de ces institutions du droit; ils proclament que l'intérêt du propriétaire y est primé par celui de la Société (155).

219. Accession. — Il y a accession, au sens du droit romain, lorsque la chose d'autrui est unie à notre propre chose. J'ai planté sur mon fonds un arbre appartenant à un tiers, le propriétaire de l'arbre veut le recouvrer : dois-je arracher la plantation? Oui, répond le juriste romain, tant que l'arbre n'a pas jeté de racines; non, si elles ont poussé. La raison dont se contente le juriste est celle-ci : si l'arbre a poussé des racines, il est devenu partie intégrante du sol, il a cessé d'exister comme chose indépendante, et la propriété en est perdue. Cette raison est sans valeur : l'arbre peut certainement encore être détaché du sol, et si le droit avait pour mission de réaliser l'idée de propriété jusque dans sa dernière conséquence, l'enlèvement de l'arbre, dût celui-ci

---

(154) Par exemple pour *l'act. finium regundorum*, § 6, J. de off. jud. (**4**.17)... COMMODIUS L. 2 § 1, fin. reg. (**10**.1), pour l'*act. familiæ erciscundæ* L. **3** fam. erc. (**10**.2) .. INCOMMODA, pour l'*act. communi dividundo*, L. 6 § 10, L. 7 § 1, L. 19 § 1, comm. div. (**10**.3); L. 21 ih. *quod omnibus* UTILISSIMUM; L. 1 Cod. ib. (**3**.37).. COMMODA. L'assolement forme un exemple moderne d'expropriation privée inconnue des Romains.

(155) V. L. 1 de usurp. (**41**.3), où tous deux sont opposés : *bono* PUBLICO *usucapio introducta est, cum sufficeret dominis,* etc.

périr, devrait se faire sur la demande du propriétaire : *fiat justitia pereat arbor*. Mais l'arbre sera conservé pour le même motif que l'on conserve la maison, dans l'érection de laquelle ont été employés les matériaux d'autrui, et que le possesseur d'une chose d'autrui, revendiquée par le véritable propriétaire, ne peut détruire les travaux faits sur cette chose, s'il n'en retire aucun avantage, ou si le demandeur est disposé à l'indemniser. La raison en est que le résultat économique que retirerait une partie ne compenserait pas le préjudice souffert par l'autre : — l'arbre, la maison, le mur tapissé, la cheminée encastrée, sont conservés, et l'autre partie est remplie en argent. Devant la propriété, qui, pour s'affirmer elle-même, ruinerait la chose, se dresse la loi qui interdit simplement son action, ou qui abjuge elle-même la propriété pour la transférer à l'adversaire, c'est-à-dire en expropriant.

Telle est la physionomie vraie de la propriété romaine. Chacun peut juger maintenant si elle est conforme à la conception courante, qui a trouvé son expression scientifique dans la définition des juristes : la propriété est le pouvoir juridique *absolu* sur la chose. J'avais pour but, non de redresser l'idée erronée que l'on se faisait d'une institution *romaine*, mais d'enlever à la conception individualiste du droit, l'appui qu'elle croit trouver dans l'organisation de cette institution.

La thèse que je viens d'exposer (depuis la p. 339), se résume en un mot : elle affirme le caractère *social* des droits privés. Tous les droits du droit privé, même ceux qui ont l'individu pour but immédiat, sont influencés et vinculés par des considérations sociales. Il n'en est pas un seul dont le sujet puisse dire : ce droit, je le possède exclusivement pour moi, j'en suis le seigneur et maître, et la logique juridique met obstacle à ce que la Société apporte des restrictions à l'exercice de mon droit. Il ne faut guère être prophète pour prévoir que cette conception sociale du droit privé supplantera peu à peu la conception individualiste. La propriété se transformera, et le temps viendra où la Société ne reconnaîtra plus à l'individu ce prétendu droit d'amasser le plus de richesses possible, de détenir à lui seul des fonds de terre capables de nourrir des milliers d'hommes, en leur assurant une existence indépendante, comme déjà elle ne reconnaît plus le droit de vie et de mort du père romain, le droit de la guerre, le brigandage du baron féodal, et le droit des naufrageurs du moyen-âge. La propriété privée existera toujours, le droit de succession ne disparaîtra jamais; les idées socialistes et communistes qui en veulent l'abolition sont pures folies. Mais on peut s'en fier à l'esprit inventif de nos politiciens, pour peser sur la propriété privée au moyen d'impôts progressifs sur les revenus, sur les successions, le luxe, etc. de façon à en refréner l'excès au bénéfice de la caisse de l'État, et permettre de dégrever de la charge telles ou telles parties du corps social. Il s'opèrera ainsi une répartition des biens de ce monde plus conforme aux intérêts de la Société, c'est-à-dire *plus juste* (p. 244), que celle qu'a enfantée, et que devait enfanter, une théorie de la propriété qui n'a su qu'alimenter l'insatiable appétit *de l'égoïsme.* Elle a proclamé bien haut la « sainteté de la propriété ». Et ce sont ceux-là, précisément, pour qui rien n'est sacré : le vil égoïste, dont l'existence entière ne compte pas un acte d'abnégation, le matérialiste dont l'esprit épais n'estime que ce qui tombe sous les sens, le pessimiste qui ne rêve que l'universel néant, ce sont ceux-là qui célèbrent à l'envi la sainteté de la propriété, ce sont eux qui invoquent, pour asseoir la propriété, une idée qu'autrement ils ne connaissent pas, dont ils n'ont nul souci, et qu'ils foulent aux pieds tous les jours de leur vie.

Mais de tout temps l'égoïsme a su appeler Dieu et les saints au secours de ses buts. Lorsque le droit d'épave existait encore, une prière de l'Église disait : que Dieu bénisse notre rivage ! Et le brigand italien prie la madone avant d'aller en expédition.

J'ai tenu ma promesse. J'ai établi le compte de l'individu, comme je l'avais annoncé. Voici son bilan : tu ne possèdes rien pour toi seul ; la Société, ou la loi, qui représente ses intérêts, se dresse partout à tes côtés ; la Société est ton éternelle partenaire, qui exige sa part sur tout ce que tu as : sur toi-même, sur ton travail, sur ton corps, sur tes enfants, sur ton patrimoine — le droit fait de toi, individu, et de la Société, deux véritables associés. Représentante invisible et toujours présente de cette association, partout où tu es, partout où tu vas, t'entoure, semblable à l'air atmosphérique, la puissance de la loi. Sur chaque point de la terre, l'atmosphère t'enveloppe ; il n'en est pas un dans la Société où la loi ne te suive. Le poids dont elle pèse sur toi, l'habitude fait que tu ne le ressens plus, dans la plupart des cas. Tu marches coutumièrement, et sans en avoir conscience, dans la voie que te trace la loi, et ce n'est que lorsque une bévue, une étourderie, ou la passion, t'a entraîné, que tu t'aperçois des barrières qui te sont opposées. Il faut une attention bien voulue pour avoir conscience de toutes les restrictions dont le droit, chez un peuple civilisé, a entouré la liberté individuelle.

Surgira-t-il d'autres restrictions encore que celles que nous connaissons ? La société montrera-t-elle toujours des exigences nouvelles (p. 338) ? N'arrive-t-il pas un moment où l'individu peut s'écrier : assez de pression, je suis las d'être l'esclave de la Société. Il faut qu'il y ait entre elle et moi une limite qu'elle ne peut franchir, un terrain sur lequel je serai seul mon maître, et qui lui soit interdit !

220. La question des limites du pouvoir de l'État. W. von Humboldt, Stuart Mill. — Je rencontre là une question de principe de la plus haute importance : celle des limites du pouvoir de l'État et du droit, vis-à-vis de la liberté individuelle. Je la soulève, non dans l'espoir de la résoudre, mais parce qu'elle surgit, d'elle-même, de la suite de mes développements sur la notion du droit. Elle m'en apparaît comme le point terminal, le *non plus ultra*.

J'ai résumé précédemment (p. 45) le rapport de l'individu avec la Société au moyen de trois aphorismes : chacun existe pour soi — chacun existe pour le monde — le monde existe pour chacun. — Cette formule ne répond plus à la question actuelle. Il ne s'agit plus ici de démontrer que l'individu existe pour la Société, il y a à rechercher *jusqu'où* il existe pour elle. Je doute que jamais on parvienne à déterminer clairement cette limite. La question, je pense, restera éternellement flottante. Dans sa marche inces-sante, la Société se voit imposer, s'engendrant l'une l'autre, des nécessités toujours nouvelles; mais en même temps grandit d'autant l'idée de ce que l'individu lui doit, et l'insondable avenir qui est devant nous, ne nous permet point d'assigner un terme à ce mouvement parallèle.

Deux fois, à ma connaissance, on a tenté de faire la lumière sur ce point, et je doute plus que jamais que le problème puisse être résolu un jour. Chacune de ces deux tentatives porte l'estampille de l'un des deux penseurs les plus profonds du XIXe siècle : WILH. VON HUMBOLDT et STUART MILL. L'un et l'autre me paraissent s'être inspirés de la doctrine (individualiste) du droit naturel au siècle passé. Cette doctrine repose sur une erreur fondamentale, à savoir : que la considération de l'individu est la base consti-tutive de l'État et de la société. La théorie du droit naturel considère l'individu comme la pierre angulaire du droit et de l'État. D'après elle, l'individu existe uniquement pour lui-même, il est un atome qui n'a d'autre fin vitale que de se conserver lui-même, à côté d'autres atomes sans nombre.

Pour y parvenir, il se règle, vis-à-vis de ces derniers, d'après la formule Kantienne, qui n'assigne pour limites à la liberté propre que la liberté des autres. La mission de l'État et du droit consiste uniquement à réaliser cette formule, c'est-à-dire à empêcher la liberté de l'un d'empiéter sur celle de l'autre. Cela nous représente une série de sphères de liberté, délimitées comme les cages d'une ménagerie, entourées de barreaux pour que les bêtes féroces ne puissent s'entre-dévorer. Cette attitude purement passive constitue l'ordre suprême; les individus n'ont à se préoccuper de rien; l'État et le droit, en les entourant d'un cordon de sûreté, ont accompli toute leur tâche.

C'est le système de l'individualisme en droit. Nous l'avons déjà rencontré (n° 124), en traitant de la force obligatoire des contrats : il nous montre le monde moral construit en vue de l'individu supposé isolé, lequel trouve en lui-même tout le but de son existence. — Chacun pour soi, personne pour tous.

Pour établir cette conception, W. v. HUMBOLDT (155) exige de l'État « qu'il ne s'immisce dans les affaires privées « des citoyens qu'en tant qu'il s'agisse de lésions apportées « par l'un aux droits de l'autre » (p. 16). Il ne peut restreindre leur liberté « que dans la mesure nécessaire pour les assurer « contre eux-mêmes, et les défendre contre l'ennemi exté- rieur » (p. 39). Tout le reste est un mal, notamment « les « efforts de l'État pour accroître la richesse matérielle de « la nation, sa sollicitude qui veille au bien-être du peuple, « soit directement, par les institutions charitables, soit « indirectement, par les encouragements donnés à l'agricul- « ture, à l'industrie et au commerce, ses mesures finan-

---

(155) Dans l'ouvrage écrit au XVIIIe siècle mais seulement publié après sa mort : *Ideen zu einem Versuch die Grenzen der Wirksamkeit des Staats zu bestimmen*, Breslau, 1851.

« cières et monétaires, ses prohibitions d'importation et
« d'exportation, enfin toutes les dispositions pour prévenir
« ou réparer les dommages causés par les éléments, bref
« toute institution publique ayant pour but de conserver ou
« de favoriser la prospérité matérielle de la nation. Toutes
« ces organisations entraînent des conséquences nuisibles, et
« sont contraires à une politique vraie, qui peut bien s'inspi-
« rer de mobiles supérieurs, mais que des motifs humains
« doivent toujours diriger » (p. 18). L'État n'a pas à
s'inquiéter du mariage ; celui-ci doit rester abandonné au
libre arbitre de l'individu et se règlementer lui-même par
voie de contrat (p. 29); il ne doit pas défendre les immora-
lités publiques; elles ne lèsent le droit de personne, et si
quelqu'un s'en trouve offensé, sa volonté et sa raison seules
doivent réagir (p. 108). L'État ne peut, ni directement ni
indirectement, influer sur les mœurs et le caractère de la
nation; il doit s'abstenir de surveiller l'éducation publique,
se défendre de toute immixtion dans les institutions religieuses, et considérer toutes les lois somptuaires comme
étrangères à sa mission (p. 110). Il n'a pas à garantir la vie
des citoyens ni à veiller à l'hygiène publique, même en
présence de dangers qui les menacent (p. 110). Chacun doit
se prémunir lui-même contre la fraude d'autrui (p. 111). Le
délit n'existe pas si la victime ne se plaint; le meurtre même
devrait rester impuni si elle y a consenti, mais la facilité
d'un abus redoutable a rendu nécessaire l'établissement de
la loi pénale (p. 139).

Ainsi sont renversées toutes les barrières que l'État
historique a imposées à la liberté individuelle : seules sont
exceptées celles que réclame impérieusement la sûreté de
chacun vis-à-vis des autres. On reconnaît, il est vrai, que
livré à ses seules forces, l'individu ne peut atteindre la
sûreté juridique (p. 45), et c'est pour cela, mais pour cela
seulement, qu'il lui faut vivre en commun sous la protection

de l'État. L'existence en société n'est qu'un *moyen secondaire*. Le but unique, l'homme, ne peut être sacrifié à ce moyen (p. 104).

Ces mots : *l'homme, but unique,* caractérisent toute la doctrine. Elle fait table rase de l'idée qu'un coup d'œil jeté sur la vie montre dans son incessante réalisation : que l'individu existe aussi pour d'autres, et que la Société, qui seule fait de lui un homme dans le sens élevé du mot, peut exiger qu'il coopère à ses buts, comme elle l'aide à accomplir tous les siens.

Nous voyons ici le grand penseur concevoir une organisation *a priori* du droit et de l'Etat, à l'encontre de toute réalité historique, mais, à son honneur, nous devons ajouter que malgré les ruines qu'il entasse, son but, néanmoins, constitue un idéal. Il ne fraie pas la voie libre à un déprimant égoïsme : il entrevoit la liberté comme moyen suprême pour le développement harmonique de toutes les forces de l'activité humaine. « L'énergie indivi-
« duelle, l'éducation individuelle, telles sont, en définitive,
« les bases sur lesquelles repose toute la grandeur de
« l'homme, et que tout homme doit s'efforcer d'atteindre.
« C'est par la liberté, qu'au milieu des groupements
« humains divers, l'homme fonde son individualité, et
« celle-ci, à son tour, engendre sa liberté (p. 11). S'il
« était donné à l'individu de se développer exclusivement
« par lui-même et pour lui-même, ce serait l'idéal suprême
« de la vie en société (p. 13). La raison ne peut concevoir
« pour l'homme de situation plus éminente que celle d'une
« liberté illimitée, qui lui permettrait la manifestation la
« plus complète de son individualité, où la nature physique
« même ne recevrait d'autre empreinte que la sienne et ne
« serait que le moule de chaque volonté particulière limitée
« par sa seule force et par le sentiment de son droit (p. 15). »

De cette liberté, le grand penseur attend tout. Les hommes

élevés à son école sauront accomplir d'eux-mêmes tout ce que l'État leur impose aujourd'hui par la contrainte, ils s'entendront librement pour prévenir les malheurs publics, la famine, les inondations, etc. (p. 14), pour réaliser librement la destinée de l'État ; « ils y seront poussés par le « compte même qu'ils se rendront des avantages que leur « présente l'organisation de l'État pour atteindre leurs buts « individuels (p. 76). » L'État peut même renoncer à organiser la défense nationale ; les citoyens ne seront obligés à autre chose qu'à se soumettre à des exercices militaires, et ceux-ci seront dirigés de façon à exalter le courage, à développer les aptitudes physiques, à enseigner la disci-pline ; ils provoqueront l'esprit guerrier, ou plutôt l'enthou-siasme civique prêt à tous les sacrifices pour la défense de la patrie (p. 53).

Ne l'oublions pas, celui qui a écrit cela, ce n'est pas l'homme d'état que l'expérience a mûri, c'est un jeune homme de trente ans, généreusement entraîné vers tout ce qui est noble et beau, plein de foi dans cette aurore de liberté que la révolution française semblait avoir fait éclore pour les peuples. Quand, plus tard, son clair regard eut embrassé la vie, von Humboldt n'eut garde de publier cet écrit : il avait mesuré, et personne n'y fut plus propre que lui, l'abîme qui existait entre la réalité des choses et le rêve enthousiaste de sa jeunesse.

Stuart Mill, dans son ouvrage sur la liberté (156), a aussi

---

(156) Traduct. fr. par Dupont-White, Paris, 1877. L'auteur s'attaque non seulement à la loi, mais aux mœurs, à l'opinion publique. Celui qui sait combien celle-ci, dans la patrie de l'auteur, influe, à tort souvent, sur beaucoup de choses de nature purement extérieure et convention-nelle et qui n'ont pas le moindre rapport avec la moralité, non seulement comprendra la résistance qu'il y oppose, mais reconnaîtra le fondement de cette opposition. Pour notre sujet, exclusivement consacré au droit, ce côté de sa polémique contre ce qui existait n'est pas en question.

essayé de tracer les limites où doit s'arrêter l'action de la loi. Son thème est tout autre. Il est d'un homme qui a vécu et vu. Depuis von HUMBOLDT jusqu'à lui, s'est déroulée une période de longue expérience politique, féconde en enseignements; elle embrasse toute l'évolution scientifique, partie de l'individualisme dans l'organisation de l'État et du droit, enseigné par le droit naturel, pour aboutir à la compréhension rationnelle de l'État et du droit historique réels, et au concept historique et scientifique du présent. L'autorité méritée qui s'attache au nom de MILL veut que je mette dans son vrai jour la doctrine erronée qui, sous le couvert de cette renommée, met en question tout notre ordre social. La puissance même d'un pareil adversaire me fera pardonner les développements dans lesquels je serai forcé d'entrer (157).

La formule énoncée par MILL pour établir le rapport du droit avec l'individu reproduit pour le fond celle de HUMBOLDT. « L'individu, dit-il, ou la communauté n'ont à « s'immiscer dans la liberté d'action d'un tiers que dans le « seul but de se protéger eux-mêmes; l'emploi de la con- « trainte, vis-à-vis d'un membre quelconque d'une com- « munauté civilisée, ne se justifie que lorsqu'il s'agit d'éviter « un dommage aux autres. Un intérêt matériel ou moral ne « constitue pas un motif légitime. Tant qu'il ne s'agit que « de lui-même, l'individu jouit d'une indépendance illimi- « tée; sa responsabilité vis-à-vis de la Société ne commence « que lorsque d'autres peuvent être lésés par ses actes ».

D'après cet exposé, la liberté individuelle s'exerce dans un double sens : dans l'un, les effets de sa manifestation ne touchent que leur auteur; dans le second, d'autres —

---

(157) En Angleterre même, MILL a rencontré la contradiction la plus décidée; v. notamment l'écrit de *James Fitzjames* STEPHAN. *Die Schlagwörter Freiheit, Gleichheit, Brüderlichkeit*, trad. par E. SCHUSTER, Berlin, 1874.

d'après moi, la Société — en sont affectés. Si, dans ce dernier cas, un préjudice peut se produire, le législateur aura le droit de restreindre la liberté individuelle, dans le premier cas, il ne pourra y toucher.

Mais toutes actions étendent leur effets à d'autres que leur auteur, et les atteignent[158] : et c'est à ce titre que la Société, en général, en connaît. Je ne connais pas de règle du droit qui ait pour but de contraindre l'individu à faire son bonheur contre sa propre volonté, dans son *propre* intérêt; lorsque cela se présente, en apparence, c'est toujours l'intérêt de la Société qui est en jeu. Le bonheur de l'individu n'est pas un but en soi; l'assurer n'est qu'un moyen d'assurer celui de la Société. La Société n'a pas à écarter le mal immédiat qui menace le sujet, mais à prévenir les conséquences secondaires qui sont un péril pour elle-même. Si, comme le fait MILL, on lui concède, d'une manière absolue, le droit de faire intervenir la loi pour se défendre contre de pareilles éventualités, il ne peut plus être question de liberté individuelle; cette formule à la main, je m'engage à la rétrécir et à la ligotter de telle façon qu'elle sera réduite à rien. Les enfants ne souffrent-ils pas par le fait d'un père dissipateur? N'est-ce pas un mal pour la Société, lorsque les enfants tombent à la charge de la bienfaisance publique? qui en doute? — donc je condamne la prodigalité, et, avec elle, le jeu de bourse, les spéculations hasardeuses, les dépenses excessives, bref, je place toute l'administration du patrimoine de l'individu sous la surveillance de la police. Les mauvais exemples des parents ne sont-ils pas une

---

(158) MILL lui même a reconnu ce fait, dans un passage de son livre (p. 254). « Personne n'est complètement isolé : il est impossible à un « homme de faire quelque chose de sérieusement ou de constamment « nuisible pour lui, sans que le mal atteigne au moins ses proches et « souvent bien d'autres. » Seulement, il omet d'en tirer la conclusion pour sa théorie.

source de corruption et de malheurs pour les enfants ? Lorsque l'ivrogne maltraite femme et enfants, déserte l'atelier, lorsque la femme se méconduit, et laisse le ménage à l'abandon, femme, mari et enfants ne pâtissent-ils pas ? Bien certainement, n'est-ce pas ? Dès lors la police a le droit de pénétrer dans la maison, et de surveiller la vie morale, comme la vie économique de la famille.

Mais l'homme seul et isolé dans la vie, sans femme, sans enfants, a-t-il au moins le droit de se ruiner ? Peut-il se vendre comme esclave ? MILL lui-même lui dénie ce droit. Il en donne la raison : (p. 297) « En se vendant comme « esclave, un homme abdique sa liberté, il abandonne tout « usage futur de cette liberté après cet acte unique. Donc « il détruit dans son propre cas la raison pour laquelle on « le laissait libre de disposer de lui-même. » La liberté donc est un octroi de la Société. Elle a le droit, en effet, et ce droit elle l'a toujours et partout revendiqué, d'en prohiber l'aliénation complète, comme d'en restreindre l'aliénation partielle. Et cela non pas comme conséquence logique de la notion de liberté, non pas comme le dit MILL, parce que le principe de « liberté ne peut exiger que l'on soit libre « de n'être pas libre, parce que ce n'est pas une liberté que « de pouvoir renoncer à sa liberté, » mais uniquement pour cette raison pratique, que la Société s'est convaincue qu'avec l'esclavage son existence est impossible. La conséquence logique de la notion de liberté, invoquée par MILL pour écarter cet aboutissant extrême de la liberté individuelle : l'esclavage conventionnel, l'entraîne donc plus loin infiniment que ne peut le permettre sa doctrine. Car ce qui est vrai pour le tout, doit rester vrai pour la partie. Tout contrat ne comporte-t-il pas une aliénation partielle de la liberté individuelle ? Et ce qui est vrai pour la liberté, ne l'est-il pas aussi pour la vie, qui est la condition de la liberté ? Et ce que MILL dit de cette dernière, ne peut-il être dit aussi de la vie? Aliéner sa vie, ce n'est pas vivre. La loi punit le duel et le meurtre consenti par la victime. Elle ne le pourrait, d'après la théorie de MILL, puisque les intéressés ont donné leur consentement.

La législation peut-elle établir un maximum d'heures de travail? A-t-elle, d'après la théorie de la liberté, le droit d'empêcher l'ouvrier d'abréger sa vie par un travail excessif? MILL aussi applaudit à cette disposition légale, toute à l'honneur de l'esprit pratique de ses compatriotes; il approuve les mesures qui veillent à la santé de l'ouvrier, et le protègent dans les travaux dangereux. La liberté indi-viduelle n'est pas intéressée, en pareil cas, dit-il (p. 283). Avec pareille raison, encore une fois, on peut ruiner toute sa théorie. En effet, si la défense de travailler comme je veux, autant que je veux, ne m'atteint pas dans ma liberté person-nelle, quand cette liberté sera-t-elle atteinte? Etrange liberté que celle qui résulte des exemples fournis par MILL. « Les lois, qui dans un grand nombre de pays du continent, « défendent le mariage, à moins que les parties ne prouvent « qu'elles peuvent entretenir une famille, n'outrepassent « pas les pouvoirs légitimes de l'État,... on ne peut leur « reprocher d'être des violations de la liberté. » (p. 308). « Si un officier public, ou n'importe qui, voyait une « personne sur le point de traverser un pont qu'on sait « n'être pas sûr, et qu'il n'eût pas le temps de l'avertir du « danger qu'elle court, on pourrait la saisir et la faire « reculer de force, sans violation aucune de sa liberté : car « la liberté consiste à faire ce qu'on désire, et cette personne « ne désire pas tomber à la rivière. » (p. 285). L'homme imprévoyant, le jouisseur, je le demande, désirent-ils se ruiner? Ils ne désirent que jouir de la vie : donc on peut les empêcher de se ruiner sans attenter à leur liberté. Et l'homme sur le pont, s'il désire réellement se débarrasser de la vie, peut-on encore mettre la main sur lui, sans attenter à sa liberté? Tout sauveur pénétré du respect de la liberté devrait commencer par s'enquérir de sa véritable intention avant de l'arracher au danger. « Si, par oisiveté ou par « quelque autre cause facile à éviter, un homme manque à « un de ses devoirs légaux envers autrui, comme d'entretenir « ses enfants (et j'ajoute : de payer ses dettes, ou d'acquitter « ses contributions), il n'y a pas de tyrannie à le forcer de « remplir ce devoir par un travail obligatoire, s'il n'existe « pas d'autre moyen » (p. 288). Des ateliers de travaux forcés pour les paresseux ! sur le sol de la liberté ! « L'ivro-« gnerie, dans les cas ordinaires, dit MILL (p. 287), n'est pas « un sujet convenable d'intervention législative; mais je « trouverais parfaitement légitime qu'un homme convaincu « d'avoir commis quelque violence envers autrui sous « l'influence de l'ivresse, fût placé sous le coup de disposi-« tions spéciales; que si, plus tard, on le trouvait ivre, il fût « sujet à une pénalité; et que si, dans cet état, il commettait « une autre offense, la punition de cette nouvelle offense fût « plus sévère. » Pris de boisson, un jeune homme brise un carreau de vitre. Aussitôt, d'après la théorie de MILL, une loi d'exception est suspendue sur sa tête, le menace sa vie entière, et comme le spectre de BANCO, lui apparaît dans chaque réunion joyeuse.

Et puis, quelle étrange susceptibilité est celle de la liberté quand il s'agit de libre échange : « Il y a des questions « relatives à l'intervention publique dans le commerce, qui « sont essentiellement des questions de liberté; telles sont : « la prohibition de l'exportation de l'opium en Chine, la « restriction apportée à la vente des poisons, et en somme « tous les cas où l'objet de l'intervention est de rendre le « commerce de certaines denrées difficile ou impossible. « Ces interventions sont répréhensibles, comme étant des « empiètements, non pas sur la liberté du producteur ou du « vendeur, mais sur celle de l'acheteur » (p. 288). Donc le gouvernement chinois n'a pas le droit de prohiber le commerce de l'opium? Il doit se croiser les bras, assister impassible à la ruine physique et morale du peuple, et cela en vertu d'un respect doctrinaire pour la liberté, afin de ne pas porter atteinte au droit primordial de tout chinois d'acheter ce qu'il désire? MILL étendra-t-il sa censure au gouvernement anglais, lorsque, pour empêcher la contamination du bétail national, il interdit l'importation du bétail provenant d'une région où sévit l'épizootie? Et l'Empereur de la Chine ne pourrait faire dans l'intérêt de son peuple ce que l'Angleterre fait dans l'intérêt de ses bœufs et de ses génisses?

Sur cette question, les deux grands penseurs, HUMBOLDT et STUART MILL, ont fait une banqueroute éclatante. Il ne faut pas leur en faire un reproche : le problème était insoluble. Celui qui pousse son navire sur l'écueil dans l'intention de passer au travers, n'a pas à s'étonner s'il fait naufrage. Quant à nous, nous carguons nos voiles, car nous désespérons de franchir l'écueil. Viendra-t-il, le pilote qui découvre la passe? Je ne le crois pas — dans l'avenir comme dans le passé, pour imposer ses restrictions à la liberté personnelle, la législation s'inspirera, non d'une doctrine abstraite, mais des besoins révélés par la pratique.

Nous venons de voir comment, au moyen du droit, la société *restreint* la liberté de l'individu; examinons maintenant comment elle le dédommage.

14. Contre-prestations de l'État.

Sommaire : 221. Compte de l'individu et de l'État. — 222. Protection contre le dehors. — 223. Protection à l'intérieur. — 224. Institutions publiques.

221. Compte de l'individu et de l'État. — Je dis contre-prestation de l'*État*, non du *droit*. Ce que l'État réclame de l'individu sont des exigences du DROIT; elles en revêtent la forme. Telles ne sont pas les contre-prestations de l'État :

elles ne coïncident pas avec les exigences du droit; elles vont bien au delà.

Deux questions distinctes s'imposent à quiconque veut faire son compte avec l'État. Il se demandera d'abord s'il recueille l'équivalent de son apport, si ce qu'il preste à l'État est payé par ce qu'il en obtient. Il s'enquerra ensuite si les autres ne reçoivent pas au delà de leur dû, si les avantages de la communauté publique sont, pour tous ses membres, l'objet d'une répartition conforme aux principes de la justice?

Si la réponse à la première question est négative, il prononce la condamnation de l'État *comme tel* : s'il veut rester conséquent avec lui-même il ne lui reste qu'à se retirer au désert ou dans la forêt. Son reproche, peut-être, ne s'adresse qu'à un État *déterminé* : dans ce cas, s'il n'entend pas se soumettre, il doit, avec ceux qui partagent son avis, user des moyens mis à sa disposition pour amener un changement dans les institutions de l'État et du droit; s'il ne le veut, il ne lui reste qu'à se mettre en quête d'un État mieux organisé. Les situations sont les mêmes si sa réponse est affirmative pour le premier cas, et négative pour le second. Si son opinion n'est pas isolée, si elle est partagée par tout le groupe social dont il fait partie, l'injustice sociale, réelle ou supposée, dont il est victime, conduit à l'*émigration de la masse* — telle la sécession des Plébéiens, dans l'ancienne Rome — ou à ce que l'on appelle la *guerre des classes;* exemples : à Rome encore, les luttes des Plébéiens et des Patriciens — à l'époque de la réforme, les soulèvements des paysans — et de nos jours, le mouvement ouvrier, les grèves, etc.

Nous n'examinerons qui ce qui a trait à la première question; seule, elle permet une étude abstraite. La seconde ne peut se résoudre qu'en tenant compte de circonstances historiques déterminées. Elle aussi, cependant, comporte l'aveu que l'histoire fournit plus d'un exemple de pareille injustice sociale frappant toute une classe de la population au profit d'une autre. Ce fait me ramène à une objection que soulève ma définition du droit. présenté comme l'ensemble des conditions de vie de la Société, garanties par la contrainte. Je l'avais indiquée déjà (p. 297); c'est le moment d'y répondre. Comment concilier ce fait, d'une exploitation du droit dans l'intérêt d'une seule classe, avec cette affirmation que le droit a pour but d'assurer les conditions de vie de la Société, c'est-à-dire de la généralité ?

Supposons que le puissant s'allie avec le faible, et faisons abstraction des toutes les considérations qui peuvent brider son égoïsme : il organisera le pacte de façon à s'y réserver la part du lion (la *societas leonina*). C'est dire que dans la société civile, l'ordre social réflètera toujours les forces relatives des diverses couches ou classes dont elle se compose. Le vainqueur qui reçoit le vaincu dans sa société politique lui refusera une situation égale à la sienne, et le maintiendra toujours dans un rapport de dépendance. Dans le sein même d'une nation une, l'État, plus puissant, affirmera la prépondérance de son pouvoir dans les institutions du droit. Le droit inégal apparaît ainsi comme un *modus vivendi* établi entre le plus fort et le plus faible, comme la condition de leur coexistence paisible. Tant que cette situation des forces respectives se conserve, le faible a le plus vif intérêt à ne pas l'ébranler. Si paradoxale que paraisse l'assertion, le droit le plus rigoureux, que dicte le plus fort, est encore un bienfait relatif, en comparaison de ce qu'il adviendrait s'il n'y avait pas de droit du tout : le bienfait de la charge *mesur. e*, comparée à la charge *démesurée*. L'arbitraire du plus fort reste, il est vrai, possible, mais il n'en usera qu'en violant le droit, et nous avons eu l'occasion d'apprécier la valeur de cet élément moral (p. 235), même lorsqu'il s'agit de la force physique.

La justice est le principe de vie de la Société : la réaliser est sa plus haute mission (p. 245). Mais grande serait l'erreur de méconnaître que la vie des peuples présente des situations où l'injustice sociale apparaît avec une légitimité passagère aussi nécessaire que celle de tant d'autres institutions disparues, l'esclavage par exemple. Plutôt l'esclavage que le massacre de l'ennemi vaincu ; plutôt une Société organisée sur le pied de l'inégalité du droit, que le règne de la force pure et l'absence de tout droit. Là même, le droit accomplit sa mission en assurant les conditions de vie de la Société : seulement, comme je l'ai démontré (p. 294), celles-ci diffèrent selon les temps et les lieux.

J'en reviens, non sans répugnance, à la première question. Dans tout ensemble systématique d'idées à développer, il est des questions que l'on doit nécessairement soulever, et que cependant on pourrait presque se faire scrupule de traiter sérieusement, tellement la solution en paraît évidente. Tel est le cas. Expliquons-nous en peu de mots.

Que me donne l'État ? A ne parler que de ses prestations *immédiates,* et négligeant leur influence indirecte sur le développement de la vie sociale, nous devons en distinguer trois espèces.

222. Protection contre le dehors. — En premier lieu, l'État me protège contre les attaques venant du dehors. L'organisation de cette protection réclame aujourd'hui, personne ne l'ignore, au point de vue personnel et économique, le concours de presque toutes les énergies nationales. En comparaison de ce que l'individu fournit dans ce but, au moyen du service militaire et de sa part d'impôts dans le budget de la guerre, tout le reste du tribut qu'il paie à la Société n'est presque rien. De tous les biens qu'un peuple possède, aucun ne se paie aussi cher que l'indépendance de l'Etat vis-à-vis de l'étranger, et la garantie qui en résulte pour le maintien de la nationalité. Un peuple ayant

conscience de lui-même n'en a jamais trouvé le prix trop
élevé ; au moment du danger, il n'a jamais reculé devant
des sacrifices infiniment supérieurs à ceux que l'État
exigeait de lui.

223. Protection à l'intérieur. — Le deuxième avantage que procure l'État, consiste dans la protection à
l'intérieur : c'est le droit. Inappréciable dans sa valeur, une
fois qu'elle est acquise par le peuple, rien ne coûte moins
à l'individu que la sûreté du droit. Les ancêtres l'ont
souvent payée de leur sang : leurs successeurs n'ont qu'à
conserver leur héritage, et il leur en coûte peu.

Le taux économique, c'est-à-dire la valeur pécuniaire de
la sûreté du droit pour la propriété, est la moindre mesure
pour l'appréciation de son importance. La valeur en argent
de la propriété est indiquée par la comparaison du prix du
sol dans les États chrétiens de l'Europe et en Turquie. Si
notre droit prévalait en Turquie, la possession du sol y
atteindrait le double, et plus, de sa valeur actuelle. Dans les
États civilisés de l'Europe elle-même, la baisse de la propriété foncière, lors des grands cataclysmes politiques,
montre à quel point la sûreté du droit influe sur la valeur
totale de la propriété nationale. Dans ces commotions, c'est
le droit seul qui doit s'imputer les pertes subies.

Et cependant, que vaut en définitive la sûreté juridique
de la propriété, en comparaison de celle de la personne !
J'oublierais, en insistant, à quel public je m'adresse. Je me
borne à rappeler ce que j'ai dit (p. 255) de l'importance
morale de la sûreté du droit pour le développement du
caractère, et (p. 304) de celle du droit pénal au point de vue
du délinquant.

224. Institutions publiques. — Les diverses organisations et institutions que l'État a créées dans l'intérêt de la
Société représentent le troisième avantage qu'il procure à
ses membres. Mais ici, tout ne paraît pas également équi-

table. Quel est l'avantage que le paysan retire des universités, des bibliothèques, des musées? Et cependant il doit contribuer, pour si peu que ce soit, à leur entretien (p. 338). Si, à leur sujet, le paysan argue contre le savant, le savant à son tour peut arguer contre le paysan des institutions créées dans l'intérêt de ce dernier, et dans lesquelles, de son côté, il est appelé à intervenir. Combien insignifiantes, du reste, sont ces contributions ! Combien précieuses pour tous, et par conséquent pour le paysan lui-même ! La chimie agricole de Liebig a rendu les plus signalés services à l'agriculture — elle est née dans le laboratoire de l'université de Giessen, entretenu aux frais de l'État. GAUSS et WEBER firent les premiers essais de télégraphie électro-magnétique à l'observatoire de l'université de Göttingen; qui dira l'importance économique de la télégraphie, aujourd'hui perfectionnée, pour le commerce et toutes les relations en général? Ces deux institutions ne valent-elles pas ce qu'elles ont coûté ?

Je m'arrête. Point ne faut de science pour expliquer à qui sait penser ce dont il est redevable envers l'État; il lui suffit d'ouvrir les yeux. Mais pour la masse ignorante, l'effort est trop grand encore. A écouter ses doléances sur les charges et les sacrifices imposés par l'État, on serait tenté de ne voir en lui qu'un fauteur de misères plutôt qu'un distributeur de bienfaits. Elle considère comme choses naturelles les avantages qu'il procure — l'État n'existe que pour cela — ou plutôt, elle n'en a pas même conscience. Il en est de l'État comme de l'estomac : on n'en parle que pour s'en plaindre; on ne le sent que lorsqu'il fait souffrir. Tout, aujourd'hui, est mis à la portée de l'intelligence des foules : la nature, l'histoire, l'art, la technique; des traités complets renseignent le profane sur chaque chose. Seuls, font exception, l'État et le Droit, qui le touchent de si près; et cependant, en toute justice, l'homme instruit comme l'homme du peuple devraient être mis en mesure d'apprendre tous les services qu'ils lui rendent et pourquoi, au fond, ils ne peuvent être organisés autrement qu'ils ne le sont. J'ai eu dessein, autrefois, de combler cette lacune, en rédigeant un catéchisme du droit qui se serait adressé au bourgeois comme au paysan. Mon but était de leur suggérer un jugement impartial sur les institutions qui parfois leur paraissent si choquantes, de mettre l'apologie du Droit et de l'État en face du rudimentaire bon sens humain. Mais je n'ai pas senti mes forces à la hauteur de la tâche. Qu'un autre tente de l'accomplir. Celui qui la mènera à bonne fin aura bien mérité de la Société : mais pensant en philosophe, qu'il n'oublie pas de parler en paysan. Beau sujet de concours — qui ne serait pas trop payé de cent mille marks; ils produiraient des fruits au centuple : l'ouvrage serait traduit dans toutes les langues, et apporterait au monde plus de bienfaits que des bibliothèques entières.

15. Solidarité entre les intérêts de la Société et ceux de l'individu.

Sommaire : 225. Intelligence de cette solidarité. — 226. Éducation politique des peuples. — 227. Nécessité de la contrainte. — 228. Insuffisance de la contrainte. Transition.

225. Intelligence de cette solidarité. — Dans ce qui précède, nous avons laissé l'individu établir son compte avec l'État, comme il le ferait à l'égard de quelqu'un qui lui est étranger, chacun tirant de son côté et ne considérant que son avantage. Cette conception ne rend pas la nature de leur rapport. L'État, c'est l'individu lui-même — le mot de Louis XIV : « l'État c'est moi » est vrai pour tout citoyen. Il compte avec l'État comme le cultivateur avec son champ; ce dernier suppute ce que sa terre lui coûte en labour, et ce qu'elle lui rapporte. Mais il importe de distinguer : le champ de l'agriculteur lui appartient à lui seul; devant l'État, il entre en partage avec tous les autres citoyens, et c'est cette différence qui est cause, qu'au lieu d'apercevoir le rapport d'unité et de communauté qui le lie à eux, il s'imagine une situation toute contraire. Si l'État est moi-même, dit l'individu, à quoi bon me contraindre à lui prester tout ce qu'il réclame de moi? Je veille spontanément à tous mes intérêts, sans qu'il soit besoin de m'y contraindre.

Lorsque le maître impose l'étude à l'enfant, est-ce dans son intérêt ou dans celui de l'enfant? Et cependant l'enfant doit être contraint. Il doit l'être parce qu'il est encore enfant; plus âgé, il accomplirait de son propre mouvement ce dont on lui fait une obligation maintenant. C'est ainsi que l'Etat nous contraint à faire, ce qu'avec l'intelligence des choses nécessaire, nous accomplirions de bonne volonté. Supposez l'État faisant défaut, ou une révolution réduisant le pouvoir public à l'impuissance, et l'on comprendra ce que sont, pour les individus, l'État et la Loi. Les époques de bouleversement, de révolution, d'anarchie, sont des heures d'école où l'histoire donne aux peuples une leçon sur l'État et le Droit. Alors, en un an, en un mois parfois, le citoyen en apprend, sur leur importance, plus long que ne lui en a révélé toute son existence antérieure. L'État et la Loi qu'il injuriait naguère, au jour de détresse, il les invoque; et cet homme qui se riait de nous quand nous lui criions : dans la loi, c'est toi-même que tu protèges et sauvegardes, défends-la, car elle est la condition de ton être — ce même homme, tout-à-coup, nous comprend.

226. Éducation politique des peuples. — C'est de cette intelligence des choses que dépend la maturité politique des peuples. Le peuple qui n'est pas politiquement mûr, c'est l'enfant qui croit qu'il doit apprendre à cause du maître; arrivé à la maturité, c'est l'adulte qui sait que c'est à lui-même que l'étude doit profiter. Au premier, l'État apparaît comme un adversaire; le second y voit un ami, un allié, un protecteur ; là, le pouvoir public ne rencontre que résistance ; ici, il trouve de l'aide ; là, le peuple favorise le délinquant contre la police ; ici, il prête son appui à la police contre le malfaiteur. Faut-il, pour réaliser l'éducation politique d'un peuple, que l'homme du commun puisse faire de la politique ? Faut-il que le cordonnier, le tailleur, le gantier, se mêlent de donner des leçons à l'homme d'état mûri par l'expérience ? Non : l'éducation politique, à mes yeux, n'est autre chose que l'intelligence exacte des intérêts propres. Mais il y a deux sortes d'intérêts : il y a les intérêts immédiats, ceux là se trouvent à portée, et d'autres moins rapprochés, qu'un œil exercé seul peut découvrir. De même, il y a deux politiques : celle qui plonge dans le lointain, et une autre plus mesquine dans ses vues. Seule, la première, celle qui perçoit les intérêts lointains, mérite le nom de politique dans le sens vrai du mot. L'œil de l'homme qui a les vues larges, franchit le cercle étroit des intérêts immédiats, qui seuls arrêtent l'attention de l'homme à courtes vues. En ce sens même on peut parler d'une politique de la vie des affaires. C'est celle que pratique l'homme d'affaires prévoyant. Le mauvais homme d'affaires s'arrête à l'avantage du moment ; c'est le joueur d'échecs médiocre qui prend le fou, mais perd la partie. Le beau joueur sacrifie son propre fou et fait échec et mat. Pour exprimer ma pensée en termes plus abstraits : la mauvaise politique des affaires n'a en vue que l'acte isolé et le moment présent ; la bonne prévoit tout, et embrasse l'avenir,

Cela est vrai au même titre quand il s'agit de politique sociale appliquée à l'État, au Droit, à la Société. Linguistiquement parlant, la politique consiste dans la conception du πολιτικός, c'est-à-dire de l'homme assagi par la vie en commun (πόλις), comparé à l'homme des champs qui ne connaît que lui-même, et ne sort pas du cercle étroit de ses intérêts les plus immédiats. Celui-là sait que son bien-être dépend du bien-être de tous, et qu'en favorisant les intérêts communs, il favorise aussi son intérêt propre; l'autre croit pouvoir exister isolé; il appelle sacrifices, les exigences auxquelles il doit satisfaire dans l'intérêt commun. Le premier considère le bien commun comme sa chose propre, l'autre n'y voit qu'une chose qui lui est étrangère.

C'est sous ce jour que l'ancien Romain considérait l'État. Ce qui appartient à l'État, lui appartient à lui, ce sont les *res publicae*, qu'il possède en commun avec tous ses concitoyens, en opposition avec les *res privatae*, dont il a l'usage exclusif. Le fonctionnaire de l'État est son employé. S'agit-il de ses affaires privées? il se choisit un mandataire; de ses affaires publiques? il s'adresse au fonctionnaire; l'un et l'autre ont à lui rendre compte de leur gestion. La loi est sa propre œuvre. Par la *lex privata*, il dispose de ses intérêts privés; ses intérêts publics sont régis par la *lex publica*; toutes deux, à ses yeux, ont la même valeur : ce sont des conventions faites, les unes conclues avec des particuliers, les autres convenues avec tous les membres de la communauté(159). Aussi se considère-t-il comme le gardien de la loi : luttant pour ses intérêts privés, au moyen de *l'actio privata*, il s'arme de *l'actio popularis* pour la défense des intérêts généraux. Cette action de la procédure romaine proclame clairement la solidarité entre les intérêts de la communauté et ceux de l'individu. Elle marque même leur identité, car le demandeur y assure son intérêt propre, en même temps qu'il cherche à sauvegarder celui du peuple.

A comparer cet état de choses qui se déroule à Rome, et dont notre passé national, à nous, nous retrace un si riant tableau dans l'histoire des villes hanséatiques, avec la sèche

---

(159) COMMUNIS *reipublicæ* SPONSIO, comme dit PAPINIEN dans la L. I de leg. (1.3) — une tradition du temps de la République, qui, pour son époque, n'avait plus que la valeur d'une réminiscence historique.

conception de l'État chez les peuples de la nouvelle Europe, créée par l'absolutisme moderne et l'État policier, avec l'antagonisme qui règne aujourd'hui dans tous les contacts de l'État avec les citoyens, on est frappé de stupeur à la vue du changement qui a pu s'opérer dans la compréhension d'un seul et même rapport. Ce changement a amené des conséquences dont nous serons longtemps encore à souffrir. La doctrine du droit privé elle-même ne les a pas toutes effacées : la théorie des personnes juridiques nous en conserve, à mon avis, un reste. Le Romain, lui, savait que, comme l'État, qui n'est autre chose que l'ensemble des citoyens, la *gens*, le *municipium*, la colonie, ne sont que l'ensemble des *gentiles*, des *municipes*, des *coloni*. La science moderne a mis la personne juridique à la place des membres isolés, pour lesquels seuls elle existe (les destinataires ou sujets-buts de la personne juridique comme je les désigne), comme si cet être imaginaire, qui ne peut ni jouir ni sentir, avait une existence propre[160]. Si le mot : l'État c'est moi, est vrai, il l'est bien plus encore quand il s'agit de la personne juridique.

227. Nécessité de la contrainte. — Mais, si cette proposition est vraie, qu'est-il encore besoin de contrainte? Mon seul intérêt doit suffire à me maintenir dans la bonne voie? Pourquoi la contrainte, lorsque la Société ne demande que ce que mon propre intérêt commande?

Il y a une double raison. La première réside dans le défaut de la notion exacte des intérêts véritables. Tout le monde n'a pas l'intelligence nécessaire pour comprendre que l'intérêt général et l'intérêt particulier sont un. L'esprit le plus épais saisira sans peine un avantage personnel et exclusif. C'est la politique bornée de l'égoïsme. Il sacrifie tout le

---

(160) V. contre cette conception formaliste, mon *Esprit du D. R.*, IV, p. 216-218; p. 342-350.

monde pour ne songer qu'à se sauvegarder lui-même : ne consultant que l'heure présente, il attend que le danger s'abatte sur lui, quand tout pouvait le lui faire prévoir.

La loi peut se définir : la coalition des gens intelligents et prévoyants, contre ceux qui ne savent rien prévoir[161]. Les premiers doivent contraindre ceux-ci à agir selon leur propre intérêt. Et cela, non pas par esprit de bienveillance, pour faire leur bonheur malgré eux, mais dans l'intérêt de la généralité. La loi est l'arme indispensable dont se sert l'intelligence dans sa lutte contre la bêtise.

Mais en admettant que tout individu ait l'intuition exacte de la solidarité qui existe entre l'intérêt général et l'intérêt particulier; en supposant que les exigences du premier fussent si bien hors de conteste qu'un doute même sur leur légitimité ne fût pas permis, encore la loi resterait-elle indispensable. Nous touchons ici à la seconde raison qui justifie la contrainte — car l'ignorance des vrais intérêts n'est pas seule à faire de la loi une nécessité — l'autre raison réside dans la volonté méchante, ou assez dépourvue d'énergie, pour sacrifier l'intérêt général éloigné à l'intérêt particulier immédiat. Et ici, je reviens sur un point que j'ai déjà touché plusieurs fois (p. 148, 198, 305) : la différence établie par la nature même du rapport social, entre l'intérêt *particulier* et l'intérêt *général*. Cette différence se reproduit dans la société civile[162]; elle fait à la fois la

(161) Papinien dans sa définition de la loi, L. 1 de leg. (1.3). *Lex est commune præceptum*, virorum prudentium *consultum.*

(162) Rousseau, dans son Contrat social, I, c. 7, insiste aussi sur ce contraste. En effet, dit-il, chaque individu peut, comme homme, avoir une volonté particulière contraire ou dissemblable à la volonté générale qu'il a comme citoyen; son intérêt particulier peut lui parler tout autrement que l'intérêt commun; son existence absolue et naturellement indépendante, peut lui faire envisager ce qu'il doit à la cause commune comme une contribution gratuite, dont la perte sera moins

faiblesse et la *force* du droit. Elle est une cause de faiblesse — en tant que l'intérêt particulier (et j'entends par là tout motif qui fait que celui qui agit n'a en vue que lui seul, ainsi non pas seulement un motif d'intérêt dans le sens ordinaire : l'amour du gain, mais aussi celui de la haine, de la vengeance, etc.), en tant que l'intérêt particulier, dis-je, excite l'individu à faire valoir son propre moi aux dépens de la Société. Elle fait la *force* du droit — en ce que l'intérêt général, en coalisant tous les citoyens pour se défendre, oppose à l'intérêt d'un seul voulant une injustice, l'intérêt de tous à faire prévaloir le droit, et balance la force dont un seul dispose pour l'attaque, par celles dont tous les autres disposent pour la défense de leurs droits (p. 198).

Quand nous disions que celui qui viole la loi la viole pour lui-même, aux dépens de la Société, nous n'entendons pas dire : qu'il ne veut que son seul intérêt; comme nous l'avons fait observer (p. 304), il veut en même temps pour lui et pour la Société, et c'est en cela précisément que réside le caractère immoral et condamnable de la violation de la loi. Nous ne nous trouvons plus en présence de l'égoïsme pur qui ne veut exister que pour lui et non pour les autres, mais d'un égoïsme superlatif, qui réclame *pour lui* les avantages et les bienfaits de la Société, tout en refusant le prix minime qu'elle en exige. Si tous agissaient ainsi, il n'y trouverait son compte, et se convaincrait bientôt que son propre intérêt réclame impérieusement qu'il coopère au but commun. L'égoïsme ne parle donc pas comme si les buts généraux lui étaient indifférents, mais leur réalisation, dont

---

nuisible aux autres, que le paiement n'en sera onéreux pour lui; et regardant la personne morale qui constitue l'État comme un être de raison, parce que ce n'est pas un homme, il jouirait des droits du citoyen sans vouloir remplir les devoirs du sujet; injustice dont le progrès causerait la ruine du corps politique.

il ne peut se passer, il l'abandonne aux autres, et ne poursuit que les siens propres. Si on le mettait dans l'alternative de choisir entre son moi et la Société, son choix serait bientôt fait.

Mais la Société actuelle ne lui laisse pas ce choix, et s'il méprise les bienfaits de l'ordre juridique, elle ne l'en comble pas moins. Il n'en est autrement qu'au plus bas échelon du développement du droit, pour les cas de crimes graves (l'expulsion du groupe social : la société romaine, — la mise hors la loi du droit germanique — un reste des institutions primitives conservé dans le droit de Rome : l'exil volontaire pour éviter une condamnation imminente). Dans la science, la théorie individualiste du droit naturel a pris texte de cette alternative pour y asseoir le droit de punir de la Société [163]. Voici le raisonnement : si tu te sépares de nous, nous nous séparons de toi — tu as méprisé la protection du droit, le droit ne te protège plus ; tu restes sans droit, et dès lors toute peine que nous t'infligeons est légitime. La conséquence serait que la moindre contravention de police, voire l'injustice civile, pourrait faire encourir la mort ou la confiscation de tous les biens — si la Société ne va pas jusque là, c'est pure bienveillance.

---

(163) Par exemple J. G. Fichte dans ses *Grundlage des Naturrechts nach Principien der Wissenschaftslehre*, Jena et Leipzig, 1796 : La plus minime lésion de la propriété abolit tout le contrat de propriété, et autorise le lésé à prendre au coupable tout ce qu'il peut (T. 2, p. 7). Celui qui lèse le contrat civique en un point, volontairement ou par inadvertance, là où dans le contrat on a compté sur son exactitude, perd à la rigueur tout droit comme citoyen et comme homme, et devient complètement sans droit (p. 95) A la mise hors du droit, succède le contrat de pénitence (p. 98), le voleur doit indemniser (s'il est pauvre en travaillant); jusqu'à ce qu'il l'ait fait, il cesse d'être citoyen, comme cela a lieu dans toutes les peines (p. 112); à l'expulsion est au reste reliée la confiscation de tout le patrimoine (p. 130). Je ne connais pas de livre, dans toute la littérature juridique, où la folie de la logique, dans la poursuite d'une idée fondamentale erronée se soit élevée à une hauteur aussi vertigineuse.

L'exposé qui précède se résume dans la *nécessité sociale, indispensable, de la contrainte.*

228. Insuffisance de la contrainte. Transition. — Mais si indispensable qu'elle soit, elle est encore insuffisante. Pour qu'elle atteignît complètement son but, il faudrait qu'elle parvînt à faire disparaître les délits. Ceci nous amène à une transition.

Comment l'homme est-il retenu devant une injustice, qu'il sait assurée de l'impunité, et qui par conséquent le laisse à l'abri de tout danger de contrainte ? Cette question fait l'objet d'un autre volume qui sera intitulé : *l'Évolution de la moralité*. Les deux mobiles égoïstes (salaire et contrainte) que la Société met en œuvre pour amener les individus à concourir à ses buts, ne sont pas ses seuls stimulants. Il en est un autre plus noble. Il s'appelle : la *Moralité*.

TABLE DES MATIÈRES.

CHAPITRE I.

La loi de finalité.

Pages

1. Cause et but 1
2. Rôle de la volonté de l'être animé 2
3. L'animal; mobile psychologique de son vouloir 3
4. Influence de l'expérience. 4
5. Notion de la vie animale 5
6. Le vouloir humain 7
7. Stade interne du processus de la volonté 7
8. Le but. Sa nécessité 8
9. Contrainte physique ou psychologique 10
10. Contrainte juridique; — morale 12
11. Buts des actes inconscients 13
12. Stade externe du processus de la volonté : loi de causalité . 15
13. La volonté indépendante de la loi de causalité 15

CHAPITRE II.

La notion de finalité chez l'animal, comme point de départ de la finalité chez l'homme.

14. Mécanisme du vouloir animal 18

CHAPITRE III.

L'égoïsme au service des buts d'autrui.

15. Coïncidence des buts 23
16. L'égoïsme au service de la nature 24
17. L'égoïsme au service du commerce juridique 25
18. Buts non organisés. La science 28
19. Les partis politiques 29
20. Buts organisés 29
21. L'État et le droit 30

CHAPITRE IV.

Le problème de l'abnégation de soi.

Pages.

22. Impossibilité de l'action sans intérêt. 32
23. L'impératif catégorique de Kant 33
24. Absence apparente de l'intérêt dans l'abnégation 35
25. L'intérêt dans l'abnégation 36
26. Actes désintéressés 37
27 Systématique des buts humains 39
28. Buts de l'individu et de la Société 39
29. Plan du travail. 40

CHAPITRE V.

Les buts de l'affirmation égoïste de soi.

30. Affirmation physique de soi — Conservation de l'existence . 42
31. Affirmation économique. — Le patrimoine 43
32. Forme donnée par le droit à la protection de la vie et du patri-
     moine 44
33. Les trois aphorismes du droit objectif 45
34. Éléments du patrimoine. — Le travail 46
35. L'échange. 46
36. Le contrat 48
37. L'affirmation juridique de soi 50
38. Valeur idéale du droit 51

CHAPITRE VI.

La vie par et pour autrui, ou la Société.

39. Utilité de la vie de chacun pour la Société. 53
40. Vie en société : Chacun par les autres et pour les autres. . 54
41. Durée de l'action exercée sur le monde 54
42. L'hérédité dans l'histoire de la civilisation. 55
43. Notoriété du nom, mesure de valeur. 56
44. Application aux peuples : la vie sociale est la loi souveraine de
     la civilisation 57
45. Formes de la réalisation de cette loi. 58
46. Actes volontaires et actes contraints. 59
47. Notion de la Société 59
48. Rapport entre la Société et l'État. 61
49. Universalité de la Société 61

CHAPITRE VII.

La mécanique sociale ou les moteurs du mouvement social.

Pages.

50. Mécanique sociale 64
51. Les quatre moteurs du mouvement social 65
52. Le commerce juridique. — Définition. 67

1. Insuffisance de la bienveillance pour le but du commerce juridique.

53. Rôle juridique de la bienveillance 69
54. Insuffisance de la bienveillance 69
55. Antithèse du travail onéreux et du travail gratuit à Rome . . 72
56. *Merces* et *munus* 73
57. Salaire idéal. 75
58. Le service public et la jurisprudence 76
59. Introduction du salaire économique 79

2. Le principe du titre onéreux.

60. Rôle de la compensation dans les relations de la vie . . . 80
61. L'égoïsme, moteur exclusif du commerce juridique 81
62. Avantages du titre onéreux. 81
63. Transition de la gratuité à la rémunération 82
64. Toute-puissance de l'argent. 82
65. Contrats onéreux 83
66. Formes fondamentales du commerce juridique : Échange et
   association 85

3. Le salaire (l'argent).

67. Forme inférieure de l'échange : égalité des fonctions 88
68. Forme supérieure de l'échange : diversité des fonctions . . . 89
69. Notion du salaire 90

4. L'équivalent.

70. Équilibre entre les prestations. 91
71. L'idée de justice dans le commerce juridique 93
72. La concurrence, régulateur de l'égoïsme. 93
73. Dangers de l'extorsion 94
74. Intervention exceptionnelle de la législation 96

5. Professions.

Pages.

75. La profession est un poste de service de la Société . . . 97
76. La profession est un rapport d'obligation 98
77. Honneur professionnel 99
78. Satisfaction assurée des besoins sociaux au moyen des professions. — Corrélation du nombre des professions avec celui des besoins sociaux 101
79. Intermédiaires par profession 102
80. La profession représente l'organisation du salaire . . . 104
81. La profession est le régulateur du salaire. — Rabais par suite de concurrence déloyale 105
82. Bienfait de la profession : assurer au talent son utilisation économique 107

6. Le crédit.

83. Notion du crédit 108
84. Retour au droit romain. 109
85. L'argent, objet exclusif du crédit. 111
86. Prêt principal ou accessoire 112
87. Fonction économique du crédit 114
88. Crédit d'argent 116
89. Crédit de marchandises. 118
90. Crédit de consommation et crédit commercial. 120
91. Avantages du crédit commercial 122
92. Dangers du crédit commercial. 122

7. Le salaire idéal et sa combinaison avec le salaire économique.

93. Le salaire idéal 124
94. Comparaison avec l'antiquité 124
95. Le salaire idéal de la Société 126
96. Combinaison du salaire idéal et du salaire économique. — L'art et la science, ... 127
97. Salaire mixte 128
98. Le service de l'État et de l'Église 131

I. La contrainte.

99. Services contraints rendus à l'État 132

II. Le salaire.

1. *Salaire purement économique (salaire ouvrier).*

100. Salaires économiques de l'État 132

2. *Salaire purement idéal.*

Pages.

101. Salaire idéal de l'État 133

3. *Salaire mixte.*

102. Salaire mixte de l'État. 133
103. Traitements des fonctionnaires 134

8. L'ASSOCIATION.

104. Deuxième forme fondamentale du commerce juridique . . . 142
105. Motif pratique de l'association 143
106. Universalité de l'association 147
107. Intérêts particuliers et intérêts communs dans l'association 148
108. Formes de l'association 150
109. Sociétés anonymes 151

9. AUTRES BIENFAITS DU COMMERCE JURIDIQUE.

1. *L'indépendance de l'individu.*

110. L'indépendance de l'individu assurée par le commerce juridique 154
111. L'égalité des personnes dans le commerce juridique. . . . 155

2. *Le principe de l'égalité des personnes.*

113. La justice dans le domaine économique. 156

CHAPITRE VIII.

La mécanique sociale ou les moteurs du mouvement social.

113. Contraintes diverses 159

1. L'ANIMAL.

114. La contrainte dans la nature animée 162

2. L'HOMME. — L'EMPIRE DE LA FORCE SUR ELLE-MÊME.

115. La force trouvant en elle-même le principe de sa modération. 163
116. L'esclavage 164
117. La paix — Sujétion du vaincu 165
118. Origine du droit dans la force. 166

3. LA CONTRAINTE PROPULSIVE DU DROIT — LA PERSONNE, LE PATRIMOINE.

119. Défense légitime de la personnalité. 174
120. Défense légitime du patrimoine 175

4. LA CONTRAINTE COMPULSIVE : LA FAMILLE.

121. Défense de la famille 177

5. La contrainte compulsive : le contrat.

Pages.

122. Le contrat. 177
123. Force obligatoire de la promesse. 179
124. Critique du droit naturel. 180
125. Histoire de l'obligation romaine. 182
126. Premier degré. — L'acte réel bilatéral. 184
127. Deuxième degré. — L'acte réel unilatéral effectif 185
128. Troisième degré. — L'acte réel unilatéral fictif. 184
129. Quatrième degré. — La promesse bilatérale 184
130. Cinquième degré. — La promesse unilatérale (à titre gratuit). 186
131. Prestation réelle à titre gratuit. — Donation. 187
132. Exigibilité de la promesse à titre gratuit 190
133. Influence du christianisme. 193
134. *Votum* et *pollicit tio* dans l'antiquité. 194
135. Promesse de dot 195

6. La régularisation spontanée de la contrainte. — La Société.

136. Organisation sociale de la contrainte 196
137. Comparaison du mécanisme de la Société avec celui de l'État. 198

7. La société publique.

138. Sociétés et associations. 201
139. Formations mixtes 204
140. L'État 205

8. L'État. Séparation avec la Société

141. Organisation sociale de la contrainte 206

9. Le pouvoir public.

142. Nécessité de la suprématie du pouvoir public. 209
143. Organisation de la force entre les mains du pouvoir public . 212
144. Le droit de contrainte, monopole absolu de l'État 213

10. Le droit. — Nécessité de la contrainte.

145. L'État seul détenteur du pouvoir de contraindre et source
     unique du droit. 215
146. Manque d'organisation de la contrainte en droit international. 217
147. Manque d'organisation de la contrainte à l'égard du Souverain 219

11. — Le droit. — La norme.

148. Définition de la norme : impératif abstrait. 221
149. Normes du droit. 223
150. Criterium des normes du droit 225
151. Leur force obligatoire, immédiate pour l'autorité, médiate
     pour la personne privée 227

Première phase.

Le commandement individuel.

Pages.

152. Distinction entre les commandements individuels et la loi individuelle. 228
153. Privilèges administratifs et législatifs 231

Deuxième phase.

Norme unilatéralement obligatoire.

154. Norme abstraite. 232
155. Mécanisme interne de la norme 233
156. La norme dans l'État despotique. 234
157. L'ordre sous le despotisme 234
158. L'égalité sous le despotisme. 234
159. Le droit subjectif sous le despotisme 235
160. Incertitude de la réalisation effective du droit sous le despotisme 236

Troisième phase.

Force bilatéralement obligatoire de la norme.

161. Empire du droit. 238
162. Définition de l'arbitraire 238
163. Définition de la justice. 243
164. Rapport entre la justice et l'égalité. 244
165. Intérêt pratique de l'égalité : idée de l'équilibre. 246
166. Subordination de l'État sous la loi 250
167. Motif de la subordination de l'État. 250
168. Garanties de la subordination de l'État sous le droit. Garantie interne : sentiment national du droit. 251
169. Garantie externe : organisation de la justice 257
170. Séparation des pouvoirs 258
171. Institutions judiciaires 260
172. Procédure : administration de la justice 262
173. Fonctions du juge 263
174. Organisation judiciaire 266
175. Jury 270
176. Limites de la soumission du pouvoir public à la loi. . . . 278
177. Droit de légitime défense de la Société 279
178. Droit de grâce. 282
179. Lacunes du droit criminel. Remèdes 283

12. Le but du droit. — Les conditions vitales de la Société.

Pages.

180. Mission du droit. 288
181. Notion des conditions de vie de la Société 292
182. Caractère relatif des conditions de vie de la Société 293
183. Exemple : l'enseignement public. 294
184. Exemple : les cultes. 295
185. Subjectivité des conditions de vie de la Société 295
186. Classification des conditions de vie de la Société . . . 298
187. Conditions mixtes : conservation de la vie 298
188. Propagation de la vie 300
189. Célibat. 301
190. Le travail. 302
191. Le commerce juridique. 302
192. Conditions purement juridiques. 303
193. Classification des règles du droit d'après le sujet 305

I. *Le rapport juridique des choses.*

194. La propriété 307
195. Choses publiques. 308
196. Fondations. 309
197. Les servitudes 315

II. *L'obligation.*

198. Les trois sujets-buts de l'obligation 315

III. *Le délit.*

199. Définition. 317
200. Fondement du droit de punir 318
201. Nécessité relative de la peine. 318
202. Injustice civile et dol criminel 319
203. Gradation des peines. 323
204. Conditions législatives de la peine : valeur objective du bien
      lésé, et danger subjectif de la lésion 323
205. Classification des délits d'après le sujet menacé et ses condi-
      tions de vie (physiques, économiques, idéales) 325
206. *a)* L'individu. 326
207. *b)* L'État 327
208. *c)* La Société. 329
209. Preuves fournies par le droit romain 331
210. Censeurs 332
211. Édiles 334

13. Charges du droit pour l'individu.

Pages.

212. Charges de l'existence en Société. 337
213. Caractère social des droits privés 339
214. Droit de famille 340
215. Restrictions de la propriété 342
216. Expropriation du droit privé 346
217. *Arbitrium de re restituenda.* 348
218. Usucapion. 350
219. Accession 350
220. La question des limites du droit de l'État. — W. von Hum-
     boldt, Stuart Mill 353

14. Contre-prestations de l'État.

221. Compte de l'individu et de l'État. 364
222. Protection contre le dehors 367
223. Protection à l'intérieur. 368
224. Institutions publiques 368

15. Solidarité entre les intérêts de la Société et ceux de l'individu.

225. Intelligence de cette solidarité 370
226. Éducation politique des peuples. 371
227. Nécessité de la contrainte. 374
228. Insuffisance de la contrainte. 378

TABLE ANALYTIQUE.

Nota. Les chiffres gras se rapportent aux nᵒˢ. Les autres chiffres, et leurs exposants, se rapportent aux pages et aux notes.

Abnégation, 32, 35. — du juge 266.

Absolutisme, 2/5.

Accaparement des blés, 303, 334.

Accession, **219**.

Accouplement, but. 19.

Acte d'accusation. 261.

Actes contraints, 9, 59; — désintéressés, **26**; — d'hostilité contre des États amis, 328. — habituels, 14; — inconscients, 13; — libéraux, 38, — volontaires, 59.

Actio œdilitia, 135¹⁴²; — *commodati*, 187; — *communi dividundo*, 350¹³⁴; — *de posito et suspenso*, 317¹⁵¹; — *de ligno juncto*, 347; — *familiæ erciscundæ* 87²⁹, 350¹⁵⁴; — *fiduciæ*, 322. — *finium regundorum*, 350¹⁵⁴; — *furti*, 188⁷⁰; — *mandati*, 192, 322; — *pro socio*, 87²⁹.

Actions populaires, 308, 316, 336, 373.

Adjudicatio, 349.

Administrateurs de sociétés anonymes, 151.

Administration - séparation des pouvoirs, 258.

Administration de la justice, 257.

Adultère, 327.

Aerarium, 336.

Aes hordearium, 141.

Affirmation individuelle de soi. 40, 42; — juridique de soi, 50; — morale de l'individu, 40.

Age nubile au Canada, 301.

Ager publicus, 205, 334.

Alimentation publique, 334.

Aliments, 341.

Alliance internationale, 197.

Amendes perçues par les Édiles, 335

Amitié dans les contrats, 70¹⁶.

Amour, moteur social, 66.

Anarchie, 65, 210.

Animal, expérience, 5; — mémoire, 6; — mobiles de son vouloir, **3.**

Animaux, mauvais traitements, 344

Annona, 141.

Aphorismes du droit objectif, 45.

Arbitraire, 237, 238.

Arbitre, 191⁷⁶.

Arbitrium de re restituenda, 348.

Arbre sur le terrain d'autrui, 350.

Architecti, à Rome, 77.

Argent, ses fonctions, 89; — sa toute puissance, 82; — objet exclusif du crédit, **85.**

Argentarius, 102⁵⁶, 120.

Armée (délits contre l'), 328.

Arrogation, 230, 340.

Art, salaire, 127.

Association, 29, 86, 142, 199, 202, 306 s.; — formes, **108**; — intérêts divers, **107**; — motif pratique, **105**; — universalité, **106**.

Assolement, 350[154].

Attila, 210.

Auctionator, 120.

Aumônes, 71, 186, 312.

Autonomie, 241; — des associations, 215.

Autorités judiciaires, 257.

Avocats, 95[55], 98[54].

Avortement, 300, 331. 341.

Bail, 180.

Bains publics, 334.

Banque (commerce de), 103.

Beethoven, 108.

Bénéfice de compétence, 145[58].

Besoins sociaux, satisfaction par les professions, **73**.

Bibliothèques publiques, 312, 369.

Bien dire en affaires, 27; — dans la vie quotidienne, 27.

Bienveillance. Insuffisance pour le but du commerce juridique, 69 s.

Bigamie, 327.

Blasphème, 318.

Boire. Analyse, 19.

Bonæ fidei judicium, 246.

Boni viri arbitrium, 246.

Bonorum possessio secundum tabulas, 345[150].

Bornes (déplacement des), 324[154], 326.

Bourses d'études, 312, 313.

Brephotrophium, 312[125].

Brigandage, 326.

Budget de l'État, 339.

Bureaux de renseignements, 102.

But, 3, 6. — actes contraints, 11. — actes inconscients, **11**; — classification des règles du droit, 305; — sa nécessité, **8**

Buts égoïstes, 40; — de l'individu, 39; — de la Société, 28 ss , 39, 40.

Calomnie, 327.

Canada, 301.

Capitaux, 116.

Caractère national, 255.

Catalani, 108.

Catéchisme du droit, 370.

Causalité (Loi de), 1, 4, **12**.

Cause et but, 2.

Causes finales, 2.

Célibat, 299 ss.

Censeur à Rome, **210**.

Césars romains, 210.

Charges du droit pour l'individu, 337.

Charité. Influence du christianisme, 194.

Chemin de halage, 315[150].

Chemins de fer. Destruction, 329.

Chimie agricole, 369.

Chemins publics, 334.

Choses publiques, 308.

Christianisme, influence, 193, 312[125]

Cibaria, 141.

Citation du texte de la loi, 260.

Cité (droit de), 45.

Civilis ratio, 291.

Classification des règles du droit, 305.

Collèges de juges, 265, 267.

Colonie, 374.

Commandement individuel, 228.

Commandements de l'Église, 215.

Commerce, 158.

Commerce de l'argent, 103.

Commerce juridique. Définition, **52**; — ses bienfaits, 153 ss.; — idée de justice, **71**, — intervention de l'État, 302; — son régulateur, **72**.

Commercium, 85.

Commodat, 38, 69, 110.

Communaux (biens) 204.

Communisme, 352.

Compassion, 33.

Compensation, rôle dans les relations de la vie, **60**.

Compétence des tribunaux, 269.

Complaisance comparée à l'argent, 83.

Composition des tribunaux, 269.

Concessions, 231; — minières, 343.

Concurrence, régulateur de l'égoïsme, **72**.

Concurrence déloyale, **81**.

Condictio certi, 137.

Conditions de vie, 292; — de l'État, 328; — de l'être animé, 5; — de la Société, 293; — classification, 298.

Conditions des institutions d'héritiers, 345[150].

Conductio, 73[19].

Congiarium, 141.

Consentement dans les contrats, 26, 186.

Conservation personnelle, but, 20, 42; — vœu de la nature, 22.

Constitutions impériales, 230, 286.

Constructions — droits des voisins, 346.

Consuls, 336.

Contrainte, absente du droit international, 217; — exercée par l'État, 31. 213; — dans la nature, 162; — monopole de l'État, 213, 215; — moteur social, 65, 159; — organisation sociale, 196, 206; — régularisation spontanée, 196; — sa nécessité, **227**; — son insuffisance, **228**.

Contrainte compulsive, 160, 163, 178.

Contrainte juridique, 12.

Contrainte mécanique, 159; — morale, 13; — physique, 10; — politique, 160; — propulsive, 160, 163, 176; — psychologique, 11, 66, 160, 162; — sociale, 160.

Contrat, 48, **122**, 222.

Contrats d'affaires et de complaisance, 69.

Contrats consensuels, 185; — désintéressés, 69; — intéressés, 69; — libéraux, 83; — littéraux, 185; — onéreux, 83.

Contrats promissoires, 183; — réels, 183.

Contraventions de police, 330.

Contreseing, 220.

Contributions, 316.

Convenances publiques, 334.

Conventions immorales, 12.

Cornelius, 129.

Corona castrensis, civica, muralis, navalis, 125.

Corporations, chefs d'œuvre, 98[54]; — concurrence, 106.

Correction des parents (droit de), 341.

Corruption des juges, 268.

Coups d'état, 169.

Coups et blessures, 326.

Courtier, salaire, 74[21]; — intermédiaire, 102.

Convents, 311[124].

Credere en droit romain, 109.

Crédit, 108 ss.; — fonction économique, **87**; — d'argent, **88**; — de
consommation, 120; — de marchandises, 117, **89**; — de spéculation, 122; — civil, **90, 91**; —
réel, personnel, 121.

Crédit commercial, **90, 91**; — —
ses dangers, **92**.

Creditor, 109.

Crises commerciales, 123.

Cruautés envers les animaux. But,
14.

Cuisines publiques, 334.

Culpa, degrés, 85.

Cultes, 295.

Curatelle du prodigue, 340.

Dante, action sur le monde, 55.

Dation de crédit, 116 ss.

Debitor, 109.

Déclaration de naissance, 341.

Délit, 198; — classification, **205**;
— contre l'État, **207**; — contre
l'individu, **206**; — contre la
Société, **208**; — contre la moralité et la religion, 330.

Délits militaires, 328; — politiques, 327.

Deniers publics, 328.

Dénonciation de nouvel œuvre,
349.

Dépôt, 38, 49[15], 69, 110.

Désintéressement, 37.

Désertion, 328.

Despotisme, 234.

Destruction de remparts, etc., 329.

Détention illégale de personnes,
327.

Détournement de deniers publics,
328.

Devoir (Sentiment du). Moteur
social, 66.

Devoirs moraux, 13.

Dictature, 170, 232, 282[108].

Diffamation, 327.

Digues, 310, 329.

Diligentia quam in suis, 145[58].

Discipline, 271; — militaire,
324[154].

Dispositions de dernière volonté,
38[9].

Distributions de secours, 311[124].

Division du travail, 103.

Dol dans les contrats, 27[5], 84[27],
145[58], 187[69]; — criminel, **202**.

Domicile, violation, 327.

Dominium ex jure Quiritium,
188[70].

Donation, 38, 69, 186 ss.; — différence avec la fondation, 311;
— entre époux, 319; — entre vifs,
38[9], 189, 314.

Dot, cause lucrative, 195.

Dotis dictio, 195.

Douleur, 24.

Droit, définition, 215, 337; — (but
du), 237; — origine dans la
force, **118**; — valeur idéale, **38**;
— politique de la force, 169;
— (lutte pour le), 51; — sous le
despotisme, 235; — charges pour
l'individu, 337; — protection à
l'intérieur, 368.

Droit collectif, 303; — criminel,
320; — lacunes, 243; — d'auteur,
231; — de grâce, 282; — de punir,
fondement, **200**; — franc, 189[72];
— minier, 343; — international,
217; — lombard, 188[72]; — musulman, 95[65], 189[72], 313[127]; — naturel. Critique, **124**, 354 ss.

Droits banaux. Abolition, 282[108]; — corporatifs, 231; — privés, caractère social, 213.

Duel, 330.

Durée de l'action des hommes sur le monde, 54.

Eaux, usage public, 311; — (régime des), 334.

Échange, 46, 69, 85, 88, 144, 178, 180, 184.

Échevins, 259, 277.

Édiles à Rome, 79, **211**.

Édits du Préteur, 230.

Éducation politique des peuples, **226**.

Égalité devant le commerce juridique, **111**; — devant le juge, 262; — intérêt pratique, 246; — rapport avec la justice, 244; — sous le despotisme, 234.

Église, 30, 205, 215.

Égoïsme au service d'autrui, 23ss.; — au service de la nature, **16**; — du commerce juridique, **17**, 81; — sa puissance, 31; — régulateur du salaire, 92; — social et individuel, 304, 375.

Émeute, 328.

Émigration, 365.

Enfants. Travail dans les fabriques, 341; — moralement abandonnés, 341.

Enseignement public, 204.

Épave (droit d'), 352.

Équivalent, notion, 84, 90 s., 246; — équilibre entre les prestations, **70**; — et salaire, 91.

Erreur, 187[69], 224.

Esclavage, **116**, 361, 367.

Escroquerie, 326.

Esprit de caste, 272.

État, expansion, 209; — fonction primordiale, 207; — intervention nécessaire pour réprimer les abus de l'égoïsme, 97; — limites de son pouvoir, **220**; — origine, 161; — protection contre le dehors, **222**; — — à l'intérieur, **223**; — source unique du droit, 213, 215; — subordination sous la loi, 250; — surveillance des associations, 213; — universel, 209.

État et Église, 30, 214, 215; — droit, **21**; — Société, **48, 205**.

État de siège, 170, 231[180].

État des personnes. Délits, 327.

Éviction, 85.

Examens publics, 98[34].

Exigibilité des promesses, 179.

Existence pour autrui, 56.

Expérience, son influence, **4**.

Expiation (Idée d'), 80.

Exposition d'enfants, 300, 341.

Expropriation, 231, 281[108], 318; — du droit privé, **216**.

Extorsion, 326; — danger, **73**.

Extraordinaria cognitio, 77.

Fabriques, travail des enfants, 341.

Faits sauveurs, 281.

Familiæ emptor, 190.

Famille. défense, **121**; — (droit de) **214**.

Fausse monnaie, 324[154], 329.

Faux, 324[154], 329.

Fêtes publiques, 334.

Fichte, 34[6], 377[165].

Fidéicommis, 313[127].

Fiducia, 322.

Fiduciaire, 313.

Finalité (Loi de), 1, 4, 7; — (notion de la) chez l'animal, **14**.

Finances publiques, 338.

Flamines, 76.

Fonctionnaires (délits des), 328; — (délits contre les), 328; — traitements, **103**.

Fonctions, de l'échange, 88; — de l'organisme humain, 25.

Fondations, 196.

Fondations pieuses, 193.

Fontaines publiques, 313.

Force, 162; — Origine du droit, **118**; — se modérant elle-même, **115**; — obligatoire des contrats, 49, 180; — des normes du droit, 227; — des promesses, **123.**

Formes fondamentales du commerce juridique, **66.**

Fouilles, 343.

Fraudes, 321, 326, 328.

Frontières de l'État et de la Société, 61.

Fruges excantare, 296.

Funérailles (intervention des Édiles), 334.

Galeries de tableaux, 310.

Garantie internationale, 197.

Gauss, 369.

Gens, 374.

Géographie de la Société et de l'État, 61.

Geometrae, à Rome, 77.

Gerontocomium, 312[125].

Gestion d'affaires, 38, 69.

Grâce (droit de), 282.

Grains (régime des), 334.

Grammatici, à Rome, 77.

Gratification, 74.

Grecs, art et littérature, 57; — introducteurs du salaire à Rome, 77; — notion de la société, 60.

Grèves, 365.

Guerre, forme de justice privée, 217, 281[108].

Hegel, 161.

Hérédité dans l'histoire de la civilisation, **42.**

Homère. action sur le monde, 55.

Homicide, 326.

Honneur (délits contre l'), 327; — professionnel, **77**, 271.

Honor legati, 74[22].

Honoraires, origine à Rome, 77; — fonctions, 89; — des jurisconsultes, 78; — du mandataire, 192.

Honorarium, 74.

Hôpitaux, 312.

Hospices, 312.

Hospitalité, 72, 81.

Hôtelleries, 82.

Humboldt (Alex. de), 129.

Humboldt (W. von), 354.

Idéalisme, 130.

Idolâtrie, 324[154].

Immeubles (commerce d'), 102.

Impartialité du juge, 267.

Impératif abstrait, 221; — catégorique, 33.

Impératifs publics, 226; — sociaux, 32.

Imperium romain, 232.

Impôts, 316, 328, 338; — progressifs, 352.

Imputabilité, 224.

Inamovibilité du juge, 268.

Incendie, 281[108], 329.

Indépendance, économique et morale, 83; — de l'État, 367; — de l'individu assurée par le commerce jurid., **110**; — du juge, 267.

Individu. Compte avec l'État, 365.

Individualisation de la justice criminelle, 285.

Individualisme, critique, 355, 377.

Inégalités sociales, 247, 366.

Infamie, 85; — de l'associé infidèle, 145.

Infanticide, 300.

Injure, 327, 328.

Injustice civile, **202**; — sociale, 365.

Inondation, 281[108], 329.

Insinuation des donations, 189.

Institution d'héritier, 345; — différence avec la fondation, 311, 314.

Institutions judiciaires, 260; — publiques, **224**.

Instituts de pauvres, 312.

Instruction obligatoire, 341.

Insubordination, 324[154], 328.

Insurrection, 211.

Interdit *de precario*, 187.

Interdits possessoires, 177.

Intérêt dans l'abnégation, **25**; — particulier et général, 148, 198, 305, 375.

Intérêts d'argent, 89, 95[55].

Intermédiaires par profession, **79**.

Interprétation des lois et des actes, 224.

Irrévocabilité du juge, 268.

Jactus missilium, 311[124].

Jeux publics, 334.

Judicia legitima, imperio continentia, 232[99].

Juge (Fonction du), 257, **173**.

Juge unique, 265.

Jurés 220, v. **Jury**. — refus de service, 328.

Jurisconsultes à Rome, 78.

Jurisprudence, monopole des riches à Rome, 76.

Jury, 221, 270.

Jus, étymologie, 222; — *civicæ coronæ*, 125[50]; — *civile*, 291; — *gentium*, 290[112]; — *liberorum*, 125[50]; — *privatum*, 307[119]; — *publicum*, 307[119]; — *respondendi*, 78, 286.

Justesse et vérité, 289.

Justice, définition, 243; — (Idée de) dans le commerce juridique, **71**, **112**; — (organisation de la), 257; — dans la procédure, 263; — rapport avec l'égalité, 244; — suspension, 281[108].

Justice administrative, 263.

Justice populaire, 304.

Justice privée, 160, 175.

Justice sociale, 366.

Justitium, 281[108].

Kant, 33.

Krach, 123.

Largesses publiques, 311.

Latini Juniani, 125[50].

Laungeld, 188[72].

Legalisme en procédure, 261.

Legis actiones, 232.

Légitime défense, 160, 224; — du patrimoine, **120**; — de la personnalité, **119**; — de la Société, 279.

Legs. Différence avec la fondation, 311.

Legs per damnationem, 190.

Leibnitz, 246.

Lèse-majesté, 324[154], 328.

Lésion énorme dans la vente, 95[85].

Lésions corporelles, 324, 326.

Lettre de change, 185.

Lex Cincia, 189, 193.

Lex commissoria dans l'hypothèque, 95[55].

Lex Julia et Papia Poppæa, 300.

Lex Licinia, 334

Libéralités publiques, 311.

Liberté de conscience, 295.

Liberté individuelle (délits contre la), 327.

Libre échange, 363.

Liebig, 369.

Limites du pouvoir de l'État, **220**.

Liste civile du souverain, 138.

Livres immoraux ou dangereux, 334.

Locare, 73[19].

Loi des XII tables, 296.

Loi individuelle, 228; — souveraine de la civilisation, 58 s.

Lois justes, injustes, 248; — somptuaires, 334.

Louage, 73[19], 110, 179, 185; — contrat intéressé, 69; — de services, 180; — résiliation, 49[15].

Loyers, 89.

Luxe, 334.

Magie, 296.

Magistratures, absence de contrainte, 220[91]; — charges honorifiques à Rome, 75.

Maisons, d'art, 312; — en ruine, 343[147].

Majorité (dispositions sur la), 224; — du nombre, 211.

Mancipatio, 87[29], 184, 190; — *res mancipi*, 188.

Mancipium, 340.

Mandat, 38, 49[15], 69, 84[27], 185, 191, 322.

Manumissio per denarium, 189[72].

Marchés (Police des), 334.

Mariage. Consentement des parents, 341.

Masurius Sabinus. Jurisconsulte, 76.

Matériaux d'autrui. Accession, 351.

Mathematici, à Rome, 77.

Maximes, 222.

Mécanique sociale, 64.

Médecins, 95[33], 98[34].

Mémoire de l'animal, 6.

Merces, 73.

Meurtre, 324, 326.

Mines, 343.

Mineurs, 179[67].

Ministerium, 74.

Mission du droit, 288.

Mœurs (Délits contre les), 334.

Monnaies, 324, 334.

Moralité, 168, 330; — office des édiles, 334

Mortis causa donatio, 38[9].

Moteurs du mouvement social, 64, ss.

Motifs des jugements, 261.

Mouvement ouvrier, 365.

Municipium, 374.

Munus, 73.

Musées, 310, 369.

Mutilation d'enfants, 300.

Mutinerie, 328.

Mutuum, 85[28].

Naturalis ratio, 291.

Negotiorum gestio, 187[69].

Negotium, 73[18].

Nexum, 87[29], 184, 190, 222.

Nom. Notoriété, 56.

Norme, 168, 232.

Normes du droit, 215, 223; — définition, 221; — criterium, 225; — force obligatoire, 227; — gradation, 228; — internes, externes, 224; — mécanisme, 233; — sous le despotisme, 234.

Nota censoria, 332.

Notaires, examens, 98[34].

Notoriété du nom, 56.

Nouvel œuvre, 349.

Novae tabulae, 282[108].

Obligations, 180, 222; — en droit romain, 182 ss.; — sujet-but, **198**; — envers l'État, 316.

Operae illiberales, 74.

Operis novi nunciatio, 349.

Opinion publique, 126.

Opium, 363.

Opportunite, 257, 263, 291, 349.

Ordre, sous le despotisme, 234; — juridique, 238.

Ordres de chevalerie modernes, 125; — militaires des Romains, 125.

Organisation de la justice, 257; — judiciaire, 266.

Orphanotrophium, 312[125].

Orphelinats, 312.

Otium, 73[18].

Pactum, de quota litis, 95[35]; — nudum, 182.

Paedagogi, à Rome, 77.

Paganini, 108.

Paix, 117; — publique, 329.

Palmarium, 95[35].

Parents, consentement au mariage, 341.

Parjure, 318, 330.

Partis politiques, rôle de l'intérêt, 29.

Passage public, 315[150]; — forcé, 346.

Patria potestas, 340.

Patriciens, 204, 365.

Patrimoine, éléments, 46; — importance, 44; — légitime défense, **120**; — origine, 43; — protection, 44.

Paysans (Guerre des), 365.

Peine (Nécessité de la), **201**; — conditions législatives, **204**.

Peines (justice des), 249; — gradation, 323.

Pensions des fonctionnaires judiciaires, 107[37]; — — veuves, 139.

Permutatio, 85[28].

Personnalité (droit de la), 44; — (légitime défense de la), **119**.

Personnes juridiques, 29, 310, 374

Pharmaciens, examens, 98[34].

Philosophi, à Rome, 77.

Philosophie du droit, 161.

Pia corpora, 312[125].

Piæ causae, 312[125].

Pierre philosophale, 290.

Plaisir, 21.

Plantation sur le terrain d'autrui, 350.

Platon, action sur le monde, 55.

Plébéiens, 204, 365.

Poids et mesures, 334.

Police administrative, 316.

Politique, 372.

Pollicitatio, 38, 194, 313.

Pouvoir public, suprématie, 209.

Possession, protection, 176.

Pragmaticus, juriste salarié, 77.

Précaire, 38, 69, 193[78].

Presse (Police de la), 334.

Prêt (contrat de), 69, 85[28], 87[29], 179, 180.

Prêt principal, accessoire, 112.

Préteur (Édits du), 230; — juge 285; — (fonctions du), 336.

Preuves (Théorie des), 277.

Privilèges, 230, 231.

Prix-courants, 104.

Procédure, 262.

Procédure criminelle, 261.

Procédure formulaire, 232[99].

Processus de la volonté, **7, 12**.

Prodigues, curatelle, 340.

Professeurs, examens, 98[54]; — de philosophie, 78[25]; — Grecs à Rome, 77.

Profession, bienfaits. **82**; — honneur professionnel, **77**; — organisation du salaire, **80**; — rapports d'obligation, **76**; — régulateur du salaire, **81**, — rôle dans la société, **75**; — satisfaction des besoins sociaux, **78**.

Promesses. Force obligatoire, 179, 190; — de donation, 193; — de dot, 195.

Propagation de l'individu, vœu de la nature, 22.

Propriété, 45, **194**, 342, 345; — foncière en Turquie, 254, 368; — protection, 176; — restrictions, **215**; — transfert, 188.

Protêts, 281[08].

Provinces, (pillage des) par les Empereurs, 79.

Piochotrophium, 312[125].

Public, étymologie, 201.

Puissance paternelle à Rome, 340.

Quæstiones perpetuæ, 267.

Questeurs, 336.

Raison suffisante (Théorie de la),1.

Rapt, 327.

Rebellion, 328.

Récel, 188[70].

Récompenses publiques, 125.

Réfractaires, 328.

Refus de service, 328.

Règles du droit. Classification,305.

Religion (délits contre la), 330.

Remparts, 329.

Représentation, 150.

République, 168.

Res creditæ, 109; — *mancipi*, 188; — *publicæ*, 308, 373.

Résistance à l'autorité, 328.

Responsabilité ministérielle, 220.

Ressort des tribunaux, 269.

Restitutio in integrum, 286.

Restitution réelle, en procédure, 348.

Rétroactivité des lois, 282[108].

Revendication, 177.

Révolte, 211.

Révolutions, 169, 211, 217.

Rex sacrificulus, 76.

Rhetores à Rome, 77.

Romains. Droit, 58.

Rousseau, 375[162].

Rupture des digues, 329.

Sachs (Hans), 108.

Sacrilège, 324[154].

Sages-femmes, examens, 98[54].

Salaire, 46, 65, 89, 90; — économique, **39**, **100**; — idéal, **57**, **93**, **95**, **101**; — mixte, **97**, **102**; — organisation par les professions, **80**; — professionnel, 98; — réalisation de l'idée de justice, 157; — régulateur du salaire, **81**.

Salaire ouvrier, 137.

Salus populi, suprema lex, 280.

Schopenhauer, 33[4].

Science, rôle de l'égoïsme, 28; — salaire, 127.

Sécession du peuple romain, 365.

Secret (Violation de), 327.

Secret du vote, 267; — professionnel des juges, 267.

Séduction, 327.

Segetem pellicere, 296.

Sentiment national du droit, garantie de la subordination de l'État sous la loi, 251.

Séparation des pouvoirs, 258.

Séquestre, 191[76].

Serment, constitutionnel du Souverain, 220; — des jurés, 221; — des juges, 264.

Servage, abolition, 282[108].

Service, de l'Église, salaire, 127, 131; — public, monopole des riches à Rome, 76; — origine des traitements, 79; — salaire mixte, 127 s., 131.

Services (Contrat de), 69, 89.

Services contraints rendus à l'État, **99**.

Servitudes, 315.

Shakespeare. action sur le monde, 55.

Socialisme, 352.

Societas leonina, 145[57], 366.

Société, 53 ss., **47**, 201, 306; — et Etat, 61, 198, 201; — universalité, **49**.

Société (contrat de), 49[15], 60, 84[27], 87[29], 143, 185, 199, 202, 246.

Société anonyme, 150, **109**.

Sociétés et associations. 202.

Solidarité des intérêts, **225**.

Sorciers, 296.

Sordidum, salaire du courtier, 74[21].

Soupapes de sûreté du droit, 281.

Souverain, 219, 328.

Souveraineté du pouvoir public, 210; — de la loi, 234.

Spinoza, 108.

Sportula, 141.

Statues, fondations, 313.

Stellionat, 322.

Stipendium, 141

Stipulation, 185.

Stuart Mill, critique, 358.

Studium, 75.

Subjectivité des conditions de vie de la Société, **185**.

Subordination de l'État sous la loi, 250; — motif, 250; — garanties, 251, 257; — limites, 278.

Subsides, 311.

Succession au trône, 231.

Suicide, 24, 299.

Sujétion du vaincu, 165.

Sujets-buts du droit, 305.

Supposition d'enfant, 327.

Suprématie du pouvoir public, 209.

Sûreté du droit, 254, 274, 368.

Systématique des buts humains, **27**.

Tabula alimentaria, 312[125].

Tarif des pénalités, 323.

Taux de l'intérêt, 95.

Taxes légales, 95.

Télégraphie, 369.

Témoins. Refus de service, 328.

Terres incultes, 343.

Territoire, 328.

Testament *in comitiis calatis*, 230, 340.

Testaments, 189, 344.

Théâtres, fondations, 313.

Titre onéreux, avantages, 81.

Titres de noblesse, 125.

Toiles (Commerce des), 321.

Tradition, 187.

Trahison, 328.

Traitements, 89, 123; — des fonctionnaires, **103**; — des juges, 268; — des professeurs, 78.

Trajan, 312[125].

Transfert de propriété, 188.

Travail, 46; — à Rome, 73 ss.; — intellectuel, 73; — intervention de l'État, 302, 362; — onéreux, gratuit, 72; — salarié, 74

Travail des enfants dans les fabriques, 341.

Tribuns, à Rome, 279[106], 336.

Tribunaux populaires à Rome, 267.

Triomphe, 125.

Tromperie, 326.

Trousseau, 341.

Tutelle, 84[27].

Tyrannie du pouvoir, 210.

Universitas bonorum, 310.

Universités, 369.

Usucapion 350.

Usure, 95, 334.

Usus publicus, 308.

Vaccination, 341.

Valeur du nom : sa notoriété, **43**.

Vasarium, 79, 141.

Vente, 49, 69, 87[29], 89, 145, 178, 180, 185; — lésion, 95[35].

Vente à crédit, 112; — aux enchères, 95[55], 120; — d'immeubles, 120.

Vérité, en droit, 288.

Viaticum, 141.

Vie de tous les hommes, utilité pour la Société, 53; — en Société, 54; — des peuples, 57; — humaine, valeur, 164; — mondaine, rôle de l'égoïsme, 27; — animale, **5**; — sociale ; loi de la civilisation, **44**.

Vindicatio, 188.

Viol, 327.

Violation de domicile, 327; — de secrets, **327**.

Vocation professionnelle, 97.

Voies publiques, 311, 316.

Voisinage, constructions, 347.

Vol, 326.

Voirie, à Rome, 334.

Volonté de l'être animé, **2**; — loi de causalité, 1, 15; — indépendante de la loi de causalité, 15; — pouvoir sur le monde extérieur, 16; — (processus de la), **7**, **9**; — théorie du droit naturel, 181.

Votum, 38, 194.

Vouloir animal, **3**, **14**; — humain, **6**; — impossible sans intérêt, 86; — stade interne, 7; — — externe, **12**.

Weber, 369.

Xenodochium, 312[125].

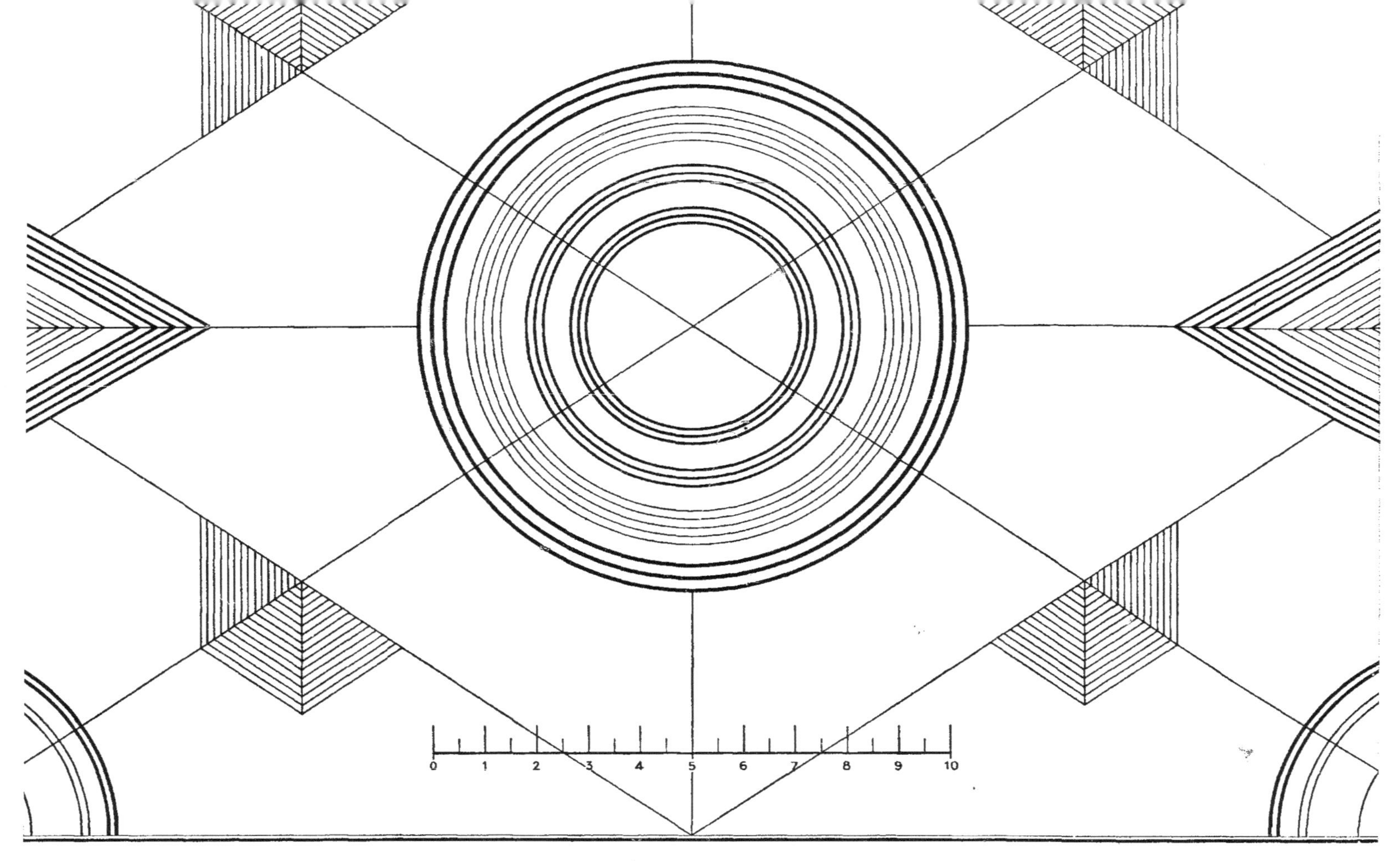

0 1 2 3 4 5 6 7 8 9 10
SERVICE   PHOTOGRAPHIQUE